Lecturas atentas

Lecturas atentas
Una visita desde la ficción y la crítica a veinte narradoras cubanas contemporáneas

Mabel Cuesta
Elzbieta Sklodowska (eds.)

CONSEJO EDITORIAL

Luisa Campuzano
Adriana Churampi
Stephanie Decante
Gabriel Giorgi
Gustavo Guerrero
Francisco Morán

Waldo Pérez Cino
Juan Carlos Quintero Herencia
José Ramón Ruisánchez
Julio Ramos
Enrico Mario Santí
Nanne Timmer

© de los textos, sus autores, 2019
© Almenara, 2019

www.almenarapress.com
info@almenarapress.com

Leiden, The Netherlands

ISBN 978-94-92260-40-6

Imagen de cubierta: Juan Miguel Pozo, *Horizont* (2016). Cortesía del artista.

All rights reserved. Without limiting the rights under copyright reserved above, no part of this book may be reproduced, stored in or introduced into a retrieval system, or transmitted, in any form or by any means (electronic, mechanical, photocopying, recording or otherwise) without the written permission of both the copyright owner and the author of the book.

CHANTEL ACEVEDO
Cuaresma 11

LAURA RUIZ MONTES
Disidencias y liturgias o lo que el *Liquid Paper* no consigue borrar . . 23

YANITZIA CANETTI
Un cuento *casi* triste con un final *muy* feliz *(cuento para niños adultos)* 31

MICHELE C. DÁVILA GONÇALVES
Leer para sobrevivir. Una microbiomitografía de Yanitzia Canetti . . . 37

ODETTE CASAMAYOR CISNEROS
Algo tiene que morir 49

MARÍA CRISTINA FERNÁNDEZ
Lo sempiterno no es eterno, o cómo extinguir un viejo dilema 55

MARÍA LILIANA CELORRIO
Márgenes dentadas 63

JOSSIANNA ARROYO
Performance, cuerpo y voz en «Márgenes dentadas»
de María Liliana Celorrio .67

GLEYVIS CORO MONTANET
Fulana y el fuego 75

MÓNICA SIMAL
Narrar el videojuego. La vida como narrativa videolúdica
en «Fulana y el fuego» de Gleyvis Coro Montanet. 81

LAIDI FERNÁNDEZ DE JUAN
Francisco y la suerte. 93

HELEN HERNÁNDEZ HORMILLA
La risa como empoderamiento. Humor y ética feministas
en Laidi Fernández de Juan 103

Mylene Fernández Pintado
La reconquista 117

Mabel Cuesta
Mylene Fernández Pintado o el cubano asunto de irse *versus* quedarse 125

Jacqueline Herranz Brooks
Sana Rabia 137

Odette Casamayor Cisneros
Las rabiosas sanaciones de Jacqueline Herranz Brooks 145

Grettel Jiménez-Singer
Charcutería de nalgas y otras exquisiteces 153

Mirta Suquet
¿Y si no es un exceso de la imaginación? Análisis de «Charcutería
de nalgas y otras exquisiteces», de Grettel Jiménez-Singer 157

Dazra Novak
Qué hacemos con Nieta 167

Katia Viera
El p(b)eso de Antonieta. Desbordes de Dazra Novak en la ciudad . . 171

Nara Mansur
El trajecito rosa 181

Susana Haug Morales
Nena, llévate el trajecito rosa. Lectura atenta
y sonrosada de Nara Mansur 187

Achy Obejas
Puesta a prueba 203

Jacqueline Loss
Conocerse en el espacio diaspórico alucinante.
«Puesta a prueba» de Achy Obejas 209

Ena Lucía Portela
Huracán 221

Mayerín Bello
«Huracán» de Ena Lucía Portela: un letrero de neón rojo
que dice *Exit* 233

Verónica Pérez Kónina
La mujer de Lot 245

Damaris Puñales-Alpízar
Los motivos de la mujer de Lot. Apuntes para una presentación. . . 249

Legna Rodríguez Iglesias
Un eterno suspirar. 263

Nanne Timmer
El piano Legna: masticando «un eterno suspirar» en forma de 271

Karla Suárez
El ojo de la noche 283

Yailuma Vázquez
Voyerismo y *performance* en «El ojo de la noche» de Karla Suárez . . 291

Mariela Varona
No dejes entrar a la luna. 299

Jamila M. Ríos
¿Quién le pone el cascabel a (la luna de) Mariela Varona? 303

Anna Lidia Vega Serova
Anestesia local: Habana 313

Elzbieta Sklodowska
«Anestesia local: Habana» de Anna Lidia Vega Serova 325

Elaine Vilar Madruga
La colección 341

Katerina González Seligmann
Un cuento de Elaine Vilar Madruga es una colección de fotos 347

Mirta Yáñez
Ópera prima 355

Yordi M. Utria
Ópera prima: pubertad, cambios y conflictos de generaciones 363

A Natasha César Suárez, in memoriam

Cuaresma

Chantel Acevedo | Traducción de Majo Delgadillo

Le presto a Verna Santos mi botellita de *Liquid Paper* y la toma con una mano áspera, demasiado tosca y demasiado grande para una chica de trece años. No le digo nada cuando me da las gracias, pero me doy cuenta de que sus ojos amarillentos se agrandan, como si no pudiera creer que yo sea amable. Enrolla la botellita con su mano, la rebota dos veces y trata de atraparla. Falla, por supuesto, y la botella rueda debajo de su escritorio. Me pide perdón, pero no le contesto que no pasa nada.

Verna es toda amarilla. Su cabello es castaño con hilos dorados aquí y allá que captan los rayos del sol y emiten luz como si fueran filamentos eléctricos. Su piel es del color de un pan perfectamente tostado y cubierto de mantequilla. Sus ojos, que me recuerdan monedas brillantes, también son cafés con trazas de amarillo. Pero Verna no es hermosa. Verna es la chica más fea que he visto en mi vida.

Su nariz, por ejemplo, es respingada como la de un cerdo. Así es como la llaman los chicos de octavo grado, *cochina*, y resoplan cuando va al pizarrón a resolver una ecuación. Últimamente, la señorita Fernández ya no le pide a Verna que vaya, y creo que es porque ya no quiere escuchar más sus resoplidos de cerdo. La última vez que fue, Verna se giró tan rápido que no alcancé a ver el borrador volando por el aire, el mismo que nos habíamos puesto en la cabeza para jugar «El rey persigue a la reina»[1]. El borrador le dio a Mike Gómez (el Grande) en la nariz, quien dejó de hacer el resoplido porcino el tiempo suficiente para mostrarle a Verna el dedo, cosa de la que la señorita Fernández no se dio cuenta.

Eso es lo que hace Verna: enfurecerse. En su primer día en la escuela *Saint Agatha* en el sur de Miami, Mike Gómez (el Chico), quien es treinta

---

[1] En el original «King Chase Queen». Se trata de un juego donde dos alumnos son designados como Rey y Reina y usan los borradores para el pizarrón como coronas sobre sus cabezas. Se alternan para perseguirse el uno al otro y el objetivo es que no dejen caer los borradores.

centímetros más bajo que Mike Grande, le sacó la lengua durante la clase de Literatura y Artes. Estábamos leyendo «El bandolero» de Alfred Noyes y era mi turno de leer en voz alta. Apenas murmuré «Un beso, mi bella amada, voy tras una recompensa esta noche», cuando Verna colapsó en un cúmulo de sollozos sobre el piso, interrumpiéndome. La señorita Fernández no podía levantarla, ni siquiera con ayuda de Mike Grande. Jadearon y gimieron y Mike Grande dijo:

—Oye, loca, ayúdanos un poco. Puedes levantarte.

Pero Verna se quedó tendida como un bebé emberrinchado. Pasó el resto del semestre en el salón de preescolar con la señorita Sonia, ayudando a niños de cinco años a cortar figuras en papeles de colores con tijeras de seguridad. No sé cómo fue que Verna pudo manejar esas herramientas tan pequeñas, o la pequeñez del salón de preescolar en general, con sus manotas.

Su cara también es grande, desproporcionada como la de su papá. Lo vi una vez, en enero, cuando entró al baño de niñas mientras buscaba a Verna a la hora de la salida. Gritó «¡Verna! Coño. ¿Dónde estás?» hasta que el director Figueroa lo escoltó a la salida.

Verna va a usar demasiado de mi *Liquid Paper* porque es estúpida. Lo sé porque la señorita Fernández nos devuelve nuestros exámenes y composiciones por filas y la primera persona de la fila (que soy yo) pasa el montón hacia atrás. He visto los sietes y seises de Verna. He visto la tinta roja cubriendo sus párrafos cortos, tanto rojo sobre las páginas que parece que las apuñalaron. Verna usará todo mi *Liquid Paper*, lo va a amontonar sobre su hoja de conjugaciones en español, y me regresará una botella vacía. Trato de no enojarme cuando me toca el hombro, con la mano extendida siento que sí, la botella está más ligera. Puedo oler lo agrio de su aroma en las puntas de los dedos de Verna. Se pintó las uñas con el corrector y ahora son blancas mate. Me digo a mí misma que no debo enojarme. Respiro profundo. Le pido al Espíritu Santo que me dé fuerza y eso funciona.

Es Cuaresma. Y yo he renunciado a ser cruel con Verna Santos por los siguientes cuarenta días.

La decisión vino en una ráfaga de luz, en un golpe de inspiración. Por lo que sé, fue inspiración divina. Era Miércoles de Ceniza y estábamos en filas para recibir la nuestra. El director, el doctor Figueroa, nos inspeccionaba, indicando quién tenía que levantarse las medias y quién tenía que enderezarse la corbata. En el vestíbulo del auditorio, el doctor Figueroa gritó "¡tomen distancia!" y todos levantamos nuestros brazos derechos y los pusimos sobre el hombro derecho de la persona que nos precedía en estatura. Sentí la mano fresca de Yesenia de la Paz en mi hombro. Pero yo, que soy dos centímetros más alta que Verna Santos y por ello estaba parada tras ella, no toqué a Verna. Solo dejé que mis dedos sobrevolaran junto a su oreja.

No quise tocarla por esto: una mañana apenas hace una semana, tras los anuncios y las oraciones, Verna le dijo a todos en nuestra mesa que se masturbaba con salchichas, dos a la vez. Su declaración espontánea se propagó rápido, sus tentáculos extendiéndose desde nuestra mesa a la siguiente y la siguiente, hasta incluso las señoras de la cafetería, ocupadas cocinando el arroz chino para el almuerzo, miraron a Verna con repugnancia. No creo que sea coincidencia que no hayan servido salchichas en el almuerzo desde entonces. Verna se pasó el resto del día sola. Cada vez que se acercaba a un grupo de niñas, los cuerpos se apartaban de la misma manera que la pimienta se dispersa en un cuenco de agua si se agregan unas gotas de jabón líquido.

Procedimos, tomando distancia y por orden de estatura, despacio por el pasillo central del auditorio que sirve como iglesia improvisada en los Días Santos y el primer viernes de cada mes. No había música en días como estos, días que servían para recordarnos nuestra verdadera naturaleza, que éramos polvo y en polvo nos convertiríamos. Era difícil pensar, no en salchichas ni en Verna Santos, sino en sacrificios de Cuaresma. Volteé a ver la fila y saludé a mi mejor amiga, Jennette Rodríguez, quien estaba parada al final. Ella había decidido sacrificar su maquillaje por cuarenta días. Sus ojos se veían tan pequeños sin delineador negro que parecían hinchados, como si Jennette hubiera estado llorando.

Finalmente Verna recibió sus cenizas y fue mi turno. Mientras se alejaba, se giró por un momento y me miró con sus ojos amarillos y la mancha negra de su ceño. (Tenía, al final del día, la mancha más grande de todos en el salón. Cubría casi toda su frente. Uno pensaría que el sacerdote la había escuchado casualmente mientras hablaba sobre las salchichas y por ello le había hecho un recordatorio más obvio sobre lo transitorio de la vida y del juicio que vendría después). Verna me miró y sentí un dolorcito en mi nariz y garganta, una sensación de tensión, como me siento cuando estoy a punto de llorar. Verna me miró como si quisiera decir algo y sus ojos brillaban. Cuando el sacerdote puso su pulgar hosco y cenizo sobre mi piel, lo entendí todo. Mi sacrificio de Cuaresma. Llena del optimismo del momento pensé que sería posible, con un poco de esfuerzo, mantener mi promesa todo el año.

Esta noche es el día veintiuno de Cuaresma y Jennette va a quedarse a dormir. Le conté de mi promesa a Dios de ser buena con Verna y se rio tanto que su cara bonita se arrugó hasta convertirse en una cosa horrible. No podía respirar. Trató de pararse y tropezó con el cojín morado de mi cuarto. Jennette se puso las manos en la cintura y me dijo que era una tonta, luego se limpió las lágrimas de risa que le corrían por las mejillas.

Más tarde, después de que mi abuela nos hubiera servido a ambas porciones de frijoles negros, arroz y pollo asado y después de ayudar a mi mamá con el lavavajillas, Jennette y yo nos pusimos las pijamas y nos instalamos en mi habitación. Había limpiado el lugar concienzudamente, guardé los animales de peluche en el fondo del clóset y quité el desorden de la cómoda para que solo la pequeña botella de Oscar de la Renta y la fotografía de mi mamá y yo estuvieran a la vista. Mi cuarto huele a Mistolín.

No tengo permiso para dormir en la casa de Jennette porque ella tiene un hermano mayor que se llama Rody y un padre. Mi abuela dice que una nunca puede saber qué es aquello que puede excitar a un hombre. A algunos hombres les gustan las mujeres, a algunos hombres les gustan los hombres, y a los peores les gustan las niñas como yo, demasiado jóvenes como para tomar buenas decisiones. Le dije a mi abuela que el señor Rodríguez y Rody no eran así y ella me respondió «¿cómo lo sabes?» y yo no sabía, claro. Jennette duerme en mi casa porque no hay hombres aquí. Mi papá dejó a mi mamá por otro hombre cuando yo era una bebé y mi abuelo dejó a mi abuela por otra mujer cuando yo tenía cinco años. En nuestra casa las tuberías gotean, los ventiladores del techo se queman y otras cosas rotas son amañadas con ligas de hule y cinta adhesiva porque nosotras no sabemos cómo repararlas. En casa de Jennette, cuando las cosas se rompen, Rody y el señor Rodríguez se apiñan sobre el objetivo con una oxidada caja de herramientas entre ellos y la camisa arrugada de Rody a unos metros de distancia.

Aunque estamos en pijama, Jennette me está delineando los ojos. Me agarra la cara con las manos, tira de la piel en la esquina de mi ojo y arrastra el lápiz afilado por mi párpado. Digo *auch* y Jennette se pasa la lengua por los dientes.

—Déjame ponerte bonita por una vez –dice, y mi pecho duele un poquito. Jennette ya ha tenido tres novios. Ahora sale con Mike Grande. Hace dos semanas, miré hacia atrás en clase para tratar de llamar su atención y la encontré sentada en su regazo, con la mano de Mike Grande bajo su blusa. La señorita Fernández estaba en su escritorio, calificando ensayos. Nunca he tomado de la mano a un chico, ni bailado lento con nadie, pero cuando Jennette me pregunta sobre ese tipo de cosas le miento, me invento un novio del barrio y alguna circunstancia romántica para contarle.

—Entonces –me dice mientras se aleja un poquito para verme los ojos; luego se acerca y trabaja hábilmente con la varita del rímel, las cerdas me dan picazón. Puedo oler el pollo asado en su aliento cuando me pregunta: ¿Quién te gusta?

Me sale sin pensar: Mike Gómez Chico. Jennette se ríe de nuevo. Pero ella no sabe lo que yo sé. Ella no sabe cómo Mike Chico dibuja caricaturas en sus cuadernos, cómo colecciona bolígrafos secos y los pone en el marco de la ventana del salón, cómo hizo un letrerito, lo pegó a un palillo y lo puso entre los bolígrafos. El letrero dice «Cementerio de bolígrafos» y me hace reír cada vez que lo veo. Jennette no sabe cómo Mike Chico me pidió que lo acompañara la semana pasada, cómo yo le pregunté estúpidamente a dónde y cómo él solo sacudió la cabeza, desilusionado. No le cuento a Jennette estas cosas porque en realidad no significan nada, no pueden compararse con sentarse en el regazo de un chico, con su mano tibia bajo tu blusa.

—¿Qué te puede gustar de él? Es tan pequeño –dice Jennette. Tiene el dedo dentro de una latita de brillo de labios y se da cuenta justo antes de ponérselo–. Maldita Cuaresma –murmura mientras lanza la lata sobre su hombro.

—Es adorable –le digo. Jennette se encoge de hombros.

—Tengo que hacer pipí –anuncia y sale de mi cuarto.

Sé por qué no lo entiende. A Mike Gómez Grande y Mike Gómez Chico les decimos así para distinguirlos, pero no podrían ser más diferentes. Mike Grande mide más de 1.80, sus ojos brillan con un azul que no se ve por Miami, como si fuera un niño del *Brady Bunch*. En la reunión de padres y maestros en septiembre, su mamá deleitó a la señorita Fernández con historias de su hogar ancestral en las Islas Canarias. Mi abuela los llama el tipo de ojos que pueden quebrar la resolución de una chica. Cuando lo dice, sus fosas nasales se inflan como si estuviera enojada.

Mike Chico es del tamaño de un niño de sexto grado. Sus muñecas son como perillas afiladas y tiene unas sombras secas y opacas debajo de sus ojos cafés. Lo he visto en la iglesia. Como es oscuro y pequeño, Mike Chico suele interpretar, cada mayo, al esclavo Miguel Moreno en la historia de la aparición de la Virgen María en El Cobre, Cuba. Él y otros dos chicos se sientan tras una hoja de madera contrachapada que tiene forma de barco. Mecen sus cuerpos adelante y atrás, gimiendo y apuntando hacia una tormenta invisible. En la sacristía, alguien golpea una hoja de aluminio imitando truenos. Entonces, Mike Chico pretende pescar algo del «océano» y levanta el modelo de yeso de la virgen con su vestido de brocado amarillo. Otro de los chicos simula encontrar algo en el vestido de la virgen. En la falda de la figura se lee «¡Yo soy la Virgen de la Caridad!» y todos se persignan, los dedos despellejados de Mike Chico tocan su frente, pecho y hombros. Lo he visto en ese papel tres años consecutivos. Es tan pequeño y genuino que nadie ha pensado en reemplazarlo, en darle a otro muchacho la oportunidad. Mike Grande ni siquiera cabría en el barco. El azul de sus ojos competiría con el océano pintado de temperas. En mayo pasado, esperé por Mike Chico después de la iglesia. Le dije que estuvo increíble y él me besó en la mejilla. Mi abuela dice que Mike Chico tiene cara de que podría ser sacerdote cuando crezca, pero yo creo que esa es una terrible idea.

Cuando Jennette regresa, me agita el dedo en la cara.

—Primero me dices que tú y Verna Santos son amiguitas. Luego, declaras tu amor eterno por Mike Chico.

—No declaré nada —le respondo.

—Sí lo hiciste. Por eso me caes tan bien, Marisol. Eres impredecible.

Jennette se acuesta en el catre plegable de mi cuarto. Mi abuela le dice el pin-pan-pun por el sonido que hace. Apago las luces y me acuesto en mi cama. Afuera, los coches se apresuran por West Flagler. De vez en cuando, algunas sirenas gimen y luego su sonido se debilita. A veces los vecinos ponen salsa hasta muy entrada la noche. Hoy solo se escuchan los automóviles, como si el océano estuviera justo afuera de mi habitación.

—Tienes que reclamar a Mike Chico como tuyo —me dice Jennette en la oscuridad—. Estoy harta de tus novios inventados. Es hora de que te consigas uno de verdad.

Se da vuelta y el pin-pan-pun cruje. Los muelles rechinan. Luego se queda quieta. Me toma mucho tiempo quedarme dormida y, cuando lo hago, sueño con Verna Santos sentada en el regazo de Mike Chico, quien le abarca el cuerpo regordete con sus brazos.

Es el día veintinueve de Cuaresma. Yesenia de la Paz trae una güija a la escuela y la extiende en una mesa de la cafetería con un golpe que suena como *pam*. Cinco chicas ponen los dedos sobre el puntero. La pieza de plástico tiembla y se arrastra hacia unos SÍ y NO recargados de florituras. Jennette está entre ellas y la escucho preguntar «¿a Mike Chico le gusta Marisol?» mientras las demás se ríen encantadas. Cuando Verna se aproxima al montón, Jennette saca el pie y Verna se tropieza y cae sobre el linóleo. Sus muslos hacen *pam* sobre el piso.

Sorbiéndose los mocos, Verna se sienta junto a mí. Me pongo a trabajar sin pensar, dibujo una luna, un sol y el alfabeto en una hoja de cuaderno. Me tomo mi tiempo, mido las letras con el pulgar y el índice, cada una, más o menos, de dos centímetros de largo. Luego doblo otra hoja de papel para convertirla en puntero.

—Hay que jugar —le digo a Verna. Sus ojos-moneda brillan y sus dedos presionan fuerte el papel.

—Despacio —le advierto—. Pregunta algo.

—¿Te ama Mike Chico? —murmura. Siento cómo mueve el papel hacia el SÍ. Tiene la piel de los brazos como de gallina, llena de bultos pequeñitos. Cuando el puntero llega y toca la S, Verna me mira.

—¿Ves? —dice y se aclara la garganta. Suena espeso, lo que sea que está dentro de ella. Suena como mi abuela suena de noche, entre ronquidos. Las puntas de mis dedos tocan los de ella. Presiona aún más fuerte el puntero y su dedo meñique está sobre el mío. No puedo evitarlo. Me alejo súbitamente.

—Perdón —dice Verna.

—Anda, haz otra pregunta —le respondo.

Se inclina hasta que su cara está cerca de la hoja.

—¿Me ama Mike Grande? —susurra.

Miro a Jennette, que dirige la acción en su mesa. Tiene una pierna sobre un banco y luce su larga pantorrilla, sus calcetas con encaje y su pulsera de oro en el tobillo. No necesito mirar la hoja para saber que Verna empujó el puntero hacia el SÍ.

—Lo moviste tú —le digo.

—Hay que fingir que lo tienes hasta que lo tienes —me contesta. Quiero decirle que no anuncie su enamoramiento de la misma manera en la que les dijo a todos sobre las salchichas, pero no encuentro las palabras correctas.

—No le digas a Jennette —me pide.

—No lo haré —le digo.

Verna dobla la güija y la pone en su bolsa.

—¿Te molesta? —me pregunta. Niego con la cabeza. Mike Grande pasa por nuestra mesa. Su corbata está floja, su camisa desfajada. Mientras pasa, empuja la cabeza de Verna con la palma de su mano y se ríe. Es un gesto afectuoso, pienso, y busco a Mike Chico por la cafetería.

—¿Ves? —me dice Verna de nuevo mientras levanta las cejas.

Beso a Mike Chico en el *flórida*[2] en el día treinta y ocho de Cuaresma. Es mi primer beso. Jennette lo arregló. Le dijo a Mike Chico de mi enamoramiento y él vino en su bici hasta mi casa esa mañana. Son vacaciones de Pascua y mi mamá pegó conejitos de cartón en las ventanas del frente y colgó una guirnalda de huevos de papel maché en la puerta.

Mike Chico toca el timbre y yo me asomo por la ventana del frente. Lo veo por entre las patas traseras de un conejo. Abro la puerta. Él entra, me da un beso en la mejilla y me dice:

—Jennette me dijo que te gusto —así, tal cual.

Yo no digo nada, pero lo llevo al *flórida* en donde está la televisión, pensando que quizá la veamos un rato mientras me siento más tranquila. Recuerdo lo que Verna dijo el otro día: «hay que fingir que lo tienes hasta que lo tienes», así que meneo las caderas al caminar.

Ahí, en ese espacio tibio, él dice:

—Entiendes mis bromas. Te gustan mis dibujos.

—Sí, me gustan —le contesto.

Nuestros labios se encuentran de manera incómoda por un momento. Su labio superior roza mi nariz justo antes de sentir que se acerca y presiona y el calor de su boca recorre mi cuerpo. Tal vez es la habitación bañada de sol, rodeada de ventanas en las cuatro paredes, delgadas láminas de vidrio que giran con un manubrio. A la distancia, la máquina de coser de

---

[2] Modo en que suele llamarse a las habitaciones de solario en los Estados Unidos. El acento en la ó es de la editora (MC) e intenta reproducir la fonética del inglés en español, tal y como lo hace la comunidad US Latinx.

mi abuela zumba. Esa cosa monstruosa, la máquina de mi abuela, cose puntadas cerradas en forma de V en shorts de ciclistas. Es el trabajo que mi abuela hace desde casa.

Mi perra, que se llama Flaquita a pesar de ser gorda y redonda como una hogaza de pan, se sienta a la luz de un rayo de sol y nos mira y me pregunto si entiende lo que estamos haciendo Mike Chico y yo. Cuando sus manos húmedas descansan en mi cadera, escucho el collar de Flaquita tintinear y sé que está parada, sus ojos turbios y tontos mirándonos. Tal vez está recordando cómo es esta invasión, la lengua de Mike Chico entre mis dientes.

Una vez encontré a mi abuela mirando a Flaquita mientras se apareaba con el perro que vagabundeaba por el vecindario. Mi abuela se paró en el *flórida*, sus dedos en las tiras de vidrio, y la escuché murmurar «Vaya cabrón, deja a Flaquita en paz». El vagabundo se separó de Flaquita de inmediato, sus ojos estaban saltones y alocados. Flaquita cayó al suelo jadeando y lamiendo el cemento del suelo del patio. Más tarde, mi madre encontró al perro muerto en la calle, atropellado por un coche.

Esa noche le dimos un baño a Flaquita. Limpié la secreción en la esquina de los ojos de Flaquita y froté con shampoo de fresa su pelaje grueso. Cuando mi abuela la estaba restregando por debajo de la cola, Flaquita gimió y mi abuela le dijo:

—Ay, Flaquita, ¿qué no sabes cómo son los hombres? Te usan como quieren y luego van y le cuentan a sus amigos. Una vez que eso pasa, estás arruinada —tomó el hocico de Flaquita entre sus manos y le repitió: Eres una perrita arruinada.

Ahora estoy besando a Mike Chico y estoy tibia por el sol o por su boca que es como un horno pequeño.

Flaquita debe ser la primera en escuchar la cortina de cuentas que separa el *flórida* del resto de la casa. Yo no la escucho y, por eso, el golpe seco de la escoba de paja que nos separa a Mike Chico y a mí me toma por sorpresa. Solo siento su boca desalojando la mía y el ardor de la cerda de paja que me rasguña el ojo.

—¡Vaya, cabrón! —le grita mi abuela a Mike Chico, quien sale por la puerta trasera. Alrededor de nosotros, los paneles de vidrio retiemblan.

Este es mi mayor miedo: que mi abuela me diga que estoy arruinada, ahora, a esta edad, antes de poder decidir si el beso de Mike Chico hizo que arruinarme valiera la pena. En lugar de eso, mi abuela me quita de los labios, con su manga, la saliva de Mike Chico. Revisa mi ojo rasguñado.

Dice:

—Bien, bien —y me alisa el pelo.

Después de las vacaciones de Pascua, la señorita Fernández quita el ribete de huevos coloridos de nuestro tablero de anuncios. Lo reemplaza por un diseño de tablas de surf, y me hipnotiza la manera en la que golpea el borde con la presilladora; el cómo, cuando la palma de su mano choca, pone cada grapa en su lugar, el cómo el tablero de corcho se deforma bajo su fuerza.

Por verla es que me pierdo el inicio de la pelea. Cuando al fin me doy cuenta, el frente del salón está demasiado abarrotado como para poder ver. Solo alcanzo a esto: Verna está en el suelo con las piernas separadas, como si estuviera muerta. De Jennette solo veo la cabeza, sus rizos que brillan por el gel; y el puño que va hacia abajo con fuerza. Grita «¡Zorra! ¡Zorra!». Hay muchas risas. La señorita Fernández corre hacia el pleito y la presilladora cae estruendosamente en el suelo.

Me paro en mi pupitre y veo a Verna. La falda de su uniforme subida para revelar unos boxers rojos de hombre. Hay vellos oscuros en sus muslos, una línea de pelos clara justo arriba de la rodilla donde no la dejan rasurarse. Esa es la regla en mi casa también. No se permite rasurarse por arriba de la rodilla, como si el suave vello de ahí fuera a avergonzarnos lo suficiente para dejarnos las faldas puestas. La mejilla derecha de Verna está hinchada y su cara se ve aún más grande. Su cabello dorado se ve revuelto, electrificado.

La señorita Fernández tiene agarrada a Jennette por la cintura y, al sentir el contacto de la mujer, Jennette empieza a cojear y llorar. Hay niñas alrededor para sostenerla y dejarla llorar en sus hombros.

—Esa zorra —dice Jennette ahogándose, succionando aire como si hubiera sido ella la golpeada.

—Arriba —le dice la señorita Fernández a Verna, quien se para sin que nadie la ayude.

La señorita Fernández dice:

—Síganme. Las dos —y Jennette y Verna se tambalean hacia fuera del salón, detrás de la maestra. Verna se abraza a sí misma.

Ahora todos hablan muy alto. Casi se siente como si el salón no pudiera contener la energía del momento, el entusiasmo de la pelea. Algunos rebotan arriba y abajo mientras hablan. Mike Grande está por el pizarrón imitando a Jennette. Lo escucho decir «Verna sabe a salchichas» y todos los chicos alrededor de él sueltan una carcajada y chocan los puños.

Mike Chico está en el marco de la ventana acomodando sus bolígrafos. Cuando se da cuenta de que lo estoy mirando sacude la cabeza. No puedo evitar pensar que está decepcionado de mí. Me vuelvo a sentar en el pupitre. Mis brazos tiemblan cuando pongo la cabeza entre las manos y no puedo detenerlos.

—Le dijiste —me confronta Verna cuando su suspensión se termina y ella regresa a clases. Jennette solo estuvo suspendida un día. Sus papás son los dueños de una tintorería en East Hialeah, se llama Tintorería Jennette y el Dr. Figueroa lava gratis sus trajes ahí.

—No le dije —le contesto, pero Verna no me está mirando—. Te presto mi *Liquid Paper* —le digo— todas las veces que quieras.

Silencio de nuevo. Luego, Verna susurra:

—Lo arruinaste. A mí. Todo. Arruinado.

Quiero decir algo. Quiero invitarla a mi casa para una fiesta pijama, quiero pedirle que venga a mi cumpleaños el próximo mes. Quiero ponerle delineador en el párpado y ponerle sombra dorada encima del delineador, para que sus ojos ardan con un fuego terrible.

Quiero confesar que el Viernes Santo, en la iglesia, la vi hablando con Mike Chico al lado de la fuente bautismal, que vi cómo sumergió sus dedos en el agua fría y lo salpicó con ella. Que vi cómo él se reía y cómo le tocó la frente, como si la estuviera bendiciendo. Quiero confesarle todo, admitir que sentí frío por dentro, como si me hubiera tragado el contenido de la fuente. Cómo, en menos de una hora, llamé a Jennette, rompiendo mi sacrificio cuaresmal de una horrenda pasada y le dije: Verna anda detrás de Mike Grande y dice que va a fingir que están juntos hasta que de verdad lo consiga.

Por supuesto que no digo ninguna de estas cosas. Me volteo en mi asiento, ojeo las páginas de mi libro de Ciencias Físicas y recuerdo que en enero de este año salí de la cafetería apurada y Verna me interceptó poniendo sus manotas en mis hombros. Apuntó a mi pierna, por la que corría un hilito de sangre desde el muslo hasta la pantorrilla, casi llegando a mancharme las medias. Yo grité y corrí al baño. Me hice cargo de mi primer periodo con montones de papel sanitario amontonados en mi ropa interior. Cuando abrí la puerta, Verna estaba esperándome.

—Está bien, Marisol. Nos pasa a todas.

Yo estaba temblando tanto que le agradecí asintiendo espasmódicamente. Afuera, nadie pareció darse cuenta de lo que acababa de pasar, la vergonzosa calamidad que acababa de evitar. Y hasta el día de hoy, ni un alma ha mencionado nada al respecto.

Disidencias y liturgias o lo que el *Liquid Paper* no consigue borrar

Laura Ruiz Montes | *Ediciones Vigía*

En el comienzo fue una violencia: «una mano áspera, demasiado tosca y demasiado grande para una chica de trece años». Esa chica es Verna Santos, esa mano áspera es la suya y esas son las primeras líneas de «Cuaresma»[1], relato de la narradora Chantel Acevedo, nacida en 1975, en Florida, de padres cubanos. *En el comienzo* fue una violencia. El insulto pensado, enarbolado contra Verna, por Marisol, una de las estudiantes de la escuela Saint Agatha, del sur de Miami, anuncia un período litúrgico donde habrá, efectivamente, penitencias pero donde la crucifixión no atañerá solo a Jesús sino que –parábola reactualizada– entre mujeres andará la cuestión. Entre adolescentes excluidas más bien, porque «Verna no es hermosa. Verna es la chica más fea que he visto en mi vida». Y esa *fealdad*, ese íntimo dolor vivido públicamente –porque «[…] el género propio no se "hace" en soledad. Siempre se está "haciendo" con o para otro, aunque el otro sea solo imaginario» (Butler 2006: 13)– es una panorámica de lo que habita más allá de la temporalidad de esta historia. Las estudiantes del cuento, adolescentes en lucha entre la ruptura y la sumisión al modelo impuesto al género, vivirán a la sombra de Saint Agatha –virgen y mártir protectora de las mujeres– una cuarentena que, lejos de reunir, potenciará la división y el desgarro. El período de limpieza y preparación para la nueva existencia, para la Pascua, el pasaje de la muerte a la vida, en este texto, no será ni tranquilo ni luminoso.

Chantel Acevedo suma la cuaresma a la nómina de otros espacios cerrados como la escuela (en este caso de enseñanza religiosa) y las normas sociales, donde intimidación y exclusión marchan a la orden del día. Sin

---

[1] «Cuaresma» (2011) fue publicado originalmente en *Notre Dame Review* 31: 101-110. Todas las citas pertenecen al volumen actual, en la traducción del inglés al español de Majo Delgadillo para la presente edición.

embargo, a la atmósfera litúrgica de cerrazón la narradora le dibuja puntos de fuga que si bien coquetean con otros sitios estancos también remiten a una sensación de apertura que se deriva de la multiculturalidad de Miami, espacio donde transcurre el cuento, y de una cierta ruptura en el deber ser femenino, eje sociológico que atraviesa la historia. En esas zonas de rompimiento asoman ancestros de Islas Canarias, rituales católicos cubanos y las confesadas masturbaciones de Verna Santos. Pero ni ancestros de ojos azules ni la Caridad del Cobre parecen tener importancia. En cambio, las masturbaciones de Verna ocupan lugar capital y dictan el comportamiento de sus condiscípulos. Masturbaciones-ingenuidad, masturbaciones-*statement*, que muestran a una mujer en formación, auténtica en su candidez y a todas luces opuesta a la construcción de lo femenino a la sombra de lo virginal y alejado del gozo y del deseo propio. Las masturbaciones-autenticidad divulgadas por Verna la hacen blanco fácil para recibir la ofensa y de paso *autorizan* la postura de rechazo de los otros.

Cualquier pretexto es bueno para justificar, en cuaresma y durante todo el año, la violencia sobre la otredad. En este caso, ese pretexto es el cuerpo tosco de Verna Santos, su nariz de cerda, sus párrafos corregidos por la maestra, marcados con tinta roja porque Verna Santos es eso: un error detectado, un dislate que camina y se atreve a asistir a la escuela, a entrar al círculo donde no debería tener cabida posible y, sobre todo, a existir, a contrapelo del ideal canónico de belleza femenina de rasgos suaves y atractivos, porque Verna Santos es fea. Verna Santos es fea y tosca y le llaman «cochina» por su nariz respingada. Verna Santos es fea y tosca y se enfurece. Y si *En el comienzo* del relato fue la violencia, en el *continuum* también lo es, aun cuando la maestría de Chantel Acevedo la vuelva a ratos casi sutil, como cuando logra que Verna crea en la sospechosa bondad de Marisol –esa Marisol que la narradora utiliza para contar la historia en primera persona. Marisol, tan generosa que le presta su botellita de *Liquid Paper* a Verna Santos. Marisol, compañera de aula de Verna, su igual pero no, su semejante pero tampoco. Marisol que se hace el firme propósito de no molestar a la niña tosca y fea durante la cuaresma. Cuarenta días lo pasa un sapo debajo de una piedra, diríamos… Marisol que le perdona a Verna haber gastado una buena parte del líquido corrector pintándose las uñas aunque ese gesto, en verdad, no debería sorprender a Marisol porque ¿acaso Verna Santos no es un error? Y si lo es, ¿el *Liquid Paper* no es mágico para eliminar los disparates, los contrasentidos, la tremenda afrenta al género y a la sociedad?

Las niñas se apartan cuando Verna se acerca y Marisol ni siquiera la roza cuando en la escuela mandan a tomar distancia –brazo extendido sobre el hombro de quien precede en la fila. El Miércoles de Ceniza, la mancha sobre la frente de Verna semeja letra escarlata por cuanto revela. El inmenso gris que le queda empotrado en su «[…] cara grande y desproporcionada» delata todo lo malo que por estar fuera de la norma debe ser combatido y *convertido*. Todo lo anterior forma parte de la *normalidad* de esta cuaresma. Por ello, si *En el comienzo* y en el *continuum* fue la violencia, no es culpa de Marisol porque Marisol es buena, es dulce, es fiel al ritual litúrgico, tanto que «[…] ha renunciado a ser cruel con Verna Santos», un esfuerzo tan difícil como el de Jennette, otra alumna, que se ha impuesto estar cuarenta días sin maquillaje. En el gesto de equiparar ambos sacrificios, Chantel Acevedo, en magistral maniobra narrativa, devela modelos establecidos y pone en evidencia los tópicos más crueles de una tradición y la espantosa democratización de sus rituales.

Las visiones estereotipadas, el poder de las estructuras y los roles tradicionales son explicitados, a la par que cuestionados, en este cuento donde el personaje de Jennette sí tiene apellido: Rodríguez, como Verna tiene el suyo: Santos, porque tienen padres. No pasa lo mismo con el personaje de Marisol, que no tiene apellidos sino que carga un nombre a secas, solo, casi huérfano. Marisol vive con su madre y su abuela porque en su casa los hombres no se quedan. Ella, hija y nieta de mujeres que fueron en su momento abandonadas, también podría ser apartada y censurada por la tradición cristiana, esa misma que celebra la cuaresma-encierro, la cuaresma-metáfora, la cuaresma-microuniverso. La madre y la abuela, y por extensión Marisol misma, han sido dejadas de lado por sus hombres y ese abandono las convierte, ante la sociedad, en buenas para nada, mujeres-deficiencias, mujeres-error. Para ellas también sería necesario usar la botellita de *Liquid Paper* pero no…

Verna tiene un padre que vocifera y es conminado a salir de la escuela religiosa casi *manu militari* mientras que el hogar de Marisol, vaciado de masculinidades, escapa del trazado patriarcal. Sin embargo, esa especie de deserción de la presión social ejercida sobre las mujeres, que pudiera acercarlas –en tanto marginales ambas, en un caso por exceso y en el otro por defecto–, en modo alguno las iguala. No hay solidaridad entre ellas porque no se sienten semejantes. Y si bien Marisol ha prometido ser buena, sacrificarse y no ofender a Verna, en cambio, no ha prometido defenderla. Hasta ahí no llega porque en verdad Marisol quiere cumplir los *requisitos* y parecerse a Jennette, femenina, hermosa y acicalada. Jennette, que sí tiene padre y hermano, que sí reúne los parámetros establecidos, aunque la abuela de Marisol crea que no es bueno que su nieta se mantenga muy cerca de esa familia porque «[…] una nunca puede saber qué es aquello que puede excitar a un hombre».

En el comienzo fue la violencia y *En el comienzo* también fue la sospecha. Una sospecha-hálito que se filtra por los entresijos de la narración. La abuela de Marisol sospecha de todos los hombres. Marisol sospecha que Verna le robará –oh, sacrilegio– todo el contenido de su botellita de *Liquid Paper*. A estas aprensiones se suma la que se cierne sobre Verna Santos, tosca, masculina, fea. Lo que une a estos personajes es el recelo, no la solidaridad de los humanos, ni la de los marginales ni la compartida entre mujeres. Ni siquiera la autovaloración de sí, en el caso de Marisol, su abuela y su madre, que han construido y se han reconstruido a solas, consigue ser vinculante o importante. Esa restauración de sus propias autoestimas, sin compañía masculina, nada les aporta, parecen no reparar en ello. Están demasiado ocupadas porque «[…] las tuberías gotean, los ventiladores del techo se queman y otras cosas rotas son amañadas con ligas de hule y cinta adhesiva porque nosotras no sabemos cómo repararlas». Solo pueden percibirse como mujeres abandonadas por hombres que desertaron del cosmos inacabado que ellas constituyen. Pero, aun percibiéndose de ese modo, son completamente incapaces de establecer una suerte de red de empatía entre su margen y el de Verna porque ambos, aunque vividos en paralelo, son líneas que jamás habrán de tocarse.

Sin embargo, sí hay semejanza entre dos de los personajes masculinos, adolescentes, estudiantes de la misma escuela a la cual asisten Marisol, Jennete y Verna. No por azar se nombran de la misma manera: Mike Gómez. La narradora, para diferenciarlos, les llama Mike Grande y Mike Chico; pero ambos tienen igual patronímico, significación que refuerza el germen de una autoridad patriarcal que necesita y merece ser duplicada, repetida, para existir por partida doble. Mike Grande es novio de Jennete y en su regazo ella se sienta mientras él la acaricia por debajo de la blusa. Es innegable –oh, Dios– que no son lo mismo esas caricias, aun cuando estén en el aula y la maestra está cerca, que *aquello* otro que hace Verna, con las salchichas. Pocas cosas pueden compararse con «sentarse en el regazo de un chico, con su mano tibia bajo tu blusa». Por eso Marisol siente envidia. El gesto le recuerda la posible herencia familiar de mujer minimizada e ignorada. A causa de ello, y para alejar la sospecha, a ratos se inventa un novio de barrio, cuando en verdad tiene sentimientos hacia Mike Chico, quien es apenas del «tamaño de un niño de sexto grado. Sus muñecas son como perillas afiladas y tiene unas sombras secas y opacas debajo de sus ojos cafés [y] [...] es oscuro y pequeño» pero también es especial y *diferente*. Y esta es la única diferencia aceptada por los personajes concebidos por Chantel Acevedo. La única que ante la mirada de los personajes destaca en el conjunto.

La abuela de Marisol cree que Mike Chico «tiene cara de que podría ser sacerdote cuando crezca», mientras la propia Marisol, que hace promesas de generosidad en cuaresma, piensa que esa es «una terrible idea». Queda evidenciada una contradicción fundamental entre las creencias reales del personaje sobre la religión y los sacerdotes y sus promesas de ser compasiva, magnánima y empática con lo *diferente*, con la otredad, mientras dure la celebración litúrgica.

El personaje de Marisol, ora sumisa, ora resistiéndose a las reglas sociales, provoca que en mitad de la cuaresma el lector se pregunte cuál de las dos fuerzas en pugna terminará dominando. El lector, a la altura del día veinte, se cuestiona si aparecerá algún indicio de superación, si en algún momento Marisol y Jennette, mujeres en etapa de conformación, quedarán definidas por algo más que por el atascamiento de las conciencias y la reincidencia en la violencia y la sospecha. Mientras estos cuestionamientos se manifiestan, resulta casi obvio que Verna Santos, auténtica, discordante, en penitencia, cargando con la cruz de sus incompatibilidades y contrastes, es una (re)lectura femenina del viernes santo y así, en vilo, estimulando preguntas sobre la Fe y el Ser femenino, transcurre el *récit* de Chantel Acevedo.

El día veintinueve de la cuaresma, otra alumna lleva una güija a la escuela para *comunicarse* con los espíritus. Un método de supuesta adivinación, de vecindad con el más allá, contrario a la reverencia hacia Dios, instala una vez más la sospecha en la narración. Una sospecha-péndulo que oscila entre la disidencia al modelo cristiano normativo, con sus riesgos y la seguridad y el amparo de un acuerdo con este. Verna y Marisol, por diferentes motivos y maneras, son marginadas del juego adivinatorio y a solas, ambas, construyen otra güija y con ella algo que podría parecer un intento fraterno, solidario. Alrededor de este acercamiento y de una posible esperanza parece gravitar el desenlace de la cuaresma. Como si de pronto todo se resumiera a compartir el pan y el vino entre condiscípulos que pudieran amarse.

Lo que había sido un período de violencia y sospecha pareciera terminar en calma y generar nuevas configuraciones pero la historia se alarga en el tiempo y cuando la maestra «quita el ribete de huevos coloridos [del] tablero de anuncios [y] [lo] reemplaza por un diseño de tablas de surf», cuando el anticipo del verano anuncia días luminosos y nubes transparentes en el horizonte, estalla una guerra donde se dirimen credos pasados y futuros. Una batalla entre las jerarquías instituidas y sus propios cismas. Una beligerancia, donde las partes implicadas devienen esencias que definen a los sujetos femeninos del relato.

La violencia y la sospecha trascienden sus propios límites y los impuestos por la cuarentena y allí, en medio de la escuela, se desata la guerra entre Verna y Jennette. De una parte, Verna –llorando, con la mejilla hinchada y unos *boxers* de hombre asomando por debajo de la saya del uniforme– queda totalmente expuesta en su feminidad limitada y en su soledad. Nadie la apoya ni abraza pero aquí soledad también quiere decir autonomía y aprendizaje a partir de recursos y herramientas propios. De otra parte, Jennette que grita, solloza y tiene un ejército de niñas que la quieren, la abrazan y reconfortan. Y en una esquina que se hace centro, los chicos, con Mike Grande a la cabeza, entronizando las burlas.

En el fragor de la batalla escolar se percibe una especie de eco, un extraño sonido de fondo, un ruido como de treinta piezas de plata cayendo, pagando la apostasía. Treinta piezas de plata, simbólicas, que expresan la traición final de Marisol, manifestada en aquella manera suya de contarle a Jennette que Verna era un peligro para su relación con Mike Grande, mientras temblaba de miedo al descubrir la complicidad entre Mike Chico y Verna, diferentes ambos y por lo mismo buscando cercanía. Treinta piezas de plata que marcan la imposible unión con la diferente, la *otra*. Treinta piezas de plata que hacen de Marisol un Judas en femenino capaz de provocar la crucifixión de Verna, capaz de traicionar el recuerdo del ya lejano día en que Verna le evitara una terrible exposición de su intimidad y la vergüenza ante los demás cuando le señaló, a tiempo, el hilillo de sangre que corría por sus piernas con la llegada de su primera menstruación. Treinta piezas de plata que revelan la improbable sororidad entre quien sigue las normas y quien transgrede el modelo arremetiendo contra Saint Agatha, por así decir. Treinta piezas de plata que en el cuento de Chantel Acevedo tampoco tienen devolución posible.

En el comienzo fue una violencia y una sospecha. Y en el *continuum* también lo fue. La textualización de la cuaresma-metáfora, la cuaresma-microuniverso, deviene la parte por el todo y se convierte en escenario ideal para una puesta en escena de la inconformidad femenina, los esfuerzos en la construcción del género, el vínculo entre tradición religiosa, patriarcado y el escamoteo de este. La trasposición del ritual litúrgico y del credo religioso alcanza alta cota en esta narración donde un grupo de adolescentes femeninas reproduce poderes del patriarcado bíblico mientras otra escapa a la norma y se separa del grupo.

De la misma manera que la religión entra en las adolescentes, el afuera entra en la religión. Ambos espacios se superponen en «Cuaresma», un cuerpo escritural complejo, alegoría de cualquier cuerpo social actual, donde habitan mujeres en formación, tempranamente erosionadas, que conviven junto a otra que paga, con creces, el precio de la diferencia. De ese universo signado por la violencia y la sospecha emerge triunfador (y no en victoria pírrica) el personaje de Verna Santos. Solidaria y dolida, golpeada y excluida, discreta y crucificada, pero también dueña de un poderoso sustrato histórico y metafórico es ella quien acuña la diferencia y se convierte en energía movilizadora en este relato brutal. Pese al crescendo dramático y al horror, lo inesperado de la anécdota final deviene tabique ético que cierra el paso al hálito amenazante que levitaba sobre el texto de Chantel Acevedo y abre la posibilidad de un cuestionamiento, real, a gran escala, necesario y productivo.

Bibliografía

Acevedo, Chantel (2011): «Cuaresma». En *Notre Dame Review*. 3: 101-110.
Butler, Judith (2006): *Deshacer el género*. Barcelona: Paidós.

Un cuento *casi* triste con un final *muy* feliz (cuento para niños adultos)

Yanitzia Canetti

Había una vez una isla en medio del Caribe. En esa isla, había una ciudad con un extenso balcón que daba al mar: la Habana. Y allí se vive del cuento y nadie se da cuenta de nada.

Olga se casó cuando tenía 17 años. Alexis le pidió matrimonio cuando él tenía 18. La boda se hizo en un suspiro. Y un suspiro después, nació el primer hijo. Era una niña. No era muy bonita. Más bien, no era bonita. Pero ellos le iban a poner un nombre muy bonito, como si eso lo remediara todo. Debo aclarar que para ellos, *bonito* era sinónimo de *raro*. Así que les tomó trabajo decidirse entre los bonitos nombres de Olgalexia, Alexiolga, Zahairalina, Kilimanjara y Yanitzia. Entenderán por qué la bebé agradeció que finalmente se decidieran por el menos bonito: Yanitzia.

Pero Yanitzia era un nombre taaaaaan largo para una bebé taaaan chiquita, que dejaron aquel largo nombre para documentos oficiales y la llamaron simplemente Yani. ¡Qué alivio para la criatura! Yani fue alimentada con leche materna, luego con leche de vaca, luego con frijoles negros y arroz blanco, luego con lo que había, que era poco para entonces.

Cuando Yani cumplió un año, su joven padre y su aún más joven madre decidieron hacer lo que hacen todos los jóvenes cuando se casan en un suspiro: divorciarse dos suspiros después.

La niña no lloró. Sus padres seguían viviendo bajo el mismo techo, porque en aquella isla, no hay un techo para cada persona. Tienen que agruparse dos, tres y hasta catorce personas bajo un mismo techo. La niña, repito, no lloró.

Su abuela Carmen había decidido vivir también bajo el mismo techo. Fue una decisión unánime (es decir, con ese único voto indivisible e incuestionable que tienen las abuelas). Ella había venido de Ginebra, y antes de Madrid, y antes de Castilla la Vieja, donde nació. También se casó joven, y como era una mujer de tradiciones, también se divorció, porque *al país que fueres, haz lo que vieres*, repetía.

La abuela Carmen quiso disfrutar de las ventajas de ser una mujer divorciada. Ya era una mujer hecha y derecha, sin hijos que criar porque todos estaban hechos y derechos. Así que ella se iba al cine Alameda, a comer pastelillos a la cafetería Villa Libertad, a comprar limones al puesto del chino José y a comprar pan fresco a la bodega del gallego Li. Daba vueltas por el barrio con su mantón de Manila, como solía hacer con sus hermanas por la calle Alcalá, allá por los años de *La verbena de la Paloma*.

¿Y Yani? Se quedaba en casa, mirando a través de los barrotes de su cuna, cuán enorme era el mundo. Para empezar, la casa era infinita. Desde la cuna, Yani no sabía dónde empezaba la casa, ni dónde terminaba. Ventanas eternas con enrejados complicadísimos. Baldosas con arabescos y laberintos de colores. Paredes que intimidaban a todas las escaleras del mundo. El techo era azul y tan alto, que muy bien podía hacer la función de cielo. Una casa del siglo de anteayer. Del año de la corneta. Del año del caldo.

Todos tan jóvenes y divorciados, queriendo volar en todas direcciones; todos tan libres y soberanos, pero bajo el mismo techo de una casa viejísima. Todos atados a una bebé que siempre los observaba desde la cuna, sin llorar.

Yani creció sin juguetes, pero eso tampoco la hizo llorar. En la isla solo daban tres juguetes al año porque no alcanzaban para todo el año y mucho menos para todos los niños. Eran juguetes que venían de países grandes, como Rusia y China. Eran juguetes pequeñitos como matriuskitas y palitos chinos.

Cada año, Olga iba a buscar sus numeritos de la suerte. Pero tenía tan mala suerte, que siempre le tocaban números altos para el sexto día, que era el último. Durante seis días que duraban las ventas de juguetes, las tiendas recibían a filas interminables de niños, acompañados de sus madres. Los que tenían la suerte de comprar el primer día por la mañana, salían abrazando sus muñequitas rusas, sus juegos de tacitas polacas, sus carritos húngaros, sus payasitos pekineses... Pero a medida que pasaban las horas y los días, los niños iban saliendo con carritos defectuosos y con soldaditos de plomo, y para el sexto día, los niños pegaban la nariz en las vidrieras para ver qué quedaba. Y entre todas esas narices pegadas a las vidrieras, estaba la de Yani.

Olga animaba a su hija de tres años. «Ya verás que dentro de la tienda encontramos algo bonito para ti, no todo lo que hay en las vidrieras es lo que hay allá dentro». Pero cuando finalmente entraban, se daban cuenta de que ni siquiera quedaba todo lo que estaba expuesto en las vidrieras. Olga no perdía la ilusión de comprarle a su hija esos tres únicos juguetes con los que jugaría durante los 365 días del año. Yani nunca alcanzó una muñeca. En su lugar, pudo optar por arcos y flechas, pelotas inflables y alguna que otra cosa disponible.

Cuando Yani cumplió 4 años, su joven madre se dio cuenta de que ya la niña no podía vivir dentro de una cuna y sin juguetes. Tampoco podía pasarse más de ocho horas en la guardería infantil. La abuela Carmen dejó en claro que ella no podía cuidar a Yani todos los días, tal vez solo un día cualquiera, sin compromiso, que ahora era una mujer divorciada, hecha y derecha y que le tocaba disfrutar un poco de la vida. Alexis, el joven padre, le dijo que él tenía cosas muy importantes que hacer, que ahora mismo tenía una reunión de trabajo impostergable para resolver las piezas de repuesto del torno de la fábrica de moldes y troqueles.

Olga se vio sola, con una niña colgada de su mano izquierda, mirándola fijo y sin llorar. Entonces se le ocurrió la estupenda idea de dejarla en una biblioteca mientras ella terminaba sus estudios universitarios por la noche, después de su jornada laboral. ¡Una biblioteca! Nada menos que en la biblioteca más grande de la isla.

Al principio, la niña de 4 años no supo qué hacer. La biblioteca era mucho más grande que su enorme casa. Las paredes estaban forradas de libros hasta el techo. A las cuatro de la tarde todavía quedaban algunos niños, pero luego sus padres los venían a buscar y solo quedaban algunas bibliotecarias con espejuelos y pelo blanco.

Yani se sentaba tranquilita en una mesa, sin hacer ruido, y sin llorar. Observaba los libros de reojo. Un viernes se levantó y sacó un libro grueso de un estante. Estaba lleno de códigos secretos, letras pegadas unas con otras, luego separadas, separadas por puntos y por comas y por puntos y comas y por puntos suspensivos. ¡Eran palabras! ¡Oraciones! ¡Párrafos enteros! Yani cerró el libro de un tirón, asustada por todo lo que no podía entender.

«¿Cuándo vendrá mi mamá a buscarme?», pensó. «¿Se habrá olvidado de mí? ¿Me dejará para siempre en esta biblioteca?» A falta de juguetes, de hermanos, de amigos y de una mamá que viniera a recogerla temprano, a Yani no le quedó más remedio que desentrañar el misterio de aquellos objetos llenos de hojas y letras. Los miraba, los hojeaba, los volteaba al derecho y al revés, los abría y los cerraba, los olía, los tocaba por todas partes.

Así pasaron los días y Yani comenzó a asociar las ilustraciones de los libros con las palabras que estaban cerca, y comenzó a asociar las palabras que veía en un libro con las de otros libros. Las dibujaba en papeles en blanco que le regalaba Malva Rosa, la bibliotecaria. Las combinaba con otras palabras, intercambiaba unas letras por otras, las recordaba y jugaba a descubrirlas en los letreros de las calles y a verificar su significado. Y fue así, y así, y así, que Yani empezó a imaginar, a suponer, a comparar, a verificar, a entender y finalmente... ¡a leer! Y una vez que se dio cuenta que podía leer, ya nada le resultó imposible de descifrar, ni siquiera el mundo que la rodeaba.

Yani ya no estaba triste por no tener hermanos. Algunos libros eran como hermanos mayores: le daban consejos; otros eran como sus hermanos menores: pedían más atención y cariño y cuidados.

Yani ya no estaba triste por no tener juguetes, las lecturas la hacían imaginar los artefactos más divertidos para jugar... una alfombra mágica o un talismán de la suerte o una flor de pétalos que cumplen deseos.

Yani ya no estaba triste por no tener amigos, ¡los libros siempre estaban con ella, en las buenas y en las malas, le contaban secretos, la hacían reír! ¡Amigos para toda la vida!

Y Yani viajaba por lugares que jamás había conocido. Hizo un *Viaje al centro de la tierra*, hizo *Veinte mil leguas de viaje submarino*, y fue también a *La isla del tesoro*, y viajó alrededor del mundo en 80 días, y a Liliput, y al País de las Maravillas y a Siempre Jamás...

En los libros estaba todo: la tristeza y la felicidad, el amor y el egoísmo, la sabiduría y la brutalidad, el valor y la cobardía, y había princesas y mendigos, palacios y chozas, naves cósmicas y carruajes, animales que actuaban como personas y viceversa... ¡cuánto, cuánto, cuánto había en cada libro!

Cuando Olga acudía apurada a buscar a su hija, la niña le suplicaba: «déjame un ratito más, mami, ya casi llego al final...».

Los libros despertaron la imaginación de Yani. Y con tanta escasez en la isla, la abundancia de imaginación en una niña de 4 años podía causar problemas de todo tipo.

Para empezar, un día la niña desapareció. La buscaron por toda la casa. La buscaron por todo el barrio. La llamaron a grito pelado. Le avisaron a la policía, a los bomberos, a los vecinos, a la presidenta del comité de defensa de la revolución, a la presidenta de la federación de mujeres cubanas, a los veteranos de la guerra, a los contingentes de trabajadores voluntarios, a las Hermanas de la Caridad, a los testigos de Jehová, al bodeguero y al pescadero, a Masantín el torero. «Yani, Yani», la llamaba la abuela Carmen. Yaaaani, YAAAANI, la llamaba la madre. «¡Yanitzia Canetti!», la llamaba el padre. Pero ni rastro de la niña.

El sol se cansó de estar en el cielo y se acostó detrás del mar. Olga se sentó a llorar y a descubrió un pie desnudo debajo de la mesa. ¡Era la niña! ¡Era Yani! *¡La niña apareció! ¿Estás bien, Yani? ¡Alexis, Carmen, vengan, la niña está debajo de la mesa! ¿Qué tiempo llevas allá abajo? ¿Por qué no respondías, niña malcriada? ¿No escuchaste que estábamos todos como locos creyendo que te había pasado algo malo?* Pero Yani permanecía debajo de la mesa. Inmutable. Sin responder. Y, por supuesto, sin llorar. «Yo soy Cenicienta», dijo Yani a modo de larga explicación. «Perdí un zapato de cristal», fue todo lo que añadió ante tanta insistencia.

A Yani la llevaron de inmediato al psicólogo, que es la persona que cura «el mal de la imaginación exagerada y exuberante». El psicólogo dijo que no era tan grave, que para remediarlo, trataran a la niña como Cenicienta a partir de aquel momento y asunto arreglado.

Al día siguiente, la niña volvió a desaparecer. «Cenicienta, Cenicienta», la llamaba la abuela Carmen». ¡Cenicieeenta, CENICIEEENTA!, la llamaba la madre. «¡Cenicienta Canetti!», la llamaba el padre. Pero ni rastro de la niña.

La encontraron al poco rato, metida debajo de la cama, jurando que aquello no era una cama, sino una choza y que ella era Blancanieves.

–¿Pero no dijiste que eras Cenicienta? –la regañó la abuela Carmen.

–Eso fue hace una semana –dijo la niña con voz de princesa de Disney–. Hoy soy Blancanieves.

La imaginación no solo estaba enloqueciendo a la niña, también a toda la familia. Pero finalmente se acostumbraron a convivir con Aurora, la bella durmiente, con Rapunzel, con Pulgarcita, con una raní hindú, con una guerrera amazonas, con una valkiria, con una apache, con una zarina rusa, con una hawaiana, y a veces, muy pocas veces, con Yani.

Los años fueron pasando y la niña fue creciendo. Creció tanto que un día le regalaron un pastel con quince velitas encendidas, y años más tarde terminó la universidad, y luego se enamoró de un muchacho muy divertido a quien también le encantaban los libros. Y viajó a un lugar muy lejano donde el sol era tímido y apenas salía al cielo. Tiempo después tuvo un niño y luego otro, a quienes les puso nombres muy cortitos: Ares y Eros.

Yani quiso contar historias y comenzó a escribir cuentos. Hoy escribe de príncipes azules, de lunas cumplidoras-de-deseos, de hipopótamos completamente diferentes y de elefantes despampanantes. Escribe desde su casa, en medio de un bosque de nieve, viendo crecer a sus hijos cuyos nombres le recuerdan los cuentos legendarios que leyó de niña, Ares y Eros.

Y aunque el final de este cuento no se ha escrito aún, les adelanto que Yani es muy feliz aunque nunca haya comido una perdiz.

Y llora, sí. Llora de felicidad cada vez que lee un buen libro.

Leer para sobrevivir
Una microbiomitografía de Yanitzia Canetti

Michele C. Dávila Gonçalves | *Salem State University*

Yanitzia Canetti es editora, traductora, profesora y autora cubana de novelas, cuentos, poesías, teatro y libros para niños. Reside actualmente en los Estados Unidos. Su producción literaria es conocida por el erotismo, el feminismo, la sátira y el humor, mas también por los detalles autobiográficos y su obsesión con la muerte. Estos temas y estilos son evidentes en su obra más comentada, la novela autobiográfica *Al otro lado* (1997), donde la narradora le confiesa a un sacerdote toda su historia sin ambages. Este texto «es un viaje de introspección y una explicación de la diáspora de la autora» (Dávila 2018: 44), que resalta a un ser femenino aprisionado física y emocionalmente en una existencia que no puede controlar y de la cual tiene que huir para poder sobrevivir. Ese mismo año Canetti publica *Novelita rosa*, un texto satírico lúdico que se enfoca en el discurso y lenguaje de las telenovelas mexicanas. En 2009 aparece la colección de cuentos *La muerte nuestra de cada vida*, de tono filosófico-humorístico, donde se presentan los distintos avatares de la muerte resaltando las antítesis de la existencia humana. En 2010 publica la novela *Adiós, bestseller*, sobre «los desencuentros humanos y absurdos que se generan» bajo una dictadura, obra que será reeditada próximamente (Canetti entrevista). En 2019 aparece una revisión de su segunda novela, *La vida es color de Rosa*.

En cuanto a su obra poética, incluye *Augurios, señales y profecías* (2012), una colección de poemas escritos en la adolescencia, y *Entre la espada y la pared* (2012), donde continúa el duelo entre las oposiciones de vida/amor/cárcel y muerte trabajada en sus cuentos. En 2015 se publica *Eva recién nacida*, donde la autora hace una lectura feminista, irónica e irreverente de la figura de la mujer desde los primordios de la civilización. No obstante, su mayor producción literaria está vertida hacia la literatura infantil, y ya sobrepasa los quinientos volúmenes entre sus creaciones y traducciones bilingües de reconocidos libros infantiles. Es como resultado de su desempeño en este menester que la obra de Canetti se sumerge en un mundo de mitos y fábulas, donde la realidad y la fantasía son parte de la vivencia humana.

El relato –hasta ahora inédito– que se analizará en este ensayo, «Un cuento *casi* triste con un final *muy* feliz (cuento para niños adultos)», sirve de puente a todas sus preocupaciones y estilos. Recoge desde la fabulación mítica de los cuentos para niños a la injerencia autobiográfica de sus textos, pasando por el humor y lo lúdico con el propósito de analizar una vida femenina y, en este caso, especialmente el placer derivado de la lectura. En esta, que llamaré microbiomitografía, Canetti se sirve de la metalepsis, «de esa peculiar relación causal que une [...] al autor con su obra» (Genette 2004: 15) para explicar su génesis como escritora y resaltar el placer del texto y el gozo que proviene de la buena literatura, según los preceptos de Roland Barthes. Finalmente, son los libros los que han hecho posible que la protagonista logre sobrevivir un pasado esencialmente solitario y descubra su razón de ser.

En «Un cuento *casi* triste con un final *muy* feliz» Canetti trabaja el lenguaje de los cuentos infantiles pero esta vez con un obvio toque autobiográfico que mediante la metalepsis le adjudica otro nivel de lectura, el de la biomitografía. Este término fue creado por la norteamericana Audre Lorde en su libro *Zami: A new spelling of my name* (1982), en donde la autobiografía se mezcla con concepciones mitológicas de la propia historia de la autora. O sea, la vida de Lorde es presentada como si fuera parte de un mundo mítico e histórico. Katie King define el término como «a writing down of our meanings of identity [...] with the materials of our lives» (1988: 330). Una escritora al recordar su pasado recurre a ideas y fantasías que la persiguen para poder completar los espacios en blanco de lo que no recuerda o no entiende. Por eso se puede decir que es una forma de recomponerse mediante la memoria. En este tipo de texto la autora se vale de estrategias para construirse como un sujeto con identidad propia utilizando narrativamente todos los medios posibles, incluyendo una variedad de géneros literarios, inclusive dentro de un mismo texto. King añade: «Layers of meanings, layers of histories, layers of readings and rereadings through webs of power-charged codes mark biomythography» (1988: 336). Es decir, son todos los intertextos que llegan a establecer alguna conexión con una persona los que la hacen reconstituirse en sujeto. Es por estas razones que veo este microrrelato de Canetti como biomitografía. Es evidente cómo la autora mitologiza su biografía concentrándose en el período de su vida en que se forma como lectora, lo que consecuentemente en un futuro la hará convertirse en escritora.

Canetti se propone explicar una vivencia y un mundo desde la mirada de una niña, algo que había hecho anteriormente en *Al otro lado*. La diferencia aquí estriba en el lenguaje y en el personaje mismo. En «Un cuento *casi* triste con un final *muy* feliz» se explica, por así decir, la razón de existir de la autora. El cuento es narrado con el lenguaje de fábulas, y el mito se inserta por el uso de una metalepsis, pues el nombre de la protagonista es Yanitzia, como la misma escritora. Yani, como es llamada, resulta ser una niña prodigio que se enseña a sí misma a leer. El espacio geográfico del relato ocurre en un lugar reconocible, La Habana, lo que le confiere verosimilitud a la narración. Se está ante el nacimiento de una lectora voraz, y el relato se torna en mito al ser narración fundamental sobre la creación de una escritora, pero también de una madre. Sus hijos en el texto, remedando a dioses mitológicos griegos, son Ares y Eros, al igual que sus hijos reales, subrayando la metáfora de que tanto sus hijos como sus libros son resultado de una actividad procreadora y creadora.

Desde el título se plantea la propuesta de hacer una conexión entre el mundo de los niños y el de los adultos. Es como si en un cuento se sintetizaran todas las técnicas narrativas exploradas en la producción literaria de Canetti. Yvette Fuentes explica que «Canetti relies on a number of narrative techniques, such as fantasy, parody and allegory, to represent, and at the same time, undermine history and redefine identity» (2002: 21). Es interesante notar que el propósito de una redefinición personal y literaria continúa en este relato, junto a un proyecto mitologizante de la historia de la autora, ya que verosimilitud y fábula comulgan en el texto. Abundando sobre lo que ocurre en las obras de Canetti (y de las escritoras cubanas de la diáspora Zoé Valdés y Daína Chaviano), Fuentes explica:

> In their works, characters are often isolated and in fact, isolate themselves (aislarse —as in becoming an island), in order to survive their daily reality. They fantasize, create and re-create, write and rewrite a past and a history for themselves; talking back to a nation-state that has attempted to silence them. In these novels, the nation's (Cuba's) heroes are demystified, and the patriarchal family ultimately appears fragmented and powerless. (2002: 112-113)

Esta preocupación también es evidente en «Un cuento *casi* triste con un final *muy* feliz». Aquí Canetti resalta el tema del aislamiento y la soledad, pero en este caso no como algo necesariamente negativo, sino como algo que le brinda la oportunidad al personaje de Yanitzia de ser lo que quería, lo que finalmente logra ser. El final feliz es un elemento que se mantiene en todo cuento infantil moderno y aquí no falta, pese a la vida aparentemente solitaria de la niña.

El texto comienza con el consabido «Había una vez» que remite a una época pasada y a una tradición literaria específica, la de los cuentos de hadas. El lugar es mencionado después –«una isla en medio del Caribe»– para anclar el relato en una ubicación concreta aunque innombrada, y que de hecho tampoco aparece nombrada en su novela *Al otro lado*. Es como si el nombre de Cuba aún fuese doloroso. No obstante, inmediatamente después, el lugar será reconocido al mencionar escuetamente a La Habana. Nombrar la capital donde la niña Yani nació y fue criada le da al relato un centro hogareño, personal y familiar que sobrepasa la situación del país. Es como si su mundo se concentrara en un punto cálido y amoroso, aunque no sin dificultades.

El humor sarcástico de Canetti, llamado «burlesco» por Antonio A. Fernández Vázquez (2004: 279) y evidente en su literatura para adultos, no deja de aparecer aquí. Luego de esbozar un espacio temporal específico, la narradora implícita suelta su primer comentario humorístico mordaz: «Y allí se vive del cuento y nadie se da cuenta de nada». Esta oración imprime un juicio de valor sobre un lugar conocido por ella. A través del juego de palabras se nos remite a lo que no hay, a engaños, artimañas y, finalmente, ignorancia.

En el relato se presentan dos personajes jóvenes, Olga y Alexis, que se casan con 17 y 18 años respectivamente, y que son los nombres reales de los padres de la autora. De esta pareja nace una niña a la que querían ponerle un nombre «bonito». En este momento ocurre la primera metalepsis discursiva. Según Dorrit Cohn, este tipo de metalepsis «consists in the habit of certain narrators interrupting the description of the routine actions of their characters by digressions; it results in a light-hearted and playful synchronization of the narration with the narrated events» (2012: 1). La autora implícita hace esto cuando da una explicación personal extratextual al decir: «Debo aclarar que para ellos, *bonito* era sinónimo de *raro*».

Esta explicación sirve para entender otra propuesta lúdica de la autora, la cantidad de nombres raros por los que pasaron antes de llegar al de la protagonista: Olgalexia, Alexiolga, Zahairalina, Kilimanjara. Finalmente, atinan con el nombre y llaman a la niña Yanitzia. La primera reacción ante el hecho de que el personaje principal tenga el mismo nombre que la autora del cuento es de desconcierto: «it stirs up in the reader a feeling of disarray» (Cohn 2012: 110). Al continuar la lectura se hace claro que Yanitzia, la protagonista, no tiene consciencia de su otra existencia dentro del cuento. Al continuar la lectura y notar el humor del relato, la intromisión del mundo real en el texto, la metalepsis deja de ser causa de alarma. Cohn explica: «When metalepsis occurs in a humorous novel [...] the anxiety of the reader gives way to his amusement» (2012: 111). De hecho, no hay otra intromisión directa en el texto por parte de la autora. La metalepsis discursiva que ocurre al principio: «opens a small window that allows a quick glance across levels, but the window closes after a few sentences, and the operation ends up reasserting the existence of the boundaries» (Genette 1980: 207).

Al seguir el crecimiento de esta niña se menciona un detalle que se convierte en *Leitmotiv*: la niña no llora. Después de que se divorciaran sus padres, quienes jocosamente se habían casado «en un suspiro» y se divorciaron «dos suspiros después», la narración dictamina: «La niña no lloró». Tal vez no llora porque su padre continuó viviendo en la misma casa «porque en aquella isla, no hay un techo para cada persona», lo cual refleja la situación económica del país. Su abuela Carmen también vive en la misma casa. Se la describe como una mujer libre, no tan solo por ser divorciada sino también por ser una típica *flâneuse* urbana que se pasea por las calles de la Habana con un mantón de Manila. A través de la mirada de la abuela la autora implícita hace una descripción detallada de una ciudad diversa, recreando aquella época con obvia nostalgia y cariño. Se mencionan lugares distintivos como el cine Alameda, la cafetería Villa Libertad, el puesto del chino José y la bodega del gallego Li.

Esta imagen de total soltura de la abuela contrasta con la mirada de la pequeña Yani observando el mundo desde su cuna de barrotes, en una suerte de metáfora de los habitantes de la isla. Desde el punto de vista de la pequeña su alrededor se agiganta al ver cada punto de la casa «infinita», lo que la intimida porque se trata de una casa antigua: «Del año de la corneta. Del año del caldo»[1]. La pequeña vivía en los rescoldos de una época grandiosa ya pretérita, de la cual no hubiera participado o formado parte en aquel entonces, pero que en el momento de la narración es parte de su vida. Nuevamente se observa a una niña en una cuna «sin llorar» mientras los adultos hacen sus vidas independientes, sin prestarle mucha atención. Un aspecto en el que la voz narrativa hace hincapié es que Yani no tiene juguetes[2]. Este factor tan esencial de la infancia se contrasta con la situación política y económica del país de la niña. El relato da una explicación del porqué al hacer otro comentario sobre el sistema económico de Cuba: «En la isla solo daban tres juguetes al año porque no alcanzaba para todo el año y mucho menos para todos los niños», y los que llegaban eran de Rusia o de China. Sin embargo, esto no afectaba a la niña: «eso tampoco la hizo llorar». Para conseguir algunos juguetes la madre hace lo que todo el mundo hace, esperar en «filas interminables» para ver si tiene la suerte de conseguir algún juguete bonito. Pero Yani recuerda que «nunca alcanzó una muñeca».

La presentación de la niña en el relato es la de un pequeño ser autosuficiente que aprende del mundo no por el contacto continuo con adultos sino por observación casi científica. De bebé se pasaba ocho horas en la guardería infantil, pero eso tuvo que cambiar cuando cumplió cuatro años. Su abuela no podía hacerse cargo de la niña todos los días, su padre dio la excusa de que tenía cosas que hacer y su madre no sabía qué hacer con la pequeña, pues quería asistir a la universidad. Yani parece una niña que se sabe un estorbo para su familia y en su mirada se refleja una sabiduría anciana: «Olga se vio sola, con una niña colgada de su mano izquierda, mirándola fijo y sin llorar». Y fue debido a esa necesidad de encontrar un remedio para el aislamiento de su hija que la madre decide dejarla en la biblioteca de la universidad mientras termina su carrera por las noches. Es en ese mundo de libros donde ocurre una transformación prodigiosa, o como diría Genette, «una simulación lúdica de credulidad» (2004: 28).

Esta niña de cuatro años vivía en la biblioteca sin entender lo que se hacía allí. El silencio como parte del ambiente es lo que le permitía a Yani

---

[1] Esta imagen es semejante al principio de la novela *Al otro lado*, cuando describe cómo una bebé ve e interpreta su mundo.

[2] En la web de la autora hay un apartado donde menciona lo mismo: <http://www.yanitziacanetti.net/yanitzia-canetti-recuerdo.html>.

observar y concentrarse: «Yani se sentaba tranquilita en una mesa, sin hacer ruido, y sin llorar». Los libros le parecían como un misterio «lleno de códigos secretos», que la atemorizaban porque no podía entender lo que eso significaba. Como no había nadie que se pudiera ocupar de ella «a Yani no le quedó más remedio que desentrañar el misterio de aquellos objetos llenos de hojas y letras». Y sin que mediara nadie surge el aspecto maravilloso del cuento en aras de la propia protagonista.

Yani comienza a develar el sentido de las letras y los espacios poco a poco, jugando con las palabras, pasándolas a papel, intentando descubrirlas en otros lugares, como los letreros de las calles. En ese mundo silencioso lleno de libros un ser humano completamente solo descubre el sentido del universo y aprende a leer. La noción de aprender a leer sola entra en el mundo de lo fantástico. Es algo que da la sensación de no ser verosímil, por la dificultad que involucra el proceso de aprender a leer, pero la narración detallada presenta el proceso como verosímil y lógico. Este elemento maravilloso une este cuento a todos los otros que Yani comenzará a leer con una voracidad inaudita. Es como si se presentara la creación de un nuevo mito, el origen de una lectora superlativa. La pequeña descubre el placer del texto, o como diría Barthes: «Texto de placer: el que contenta, colma, da euforia; proviene de la cultura, no rompe con ella y está ligado a una práctica confortable de la lectura» (1982: 13). Los libros se convierten en los amigos y familiares de Yani. La soledad y la tristeza que no se había permitido expresar antes, pero que hace patente el continuo uso de la frase «la niña no lloró», se desvanece tan pronto descubre el secreto de las letras. La niña accede así a un mundo mágico, lleno de lugares interesantes y maravillosos que la protegen, manteniéndola cuidada y confortada.

Para que se entienda qué tipo de mundos la pequeña Yani visita en sus lecturas la narración provee intertextos explícitos: *Viaje al centro de la tierra*, *Veinte mil leguas de viaje submarino* y *La isla del tesoro*. Otros son metatextos[3] que se deducen de la narración, como los cuentos «La alfombra mágica», «El talismán de la suerte» y las novelas *La vuelta al mundo en 80 días*, *Las*

---

[3] Genette llama metatextos a aquellos textos que hacen comentarios de otros sin mencionarlos explícitamente: «It unites a given text to another, of which it speaks without necessarily citing it (without summoning it), in fact sometimes even without naming it» (1997: 4).

aventuras de Alicia en el país de las maravillas y *Peter Pan*. Estos intertextos de literatura infantil o juvenil, sean fantásticos o no, dialogan con «Un cuento *casi* triste con un final *muy* feliz». Al convertirse en una devoradora de libros, una suerte de ratón de biblioteca, la vida y la imaginación de la niña se llenan de cuentos maravillosos y fábulas donde realidad y ficción se entremezclan. Con los libros Yani recibe una educación antes de su educación formal, porque llega a conocer lo que motiva al ser humano, tanto lo positivo como lo negativo. Esto llega al extremo de que al final de cada día la niña no quería regresar a casa, porque los libros la hacían trascender el mundo en que vivía. Al romper las barreras de su insularidad, los libros hicieron que su imaginación creciera más allá de lo que su entorno y su familia podían ofrecerle. El cuento deja de ser *triste* en el momento en que Yani aprende a leer.

Sin embargo, eso también resultaba peligroso: «Los libros despertaron la imaginación de Yani. Y con tanta escasez en la isla, la abundancia de imaginación en una niña de 4 años podía causar problemas de todo tipo». Un día la niña desaparece. Jocosamente, la narradora deja ver la estructura jerárquica de los niveles sociales del país, los medios oficiales y los no oficiales, como los religiosos, al enumerar a todas las personas que se involucran en la búsqueda:

> Le avisaron a la policía, a los bomberos, a los vecinos, a la presidenta del comité de defensa de la revolución, a la presidenta de la federación de mujeres cubanas, a los veteranos de la guerra, a los contingentes de trabajadores voluntarios, a las Hermanas de la Caridad, a los testigos de Jehová, al bodeguero y al pescadero, a Masantín el torero.

Transcurre un día completo, hasta que la madre la descubre debajo de una mesa: «Inmutable. Sin responder. Y, por supuesto, sin llorar». La pequeña había llegado a un punto donde no solo se sumerge en mundos de ensueño estando en la biblioteca. Disfrutar del simple placer de la lectura la lleva a un grado más exaltado, el de la «jouissance» de Barthes, un goce que puede romper su posición de sujeto y hacerla entrar en otra experiencia transformadora. A propósito de este proceso de goce, dice Barthes: «hace vacilar los fundamentos históricos, culturales, psicológicos del lector, la congruencia de sus gustos, de sus valores y de sus recuerdos, pone en crisis su relación con el lenguaje» (1982: 13). El primer placer descrito es pasivo, pero este segundo es activo y logra poner a la niña en crisis con su lenguaje.

En el caso de Yani, su placer pasa de «plaisir» a «jouissance» cuando decide entrar en el mundo de fantasía y representar los papeles que lee. La primera vez que ocurre permanece muda por todo un día, el de su primera desaparición. Obviamente escucha los gritos de quienes la están buscando, pero para ella en realidad no la estaban llamando a ella: ese sujeto no existía, era otra persona. A través de la palabra y los libros la niña entra en una crisis de identidad que afecta a toda la familia. Tal vez su mudez temporal obedeciera a que las palabras no le resultaban suficientes para describir lo que sentía al haber descubierto un mundo alternativo gracias a la lectura. Su familia queda consternada, porque no comprende cómo Yani puede sustraerse de su entorno al grado de no reconocerse a sí misma.

Los libros la llevaban a recrearse en personajes literarios en un intento de entender por sí misma esas otras subjetividades y esos otros mundos: cuando por fin, aquel primer día, encuentran a la niña, dice que es Cenicienta y que había perdido su zapato de cristal. Por horas no había respondido a ningún otro nombre que no fuera Cenicienta, totalmente enajenada de su realidad como el sujeto Yani. Este poder de la niña-prodigio para sustraerse a su entorno y sumergirse en la fantasía de los cuentos la hizo parecer más rara que si la hubieran bautizado con alguno de aquellos nombres estrambóticos que querían ponerle sus padres. Por recomendación de un psicólogo, la familia se hace partícipe de este juego de fantasía. Pero todo es pasajero: de Cenicienta pasa luego a ser Blancanieves y después Aurora, Rapunzel, Pulgarcita y otros tantos personajes. Esta «locura» es la que la ayuda a sobrevivir su soledad durante la infancia; más tarde, ese mundo ficcional que la hizo entender otros mundos posibles la ayudó a trascender, pero esta vez físicamente, el mundo familiar que la limitaba, y del cual finalmente salió.

A partir de este momento-eje en la vida de Yanitzia, el resto de su biografía se narra rápidamente, como si fuera una enumeración: los 15 años, los 21 años, su primer amor («se enamoró de un muchacho muy divertido a quien también le encantaban los libros»), su partida «a un lugar muy lejano donde el sol era tímido» (los Estados Unidos, el «otro lado» de su novela), y el nacimiento de sus dos hijos Ares y Eros, el dios de la guerra y el dios del amor, como los dos polos opuestos de la existencia humana. Pero ya no bastaba con leer y entrar en un mundo de ficción.

Se hizo imperativo que Yani contara sus propias historias, y que de esa manera se convirtiera ella misma en autora.

Tanto los datos biográficos como los intertextos literarios sirven para explicar la constante fascinación de la autora con el mundo de los cuentos maravillosos. Al final, la narración hace referencia a algunos de los libros infantiles de la autora –«Hoy escribe de príncipes azules, de lunas cumplidoras-de-deseos, de hipopótamos completamente diferentes y de elefantes despampanantes»– y menciona que vive actualmente en «un bosque de nieve», algo que podría parecer ficción para los que no saben que vive en realidad en un bosque de Nueva Inglaterra. El final de «Un cuento *casi* triste con un final *muy* feliz» no es un final, porque aunque no termine con el típico «Vivieron felices para siempre», su historia/vida aún no termina.

La narradora hace su segundo y último comentario metaléptico y lúdico cuando escribe «Y aunque el final de este cuento no se ha escrito aún, les adelanto que Yani es muy feliz aunque nunca haya comido una perdiz». Ahora puede llorar, pero ese llanto no es de tristeza sino de felicidad. Se puede inferir que es por lo que ha logrado en su vida y por el placer de ser madre y escritora; el texto remite la felicidad a otro aspecto, al de seguir leyendo: «Llora de felicidad cada vez que lee un buen libro». La lectura sigue siendo el eje de la vida de Yani, su placer y su goce.

La lectura de «Un cuento *casi* triste con un final *muy* feliz (cuento para niños adultos)» provoca primero desasosiego por el cruce de mundos que suscitan la metalepsis de la autora y la protagonista con el mismo nombre. Una vez pasado ese primer momento de extrañeza, el placer y goce de la niña Yani se convierte también en el placer de los/las lectores/as. La microbiomitografía, que presenta a una niña que aprende a leer sola en una biblioteca en un mundo donde nadie puede hacerse cargo de ella, hace que el prodigio se vea como algo natural y maravilloso a la vez. Y de hecho, Yanitzia Canetti asegura que fue así como aprendió a leer.

Bibliografía

Barthes, Roland (1982): *El placer del texto y lección inaugural de la cátedra de semiología literaria del Collège de France*. Epub libre: <http://ceiphistorica.com/wp-content/uploads/2016/01/rbplac.pdf>.

Canetti, Yanitzia (1997a): *Al otro lado*. Barcelona: Seix Barral.

— (1997b): *Novelita Rosa*. Boston: Versal.
— (2009): *La muerte nuestra de cada vida*. Boston: CBH Books.
— (2010a): *Adiós, bestseller*. Boston: CBH Books.
— (2010b): *La vida es color de Rosa*. Boston: CBH Books.
— (2012a): *Augurios, señales y profecías*. Boston: CBH Books.
— (2012b): *Entre la espada y la pared*. Boston: CBH Books.
— (2015): *Eva recién nacida*. Boston: CBH Books.
Cámara, Madeline (2003): «Novelistas cubanas en Estados Unidos: entre la memoria y la invención». En Alonso Gallo, Laura & Murrieta Rodríguez, Fabio (eds.): *Guayaba sweet: literatura cubana en Estados Unidos*. Valencia: Aduana Vieja, 53-71.
Cohn, Dorrit (2012): «Metalepsis and mise en abyme». En *Narrative* 20 (1): 105-114.
Dávila Gonçalves, Michele C. (2018): «Los avatares de la muerte en la obra de Yanitzia Canetti». En Peraza-Rugeley, MargaritaA. & Perea-Fox, Susana (eds.): *Descifrando Latinoamérica: género, violencia y testimonio*. Morelos: Universidad Autónoma del Estado de Morelos, 43-62.
Fernández Vázquez, Antonio A. (2004): «Humor y erotismo en las novelas de Yanitzia Canetti Duque». En Chen Sham, Jorge & Chiu Olivares, Isela (eds.): *De márgenes y adiciones: novelistas latinoamericanas de los 90*. San José: Perro Azul, 259-281.
Fuentes, Yvette (2002): *Beyond the nation: issues of identity in the contemporary narrative of Cuban women writing (in) the diaspora*. Diss. Nova Southeastern University, Miami.
Genette, Gérard (1980): *Narrative discourse: an essay in method*. New York: Cornell University Press.
— (1997): *Palimpsests: literature in the second degree*. London: Cambridge University Press.
— (2004): *Metalepsis: de la figura a la ficción*. México: Fondo de Cultura Económica.
King, Katie (1988): «Audre Lorde's lacquered layerings: the lesbian bar as a site of literary production». En *Cultural Studies* 2 (3): 321-34.

Algo tiene que morir

Odette Casamayor Cisneros

> Black and white people have never had the luxury of apolitical romance.
>
> Brittney Cooper

—Te dije que me hacías la boca agua —ha susurrado justo antes de separar mis piernas—. Literalmente —creo entender que ya embarrados balbucean sus labios. Y un torrente de saliva convergiendo con los ríos de mi savia y con mareas de sudor. Resbalando. De su pecho hasta el mío, de una espalda a la otra. De pecho a espalda todas las aguas el agua. Brillante sobre mi piel entre las sábanas. Blancos los brazos atándome el cuerpo. Refulgen en la noche los contrastes pero no consigue verse más. Siento sin embargo cada fustazo de su lengua contra mis pezones. Espesa la saliva rumbo al ombligo, donde se detiene por unos instantes antes de seguir fluyendo hacia el pozo último. Del que ya no se desborda más porque allí de cualquier manera va a morir toda saliva; no importa cuál sea la boca de la que haya salido.

De la mía, brotan gemidos.

Mi aliento más íntimo.

Pero cuando se cierran los ojos, han cesado de escapar gemidos de mis labios entreabiertos. Apenas se deja caer un hilo, translúcido e intermitente en mitad de la noche. Saliva, la mía ahora, explorando atajos dentro de la foresta de vellos, enhiestos sobre su pecho como cerdas de un erizo todavía no completamente adormecido.

Es entonces que tocan a la puerta.

—O se marchan inmediatamente o llamo a la policía —escupió enarbolando el teléfono en la mano derecha aquel pálido hombrecito sin labios ni brillo en la mirada, ya quedándose calvo, jeans desajustados y vieja camiseta negra—. El hotel no permite este tipo de cosas. La reservación es para una sola persona y ustedes son dos. Así es que recojan sus cosas y váyanse a hacer sus marranadas a otra parte, que este es un establecimiento decente.

Un *concept hotel*, anunciaba el sitio internet. En las fotos me habían seducido la perfección de la loza blanca cubriendo los baños y la reluciente plomería de bronce. Imaginé cuán bien me sentaría, tras las intensas jornadas del congreso, el chorro de agua caliente saliendo del inmenso plato que era la ducha. Admiré el diseño escandinavo de los muebles y el precio me pareció justo para la época de alta afluencia turística. Felicitándome por el hallazgo, pagué sin apenas pensármelo tres noches, tres meses antes de volar a Barcelona.

Cuando el taxi se detuvo ante la entrada, a mitad de una tranquila calle en el Eixample, me alegré al comprobar que era además muy céntrico. Pero nunca sospeché que estaría en pleno barrio gay. Solo después de instalarme en la minúscula habitación, al ir a correr las cortinas para hacer una siesta, un piso más abajo, tras los cristales del ventanal de su habitación descubrí a un hombre desnudo, que no hacía nada por cubrirse. Más bien, esperaba y deseaba ser visto por otros hombres posiblemente también desnudos en otras habitaciones. Me encogí de hombros; divertida, incluso. Solo por casualidad me había convertido en una intrusa. Me eché a dormir.

Horas más tarde se me juntaría Cláudio.

Lo había conocido un par de días antes atravesando París dentro de un vagón de metro. Una escala mal calculada me obligaba a cambiar de aeropuertos y viajar del norte al sur de la ciudad lo más rápido posible con tal de atrapar a tiempo un vuelo desde Orly. Una vez en Barcelona lo perdí de vista. Mas tenía su número así es que agarré el teléfono y tecleé: la cama es estrecha, pero podemos pedir que nos cambien de habitación, o dormir apretujados. Y él vino, mochila verde sobre los hombros y aquella sonrisa suya de vagabundo empedernido que no se deshacía ni siquiera al besarme. Pero que ya no está más, la sonrisa. Ni advierto su aliento a mis espaldas. Cuando me volteo, ha desaparecido de la cama donde lo había dejado, a punto de dormirse, al levantarme para abrirle la puerta a aquel remedo de ranchero.

–Vamos, tienes que bajar conmigo a discutir con el imbécil ese– he dicho no más entré al baño. No sospechaba que mi furia había perdido dirección. Estallaba, agarrándolo a él, que permanecía sentado sobre el inodoro.

–Apúrate, apúrate –y le alcanzaba las ropas–, no olvides tus documentos.

Avanzo demasiado rápido por los pasillos. Él no dice nada. No puede hacer otra cosa más que callar y seguirme. Abajo en la recepción solamente hablo yo. Hablo sin parar con el aplomo de quien ha pagado tres noches tres meses antes de llegar a una ciudad donde cualquier alguacil puede tocar a mi puerta a medianoche, dispuesto a echarme a los perros. Cada palabra mía es un nuevo bofetón que le entumece el rostro y lo deja sin habla. Al guardia. A Cláudio. Detrás del tropel de palabras vagamente percibo las miradas estupefactas de aquellos dos hombres, ahogándose dentro de la ira que se me derrama sin poder atajarla. Golpean duro mis palabras y las borrosas figuras se encogen todavía más buscando una protección que no habrá de llegarles de ninguna parte. Ya no puedo ver el rostro lunar de Cláudio. Lo he olvidado. Se hizo nada. Es nada. Tampoco distingo más al otro, el celador. Solo existimos yo y mi rabia. Vertiginosa. Aletea cada uno de los sayones de Oyá. Ventolera derribando los altos lirios hasta entonces impávidos espectadores dentro del búcaro de cristal grueso, sobre el mostrador de la recepción. Desmadejando el silencio de la noche. Oyá y yo. Oyá que soy yo. Oyá danzando sobre mi cabeza. Gira y me alcanza una bola de fuego que viene rodando de siglo en siglo, atravesando una larga fila de úteros rugientes, muy oscuros, sembrados de queloides. Nada más existe; ni el perseguidor, ni Cláudio.

Ya en el ascensor no pronuncio una palabra. Subimos: primero, segundo, tercer piso. En cuanto cierro la puerta de la habitación tras de mí, me abalanzo sobre Cláudio. Algo tiene que morir. Mas no se me cierran en un puño las manos. No lo golpeo. Me pesa sobre la piel todo el polvo de la ciudad, bajo el vestido que me he lanzado encima a la carrera antes de bajar al lobby; y sin embargo estoy desnuda llorando sobre él.

—Esta soy yo. Así es mi vida. Esto es ser negra —supongo, solo supongo, que consigo decirle—. Ahora ya sabes: lo tomas o lo dejas.

Y él, que desde hace un rato ya no es nada, me abraza y al final siento su mano entre mis senos:

—Estoy aquí, contigo.

Nadie podrá explicar entonces la urgencia por agenciarme una caja de fósforos y un botellón de queroseno y prender el fuego que le chamuscase uno por uno los vellos que antes me acogieran como a una recién nacida. Redentor. Un incendio que volviese cenizas nuestras sábanas impregnadas de sudor y semen y saliva seca, y se extendiera por los pasillos de este precioso *concept hotel*, devorándolo implacable. Solo cenizas quedarían y, sobre ellas, tronaría la fiera carcajada de Oyá mientras yo las apilo y las llevo a lo alto de una loma. Allí las esparciría, antes de sembrar dos matas. Una será por supuesto de mango y de guayaba la otra. Bajo la sombra de los dos árboles llegado el momento podría tenderme a completar el sueño que nunca habré iniciado del todo, ni siquiera cuando creía que dentro del pecho de Cláudio encontraría para siempre un nicho mi cabeza. Sería una larga siesta, en la que al fin me permitiría sonreír. Amargamente, pero sonreiría; al menos hasta que madurasen los mangos y las guayabas y me revolcase yo sobre la tierra mezclada de cenizas a comérmelos, pringoso el cuello con el jugo dulzón de los mangos, escarbando feliz las semillas de guayaba atrapadas entre mis dientes.

Si me decidiera a encender la pira.

Mas Cláudio, repitiendo:

—No pasa nada, aquí estoy.

Siento todo el calor de su mano sobre mi pecho, pausándome la respiración.

De vuelta a la cama, dentro del oído escanciará en su lengua un canto que terminará por dejarme caer en el fondo de la barca que él timonea, olvido adentro.

Tan lejos me lleva que parecerá improbable percatarme de cómo, delicado, al amanecer separará su cuerpo del mío, a tientas recuperará sus ropas y, sin pasar por el baño, se va a vestir. Solo mientras busque su mochila en la oscuridad tropezará con una de las botellas de Vichy Catalan de las que nos tomamos en la noche, pasándonos el agua de una boca a otra, no desperdiciando ni una gota. Vacía la botella hará algún ruido al rodar de esquina a esquina sobre la madera del piso, pero yo preferiré quedarme quieta, aparentando seguir dormida. Advertiré no obstante su vacilación, de pie frente a mí. Pugnando por no separar los párpados, adivinaré cómo se inclina sobre mi rostro, a punto de posar los labios sobre mi frente, la mejilla, tal vez la boca. Tentado de tocar mi pelo. Mas ninguna caricia va a caer sobre mí, que entonces también podría fingir despertar y, atrapándolo por la nuca, abrazarlo. Volver a empezar. O preguntarle por qué se iba tan temprano, impedir que huyese.

No.

Él bajará y sin atreverse a mirar hacia la recepción donde tal vez ya no quede cancerbero alguno, atravesará el lobby y caminará de prisa hasta la esquina, una esquina, cualquiera, aquella en que esperará muy poco antes de que se le acerque el taxi. Puedo imaginar su espalda desapareciendo, el perfil del rostro tras la ventanilla mientras da indicaciones al chofer que ha de conducirlo al aeropuerto. Imagino, pero no llego a ver nada porque permanezco todavía inmóvil bajo las hediondas sábanas, con los ojos cerrados con la boca tapada, tan solo respirando los vestigios de su olor.

Lejos, y así.

Lo sempiterno no es eterno, o cómo extinguir un viejo dilema

María Cristina Fernández

> De generación en generación, perdura en mi familia la leyenda de un negro esclavo, el padre de mi tatarabuela, que un día dicen que se marchó manigua adentro y no volvió a aparecer. Solía mi abuela concluir su relato recordando que aquel negro lucumí se había ido volando a su tierra, y pasaba enseguida a contarme otra historia.
>
> Odette Casamayor Cisneros

Odette Casamayor es cubana, pero no como las palmas. Más bien como un mango, un mamey, una rara orquídea. Nada enhiesto, sino «edible», comestible. Su universo arranca de una isla llamada Cuba, pasa por París, New York, West Hartford, Filadelfia…; en todas estas ciudades se disuelve y se reinventa. Son importantes las ciudades en los cuentos de Odette Casamayor Cisneros en la misma medida en que ellas nos acogen, nos poseen, y algunas veces nos arrojan. Cuando descubrí hace unos años su libro de cuentos *Una casa en los Catskills* escribí una reseña, «Cuentos de cubanos en la aldea global». El tema de las peliagudas relaciones entre extranjeros y locales, la asimilación de contextos culturales novedosos para el amante-invasor, las fricciones que modulan los conflictos hombre-mujer en el plano de lo doméstico, soportan la armazón de estos relatos. Refiriéndome a un cuento en particular apuntaba: «Los conflictos de Lola, como los personajes femeninos de otras historias, se indefinen entre su bagaje cultural y su preeminencia sexual». Recientemente he podido leer dos de sus relatos inéditos y me sorprende que en ellos el tema de la condición racial, en sus variantes de orden agónico o farsesco, indistintamente está presente.

En particular he leído con gran interés «Algo tiene que morir»; unas cuatro cuartillas que abren con un exergo de Brittney Cooper que dice: «Black and white people have never had the luxury of apolitical romance». Me pregunté después si su cuento justifica abrir a la luz de esa sentencia; si Cooper no exagera cuando escribe ese absoluto «have never had». Pero mejor entremos en el cuento, que es como trasponer el umbral de un cuarto de hotel, que su protagonista –mujer sin nombre– ha reservado por internet, animada por la visión adelantada de su mobiliario estilo escandinavo y su pulcritud. La mujer, sabremos en breve, ha ido a Barcelona para un congreso. Pero antes de ponernos al corriente con todos esos datos, ya hemos advertido que hay unos cuerpos ensalivados, gimientes, que se poseen el uno al otro. Nos enteramos también –el exergo ha cumplido su promesa de adelantarnos algo– que en estos cuerpos contrastan las razas. «Blancos sus brazos atándome el cuerpo». Sabremos que los brazos pertenecen a un hombre llamado Cláudio, a quien la mujer acaba de conocer «un par de días antes atravesando París dentro de un vagón de metro». Al parecer ambos volaban a Barcelona, que es donde tiene lugar el reencuentro. «Bastará una llamada para que aparezca Cláudio, mochila verde sobre los hombros y aquella sonrisa suya de vagabundo empedernido que no deshacía ni siquiera al besarme».

Todo marcha a pedir de boca –y también de otras partes de los estrenados amantes– en ese hotel, que por detalles que nos da la protagonista-narradora sabemos que está «en pleno barrio gay». Horas antes ella misma ha contemplado (fugaz instante de *voyeur* involuntaria) a un hombre desnudo asomado a una ventana. ¿Hubiese tocado la puerta el celador si hubiese sido una pareja gay la que rompía la regla del cuarto para uno solo? ¿Cuán capaces somos de trasponer algunos tabúes, siempre y cuando otros se mantengan?

Ha avanzado poco el cuento cuando entra ese elemento intempestivo, recurrente en varios cuentos de Odette Casamayor. No es que sus personajes no sean capaces de contención, pero es como si su expresión más auténtica se manifestara en un gesto de arrojo, una inesperada expresión volitiva aliada al instinto. En un mundo, que a pesar de todas las corrientes migratorias y de todas las corrientes contraculturales que lo agitan, sigue siendo dominantemente eurocéntrico, una mujer negra y un hombre blanco que se dan cita en un cuarto de «hotel decente» corren el riesgo de padecer un *coitus interruptus*, o al menos una interrupción de los prolegómenos. El antagonista es un celador del hotel. La mujer cala hondo al capataz verbal; ve en él a un nuevo tipo de ranchero. El tipo insiste en que ese es un hotel decente y la habitación ha sido pagada para una sola persona. Ahí no se admiten marranadas. ¿Cuándo el acto amoroso entre humanos deja de convertirse en lo que es para alcanzar la categoría de «marranada»?

Sin la posibilidad de que respuestas o actitudes lógicas subsanen el imprevisto, pareciera que hay que darle un chance al orden sobrenatural. Donde el consenso social falla, lo mítico toma su lugar. Solo una energía mucho más fuerte que la que emana del cancerbero puede lograr que ella no se derrumbe. Si algo tiene que morir, entonces será mejor que procuremos ayudarle. «Cada palabra mía es un nuevo bofetón que lo deja sin habla. Al guardia, a Cláudio». Es decir, a los blancos. «Golpean duro mis palabras y las borrosas figuras se encogen todavía más, buscando una protección que no habrá de llegarle de ninguna parte». Orisha y protagonista por momentos se vuelven una. No sabremos nunca lo que dijo al cancerbero, su respuesta dimensionada, como si al discurso se lo tragara el trance. Después de todo, ¿quién puede recordar fidedignamente qué sonidos arrastraba el huracán, cómo rugía la tromba marina? Las emociones se graban no en la memoria sino en la desmemoria, o seríamos arrastrados por el poder de lo que nos sobrepasa. En una entrevista que le hiciera el escritor Rodolfo Martínez Sotomayor, Casamayor declaraba que «si la escritura es la expresión de mi cuerpo –en algunas circunstancias incluso la única posibilidad que tiene de agitarse a su gusto– entonces esa energía debe circular libremente» (2013: en línea). Energía que a nivel narrativo alcanza su máxima expresión en la simbiosis entre la protagonista y la orisha. «Oyá y yo. Oyá que soy yo. Oyá danzando sobre mi cabeza. Gira y me alcanza una bola de fuego que viene rodando de siglo en siglo, atravesando una larga fila de úteros rugientes, muy oscuros, sembrados de queloides».

Encontramos entonces un indicio de cómo la académica Casamayor se entiende con la narradora, cómo pactan en los dominios de la excavación temática. Hurgan en territorio común, pero con diferentes aperos de labor. Casamayor, que estuvo implicada en el soporte textual de la exhibición «Queloides: racismo en el arte contemporáneo cubano», a cargo del crítico Alejandro de La Fuente y del artista visual Elio Rodríguez, que se presentó en La Habana y en varias ciudades norteamericanas entre los años 2010 y 2012[1], no ha usado esta palabra en vano. Queloide: cicatriz notoria que aparece donde la piel se ha curado de una lesión, pero puede ser más grande que la lesión original. O sea, que la desborda en tamaño. Se tiene por cierto que son mucho más frecuentes en individuos de la raza negra. Al respecto, Alejandro de La Fuente apuntaba: «los queloides son invocados en el saber popular como evidencia "científica" de que las diferencias raciales son reales» (2010: en línea).

Visto desde este prisma relacionante, la respuesta del personaje femenino de «Algo tiene que morir» viene a ser algo muy parecido a la presencia de un queloide. Poco a poco voy atando cabos sueltos: en el año 2003 la académica Casamayor obtuvo el Premio Juan Rulfo de ensayo con su texto «Negros de papel», centrado en la presencia del negro dentro de la narrativa cubana posterior a 1959. En una entrevista concedida a María Pizarro Prada revelaba: «Actualmente estoy preparando un nuevo libro sobre los procesos de autoidentificación racial en la producción cultural cubana» (2013: en línea). Y este par de cuentos inéditos que acabo de leer, entre los que está «Algo tiene que morir», ¿no parecen desprenderse de gajos semejantes? Resulta obvio entonces que Casamayor la académica y Odette la cuentista buscan de algún modo la conciliación.

Pero volvamos al cuento y al queloide. Perfectamente pudiéramos inferir que la respuesta de la protagonista al pálido hombrecito, ese ser «sin labios ni brillo en la mirada», está sobredimensionada, como una cicatriz que aumenta con los años y que excede el daño inicial. Una abrasión que por acumulativa pierde quizá la objetividad contextual. «Esa soy yo. Así es mi vida. Esto es ser negra», le espeta a Cláudio cuando pasada la tempestad, el trance, regresan al cuarto. En todo momento la posición del amante ha sido la de mudo testigo de la contingencia. Pero ahí está él, no ha abandonado el terreno y la función amorosa sigue, no sin darle muestras de una ternura inmensa. «De vuelta a la cama, dentro del oído, escanciará en su lengua un canto que terminará por dejarme caer en el fondo de la barca que él timonea, olvido adentro».

Lo que sigue después es predecible. Con la partida de Cláudio se difumina un perfil y el recuerdo de una noche intensa, entre la fusión y lo

---

[1] Sobre la muestra, véase <http://www.queloides-exhibit.com/queloides_proyecto.html>.

estentóreo, entre la intimidad y la beligerancia. Si algo tiene que morir, y en este caso, el discurso defensivo, la palabra oportuna, es instrumento potencial de la evolución, ¿por qué entonces la narradora Casamayor nos deja sin la invención para nosotros –lectores expectantes– de la magnitud de este discurso? ¿Será que en este caso es la actitud, la mutación de simple huésped mortal en arquetipo de la justicia lo que realmente quiere que veamos? «Viento de la muerte», «remolino de lo alto», «mujer dueña de todos los espíritus», de todas esas maneras se llama a Oyá en una invocación yoruba que he encontrado en mis rastreos.

No es la primera vez que saboreo en un cuento de esta autora esos raptos poéticos con que su prosa levanta vuelo y nos arrastra. Recuerdo ahora su cuento «Transverberaciones», de *Una casa en los Catskills*, que comienza con una cita de Santa Teresa de Ávila: «El dolor era tan agudo que gritaba y era tan excesiva la dulzura de ese dolor que no podía desear que cesara». Curioso que Santa Teresa de Ávila sea con quien se identifica a Oyá en el sincrético mejunje religioso cubano. Las dos figuras portan una intensidad, cada una libra una batalla, solo que en «Algo tiene que morir» el enemigo parece estar afuera. Es ese cancerbero, es el anatema racial, es el estigma, la afrenta ante el que pretende socavarle su trocito de poder, su cuota de mal banal. El otro contrincante, el de «Transverberaciones», es incorpóreo. Es «el riachuelo entre mis piernas», «esa larga flecha de oro cuya punta de hierro llevaba, me parecía algo de fuego», «el éxtasis está en mi piel», escribió Odette Casamayor en ese relato, y es un éxtasis inoportuno porque llega en medio de un concierto donde interpretan música de Händel. Allí sentada, en medio de la culta audiencia, o al menos simuladora de tal, ajena a sus elucubraciones y lubricaciones, está la protagonista enfrentando a «la amenaza». Se observa, vigila, refrena, se contiene... Todo lo contrario de la historia del hotel europeo donde una mujer en desenfreno se defiende aireada. Es el estallido ante un sistema secular de preponderancia; es en suma, para usar un concepto que la misma autora ha manejado en algún artículo, el «apalencamiento». Me invento ahora mismo un chiste: «no es lo mismo apencarse que apalencarse».

En una clase de escritura que doy los lunes en una prisión estatal, mis alumnos, a propósito de que se celebraba el Black History Month, se quejaban del maltrato y la hosquedad de sus celadores, mayoritariamente afroamericanos. Y también de los continuos incidentes de supuesta discriminación de los compañeros de prisión de igual origen étnico hacia los latinos. Yo los conminé a que en lugar de la queja se atrevieran a tener un gesto amable con ellos y luego me contaran, o mejor, lo escribieran. La iniciativa debía ser simple: desde un saludo, compartir una película en su idioma (algunos se resentían de que solo ponían la televisión en inglés y eso los hacía sentir marginados), ofrecerles un poco de café, lo que se les ocurriera. Quería hacerles sentir la importancia del gesto conciliador, más allá de lenguas o tonos de piel. La importancia de amar al que está tan jodido como uno, en lugar de ahondar en las viejas heridas. Suavizar el queloide. Uno de los estudiantes tuvo un gesto que aún recuerdo con sumo agrado: invitó a un muchacho negro a cantarnos «Strange Fruit». Hablamos de lo que representa esa canción –que en principio fue un poema escrito por un maestro judío de New York– para entender el tremendo drama de ser negro entonces... y ahora. Algunos de los estudiantes quedaron muy impactados por la metáfora que alude a esos cuerpos colgando de los álamos, como mismo muchos de nosotros hemos quedado colgando de las ramas de la ignorancia y los prejuicios (de ambas partes, sin dudas).

¿Por dónde seguir la batalla, cómo seguirla sin poner más dolor sobre dolor? Los discursos conciliatorios sobre el tema proliferaron hace ya un tiempo; «Strange Fruit» pronto tendrá un siglo. Se han ganado una serie de derechos en materia de igualdad y reconocimiento racial, hubo hasta un hombre negro que ganó las elecciones y fue presidente del país que dio a luz una hermandad tan siniestra como el Ku Klux Klan. Pero el amor es materia electiva, no se impone. Por eso son tan importantes los pequeños o grandes gestos en el camino de la transformación. Los discursos ya están planteados; podemos imaginar lo que dijo esta mujer en el cuento de Casamayor buscando defender su autoestima y la de una raza. Es más vital lo que ocurre entre esas paredes entre un hombre y una mujer de pieles contrastantes pero semejantes por obra y gracia de su voluntad de amar. Sin dudas algo tiene que morir, y mucho mejor, si lo ayudamos un poco en el tránsito. Esta sempiterna beligerancia tendrá que extinguirse e imponerse suavemente una naturalidad. ¡Sopla, Oyá, sopla! Sé generosa... ¡Y que después venga la calma!

Bibliografía

Casamayor Cisneros, Odette (2012): *Una casa en los Catskills*. San Juan: La Secta de los Perros.
Fuente, Alejandro de la (2010): «Queloides: la cicatriz renovada del racismo en Cuba». En *Cubaencuentro*, 16 de abril: <https://www.cubaencuentro.com/cultura/articulos/queloides-la-cicatriz-renovada-del-racismo-en-cuba-234577>.
Martínez Sotomayor, Rodolfo (2013): «Escribir es simplemente un acto de protesta. Entrevista a Odette Casamayor Cisneros». En *Revista Conexos*, 11 de mayo: <https://conexos.org/2013/05/11/entrevista-a-odette-casamayor/>.
Pizarro Prada, María (2013): «Entrevista a Odette Casamayor Cisneros. *Utopía, distopía e ingravidez: Reconfiguraciones cosmológicas en la narrativa postsoviética cubana*». En *Iberoamericana / Vervuert*: <http://blog.ibero-americana.net/2013/12/16/entrevista-a-odette-Casamayor Cisneros-utopia-distopia-e-ingravidez-reconfiguraciones-cosmologicas-en-la-narrativa-postsovietica-cubana/>.

Márgenes dentadas

María Liliana Celorrio

I.
(La soprano del vestido rojo)

Imagino a la mujer cantando *amore mío*, el auditorio y al director con la batuta o la mano sola, suave como un guante de seda levitando en el espacio y ella vestida de rojo *my love*, el teatro en silencio y las arpas, tal vez una marímbula o un de viento imperceptible entre las miles de cuerdas, de voces, gargantas, soplidos, una soprano española o caribeña gritando *amor mío*, con un tempo lineal o bifurcado, con un lamento, instrumento amor, amorcillo, ángel, muerte, y la mujer de verdad lo está diciendo, dejando en el aire su dolor, encima de la mano que dirige al trombón, la armonía de los violines, ve a su hombre besando a otra mujer, sin saberlo, antes de la cita con los cuarenta y dos pares de manos, con los hombros que sostienen metales o maderas, los latiguillos internos del piano, corrió por los pasillos a despedirse, y ahí estaba él con su traje, su perfume de aniversario, besándose con la violinista que le sonreía, que la miraba como si fuera un milagro, que le había comentado su parecido con María, La Callas, la griega, la bella con la joya secreta de Onassis, la amante que viajaba en yate y se doblaba en dos en los escenarios y levantaba los ojos y enseñaba la boca, le dijo del pecho, los recovecos del alma que podían salir del diafragma y ahí estaba la francesa, la Édith Piaf, *mon amour*, y la china, cualquier mujer africana, podría ser Miriam Makeba o la reina descalza, Janis Joplin con ese estertor de pájaro de Ibis, de ave del paraíso, gorjeo, borborigmo, aleluya, muriendo sobre el espacio, con los pies comprimidos, volando encima de los hombres y mujeres que no respiran, que la quieren oír hasta la muerte mientras está muriendo de verdad, como mueren todas las mujeres, tienen que salir al escenario, sonreír, bajar la cabeza, el cuello, la cerviz, porque el público vale un potosí, pero más la vocación, el arte que te extrae el humo de los huesos, el dolor, y ahí está con su vestido, con la manta, con la joya, sacándose del esternón la costilla de Adán, pisoteando las flores del Edén mientras susurra *mi amor, ay, mi amor, mon amour, my love*, y al final los aplausos y las lágrimas que caen no son por la gratificación, la espesura, el rubato, son para el infiel y la maldita que aplaude con la cuerda sobre el violín mientras mira la platea y le sonríe con la comisura, con un leve trazo triunfal que su ojo atisba, a su hombre, que de pie grita bravo, bravo.

II.
(Lamento griego)

Ay, mi niño, sangre de mi sangre, ay, ¿por qué los hombres, las mujeres, los adolescentes, directores, maestros, todos, pueden ser tan crueles? Perras y perros. Cuchillos en la mano y en los ojos. Espinas me salían de los brazos, tú, maldita, que lo castigabas vistiéndolo de hembra, ay de los niños endebles que las madres arrullan y enseñan: no mates, no golpees, no robes. Los que nacieron con Peter Pan y Wendy, Huckleberry Finn, Alicia, ay, libros, estampas de vacas y carneros, el cochino tan rosado, los besos que de las bocas salían puros para sus pieles inocentes. Los malditos. Tuvimos que enseñarles a dar patadas y piñazos, a jugar pelota, a tirar piedras, para que no fueran el blanco perfecto de la escupida, adiós Juanita, mi hijo se llama Juan, ¿por qué andas con una argolla y ese pelo? so maricón, ay, robé el machete de Máximo Gómez y lo coloqué en la mesa donde celebraban las reuniones, dije, mirándole a los ojos, con ese machete te voy a volar la cabeza, dame, si eres hombre, la bofetada a mí, y repartí las fotos, Juan desnudo abriendo con la oreja de Dumbo el mosquitero, por eso, desgraciado, trae el pelo largo, lo llamaba conejito, mi niño volador, hijo de puta, él siempre pintó al Zorro, Elpidio Valdés y su caballo Palmiche, nunca pintó flores ni se pintó los labios, el maldito lo engatusó, mi vecino tan querido le habló de música y él entró a su apartamento sin saber que iba al matadero, no se lo digas a nadie y no se lo dijo a nadie y se tomó las pastillas, ay, echando espuma por la boca mi Freddy Mercury, le enjuagaron el estómago y yo sintiendo la goma perforándome, lacerando mi garganta, no importa nada, solo que estés vivo, nunca más fue nadie, lo agarraban, con un cuchillo de carnicero como salen las madres fui a retar al que lo obligaba a robar, al que le tatuaba soles y medialunas en su cuerpo tan mío, mujeres y hombres hechos y derechos que le enseñaron a fumar, le compraron cerveza de la engañosa, hasta que se enamoró de Yanexis y Yanexis lo quiso hasta que le dijeron y él lloró su primer amor, entonces llegó el que lo llevaba y lo traía en bicicleta, le compraba maltas y se mudó con él y me quedé sola, no le enseñé a decir no, Dios, y quién ahora le grita algo, sí, quiénes, malditos, los bíceps le han hinchado los brazos y la poesía que le leía en las noches y que leía a hurtadillas lo hicieron crecer y aunque Armando se queda en su habitación, ahí está el Principito aunque no su Papá de noche, ay, mi niño viejo como el tiempo, fresco como una lechuga a pesar de las heridas, el que parí y vadeó lodazales y escribe: gracias por los aguaceros, si volviera hacia atrás, todavía diría no mates, no escupas, no apedrees, no maldigas, y a los otros, los simuladores, los asesinos, ya ni siquiera deseo matarlos.

III.
(Diario)

Dieciocho golpes en la cabeza. Seis golpes en el estómago. Doce golpes en el oído. Cuatro patadas en las piernas. Aún estoy viva. El pómulo hinchado. Un ojo negro. Un diente de menos. Aún puedo respirar. Soy Borka, la reina de África. El monzón del Sur. La piedra del camino. Invencible.

Performance, cuerpo y voz en «Márgenes dentadas» de María Liliana Celorrio

Jossianna Arroyo | *University of Texas, Austin*

> Y aquella mujer con hematomas dirá
> resbalé en el viento, me caí en el mar
> vuelve a la cocina y se pondrá a ordenar
> lágrimas tras cebollas
>
> Buena Fe

¿Cúales son los límites escriturarios y sociales que organizan y representan la violencia contra la mujer? ¿Qué lenguaje(s) organizan los ejes violentos que marcan lo femenino? Y finalmente ¿cómo se relacionan cuerpo, voz y ruptura en el texto literario? En «Márgenes dentadas», de María Lilliana Celorrio (Puerto Padre, Las Tunas, 1958) accedemos a tres instancias distintas de relaciones: primero la de una mujer con su amante que la engaña, luego en una relación madre/hijo, y finalmente la de un cuerpo de mujer marcado por esa misma violencia. Al ser víctima, la madre intenta no reproducir lo violento en su hijo. Sin embargo el hijo, criado por la madre solitaria y con principios de respeto hacia las mujeres, sufre –e incluso hay un momento donde casi se muere– a causa de esa misma violencia. Todos estos golpes emocionales y dolorosos terminan siendo un mapa corporal. Al final del cuento las heridas se hacen reales; son moretones, brazos quebrados, cuerpo herido. Lo que comienza siendo un cuerpo herido por la infidelidad, las dudas y la ansiedad de la sobreprotección maternal y los dolores de la crianza, el ataque directo a su hijo, el propio dolor del hijo y de la madre, termina siendo un cuerpo que llega de la guerra. En las páginas de un «Diario», que claramente puede ser un diario de la misma mujer, se accede a esta explicación: «Dieciocho golpes en la cabeza. Seis golpes en el estómago. Doce golpes en el oído. Cuatro patadas en las piernas. Aún estoy viva. El pómulo hinchado. Un ojo negro. Un diente de menos. Aún puedo respirar. Soy Borka, la reina de África. El monzón del Sur. La piedra del camino. Invencible».

En lo que sigue leo el performance de la voz y lo femenino como un quiebre inicial que se transforma desde la figura andrógina de la diva hasta la creación mítica de la diosa guerrera. Lo que une estos dos imaginarios es el espacio de la maternidad y la crianza, ejes que transforman y organizan la mitificación del cuerpo ya destruido físicamente de la madre y del hijo. Si pareciera que todo lo que este precepto femenino «toca» se destruye, es importante pensar que la diva/madre intenta reencarnar ese saber en la crianza del hijo. Los golpes de la madre son de cierta forma la salvación de los dos cuerpos, el suyo y el del hijo (como su extensión diferenciada). Mi análisis tocará como contrapunto otros textos e instalaciones recientes que abordan el tema de la violencia contra el cuerpo femenino y feminizado en el Caribe contemporáneo. El machismo como eje de la violencia patriarcal es la otra dimensión fundamental del cuento, y es la que se identifica con nombres, específicamente en la escena que tiene que ver con los ataques al cuerpo del hijo: Yalexis, Armando. En ese sentido, el cuento también actúa a modo de denuncia y testimonio de la misma violencia que representa. Si las estadísticas sobre la violencia femenina en Cuba no aparecen abiertamente en la prensa oficial, la literatura y la cultura ofrecen un archivo desde donde ejercitar el derecho a denunciarla. Como un juego de espejos, «Márgenes dentadas» busca el reflejo testimonial de esa misma violencia que produce un quiebre psíquico y corporal.

En el 2016 se realizaron estudios y encuestas en Cuba sobre el problema de la violencia contra la mujer, un tema que no se había sondeado desde el 1989. En estas encuestas, llevadas a cabo entre mujeres y hombres de 15-74 años de edad, se concluyó que

> El 79,4 % de los encuestados no justificaban la brutalidad contra ninguno de los dos sexos y en su mayoría lo consideraban un asunto social y no privado. Quienes disculpaban la crueldad contra las mujeres declaraban, generalmente, la infidelidad como motivo, mientras que en el caso de los hombres la causa era la homosexualidad. Además, el 39,6 % de las féminas y el 43 % de los varones estimaban que la agresión al cónyuge es problema interno de la pareja y que nadie debe inmiscuirse. El 51,9 % de la población estudiada apreciaba que en Cuba la violencia contra la mujer es poca, el 30 % que es mucha y el 8,9 % que no existe. Aproximadamente el 80 % de los encuestados, o sea, un gran número de personas, reconocía que dicho problema existe en mayor o menor grado dentro de nuestra sociedad; lo que

es en gran medida resultado de las campañas educativas que visibilizan la cuestión[1].

La campaña de la ONU *Por una vida sin violencia, súmate*, «es una iniciativa de un grupo de organizaciones sociales, culturales y de masas comprometidas a crear nuevas oportunidades y fomentar la igualdad y la equidad de géneros». A la campaña mediática de «Súmate» se han unido otros países latinoamericanos como México, y llega como contrapartida de otros episodios recientes de violencia contra la mujer en Cuba, en particular la realizada por la cultura musical y de los medios. En concreto, un video del artista Michel Mirabal publicado en su página personal de Facebook, donde salía tocando percusión en las nalgas de unas modelos, recibió críticas del movimiento *Evoluciona contra la Violencia de Género*[2]. Luego de retirar el controvertido video, Mirabal realizó un segundo proyecto donde criticaba el uso de la mujer como objeto. Este proceso de «reeducación» parece más una estrategia mediática que otra cosa, pero nos deja ver las complejidades que maneja Celorrio en su cuento. En primer lugar, la violencia contra la mujer es parte de un entramado social aprendido, internalizado y «aceptado» como la norma, y en segundo lugar, tanto hombres como mujeres internalizan esa normatividad, lo que hace que la aceptación de cualquier tipo de abuso físico o psicológico sea muy difícil. Específicamente en el caso cubano, el hecho de que «la norma» sea la educación de la sociedad revolucionaria hace de la masculinidad militarizada y de la mujer liberada sexualmente dos ejes centrales o patrones que, como señalan en sus estudios Frances Negrón Muntaner y Abel Sierra Madero, hay que deconstruir. Es desde este punto de vista que la narradora del cuento de Celorrio hace de la voz –en relación al cuerpo femenino–, un punto de partida. Una mirada a los patrones o ejecución entre voz y performance en Celorrio y en otras obras caribeñas se hace necesaria para el análisis literario del texto y su importancia en el contexto de la Cuba de hoy.

---

[1] Véase Alejandro Besada Basabe 2018 y Vladia Rubio 2018.
[2] Este grupo de Facebook contiene material mediático hecho en Cuba que cubre en su diversidad la violencia de género, como el acoso callejero contra la mujer, la homofobia o la historia de los derechos de la mujer en Cuba.

1. Voz y performance «Márgenes dentadas» y *Sirena Selena vestida de pena*

El cuento de Celorrio entra en diálogo con la novela *Sirena Selena vestida de pena* (2001), de la escritora puertorriqueña Mayra Santos Febres, al colocar el cuerpo de la mujer (*la diva*) en relación con la voz y la espectacularidad de lo femenino. Si en *Sirena Selena* es la voz de Yunior, un muchacho afeminado convertido en performer, en drag, en el cuento de Celorrio es una diva operática la que abre el cuento. El título de esta primera sección, «La soprano del vestido rojo», se inicia con un homenaje al amor, al amor que se declara abiertamente y sin tapujos:

> Imagino a la mujer cantando *amore mío*, el auditorio y al director con la batuta o la mano sola, suave como un guante de seda levitando en el espacio y ella vestida de rojo *my love*, el teatro en silencio y las arpas, tal vez una marímbula o un de viento imperceptible entre las miles de cuerdas, de voces, gargantas, soplidos, una soprano española o caribeña gritando *amor mío*, con un tempo lineal o bifurcado, con un lamento, instrumento amor, amorcillo, ángel, muerte, y la mujer de verdad lo está diciendo, dejando en el aire su dolor, encima de la mano que dirige al trombón, la armonía de los violines [...]

Su marido la engaña con la violinista de la orquesta, lo que hace que la voz se sume al dolor de la traición, y es ahí cuando la violencia tiene lugar, ya que el performance tiene que continuar:

> tienen que salir al escenario, sonreír, bajar la cabeza, el cuello, la cerviz, porque el público vale un potosí, pero más la vocación, el arte que te extrae el humo de los huesos, el dolor, y ahí está con su vestido, con la manta, con la joya, sacándose del esternón la costilla de Adán, pisoteando las flores del Edén mientras susurra *mi amor, ay, mi amor, mon amour, my love*, y al final los aplausos y las lágrimas que caen no son por la gratificación, la espesura, el rubato, son para el infiel y la maldita que aplaude con la cuerda sobre el violín.

Ante el aplauso, ¿de quién es el triunfo? Y si hablamos del arte de la diva, ¿cuáles son sus dinámicas de expresión? Aquí sería útil ver a la diva no como un ícono de asertividad y expresión artística sino como lo que es, un cuerpo femenino cuyas dinámicas de performatividad y representación alternan entre momentos de sujeción y asertividad. La diva como grado primario de la voz y la performatividad permite varias consideraciones. Por un lado se trata de un cuerpo teatralizado, conectado a lo divino y lo andrógino en su calidad performativa. Por el otro, ofrece un espacio para entender esa misma polifonía de la voz, sus negociaciones y márgenes. En palabras de Dawn Albinger, leer a la diva en relación con la praxis feminista significa ver un «icon for the richest possible expression of one's multifaceted, contradictory, poetic and polyphonous self in dialogue with other internal selves, and with one's community and world» (2012: abstract). Si en el cuento esta fuerte declaración de amor es por un lado la entrega total de la diva al amor, es también, de cierto modo, el lugar de su sacrificio. El performance se produce en la temporalidad del dolor mismo, ya que la protagonista se da cuenta de que ha sido engañada. Sin embargo, es de esta verdad que resulta un feminismo empoderado. De ese modo lo divino –de donde proviene la palabra diva–, lo social y la creación quedan conectados. Si en *Sirena Selena vestida de pena* la voz del niño encarna, en su fuerza granulosa, la esencia de la magia andrógina del bolero, aquí son la mujer cis y su voz operática las que abren el cuento. La performer tiene que usar y cantar su dolor, «porque el público vale un potosí», y mientras desde el grano de la voz la narrativa cambia de planos, desde el dolor de la diva vemos la reacción del hombre (el director de orquesta) y su amante (la violinista). Esta sección del cuento termina en una apoteosis de adoración, el «bravo» final, uno de los golpes iniciales de estas «márgenes dentadas» que se narran en la historia.

II. Lamento griego: maternidad y violencia

En la segunda parte de la historia, «Lamento griego», se narra cómo una madre cría a su hijo, «sangre de mi sangre», en un ambiente en el que todo el mundo es cruel. La totalidad de esa crueldad viene de un patriarcado que se ha consolidado desde la crueldad misma, de una sociedad en donde ser «débil» es visto como un defecto. En la narrativa existe un desdoblamiento entre la madre arcaica y guerrera –«Cuchillos en la mano, espinas de los brazos»– y la madre que cuida y enseña valores en una sociedad en donde reina la crueldad: «no mates, no golpees, no robes». La literatura en esta crianza es un medio de aprendizaje, pero parece ser que es un espacio no valorado cuando se contrasta con las dinámicas, y el *bullying* social: «adiós

Juanita, mi hijo se llama Juan, ¿por qué andas con esa argolla y con ese pelo?, so maricón».

La escuela como reflejo de la ideología revolucionaria refleja la ideología machista y propone una historia donde la guerra se representa como gloriosa: «ayer robé el machete de Máximo Gómez y lo coloqué en la mesa donde celebran las reuniones y dije, mirándole a los ojos, con este machete, te voy a volar la cabeza, dame si eres hombre la bofetada a mí». En estas dimensiones la narrativa alterna las dinámicas de la madre protectora y la madre guerrera para representar un mapa de violencia contra ella y contra el niño, que ya de adolescente pasa por un envenenamiento donde casi muere, y pasa además por las pérdidas en sus relaciones sentimentales. El lenguaje rápido y los verbos en sucesión hacen que las acciones de la madre guerrera y la madre protectora se activen hasta el cierre final, en donde la crianza se convierte en un mapa de violencias y marcas corporales y psicológicas. La literatura, desde *Huckleberry Finn* hasta *El Principito*, permanece como imaginario de fuerza interior, pero también la poesía:

> los bíceps le han hinchado los brazos y la poesía que le leía en las noches y que leía a hurtadillas lo hicieron crecer y aunque Armando se queda en su habitación, ahí está el Principito aunque no su Papá de noche, ay, mi niño viejo como el tiempo, fresco como una lechuga a pesar de las heridas, el que parí y vadeó lodazales y escribe: gracias por los aguaceros, si volviera hacia atrás, todavía diría no mates, no escupas, no apedrees, no maldigas, y a los otros, los simuladores, los asesinos, ya ni siquiera deseo matarlos.

Al final el hijo elige vivir con otro hombre, y la madre se da cuenta de que la violencia ejercida sobre el cuerpo de su vástago es la que marca su cuerpo también. De modo que el final del cuento, una página de Diario sin numerar, es la que de muchas formas cierra, con la voz de la diva –transformada en guerrera– la narrativa: «Dieciocho golpes en la cabeza. Seis golpes en el estómago. Doce golpes en el oído. Cuatro patadas en las piernas. Aún estoy viva. El pómulo hinchado. Un ojo negro. Un diente de menos. Aún puedo respirar. Soy Borka, la reina de África. El monzón del Sur. La piedra del camino. Invencible».

Borka, la reina de África, pasa a ser entonces el cuerpo guerrero marcado por la violencia. El modo en el que se enumeran los golpes refleja la necesidad de contar, de dar testimonio de la violencia física y psicológica que afecta a la mujer. En varios sentidos, el tema principal del cuento es desde qué formas y modos se vive o se hereda esta violencia en una sociedad como la cubana. El nombre de la reina africana es húngaro y significa «mujer extranjera o exótica», un juego de contradicciones que muestra lo contrario: la mujer no es extranjera frente a la violencia social, y como señala el cuento, muchas veces se encuentra sola enfrentando esos golpes. Las «márgenes dentadas» del relato son, en otras palabras, los cuerpos agredidos y marcados, «dentados» por esa misma violencia: los golpes que se dan, que se reciben, y los que las nuevas generaciones tienen que negociar. La diva del inicio del cuento y la guerrera tienen algo en común: se entienden como sujetos mitológicos que por varios motivos se encuentran «fuera» del imaginario social. Son, en muchos sentidos, transformaciones «monstruosas» del sujeto femenino que manifiestan su divinidad (de diva) al encarar(se) y transformar(se) desde las violencias cotidianas. El margen dentado es la apuesta al cuerpo abierto y en transformación, pero también a exponer la escucha, el diálogo y la multiplicidad de los sujetos femeninos que se están creando. De ese modo, esa última transformación, la de ese cuerpo dentado, solo tiene lugar si se transforma en naturaleza y materia pura, «El monzón del Sur. La piedra del camino».

A modo de conclusión quisiera volver a las preguntas del inicio, y en particular a aquella sobre la importancia del lenguaje y la representación de la violencia en el texto literario. Si por un lado la literatura es el espacio que ofrece libertades al sujeto femenino (y a su cría), tiene también una dimensión metatextual en la que, como *praxis* o *acción* de la escritura misma y de su lectura (escucha), provee instancias que denuncian la violencia misma, la hacen clara, no marginal, sino la esencia misma de la formación social. Si como apuntaba al principio ya se han creado movimientos y denuncias de esa propia violencia, es claro que la narrativa contemporánea femenina en Cuba –y en particular la generación de cuentistas a la que pertenece María L. Celorrio– quiere ofrecer, desde la dinámica abierta del texto literario, un mapa en donde tanto el cuerpo como los deseos y multiplicidades de lo femenino puedan converger. Mucho más que entender este problema de la violencia desde el cuerpo de la «mujer» (biológica, heterosexual), el cuento puede abrirse a entender el ataque a lo femenino como problema, y no solo en la Cuba contemporánea, sino también en el Caribe y América Latina.

Bibliografía

Albinger, Dawn (2012): *Diva Voce: reimagining the diva in contemporary feminist performance*. PhD Dissertation. Edith Cowan University, Australia: Abstract.

Arroyo, Jossianna (2003): «Sirena canta boleros: travestismo y sujetos transcaribeños en *Sirena Selena vestida de pena*». En *CENTRO. Journal for Puerto Rican Studies* XV (7): 38-51.

Besada Basabe, Alejandro (2018): «Las cifras inquietantes de la violencia de género en Cuba» (+Infografías) (+Video). En: *CubaHora. Primera Revista Digital de Cuba*, 29 de noviembre: <http: //www.cubahora.cu/sociedad/violencia-de-genero-cifras-a-la-mano>.

Rubio, Vladia (2018): «Violencia contra la mujer: números con hematomas». En *CubaSí*, 9 de julio: <http://cubasi.cu/cubasi-noticias-cuba-mundo-ultima-hora/item/79549-violencia-contra-la-mujer-numeros-con-hematomas>.

Fulana y el fuego

Gleyvis Coro Montanet

> Pero él nunca quiso imaginar que algunas niñas no estuvimos enamoradas de Gary Cooper ni de Gregory Peck, y fue nuestro deseo cabalgar, imponer la justicia, ser el viento sin raíces, disparar el revólver y morir una tarde a la intemperie [...]
>
> Belén Gopegui

A Jose, porque me trajo el Chicken Invaders
II y porque trata de ser distinto

Mi problema con él es de puntería. No se ha muerto aún porque soy mala en tiro. Dicen que las mujeres tenemos menos orientación espacial que los hombres. No es extraño. Después de tanto filme de pistolero contra ninguno de pistolera, qué tiro bueno podrá salirle a una.

Por eso es tan importante la práctica. Las habilidades no nacen solas. Wyatt Earp no nació con la puntería desarrollada, se hizo Wyatt Earp con la práctica. O con la urgencia de la realidad. Sí. Mejor con eso. Si yo corriera ahora mismo a un campo de tiro, no me volvería una buena matadora en el acto. Me haría, a lo sumo, una buena tiradora de copitas. Y la copita no tiene el vuelo ni la solidez de la bala. El entrenamiento de campo no reproduce la violencia de la realidad entre los contrarios. Frente a la bala de copita el blanco no se atrinchera. Y los blancos fijos, como no reaccionan, pasan como un juego, se les ve como una tontería y eso, a la larga, no es provechoso. No lo es porque cuando se apunta con cualquier proyectil de los verdaderos, el adversario real se escabulle primero y luego embiste. Embiste porque está vivo y es el resultado de tanto filme de pistolero indomable que, aún herido, pulveriza al contrario.

Por eso al blanco hay que eliminarlo, de manera fulminante, en el primer intento a distancia, no sea que se mueva y la cosa se complique. Aterrada con la movilidad del blanco, me parecía imposible dispararle desde la distancia al energúmeno. Temerosa de su fuerza, me parecía más imposible dispararle a quemarropa. Digo que me lo parecía, en pasado, porque ya no me lo parece mucho. Gracias al *Chicken Invaders Two* ya no le temo tanto a disparar. El *Chicken Invaders Two* ha comenzado a mejorar mi puntería.

Es un juego de computación para niños —algo así como un campo de tiro sofisticado—, que parte de la ilusión de que nuestro sistema solar ha sido invadido por gallinas exterminadoras. Gallinas de cómica apariencia que hacen fintas y parapetos y vuelan por el cosmos depositando bombas en vez de huevos.

Con el *Chicken Invaders Two* la jugadora que soy toma el lugar protagónico —es como hacer de pistolero— y adopta la forma de un avioncito disparador que avanza, con tres vidas iniciales de reserva, de un planeta a otro, limpiando de gallinas el universo, mientras suena una música andina mezclada con música tecno, muy favorable para alimentar el espíritu y la autoestima.

Con tales atributos, no es de extrañar que me haya apasionado con el juego, con el viaje aventurero a través de la bellísima geografía celeste, donde los ambientes contrastan y son oscuros, pero vivos.

Así yo viajo y, más que viajar, vuelo. Siento que soy el avioncito y que los mayores obstáculos son meras gallinas dependientes de mi dedo sobre el clic izquierdo del mouse. Así me siento tan ágil como Wyatt Earp. Con el *Chicken Invaders Two* siento que paseo en libertad por la salvaje galaxia surcada de gallinas, asteroides y demás peligros que desencadenan el posible impacto y, con el posible impacto, la amenaza constante de muerte y con la amenaza de muerte, el crecimiento de la seguridad en mí misma, el surgimiento de una valentía —a lo Wyatt Earp— que sea capaz de enfrentarme, cara a cara, al energúmeno de mi marido.

La estrategia fundamental del juego es no dejarse impactar por bombas ni gallinas ni asteroides. La táctica es mejorar la reserva en municiones, que la calidad de los proyectiles aumente en la medida en que el jugador-avioncito descuartice adversarios. Estas son las bases del *Chicken Invaders Two*, el más completo de los entrenamientos que conozco.

Siento que he creado dependencia con el juego, porque un sonar de trompetas me estimula cada vez que derribo de una ráfaga a un montón de gallinas malévolas, porque sueño que todo mi ser es ese avioncito, que toda mi defensa son sus balas, que todas esas gallinas son, en suma, el blanco fundamental, el adversario.

Yo, que toda mi vida he procurado no morirme, me siento muy identificada con este juego que, en lugar de las gastadas copitas de los campos de tiro, me arma de un arsenal de disparos que varía de tiros simples a tiros dobles o múltiples que se proyectan rectilíneos o en forma de abanico –estos son los mejores– contra los enemigos.

Además, en el *Chicken Invaders Two* cualquier acción arriesgada y de atinado pulso puede concederme una vida nueva, o un petardo de gran alcance que se dispara con el clic derecho del mouse. ¿Cuándo pasa esto en la vida real? Esto en la vida real no pasa nunca. Fuera del *Chicken Invaders Two* no pasa ni a jodidas. Fuera una va perdiendo vidas y más vidas y sintiéndose cada vez más y más impactada y destrozada por la fuerza de asteroide de los obstáculos. Fuera del *Chicken Invaders Two* la realidad es un campo de tiro donde una misma es el blanco, la diana indefensa. Y la urgencia de la realidad no funciona como lo hizo con Wyatt Earp. No. A veces la urgencia de la realidad nos estanca. La urgencia de la realidad nos pulveriza. Y es otra cosa que me lleva de vuelta al único sitio que alberga la única esperanza de mejoría personal, a la única, sola y puñetera cosa que indica que puedo partirle el centro del corazón al energúmeno y quien dice el centro, dice por lo menos el borde.

Por ello el *Chicken Invaders Two* es ya una dependencia, una enfermedad. Y yo lo dejo así. No busco ayuda médica. No lucho contra eso. Tengo la necesidad de sentir que están vivos mi mano apuntadora, mi yo protagonista. Saber que puedo hacer sonar trompetas alimenta la idea de que la solución de mi caso está en mi mano, que puedo ser la versión femenina de Wyatt Earp y disparar sin temor, de igual a igual, de pistolera a pistolero. Y esperar bajo el suspenso y ver al cabo cómo se desploma el energúmeno. Y convertirme, de paso, en el adalid de otras mujeres, en la vengadora universal de tanta noticia de mujer golpeada y muerta que aparece a toda hora en internet.

Porque solo hay que sentarse un minuto frente a un ordenador con internet para ver que hay una causa de muerte femenina más frecuente que la malaria, el cáncer de mama y todas las guerras actuales juntas. Y esa causa de muerte son los maridos.

Lo dicen las sumas más formales, las mujeres tenemos más probabilidad de ser mutiladas o asesinadas por hombres domésticos, que de morir de una maldita enfermedad, o de un tonto y frenético accidente. Lo dice internet que habla mejor que yo porque lo dice sin mi rabia: hasta doscientos millones de mujeres faltan demográficamente. Y esta falta es el resultado de diversos mecanismos de explotación, del aborto de los fetos de las niñas, del infanticidio, del desvío de comida y atención médica hacia los miembros masculinos de la familia, de los llamados asesinatos de honor y las muertes de dote, del tráfico de mujeres y de la violencia.

He ahí la explotación y la causa para la lucha, lo más parecido a una invasión de gallinas sanguinarias. La urgencia de una realidad que pide, a gritos, que surja la figura vengadora que seré, que debo ser antes de que nos pulvericen. He ahí la misión que se me plantea: limpiar el planeta de abusadores. Empezar con mi marido y hacerlo con todo en contra, con un millón de obstáculos que se aproximan veloces, sin trompetas que suenen elogiosas; hacerlo apenas sin estímulo, con la desventaja en las narices. Pero hacerlo. He conseguido ya el revólver. Lo tengo en el armario, cargado y escondido, con su tambor lleno de balas. Y hago planes. Solitarios y alternativos planes. Tengo una estrategia y una táctica, tengo claritos los pasos a seguir.

Lo malo es que no puedo consultarlo. No hay antecedentes por los que guiarse. Los pocos casos de rebeliones femeninas no se detallan en internet. Se describen desde el punto de vista del morbo: mujer que le corta el pene al marido, por ejemplo. Pero jamás explican el procedimiento. Explican, por pasos, la ablación del clítoris o las violaciones, pero en ningún lugar encuentras la secuencia para matar a un energúmeno. Y yo no tendría fuerzas para cortarle el pene, ni para asfixiarlo con una almohada cuando esté dormido. No me gustaría luchar contra una cosa dormida o en desventaja física. No le quiero pagar con la misma moneda. Pero es que, además, el energúmeno se recuperaría en el acto, me mataría en segundos. Aquellas que mutilan y asfixian deben ser mujeres muy fuertes y no las puedo tomar como símbolos. Mi constitución física no me permite heroísmos. Soy débil y solo puedo disparar a distancia. Además, estoy más sola que el avioncito del *Chicken Invaders Two*. Sola, con un solo tipo de municiones, y con un arma de fuego antiquísima: un revólver, el arma de Wyatt Earp. Y ahí, en torno al revólver, hay un subjetivo e importante impedimento: ni siquiera puedo tomar a otra mujer como modelo. No hay mujeres pistoleras en la historia. Yo sería la primera si matara, por fin, al energúmeno. Por eso insisto en que la soledad de los iniciadores es tremenda. La ilusión de verme publicada es la única trompeta estimuladora que podría sonar cuando lo mate. Ya imagino la noticia en internet, una noticia bien morbosa, detallista de los nombres y de las circunstancias, pero a grandes rasgos en la descripción de la maniobra homicida, como para que no sirva de incitación: fulana es una mujer de tantos años que, con la ayuda de su excelente puntería, ultimó a su esposo esta tarde con un preciso tiro a distancia que le atravesó el corazón a fulano.

Aunque la noticia pudiera variar: fulana es una mujer de tantos años que tras fallar cuatro disparos consecutivos, acertó a matar con el quinto a fulano, quien se defendió moribundo, provocándole una fuerte contusión cerebral a fulana, ahora hospitalizada y en estado de coma.

También podría ser peor: fulana murió esta tarde luego de pretender vaciar el tambor de su revólver sobre el cuerpo de fulano, su marido. Sin acertar ni una sola vez, fulana resultó muerta después que una bala de las disparadas rebotara de forma imprevista, alojándose en la base de su femenino cráneo.

He valorado todas las posibilidades, las exitosas y las terribles y ya no me asusta el futuro. Para todo estoy preparada, para cada consecuencia nefasta guardo un consuelo mejor que esta vida de ahora. Y ya, o dentro de poco, también estaré preparada para disparar. Cuando acabe de perfilar mi puntería, sacaré el revólver del armario. Me acercaré, calmada, al energúmeno. Le daré la oportunidad de que me vea y se defienda, si puede. Mientras, le apuntaré despacio, sin temblores, sin temores, sin cargos de conciencia y seré Wyatt Earp. Pondré el dedo en el gatillo y sentiré la inocencia de quien oprime, mansamente, el clic izquierdo del mouse.

Narrar el videojuego
La vida como narrativa videolúdica en «Fulana y el fuego» de Gleyvis Coro Montanet

Mónica Simal | *Providence College*

> Anger remains the emotion that is least acceptable for girls and women because it is the first line of defense against injustice
>
> Soraya Chemaly

En las historias que vemos en las películas norteamericanas sobre el oeste, esas llamadas *western movies*, no abundan las mujeres pistoleras como protagonistas. Sería tarea difícil dar con una Wyatt Earp en versión femenina. En estas películas en donde los *cowboys* ya no son criminales, sino que aparecen reinventados como tipos buenos en la lucha contra los *outlaws*, no se presenta a la mujer como una heroína que con sus acciones pueda empoderar a niñas, adolescentes y adultas. Las mujeres no son precisamente pistoleras que aprietan el gatillo frente a criminales y que llevan la justicia a lugares inhóspitos. Ellas no han sido consideradas lo suficientemente fuertes ni hábiles para luchar contra el mal, de acuerdo con las construcciones históricamente asociadas a lo femenino. Más bien reproducen ese papel que les ha sido asignado durante tantos siglos: están relegadas a la cocina, o son los personajes subalternos de historias de amor[1].

---

[1] Pilar Ruiz destaca algunas excepciones dentro de ese «gran género de Hollywood creador de los mitos fundacionales de los Estados Unidos» que «odia a las mujeres» (2017: en línea), como son las películas *El Dorado* (1966) de Howard Hawks, donde la jovencita Joey MacDonald, interpretada por Michele Carey, le dispara a Cole Thornton (John Wayne), hiriéndolo, en defensa del honor de su familia; y *True grit* (1969), dirigida por Henry Hathaway, que resalta el protagonismo de una mujer capaz de vengar la muerte de su padre al herir de un disparo a su asesino. Nótese que, a pesar de disparar, no causan la muerte de estos hombres.

La visión disminuida de la mujer es una constante no solo a lo largo de la historia del cine del oeste norteamericano; en el fondo, es la misma que analizaba Virginia Woolf en su libro *A room of one's own*. Woolf explicaba ya entonces la imposibilidad de que surgieran genios femeninos en la Inglaterra del siglo XVI debido a las condiciones socioeconómicas y políticas que limitaban –y aún hoy en día limitan– a la mujer (1935: 70-73). Su ensayo, todo un clásico para el movimiento feminista en su lucha por la igualdad de género, nos lleva a reflexionar en pleno siglo XXI sobre la no resuelta liberación de la mujer, especialmente al no contar con la independencia económica y ese espacio personal/privado que Woolf tanto reclamó para ellas. Esa lucha inconclusa por la reivindicación de la mujer se sigue llevando a cabo desde diferentes frentes, y la literatura constituye también un espacio de denuncia y resistencia.

La escritora cubana Gleyvis Coro Montanet (Pinar del Río, 1974) retomará esta preocupación por las construcciones sociales alrededor de lo femenino en su cuento «La fulana y el fuego»[2]. Su protagonista es una mujer que desde las líneas iniciales nos dice que su problema es de puntería: «Dicen que las mujeres tenemos menos orientación espacial que los hombres. No es extraño. Después de tanto filme de pistolero contra ninguno de pistolera, qué tiro bueno podrá salirle a una. Por eso es tan importante la práctica».

¿Cuestión de mala puntería? En otras películas, como *Rancho Notorious* (Fritz Lang, 1952), y *Forty guns* (Samuel Fuller, 1957), las mujeres se presentan como delincuentes en control de sus vidas y las de otros, ya que «ha[n] aprendido a usar la violencia en beneficio propio». Si bien se trata de casos aislados dentro de la historia de las películas del oeste, Ruiz destaca cómo en los noventa operará un cambio en el paradigma del género debido al «movimiento mundial sin precedentes en pro de la igualdad de la mujer». La película *The quick and the dead* (Sam Raimi, 1995) es un ejemplo de una representación mucho más compleja de los modelos femeninos acogidos con anterioridad por el *Western* (Ruiz 2017: en línea).

[2] El cuento recibió en 2007 el Tercer Premio Interamericano de Narrativa Fundación Avon, que contó en ese año con la participación de la destacada escritora argentina Luisa Valenzuela como uno de los miembros del jurado. Emmanuel Tornés incluyó «Fulana y el fuego» en su antología *Entre los poros y las estrellas: selección de cuentos cubanos* (2009) de la editorial Abril. Aparece además en *Cecilia en la noche* (2018), una compilación de textos narrativos de once escritoras cubanas editada por Libros Moyorquecero.

De la misma manera que Woolf reflexiona sobre las causas de la ausencia de mujeres en la Historia, al punto de que si Shakespeare hubiera tenido una hermana esta hubiera estado imposibilitada de desarrollar sus habilidades de la misma manera en que sí lo hizo su hermano, por la simple razón de ser este un hombre (1935: 70-73), Coro Montanet afirma que «las habilidades no nacen solas. Wyatt Earp no nació con la puntería desarrollada, se hizo Wyatt Earp con la práctica. O con la urgencia de la realidad».

¿Qué nos comunica la ira, la cólera de este personaje femenino que sueña con mejorar sus habilidades como pistolera para poder librarse de su marido, y con ello de todos esos abusadores causantes de tantas muertes femeninas? ¿Qué nos informa esa cólera potenciada, transformada y de cierta manera posibilitada a través del videojuego?[3] Es a través del adentro y del afuera del videojuego que narra ese yo protagónico femenino que Coro Montanet aprovecha el diálogo entre «lo videolúdico y lo literario» para darle un curso productivo (y constructivo) a la *rabia* de este personaje. Desde nuestra lectura, es esta relación entre literatura y videojuego la que potencia al personaje femenino, lo que le proporciona sentido a su existencia y la posibilidad de pensar una vida otra, donde las mujeres puedan escapar de su curso predestinado y tomar las riendas y el control de sus vidas: ser las heroínas de sus propias historias pasadas, presentes y futuras.

El cuento reactualiza el tema de la necesaria liberación de la mujer al reflexionar sobre la violencia de género: «Porque solo hay que sentarse un

---

[3] La larga tradición en la literatura occidental en relación con la representación de la cólera comienza con la célebre frase de *La Ilíada*: «Canta, oh diosa, la cólera del pélida Aquiles». En *Restraining rage*, William Harris rastrea desde los griegos hasta los inicios de la cristiandad por qué el control de la cólera, o su eliminación, fue muy importante en la Antigüedad clásica. De acuerdo a Harris, las representaciones poéticas griegas de la cólera reflejan la importancia integral que ésta tenía en la formación política de las sociedades, ya que les permitía a sus miembros educarse en la necesidad del autocontrol (2004: 7-9). Harris acertadamente comenta que el control de la cólera sigue siendo un problema contemporáneo (2004: 8). Es interesante el paralelismo entre las referencias clásicas de los guerreros encolerizados y la distribución de roles en las películas norteamericanas de vaqueros. Los guerreros de la antigüedad son activos, mientras que las mujeres se representan como pasivas, causantes de las guerras y de la cólera de los hombres, como Helena de Troya.

minuto frente a un ordenador con Internet para ver que hay una causa de muerte femenina más frecuente que la malaria, el cáncer de mama y todas las guerras actuales juntas. Y esa causa de muerte son los maridos». Para la protagonista, la única manera de acabar con eso sería practicar su puntería para matar al «energúmeno» de su esposo. Y agrega,

> Lo dicen las sumas formales, las mujeres tenemos más probabilidad de ser mutiladas o asesinadas por hombres domésticos, que de morir de una maldita enfermedad, o de un tonto y frenético accidente. Lo dice internet que habla mejor que yo porque lo dice sin mi rabia: hasta doscientos millones de mujeres faltan demográficamente.

Es a través de un juego de computación para niños, *Chicken Invaders II*, que logra empoderarse esta mujer, carente de nombre en el cuento. La ausencia onomástica del personaje es remplazada por el genérico «fulana». Esta mujer anónima, ya que puede representar a cualquier otra, acude a los videojuegos para desde ahí analizar mejor su realidad y desarrollar esas habilidades y/o cualidades que, de lo contrario, nunca desplegaría: seguridad, sentido de poder, y sobre todo, el goce de la libertad que le brinda sentirse en control de su vida y de su destino. No es casual que el exergo del cuento sean palabras de Belén Gopegui en relación a esas concepciones de lo femenino determinado para las niñas: «Pero él nunca quiso imaginar que algunas niñas no estuvimos enamoradas de Gary Cooper ni de Gregory Peck, y fue nuestro deseo cabalgar, imponer la justicia, ser el viento sin raíces, disparar el revólver y morir una tarde a la intemperie».

Si pensamos el videojuego como algo más bien orientado a lo masculino, en este cuento no se presenta a un niño interactuando y haciendo uso de su imaginación a través de un software. El estereotipo se revierte ya no solo desde la cuestión genérica, sino a partir de la concepción de una mujer adulta que se sumerge en un mundo prediseñado para niños y adolescentes. El espacio digital se vuelve una alternativa –si bien ilusoria– frente a su realidad circundante; es allí donde logra imponer justicia y derrotar el mal. La protagonista, mientras presiona el mouse desde su nueva condición de avión artillero y dispara a las gallinas exterminadoras que han invadido el planeta, se siente invencible y remunerada con las otras vidas que le son otorgadas cada vez que sus tiros aciertan en determinados blancos. Ella, que confiesa que toda la vida ha procurado no morirse, ahora se ve acreedora de una vida nueva a partir de su proyección en el juego. El videojuego es entonces el «único sitio que alberga la única esperanza de mejoría personal» frente a una realidad que nos «estanca» y «pulveriza». Es el único lugar que le da nuevas municiones y le otorga una nueva vida. «¿Cuándo pasa esto en la vida real?», se pregunta, para acto seguido contestarse «que no pasa ni a jodidas. Fuera una va perdiendo vidas y más vidas y sintiéndose cada vez más impactada y destrozada por la fuerza de asteroide de los obstáculos». En el espacio del hogar está constreñida y limitada; sin embargo, el espacio virtual le concede movimiento.

Hablar de la ira implica traer a colación el discurso pronunciado en 1981 por Audre Lorde, a raíz de la conferencia organizada por la Asociación Nacional de Estudios sobre la Mujer. Allí subrayaba que «every woman has a well-stocked arsenal of anger potentially useful against those oppressions, personal and institutional, which brought that anger into being. Focused with precision it can become a powerful source of energy serving progress and change» (1981: en línea)[4]. De acuerdo con la destacada feminista afroamericana y lesbiana, «anger is loaded with information and energy». La valoración de Lorde es muy productiva para pensar el cuento de Coro Montanet. Soraya Chemaly, quien retoma a Lorde, destaca que la ira femenina está llena de información porque tenemos conocimiento (Chakrabarti 2018). Es precisamente ese conocimiento ancestral, que no se nos ha permitido desarrollar debido a la falta de oportunidades, al que Coro Montanet accede a través del llamado «séptimo arte». Al igual que Chemaly cuando habla de la ira como un superpoder –«rage as a superpower» (Chakrabarti 2018: en línea)–, Coro Montanet transforma el videojuego mediante la cólera de su personaje femenino en un especie de poder sobrenatural. Ese será el conocimiento ancestral que potencia digitalmente a «fulana»; su mejor autodefensa y su más productiva respuesta. Gracias a esto logra armarse de confianza y seguridad para desarrollar ciertas habilidades con el *Chicken Invaders II*.

El videojuego es el campo perfecto de entrenamiento donde la protagonista logra su objetivo último: entrenarse para matar al marido. Su «espíritu»

---

[4] Si bien existe una documentada historia sobre la ira, hemos preferido partir del acercamiento teórico hecho por investigadoras afroamericanas. Soraya Chemaly (2008) destaca cómo hoy en día la cólera masculina es premiada, mientras las mujeres enfurecidas son vistas como histéricas.

y «autoestima» se han fortalecido de tanto presionar el mouse para eliminar a esas gallinas exterminadoras que han invadido el sistema solar. Ha logrado convertirse en «adalid de otras mujeres» y ¿qué mejor superpoder que este? «Fulana» expresa su rabia ante la muerte de tantas féminas en el mundo como «resultado de diversos mecanismos de explotación, del aborto de los fetos de las niñas, del infanticidio, del desvío de comida y atención médica hacia los miembros masculinos de la familia, de los llamados asesinatos de honor y las muertes de dote, del tráfico de mujeres y de la violencia», y se convierte así en la super-heroína que no solo reflexiona sobre la injusticia social, sino que se prepara para tomar acción por mano propia. En palabras de Chemaly: «roles and responsibilities, power and privilege are the frames of our anger [...] all factor into how we think about, experience, and utilize anger» (Chakrabarti 2018: en línea). La mujer no autocontrola su cólera; todo lo contrario, la utiliza como herramienta de castigo.

Un breve repaso del Human Development Report del 2014, llevado a cabo con el auspicio de las Naciones Unidas, expone cómo la violencia en contra de la mujer es aún un problema de proporciones pandémicas[5] y detalla cómo la violencia individual y estatal es uno de los mecanismos sociales a través de los cuales las mujeres son forzadas a ocupar posiciones subordinadas en comparación con los hombres. El reporte recoge palabras de Marion Young, quien comenta que

> the oppression of violence consists not only in direct victimization but in the daily knowledge shared by all members of the oppressed group that they are liable to violation, solely on account of their group identity. Just living under the threat of attack...deprives the oppressed of freedom and dignity, and needlessly expands their energy. (2014: 75)

Volviendo a «Fulana y el fuego», si bien no sabemos nada sobre la posible historia de violencia entre la protagonista y su esposo, tampoco nos hace falta; en cierto sentido, las palabras de Young describen exactamente la existencia de esta mujer que se reconoce como parte de un grupo históricamente oprimido, aun cuando pudiera no estar sufriendo una victimización directa

---

[5] Palabras de Kofi Annan, Secretario de las Naciones, citadas en el reporte del 2006 publicado por la UNIFEM (Moravia 2009).

(no lo expresa explícitamente). La protagonista está bajo constante amenaza de ataque; las cifras son reales y ha decidido ser la heroína ausente de los *westerns*. Y aunque reconozca que «ni siquiera [puede] tomar a otra mujer como modelo. No hay mujeres pistoleras en la historia», está dispuesta a ser la primera y asumir las consecuencias.

La información y el conocimiento detrás de la ira, a los cuales remiten Lorde y Chemaly, están presentes en esas estrategias y tácticas generadas a partir del videojuego como vía de agencia y empoderamiento. La protagonista es consciente de que no puede «dejarse impactar por bombas ni gallinas ni asteroides. La táctica es mejorar la reserva en municiones, que la calidad de los proyectiles aumente en la medida en que el jugador-avioncito descuartice adversarios». En esta guerra de exterminio ha aprendido que puede sobrevivir gracias al empleo correcto de sus tácticas, una oportunidad que no tiene en la vida real. Si las mujeres, por el simple hecho de serlo, son «dianas indefensas», su identificación aquí con el juego viene de esta liberación que le produce no sentirse un blanco por su condición de mujer. Ciertamente, se entrena para su venganza social e histórica: «La urgencia de una realidad que pide, a gritos, que surja la figura vengadora que seré, que debo ser antes de que nos pulvericen. He ahí la misión que se me plantea: limpiar el planeta de abusadores». Empezando por el marido, confiesa ya no temerle al futuro como antes: «Para todo estoy preparada, para cada consecuencia nefasta guardo un consuelo mejor que esta vida de ahora». La frase hace que imaginemos su vida no precisamente como un paraíso, a pesar de que en la historia no tengamos detalles sobre cómo es la relación con su esposo –que, tan anónimo como ella, también carece de nombre, y es símbolo, por tanto, de un colectivo masculino opresor.

Parafraseando a Lorde, la ira expresada y traducida en acción en el espacio digital está al servicio de la visión futura de esta mujer como abanderada de otras. La historia de este personaje femenino trasciende así lo individual para repensar y dar solución a problemas sociohistóricos desde lo digital. La misma Coro Montanet señaló en una entrevista: «Me seduce lo histórico, lo político, el conflicto de la masa y las figuras aglutinantes más que las solitarias. Mis poemas o textos narrativos en primera persona, responden casi siempre a un problema de grandes connotaciones sociales y no a una queja ni a una felicidad particular o aislada» (Portilla 2007: en línea). La super-heroína de su cuento ha transferido la realidad del juego a su vida para convertirse en figura vengadora contra ese mal que ha consumido a tantas mujeres como resultado de la violencia estructural, sistémica e individual ejercida en su contra. Solo a través del videojuego supera esa pretendida fragilidad física y los estereotipos asociados a lo femenino. Logra vivir/establecer una realidad alternativa en donde se prepara y se arma para combatir los constructos sociales históricamente asentados en el imaginario universal y traducidos en prácticas y políticas misóginas.

La protagonista, no obstante, reconoce que si por un lado el juego la empodera y le permite vivir una realidad otra fuera de la misoginia y la violencia de género, también se convierte en una «dependencia» y una «enfermedad». Pero es una enfermedad auto-infligida; una adicción bienvenida de la que está muy consciente y contra la que no lucha. Al contrario, es un antídoto productivo contra su ira.

De esta forma, el yo-protagonista de este cuento transita, a sabiendas, por el interior del juego en oposición a su exterior. Es un yo que autoconscientemente reflexiona sobre las implicaciones del contagio de esos mundos aparentemente opuestos, en un diálogo al parecer contradictorio de ida y vuelta, pero que resulta ser a su vez complementario. Los dispositivos del juego se llevan a su realidad presente y viceversa. La vida aparece instaurada como suerte de narración del videojuego y los lectores podemos participar de ambos mundos como si fuéramos jugadores virtuales.

Videojuegos y literatura

Álvaro Alonso comenta que ya desde hace algunos años la literatura y los videojuegos se han estado nutriendo mutuamente. Si los videojuegos han encontrado en la literatura una fuente de inspiración –clásicos como, por ejemplo, *Alice in Wonderland* de Lewis Carroll adaptado por la industria del videojuego como *Alice: Madness return*–, también ha ocurrido lo contrario. Muchos videojuegos han pasado a transformarse en novelas atrayendo a lectores «que por otros medios no se habrían iniciado en el hábito de la lectura» (2014: en línea)[6]. A pesar de que sería osado entender

---

[6] El crítico señala cómo *Halo*, *Dragon age* y *Assassin's creed* han dado nombre a varios libros y novelas gráficas. Además, interviene en el debate sobre los videojuegos como una forma de literatura; en su opinión, esa aproximación sería

los juegos de computación y otros medios audiovisuales como literatura, para David Conte, los videojuegos han ido «derivando con el paso de los años en una forma de narración: no podemos ignorar eso» (Alonso 2014: en línea). Alonso toma en cuenta esta observación de Conte para destacar la importancia de «la relación lúdico-narrativo», o lo que también llama «relación entre jugabilidad y narrativa» (2014: en línea).

Siguiendo esta premisa de un «diálogo entre lo videolúdico y lo literario», Alejando Lozano, por su parte, entiende el videojuego como «un complejo medio de expresión compuesto por imagen, texto, sonido y electrónica cuyo lenguaje (Pérez Latorre 2012) combina prácticas relativas al desarrollo de software con la importación y reelaboración de recursos expresivos previamente explorados y desarrollados en otros medios […]» (2017: 37). Lozano comenta cómo a partir de los noventa, con el auge de los *Games Studies*, se comienza a discutir más a fondo sobre la posibilidad de los videojuegos de narrar historias, algo impensable en décadas anteriores, cuando se crearon los primeros juegos. De acuerdo con Jesper Juul, había «diferencias estructurales que impedían concebir la actividad de jugar como algo compatible con escuchar, ver o leer una historia» (Lozano 2017: 42). Para Lozano, en el panorama actual de los videojuegos, el jugador, anteriormente figura protagónica, dará paso en algunas ocasiones a otras «herramientas narrativas, adoptando como consecuencia una actitud pasiva» (2017: 44). El crítico pone como ejemplo la presencia de un narrador, que en el caso de videojuegos como *Thomas was alone* (Mike Bithell, 2012) y *Bastion* (Super Giant Games, 2011), «desafía la creencia anterior sobre "incompatibilidad entre narrativa y jugabilidad"» (2017: 44). En estos videojuegos, la voz en *off* de un narrador omnisciente va acompañando al jugador en todo momento, retando así la evidente separación entre narración y videojuego.

El aparato crítico sobre la relación entre videojuego y literatura resulta muy conveniente para analizar las herramientas narrativas de que se vale Coro Montanet. Desde nuestra lectura, concebimos a la protagonista-narradora de este cuento como una especie de voz en *off* que acompaña al videojuego *Chicken Invaders II*. El videojuego en sí funciona a su vez como

---

problemática porque, de seguir esa lógica, habría entonces que tener en cuenta otros medios audiovisuales, como es el caso del cine (Alonso 2014).

otra voz en *off*: una suerte de narrador que va guiándonos por los pensamientos y avatares de la vida de esta mujer. El videojuego se intercala en la historia de «Fulana» y el espacio del mismo se entrecruza por momentos con el espacio de su vida. Videojuego y «realidad» intercalados, intercambiados, bifurcados...

Por otro lado, se podría pensar la totalidad del cuento como la voz en *off* que nos guía a nosotros los lectores, que quizás hemos sido imaginados por Coro Montanet como jugadores en esta suerte de videojuego literario mayor que es el acto de hacer confluir vida, videojuego y literatura. Pareciera que la autora nos invita a acceder a lecturas múltiples que están en diálogo entre sí. De modo que leemos los comentarios de esta primera persona narrativa a partir de sus posibles roles: como narradora del *Chicken Invaders II*, lo que le permite al yo ser parte de la «narración» de un juego –un yo reinventado y potenciado a través de este avión que dispara a las gallinas exterminadoras–; o simplemente como el yo de la protagonista de esta historia: un yo-voz en *off* que relata los avatares y preocupaciones de su vida como mujer. En otras palabras, doble función o, más bien triple, del yo: uno que se erige como narrador de la historia personal de esta fulana, y otro como narrador omnisciente del videojuego. La tercera función es esa primera persona que se presenta como una mujer y que nos guía la narración del cuento; interpolando y dialogando así con ambos mundos.

Es precisamente en estas narrativas del yo donde se visibiliza la transferencia/diálogo entre el tiempo-espacio de la narración y lo espacio-temporal presente en el juego. Un diálogo que para Lozano está ocurriendo en la actualidad con las nuevas apuestas «narrativas» presentes en los videojuegos. Parafraseando al crítico, el videojuego actúa «como encarnación material (digital)» de la narración de su vida que hace la protagonista de esta historia (2017: 51). Lo interesante es leer el cuento de Coro Montanet como una invitación a esta misma reflexión, no ya desde el videojuego, sino desde la literatura.

En general, «Fulana y el fuego» exhibe la vida como el videojuego a partir de sus múltiples posibilidades y alternativas. La literatura acoge los mecanismos del videojuego, es una suerte de software que puede predecir infinitas jugadas. No obstante, no podemos dejarnos engañar: el creador del software ya tiene todas las posibles variantes muy bien pensadas, y el narrador omnisciente nos guía y narra esas elecciones que vamos a realizar a sabiendas de que todo ya ha sido previamente determinado. Coro Montanet apuesta por la «estética o narrativa videolúdica» como experiencia productiva y constructiva para canalizar la cólera femenina ante un entorno discriminatorio, desigual e injusto.

Si como destaca Lozano la palabra escrita presente en los videojuegos transmite contenidos e información al jugador en relación con la trama, en este cuento notamos cómo estas narrativas del yo (que vienen siendo esas posibles maneras de narrar *Chicken Invaders II* y su diálogo con lo «real», y viceversa) son acogidas por una literatura que le da entrada al mundo interactivo, posibilitando así la relación entre «narrativa y jugabilidad». Coro Montanet desafía la antigua separación entre narrativa y videojuego a través de un narrador omnisciente que se presenta en roles diversos y complementarios, tanto en el mundo «real» como en el del videojuego. Al introducir ese narrador para el *Chicken Invaders II* –al menos en esta lectura para ese yo en primera persona del cuento–, la autora se posiciona en el rol de un programador de software, en una operación inversa a la descrita por Lozano, ya que el diálogo narrativo-videolúdico no está siendo creado desde el juego de computación, sino propiciado por la literatura. La ficción deviene un medio donde también se borran esas separaciones que distanciaban al mundo de los juegos del espacio narrativo.

Coro Montanet ha hecho productiva la cólera de su protagonista al diluir fronteras y poner en diálogo divisiones históricas. La ira se convierte en dadora de nuevas vidas y nuevos *yoes* que las narran desde diferentes planos. Se cambia el presente predestinado de esta mujer y se crea un futuro sin temores: este es el superpoder femenino que viene a contrarrestar tanta vejación e infortunio. Coro Montanet, como su protagonista, convierte entonces la ira en algo provechoso, recordándonos que, desde la literatura, como desde el videojuego, podemos recrear historias mucho más justas. La mujer de este cuento usa la imaginación para sentirse estimulada y, ya en control de su poder, cambiar no solo su destino, sino el de otras muchas féminas más. Cambiar esas historias desde lo interactivo es un paso hacia una futuridad que apuesta por una igualdad de género y que reacciona contra lo designado como femenino, dando paso además a esas infinitivas posibilidades que nos brinda la ficción.

Bibliografía

AA.VV. (2014): «Violence against women». En *Human Development Report 2014*: <https://sustainabledevelopment.un.org/content/documents/1789hdr14-report-en-1.pdf>.

Alonso, Álvaro (2014): «Videojuegos y literatura: ¿dos caras de la misma moneda?». En *El Diario*: <https://www.eldiario.es/juegoreviews/reportajes/Videojuegos-literatura-caras-misma-moneda_0_319168997.html>.

Chakrabarti, Meghna (2018): «*Rage becomes her*: the current conversation around women's anger. Interview with Soraya Chemaly»: <https://www.wbur.org/onpoint/2018/09/12/rage-becomes-her-soraya-chemaly>.

Harris, William (2004): *Restraining rage. The ideology of anger control in Classical Antiquity*. Cambridge: Harvard University Press.

Lorde, Audre (1981): «The uses of anger: women responding to racism». En *Black Past:* <https://www.blackpast.org/african-american-history/speeches-african-american-history/1981-audre-lorde-uses-anger-women-responding-racism/>.

Lozano, Alejandro (2017): «Encuentros y desencuentros entre videojuegos y literatura. Jugabilidad y narrativa en *The Stanley Parable*». En *Caracteres. Estudios culturales y críticos de la esfera digital* 6 (1): 34-58.

Moravia, Azad (2009): «Domestic violence against single and married women in Iranian society»: <https://web.archive.org/web/20120425230632/http: //en.tolerancy.org/index.php?option=com_content&view=article&id=176%3A2009-09-15-08-37-55&catid=43%3Aevents-a-reports&Itemid=90>.

Portilla, Juan Ramón de la (2007): «Que la literatura se le ofrezca un poco a la dentista que soy». En *La Jiribilla. Revista de cultura cubana* 301: <http://www.lajiribilla.co.cu/2007/n301_02/301_06.html>.

Ruiz, Pilar (2017): « Feminismo a tiros: la mujer en el Western. En *Revista Contexto* 146: <https://ctxt.es/es/20171206/Culturas/16557/feminismo-Western-cine-Godless-CTXT.htm>.

Woolf, Virgina (1935): *A room of one's own*. London: Hogarth Press.

Francisco y la suerte

Laidi Fernández de Juan

Francisco apareció una mañana de octubre. Estábamos ensayando aquí, en el parque El Quijote, bien temprano, porque ya Irene no admitía más nuestro bullicio a pesar de las invitaciones que regalábamos a su familia. Era injusto de su parte botarnos, pero en realidad no fue eso lo que nos perturbó ese día de octubre, sino la llegada de Francisco.

Nuestra Compañía de cómicos comenzaba a afianzarse en el mundo del espectáculo, y aunque no disponíamos de local fijo para los ensayos, ni siquiera de vivienda legal para todos los miembros del grupo, ya el nombre «La Mona Risa» era mencionado en distintas estaciones de radio. Nuestra directora, Brígida Sepúlveda, había conseguido una entrevista en la Televisión Nacional. Eso nos mantenía nerviosos aquel día. Además de practicar un nuevo show, debíamos aportar argumentos convincentes que ayudaran a Brígida a conquistar más público. No teníamos la menor idea de cuál sería el cuestionario de la periodista, una muchacha bastante cursi que lograba comunicarse a través de la pantalla con suficiente eficacia como para que el grupo adquiriera mayor fama de la que ya tenía, en los momentos en que ensayábamos y apareció Francisco. Era un deber ineludible ayudar a la directora con respuestas estremecedoras, que provocaran ganas de ir a ver la obra «Cómo ser guajira sin parecerlo», montada por el grupo.

Nuestras actuaciones, que ya acumulaban más de mil puestas en escena, habían fluctuado al inicio de la fundación de la Compañía. Primero nos ubicaron en el peor local de la ciudad. Un sitio arrabalero y pestilente al que solo acudían borrachines y putas tristes, y del que logramos salir más o menos airosos, gracias a un funcionario de Cultura que una noche pasó por allí. No más de veinte espectadores aplaudían sin ganas el final de nuestro espectáculo cuando el señor, luego identificado como Director de Arte Comunitario, pidió vernos en el camerino. Recuerdo que Mayra Lois lloraba frente al espejo mientras Carlitos le repetía su frase Pí, la constante de cada noche: «ya vendrán tiempos mejores».

Nos dijo que le interesaba el humor cáustico que hacíamos, y de inmediato nos propuso entrar en el «Proyecto Vía Principal». En aquel entonces ese era uno de nuestros sueños, así que aceptamos sin preguntar. Si bien la paga resultó igual de atrasada y mísera, estar en la cartelera más importante de la avenida más concurrida de la ciudad, era como llegar a Broadway. No sabíamos que dentro del «Proyecto Vía Principal» existían salas de distinta categoría, de modo que nuestro entusiasmo mermó cuando entramos en la que nos destinaron, la más distante de todas, la tarde que nos estrenamos en aquel circuito teatral. Solo unos cuantos niños acompañados por sus abuelas acudieron a ver los tres actos de nuestro programa. Alguien nos había confundido con una compañía de payasos, y tuvimos que dar explicaciones entre acto y acto, a pesar de lo cual los niños protestaron todo el tiempo. No obstante, las abuelas rieron en buena parte del espectáculo, y eso nos permitió continuar allí durante varios meses más.

Grupos teatrales que recién llegaban de provincias del interior del país, como nosotros, esgrimían armas desconocidas por «La Mona Risa», y de una forma u otra, subían a los escenarios que creíamos merecer. Cuando no nos tocaba actuar, repartíamos las salas donde se lucían «Merengue Santiaguero», «Tópicos Trópicos de Trinidad», «Humormismo Hanabanilla» y otros, para ver de cerca en qué consistían las propuestas de los demás. Luego, Brígida Sepúlveda conducía una especie de debate colectivo donde cada uno de nosotros expresaba los aciertos y los defectos de la función que le había tocado presenciar. En honor a la verdad, siempre consideramos que nuestros guiones y nuestro histrionismo superaban a los demás colectivos de cómicos, así que no era la calidad lo que determinaba nuestro achantamiento, ni el éxito de las otras compañías.

Sin contactos influyentes en el mundo artístico (ni en ningún otro), navegábamos a ciegas, con el único empeño de no dejarnos caer. El factor suerte, tan decisivo en la vida, no estaba de nuestro lado. Cuando empezábamos a valorar que quizás sería bueno replantearnos los propósitos de «La Mona Risa», o simplemente regresar al municipio de donde habíamos llegado, el Consejo de Arte Comunitario convocó al Concurso Nacional «Lucha tu risa». El anuncio del Festival del mismo nombre fue una lluvia de ánimos. Zaida Cristobalina y María Mercedes, nuestras guionistas, trabajaron con más ahínco que nunca, Carlitos y Moisés se las ingeniaron para conseguir ropajes llamativos y Brígida nos obligó a las actrices a practicar hasta el delirio, hasta el cansancio, hasta lo último de nuestras fuerzas. En los bajos de la casa de Irene pasamos jornadas de indescriptible esfuerzo, en las que paliábamos parte del bullicio y del trajín de los bailes, además de las carcajadas que no podíamos disimular a altas horas de la noche, permitiendo que su familia contemplara los ensayos. Luego resultó insuficiente dicho permiso y pasamos a regalarles papeletas de entrada, ardid que dejó de funcionar pasados unos meses.

Lo cierto es que nuestro show «Cosas y casos del caos» causó sensación entre el público asistente al Festival «Lucha tu risa». El Jurado nos otorgó todos los Premios: al Mejor Guion, a la Mejor Puesta en Escena, al Mejor Espectáculo, a la Mejor Dirección: éxito total. Cuando tocó el turno del Premio a la Mejor Actuación, y dijeron por los micrófonos «Se lo ha ganado María E, del grupo La Mona Risa», el teatro más grande del país estalló en aplausos. Nunca olvidaré esa noche de premiaciones. Brígida daba saltos de alegría, Moisés y Carlitos se besaban, Mayra Lois lloraba como siempre, Zaida Cristobalina y María Mercedes me cargaban y me dejaban caer, como si yo fuera Maradona o Pelé, y Carmen Esmérida e Hilda bailaron casino delante de todo el mundo. Fue un estado de gracia que nos duró más o menos un par de semanas.

Recibimos propuestas de trabajo desde el interior del país (que rechazamos, como es lógico), nos entrevistaron en la radio, y un diseñador gráfico accedió a hacernos un cartel promocional. Aunque discretamente, fuimos elevados de categoría, y ocupamos un teatro mejor que el anterior, en el mismo circuito «Proyecto Principal». Todavía no era al que aspirábamos, pero sin duda constituía un considerable paso de avance. Durante más de un año ofrecimos temporadas, con respetable asistencia de público. Aprendimos a superar escollos de diversa índole, algunos de los cuales nos dejaban en un pasmo, porque no éramos capaces de imaginar que las vendedoras de las entradas al teatro robaran parte de la recaudación, en complot con el Jefe de sala. Ni que cada noche, al terminar nuestra actuación, seríamos responsables de limpiar el teatro, acomodar las butacas, lavar las cortinas y apagar las luminarias. Tuvimos que aceptar las condiciones del nuevo lugar, sin que nuestros salarios subieran ni medio centavo. La gloria se acerca, vienen tiempos mejores, decía Carlitos cuando Mayra Lois empezaba a moquear, y todos poníamos manos a la obra.

Pasado un tiempo, los anhelos de «La Mona Risa» sobrepasaron la simpleza de una sala donde exhibirnos. Ya no era esa nuestra ambición, sino integrar una de las delegaciones que comenzaban a viajar al exterior, so pretexto de intercambios culturales entre varios países y la Isla hermosa del ardiente sol. Coincidió la preparación de un gran montaje, «Novedades en el frente», para el cual redoblaron esfuerzos las guionistas del grupo y los encargados del atrezo, con la expulsión del sótano de Irene, quien procedió a decirnos cuán harta estaba ya de nosotros, de la peor manera posible. Así, escogimos la plazoleta de este parque El Quijote para ensayar, bien temprano en la mañana, antes de que llegaran los trasnochados de la avenida, o empezara la cola del banco Metropolitano, cuya puerta de entrada da justamente a los pies de Alonso Quijano.

En esas estábamos cuando se nos acercó un muchacho con rostro de universitario, que dijo llamarse Francisco. Y Gómez de apellido, añadió ante nuestras caras de asombro, como si de esa forma se convirtiera en conocido. Había espiado entre los árboles del parque nuestras conversaciones sobre la inminente entrevista de la directora, dijo, y quería ofrecernos algunos puntos de vista que pudieran ser útiles. Carlitos sugirió recoger los trajes y el equipo de música, e irnos a otro sitio, pero Brígida Sepúlveda optó por escuchar al joven. ¿Qué sabes de «La Mona Risa»?, preguntó. Todo, contestó Francisco. Llevo años presenciando los espectáculos de ustedes, me encantan. Creo que a la televisión no le interesan las grandes teorías del humor. Si quieren salir adelante, lo mejor sería hablar del peligro de la banalización del arte, del acecho de lo nimio al que estamos sometidos, de la utilidad de la ciencia en la cultura y de la vinculación entre el chiste y la sociología.

Nos quedamos de piedra, recuerdo. Francisco era capaz de resumir en breves oraciones las parrafadas que proponíamos a la directora, de forma que ella memorizara todo lo que queríamos transmitir. Brígida lo invitó a acompañarla al estudio de televisión, en calidad de soplón y fue así que el muchacho entró al mundo de «La Mona Risa». Cuando esa tarde vimos la transmisión del programa, con la periodista cursi, nuestra directora súbitamente enmudecida, y Francisco esgrimiendo tesis sobre las relaciones entre un chiste y el teorema de Pitágoras, supimos que algo novedoso estaba por suceder.

A pesar de las protestas de Carlitos secundadas por Moisés, Brígida aceptó la proposición de un nuevo local para los ensayos: el patio trasero de la casa de Francisco. En un dos por tres instalamos los equipos de la compañía, organizamos horarios convenientes a todos y «Novedades en el frente» comenzó a tomar forma de verdadera obra maestra, según transcurrían los días de ensayos. Nuestros jefes de utilería no dejaron de expresar el desagrado que les causaba practicar en un patio desconocido cuyo dueño era rarísimo, como salido del sombrero de un mago. Por primera vez en muchos años, Carlitos cambió su monserga habitual, para murmurar por lo bajo «vienen tiempos malos». A Mayra Lois, a Hilda, a Carmen Esmérida y a mí nos daba igual. Estábamos tan empeñadas en alcanzar la gloria, que dedicábamos todo el esfuerzo imaginable en aprendernos al dedillo el guion de Zaida Cristobalina y de María Mercedes. Brígida contemplaba una, dos, mil veces el espectáculo, mientras le consultaba a Francisco si estaba de acuerdo con los parlamentos, con los bailes, con nuestra gracia.

Disponíamos de varios meses antes de que el Consejo de Arte Comunitario evaluara a todos los grupos humorísticos del país, en aras de decidir quién iría al intercambio allende los mares. En el interregno, continuaba en cartelera «Cosas y casos del caos», al que añadimos dos o tres comentarios de actualidad para asegurarnos un público identificado con nuestra sutil manera de criticar al gobierno. De esta forma, podíamos darnos el lujo de trabajar en las noches y de ensayar durante el día, manteniendo un mínimo salario.

Francisco, efectivamente, conocía nuestros parlamentos al dedillo. No solo los que habíamos llevado a escena con anterioridad, sino también los nuevos. Tres o cuatro ensayos en el patio de su casa le bastaron para memorizar cada frase, cada entrada, cada pie forzado. Poco a poco, la directora le cedió terreno, y comenzó a admitir modificaciones que él sugería con su cara de universitario sabichoso.

Al principio, los cambios eran mínimos: que Hilda demorara más su aparición en el Acto Dos; que Carmen Esmérida dijera «traigo un asunto entre manos» en lugar de «tengo un tema entre los pechos», que yo bajara la voz cuando me tocaba gritar «¡Lenin de la Caridad, ayúdanos!», y cosas por el estilo. Luego subió la parada, ante el desconcierto de nuestras guionistas, que no dejaban de asistir a los ensayos.

Sus propuestas ya no se limitaban a cambiar gestualidades, frases, el volumen de las voces, sino incluso a modificaciones en la trama. Según nos explicó, un buen chiste no es más que la concatenación perfecta de ciertas operaciones matemáticas, por lo cual no debe perderse el hilo conductor, la madeja sobre la que descansa el esqueleto, la armazón de un argumento que se aleje de la obviedad del realismo, y cause, al mismo tiempo, la empatía de saberse reconocido.

Zaida Cristobalina y María Mercedes intentaron protestar sobre la base de que si llevábamos el espectáculo a un plano puramente científico, conseguiríamos alejarnos de la realidad que pretendíamos ridiculizar. Brígida Sepúlveda las frenó en seco. Le parecía magnífica la explicación de Francisco, y aunque respetaba a las guionistas, admitió la necesidad de renovar la estrategia de «La Mona Risa» incorporando nuevas temáticas, nuevas formas de transmitir cultura popular y de hacer reír. Francisco propuso fusionar distintas manifestaciones de las artes escénicas, para lo cual sacó una bolsa de pelotas con colores refulgentes, y delante de nuestros rostros estupefactos, realizó un extraordinario acto de malabarismo. A la vez que lanzaba y recogía, soltaba y recuperaba pelotas sin dejar de mirar un punto fijo en el horizonte del patio, explicaba varias teorías matemáticas como «la del palomar» y la de «la amistad», en cuyos fundamentos se basaba su increíble destreza. Cuando terminó su improvisado acto, Carlitos se abrazó a Mayra Lois, invirtiendo su habitual rol de apaciguador, convencido de que el tiempo malo había llegado. Moisés se retiró del local sin despedirse y las guionistas fueron las últimas en aplaudir. Brígida Sepúlveda se paró de su asiento y manifestó su alborozo a través de vítores, chiflidos, gritos. ¡Actuarás entre nosotros, serás la atracción con tus pelotas en medio de nuestras actrices! concluyó.

Sin darnos cuenta, Francisco pasó de ser el joven tímido del parque El Quijote, a la estrella de «La Mona Risa». Ya no era posible adaptar el libreto de «Novedades en el frente» con actos de malabarismo incluidos, por lo que las guionistas, profundamente abatidas, optaron por retirarse del colectivo y, según tengo entendido, al cabo de varios intentos por conseguir trabajo en otras compañías de la capital, regresaron al oriente del país, a la zona montañosa donde habían nacido.

El propio Francisco escribió el argumento del espectáculo que, según le aseguraba a Brígida, nos garantizaría el mayor triunfo de nuestras vidas. «El humor de Pitágoras y otras yerbas aromáticas» se llamaba. Apenas quedaba tiempo para modificarlo todo antes del día de la evaluación, de modo que no hubo más remedio que renunciar al trabajo del «Proyecto Vía Principal». Pasábamos todo el tiempo ensayando el nuevo programa en el patio de Francisco, quien además de ser el dramaturgo, el actor estelar y el asistente de dirección, nos alimentaba cada día con pizas callejeras, y nos ofrecía colchonetas donde descansar.

Hilda, Carmen Esmérida, Mayra Lois y yo funcionábamos más como teloneras del malabar que como las grandes actrices que éramos, bajo la anuencia y mudez de la directora. Prácticamente nuestras entradas a escena se limitaban a apoyar el carisma de Francisco, quien decidió, además, modernizar la función. Ya no solo se trataba de combinar pelotas multicolores con chistes de marcada inocuidad política, sino de introducir materiales audiovisuales en medio del espectáculo. Para lograr dichos efectos, Francisco cedió equipos de última generación tecnológica, en los que era experto, según demostró desde el primer ensayo de su nuevo proyecto. Mientras una de nosotras ejecutaba en el escenario el movimiento más bien tonto que dictaba el guion, Francisco se dirigía hacia la parte de atrás del patio, y desde una ventanuca salían a su antojo fragmentos de películas, canciones de moda, anuncios cómicos y grabaciones de disparates lingüísticos. Brígida no ocultaba su entusiasmo, reía a carcajadas y aprobaba cada decisión de su segundo al mando, ignorando por completo las solapadas quejas que cada día le dejaban caer Moisés y Carlitos.

Enseguida fue notorio que los trajes de distintos modelos que ellos solían conseguir para la compañía eran sustituibles por sobrias mallas de color negro. Las nuevas vestimentas sugeridas por Francisco eran de fácil adquisición, de manera que dejaron de ser necesarios los servicios de los utileros, ignorantes, por otra parte, del montaje y accionar de computadoras, micrófonos y proyectores.

«La Mona Risa» redujo su plantilla de trabajadores al mínimo: cuatro actrices que apoyábamos al Gran Francisco, y Brígida Sepúlveda, que apenas aportaba nada, salvo su admiración sin límites hacia el guionista-actor-aritmético que dirigía cada uno de nuestros pasos. Abandonamos el estilo que había marcado nuestra compañía; lo que nos distinguía del resto de los grupos teatrales. Las combinaciones entre humor y política, la habilidad para criticar sin que se notara, los atractivos trajes de distintas épocas, las melodías tradicionales que amenizaban los entreactos: todo había desaparecido. Francisco introdujo los cambios que consideraba imprescindibles para salir adelante, y en honor a la verdad, dejamos de ser «La Mona Risa» para convertirnos en algo parecido a un circo moderno, casi digital.

Como era previsible, el día que nos llamaron para la evaluación, Mayra Lois, Hilda, Carmen Esmérida y yo acudimos con el ánimo por el suelo. El Director de Arte Comunitario apenas nos reconoció. Francisco, en cambio, estuvo espléndido. Hizo varios actos de malabarismo, desplegó su concepción de arte moderno mostrando videos musicales, fragmentos de películas con accidentes graciosos, filmaciones de actrices de fama mundial, y en medio de todo ese engranaje, permitió que los asistentes a la función expresaran sus opiniones a través de pequeños micrófonos que había instalado cada tres butacas. De esta última innovación no fuimos avisadas previamente, de modo que también nosotras, incluida Brígida Sepúlveda, quedamos tan sorprendidas como el Jurado. Cuando terminamos de representar el espectáculo (o más bien el Show de Francisco) «El humor de Pitágoras y otras yerbas aromáticas», los evaluadores se retiraron a deliberar, anunciándonos que en la noche tendríamos el resultado.

Las actrices vinimos en silencio a este parque, a esperar la respuesta. La directora dijo sentirse demasiado cansada, por lo que nos pidió que le avisáramos por teléfono en caso de ser seleccionadas para el viaje de intercambio cultural. Un rato más tarde Mayra Lois intentó llamar a Carlitos y a Moisés, para saber de sus vidas y, a la vez, comunicarles la esperanza de un próximo viaje. Fue inútil. Al parecer, ellos habían cambiado sus números, al igual que las guionistas, con quienes tampoco pudimos hablar. Se nos ocurrió, para entretener las horas que debíamos dejar pasar, representar en esta plazoleta algunos de nuestros chistes más aplaudidos. Carmen Esmérida inició la tanda imitando la bocina de una de las guaguas del transporte urbano y luego Hilda engargoló la voz para parecerse al Delegado del Poder Popular de la zona, mientras yo anudaba un pañuelo a mi cuello, como una pionera al momento de recibir El Beso de la Patria. La gente que pasaba por la avenida a esa hora se extrañó de vernos y empezó a aglutinarse entre los bancos. Nosotras, animadas por el hecho de volver a tener público, conminamos a Mayra Lois a realizar las piruetas de «Cómo ser guajira sin parecerlo», obra en la que ella se destacaba particularmente. Poco a poco se fue llenando este espacio que rodea la estatua del famoso hidalgo y los aplausos nos infundieron el ímpetu que hacía rato no sentíamos.

Entre las cuatro repetimos los mejores gags de «Cosas y casos del caos», a pesar de no disponer de la vestimenta adecuada para cada acto. No nos avergonzaba mostrarnos ante la muchedumbre con ropas normales y sin acompañamiento musical: las risas, las muestras de aprobación, los murmullos cómplices, los gritos de alegría eran suficientes. Después, sin descanso ni explicación alguna, pasamos a interpretar el guion original de «Novedades en el frente», cuyos parlamentos habíamos memorizado mucho antes de los cambios. Asombrosamente, nos salió a la perfección. De pronto, no hubo espacio disponible en este parque, y como por arte de magia el público desbordó la acera, ocupó el centro de la avenida y detuvo el tráfico. Un conglomerado gigantesco se agolpaba por doquier para escuchar nuestras sátiras a la situación que atravesaba el país y presenciar las pantomimas, los bailes, los cantos a capela. Parecíamos justo lo que éramos; una compañía capaz de flotar al pairo por el exclusivo estímulo de saberse querida. Solo así soportamos el dictamen, ya bien entrada la madrugada: únicamente Francisco había sido seleccionado para el viaje; noticia que no nos tomó por entera sorpresa. Si la ceremonia de premiaciones del Festival «Lucha tu risa» había sido inolvidable para nosotras, aquella noche alcanzó el súmmum glorioso de quedarse para siempre en el imaginario colectivo.

Mucho tiempo después, o sea, ahora mismo, cuando ya el nombre de Brígida es una sombra sepultada, «La Mona Risa» pertenece a los archivos históricos del teatro bufo local y nadie recuerda «El humor de Pitágoras y otras yerbas aromáticas», con su creador, Francisco, radicado en un país europeo (donde dirige una Academia de nombre impronunciable), todavía se murmura por las cuatro esquinas de la ciudad que una noche cuatro mujeres actuaron para medio pueblo en este parque, sin cobrar un centavo. Me acuerdo de la tarde que escuché el referente que le indicaba un joven a una muchacha que preguntaba en la avenida: «por ahí, por donde actuaron las locas alrededor del Quijote, está el Banco Metropolitano». Y una vez más, lo confieso, sentí el mismo regocijo de cuando estaba en un escenario lleno de luces.

A cada rato vengo aquí, al Parque El Quijote. Ya soy una señora de edad, así que me auxilio de bastones para hacerlo, pero aunque llegue el momento de necesitar un sillón de ruedas, mientras respire, continuaré viniendo. La explicación a tal desatino es muy sencilla: cada vez que me siento en uno de estos bancos y cierro los ojos, revivo la mejor noche de mi vida. En cada visita, se agregan nuevas expresiones al triunfo rotundo que alcanzó nuestra actuación en aquella jornada que duró hasta la llegada del sol. Ahora mismo, por ejemplo, me acomodo en este banco, dejo de mirar hacia la calle y siento, como hace más de cuarenta años, los aplausos, la gritería, el entusiasmo y un murmullo que no alcanzo a descifrar. Abro los ojos y, qué maravilla, parece que del cielo caen globos rojos, azules, verdes, amarillos. Una nube de globos me rodea, a pesar de que nadie más lo advierte, igual que hace un par de años, cuando sentí algo parecido y resultó que eran serpentinas moradas que brotaban de los árboles que dan sombra a estos bancos, o eso creí ver. Echo de menos a mis colegas, es cierto, y tal vez eso explique mis fugaces alucinaciones. Soy la única sobreviviente del grupo «La Mona Risa» y, repito, mientras tenga fuerzas para respirar, honraré la memoria de quienes me enseñaron que la vida puede ser mucho más que un puñado de billetes, una sala aterciopelada, un viaje hacia no se sabe dónde. Solo así resultan amables los demonios que me visitan minuto a minuto, día a día, año tras año.

La risa como empoderamiento
Humor y ética feministas
en Laidi Fernández de Juan

Helen Hernández Hormilla | *University of Miami*

Reír con inteligencia ha sido un recurso antiquísimo de los oprimidos para combatir la injusticia y sobrevivir al ultraje. Si bien se reconoce poco que las mujeres han utilizado el humor para el cuestionamiento y la subversión, lo cierto es que el estudio de la literatura femenina confirma que la comicidad y la ironía funcionan hace siglos como estrategias discursivas de sus textos (Barreca 1988; Walker 1988; Niebylski 2004). «Tenemos un material inagotable para la risa» asegura la escritora feminista Rosario Castellanos en su raigal ensayo *Mujer que sabe latín*, donde propone arremeter contra las costumbres que sostienen la desigualdad de género no «con la espada flamígera de la indignación ni con el trémulo lamentable del llanto sino poner en evidencia lo que tienen de ridículas, de obsoletas, de cursis y de imbéciles» (1973: 31).

Así parece haberlo internalizado la escritora cubana Laidi Fernández de Juan a través de una cuentística donde la frase hilarante, el absurdo, la ironía, el choteo[1] y el conflicto hiperbólico funcionan como recursos expresivos estratégicos para desvelar problemas sociales y de género en la Cuba posterior a 1990. Si bien la obra narrativa de Fernández de Juan no debe circunscribirse solamente a su faceta humorística[2], la gracia cubana

---

[1] El choteo es un tipo de humor inherente a lo cubano. Según Jorge Mañach, «el choteo es un prurito de independencia que se exterioriza en una burla de toda forma no imperativa de autoridad» (1923: 210)

[2] En la obra de Fernández de Juan, mayoritariamente realista, también abundan los textos dramáticos que abordan temas como la violencia de género, la maternidad, la doble moral, la infidelidad, la pérdida de valores en la Cuba postsoviética, la amistad, el amor en la madurez temprana, entre otros. Un ejemplo son los magistrales relatos cortos que la autora reúne en la colección *Será siempre*

es parte ineludible de un estilo autoral posicionado entre lo mejor de las letras contemporáneas en la isla. Ella misma reconoce que «el humor es un magnífico recurso», «un arma muy eficaz» (Hernández Hormilla 2014: 143). Aduce que, provocando la risa, ha logrado que sus preocupaciones sociales sean mejor escuchadas. «A veces no estoy planteando una situación básicamente graciosa, pero si la cuento de una manera que pueda sacar una sonrisa, logro que me lean» (Hernández Hormilla 2014: 143)[3].

El presente texto examina las correlaciones entre humor, feminidad y feminismo en la obra de esta escritora. En concreto, propone evaluar el rol de la comicidad como recurso ético-estético para desmontar inequidades de género (Barreca 1988) en varios cuentos protagonizados por su simbólico arquetipo María E. Si el humor, como arguye Henri Bergson, se dirige al puro intelecto y tiene un significado social (2011: 12), no es difícil comprender su utilidad para revertir la subordinación histórica de las mujeres. Lo recuerda Rosario Castellanos cuando afirma que «la risa es la forma más inmediata de la liberación de lo que nos oprime, del distanciamiento de lo que nos aprisiona» (2010: 31).

Las historias de María E posicionan el humor feminista en el panorama literario cubano más reciente. Sus avatares sirven para señalar injusticias, dobles raseros y dolores cívicos de la nación, al tiempo que desestabilizan estereotipos tradicionales de género. Como ilustra el cuento «Francisco y la suerte», publicado por primera vez en esta antología, la ética del personaje también ha evolucionado hacia reclamos universales al poner en evidencia la parafernalia vacua de cierto arte postmoderno y subrayar los efectos angustiantes de una hipocresía institucional extendida casi hasta la norma.

(2014), donde la memoria y la nostalgia tejen la unidad de 25 textos breves. El volumen aborda temas como las relaciones entre padres/madres e hijos/hijas, la psicología infantil o el amor y la frustración amorosa, y propone además memorias de viajes, semblanzas y homenajes. El tono del libro, más que humorístico, se torna melancólico.

[3] Fernández de Juan reivindica la vitalidad del humor literario en Cuba también desde el activismo cultural. Su empeño la llevó a conducir una peña de literatura humorística en el Centro Cultural Dulce María Loynaz desde 2011 a 2016, y a escribir decenas de crónicas y reseñas sobre el tema en las revistas digitales *Cubaliteraria* y *La Jiribilla*.

Travesías y avatares del humor femenino en Cuba

Ser mujer y escribir con humor –de por sí un género literario subestimado–, rompe con el rol pasivo que durante siglos el patriarcado destinó para ellas. En palabras de la investigadora estadounidense Nancy Walker, la escritora humorística confronta y subvierte el tipo de poder que ha desautorizado a las mujeres[4], al tiempo que se apropia de un dominio antes exclusivamente masculino: el de aquellos que revelan las farsas, hipocresías e incongruencias de la cultura dominante (1988: 9). En su ensayo introductorio al volumen *Last laughs. Perspectives on women and comedy* (1988), la académica estadounidense Regina Barreca añade que la humorista expone de manera diferente temáticas subversivas, pues su escritura tiende a desafiar marcos culturales e ideológicos. De ahí que el uso femenino de la comedia suela ser disruptivo, anárquico y no convencional (1988: 9).

Algunas escritoras cubanas contemporáneas ilustran esta vertiente, especialmente Mirta Yáñez, una maestra del humor irreverente y feminista desde los años ochenta, a quien considero antecedente directo de Fernández de Juan. La década del noventa cristalizó la irrupción definitiva de la voz autoral femenina en las letras cubanas. Lo que Luisa Campuzano (2004) llamó una eclosión de escritoras iniciándose el siglo, puede leerse hoy como una indetenible oleada creativa, desde la cual las mujeres han ido aportando a la literatura cubana paradigmas diversos, emancipados y fluidos para representar la identidad y la diferencia femeninas (Hernández Hormilla 2011). Según Mirta Yáñez, «las narradoras cubanas desmitifican los patrones y asumen un realismo que admite la nota filosófica, el metatexto, la innovación de estructuras, el rejuego lingüístico, en una diversidad que incluye el disparate, el humor negro, la intertextualidad, el absurdo, la magia, lo sobrenatural, la literatura dentro de la literatura» (2012: 84-85). El humor, espacialmente en su vertiente irónica, es utilizado por casi todas las autoras de esta promoción[5]

---

[4] «To be a woman and a humorist is to confront and subvert the very power that keeps women powerless, and at the same time to risk alienating those upon whom women are dependent for economic survival» (Walker 1988: 9).

[5] Podemos citar por ejemplo la obra de Nancy Alonso y María Elena Llana, con un enfoque más cercano al humor costumbrista. También Ena Lucía Portela, Ana Lidia Vega Serova, Lourdes González, Mylene Fernández Pintado y Marilyn Bobes recurren asiduamente a la ironía como recurso narrativo.

para exponer los conflictos sociales de la época y ridiculizar estereotipos de la feminidad tradicional.

Dentro de este panorama, Fernández de Juan destaca no solo por su particular destreza para hacer reír, sino porque lo asume como consciente ejercicio fustigador. Con ocho libros de cuentos, una novela, más de un centenar de crónicas y varios de los premios literarios más prestigiosos de la isla, la médica y escritora ha demostrado dominio de la técnica y el lenguaje, imaginación, variedad temática y profundidad conceptual para captar dilemas humanos universales. Sus cuentos reflejan la cotidianidad cubana desde una feminidad problematizada, en la cual las mujeres no son víctimas pasivas, sino luchadoras tenaces frente a un entorno social que las cohíbe. La maternidad sobrecargada, la violencia de género, la sexualidad en la edad madura, los conflictos intergeneracionales y la crítica a la burocracia, la doble moral y la corrupción son temas que recurren en los libros *Oh vida* (1998), *La hija de Darío* (2005) y *La vida tomada de María E* (2014). Vale anotar aquí que, si bien su prosa se ha nutrido de la realidad, no lo hace desde un perfil costumbrista o anecdótico, sino apoyándose en la hondura emocional y psicológica de personajes bien delineados: mujeres capaces de ser «leonas con sonrisa de delfín»[6] para vencer la contienda contra un canon social obstinado en ceñirlas a un estereotipo.

María E, una guerrera ética

Más que un personaje, el nombre alegóricamente bíblico-maternal y sin apellidos de María E deviene *alter ego* de la cubana de hoy, sobrecargada en sus múltiples roles de madre, cuidadora, trabajadora y ciudadana[7]. En una

---

[6] Fernández de Juan ha descrito a sus personajes femeninos ideales: «Mujeres que se defiendan limpiamente, que sean capaces —como no lo soy yo— de cerrar puertas sin saber qué hay del otro lado. De salir del marasmo del canon social para abrirse camino. Mujeres que sean leonas con sonrisa de delfín, y que lleven la vida con toda la alegría y el sentido del humor que creo imprescindible. Estamos tan poco tiempo en esta vida que debemos ser capaces de crearnos un espacio libre de convencionalismos» (Hernández Hormilla 2013: 139).

[7] Según la Oficina Nacional de Estadísticas e Información de la República de Cuba, las mujeres son más del 66 por ciento de la fuerza profesional y técnica

entrevista realizada en 2008, la escritora definía a su personaje como una mujer graciosa, luchadora y dramática. «Ella es un poco yo, no como soy, sino como quisiera ser. Es un símbolo, por eso no importa cuándo nació ni cuántos hijos tiene, un personaje que ojalá cobre cada vez más fuerza como la protagonista de mis cuentos» (Hernández Hormilla 2013: 134).

El personaje figura por primera vez en el cuento «La Habana y María Eugenia», del libro *La hija de Darío* (2005), como María Eugenia de la Torre, para luego apocopar su nombre y darle título a todo un volumen, *La vida tomada de María E* (2008). Ha seguido apareciendo en historias de *Universo y la lista* (2013) y *Jugada en G* (2014), así como en cuentos publicados en revistas literarias y antologías. Fernández de Juan la caracteriza casi siempre abrumada en lo doméstico, pero soñadora, inteligente y defensora de lo justo. Según ha explicado, «me alivia mucho escribir esas historias donde las mujeres ríen, protestan, se lamentan y salen victoriosas de la gran guerra cotidiana» (González 2011: en línea).

«La Habana y María Eugenia» (Fernández de Juan 2005: 22-24) aporta dos aspectos a la caracterización de nuestra heroína: la representación irónica de una maternidad sobreprotectora y la angustia por la extenuación moral que trajo consigo la crisis de los noventa. La protagonista, «habanera en cuerpo y alma (vedadense, para colmo)» padece consternada los efectos de una avalancha de vulgaridad que ha transformado la esencia «refinada, exquisita y melancólica» (2005: 22) de la ciudad de su niñez. Enfermera de un hospital ruinoso, viuda, sin moneda dura ni relaciones influyentes, María Eugenia no encuentra más solución para saldar su deber cívico que transmitir a sus dos hijos la responsabilidad de salvaguardar el «orgullo de la ciudad». Para ello decide que serán artistas de la plástica, con la esperanza de que revivan los paisajes de la «Habana fuerte, sabia y hermosa» de sus recuerdos (2005: 23). Sin embargo, la imagen citadina de sus adorados vástagos dista de la idealización. Para ellos, La Habana es un mapa devorado por ratones, un mar de cocodrilos rodeando a indefensos peces azules sentados en el Malecón, una palma con flamantes osos polares en lugar de penachos.

---

del país, pero la mayoría de las investigaciones sociales sostienen que aún cargan la responsabilidad del cuidado y la reproducción de la vida doméstica sobre sus espaldas. El Censo Nacional de Población y Viviendas de 2012 reveló que el 44,9 por ciento de los hogares cubanos estaba dirigido por mujeres.

Cuando el escandalizado profesor de arte increpa a María Eugenia por el espectáculo diabólico que han ilustrado sus hijos, la mujer lo refuta con cierto sarcasmo: «¿Diabólico o nuestro?» (2005: 24). Con esto, Fernández de Juan reitera la marca de una narrativa en la que las mujeres intervienen activamente ante males sociales acentuados por la crisis. Aunque María Eugenia no es feliz con La Habana dibujada por sus hijos, se siente «con la extraña liviandad y con el absurdo consuelo que proporciona el saber que un dolor, por incomprensible que parezca, está siendo compartido» (2005: 24). Si bien no es un cuento enteramente humorístico, los giros argumentales de esta historia adelantan los rasgos de María E como alegoría de una mujer cubana resistiendo a la desilusión.

María E y las alianzas femeninas

El humor es un arma aprovechable por el feminismo porque tiene el poder de dislocar, descentrar y desestabilizar el mundo (Barreca 1988: 14). De hecho, en su estudio de escritoras latinoamericanas contemporáneas, Dianna Niebylski demuestra que la comicidad les permite explorar formas alternativas de resistencia a mecanismos de control y contención, así como contrarrestar los discursos victimizados (2004: 2). Las jocosas situaciones en las que se ven envueltas María E y su grupo de amigas en cuentos como «De Perla y Nácar», «De Jue a Dom», «Universo y la lista» y «De espanto» reflejan la fuerza subversiva de este género literario para desmontar prejuicios asociados con lo femenino. El humor, esa zona raigal de «lo cubano», imprime a estos relatos un peculiar sentido crítico; un dolor resbaladizo con fuerza cicatrizante. Son historias que describen la incidencia singular del Período Especial en las habituales gestoras del espacio doméstico y familiar. A un nivel más profundo, revierten las relaciones de género a través de la representación de una red de apoyo entre amigas, hijas y madres resueltas a resolver juntas los más variopintos sucesos.

Fernández de Juan sabe jugar con el estereotipo del sacrificio femenino para deconstruirlo desde la parodia. Por ejemplo, «De Jue a Dom» (2008: 14) se vale de la maternidad obsesiva para movilizar una anécdota cuyo trasfondo subraya la fragmentación de la familia cubana por la emigración. María E y su madre deciden visitar a la cartomántica Zaida Bárbara

Cristobalina de Todos los Santos Devota[8] para intentar descubrir el paradero de sus hijos, de los que no tienen noticias desde que días atrás salieran de casa acompañando al padre. Como sucede en otros cuentos de Fernández de Juan («Bésame mucho» y «Para olvidarte mejor»[9]), la historia visibiliza el conflicto de las madres que quedaron solas por el éxodo migratorio de los noventa en Cuba. Años después, han debido lidiar con el retorno de los padres ausentes, que intentan suplir con bienes materiales su falta de participación afectiva.

La madre de María E, una señora octogenaria, obesa y «descendiente de mambisas» es el personaje que lanza las críticas más punzantes. Sus intervenciones van cargadas con la esencia implacable del choteo cubano. La enérgica abuela recela de los poderes místicos de la clarividente, pero aun así le revela que, en efecto, los niños se fueron de casa contentos con el padre porque él se apareció

> [c]omo si fuera Santa Claus lleno de regalos, luego de que abandonó a los niños cuando eran así de pequeñitos, en pleno Período Especial, que usted recordará que era una soberana mierda, y mi hija y yo tuvimos que aprender a bañarlos con henequén, cosa que ni los mambises hicieron, y a cocinar con manteca de tiburón que huele a orine de viejo decrépito, pero ahora nadie se quiere acordar y se aparecen con regalos y juguetes en lugar de dejarnos tranquilas a mí y a mi hija criando a esos niños. (2008: 19)

El diálogo entre la impaciente anciana, la cartomántica y la afligida María E está lleno de momentos simpáticos, apoyados en el propio absurdo de una anécdota donde las mujeres se comunican con los espíritus a través de una bola mágica frotada con un pañuelo donde se lee la consigna socialista «Todos al 1ro de mayo». Cuando María E descubre que los niños están en unas oficinas de emigración de los Estados Unidos al doblar de la casa de la cartomántica, sale desesperada a buscarlos junto a su madre, quien se despide gritando: «esos niños no salen de este país ni por encima de mi cadáver» (2008: 25). De este modo, las paternidades ausentes y oportunis-

---

[8] Así versa en el cartel que recibe a María E y su madre a la entrada del apartamento de la cartomántica: «Barajera a su servicio, Jue a Dom, 2 a 6, no pago licencia porque no me da la gana» (2008: 15).

[9] Ambos en el libro *La hija de Darío* (2005).

tas fustigadas en el cuento contrastan con los sólidos lazos entre María E y su incondicional progenitora. Como rasgo en su literatura, Fernández de Juan tiende a otorgar a la alianza entre mujeres una potencia para el empoderamiento.

«De Perla y Nácar» (2008: 28-40), «Universo y la lista» (2013: 13-21) y «De espanto» (2013: 27-37) también ilustran el poder de la solidaridad para contrarrestar conflictos de género. Según la antropóloga Marcela Lagarde (1990), la alianza femenina es una manera para superar la competencia y la envidia sobre las que se basa la enemistad entre mujeres impuesta por el patriarcado. La feminista explica que «la identificación entre las mujeres es el método para enfrentar aliadas la esquizofrenia vital producto de la doble vida y la escisión antagónica de sí misma que vive cada mujer entre eros y bios, entre erotismo y maternidad, entre la casa y la calle, entre el trabajo y el quehacer, entre amor y poder, entre cuerpo e intelecto, entre la buena y la mala» (1990: 826). Los relatos mencionados soportan esta premisa al detallar graciosísimas sesiones de un grupo de vecinas en un barrio habanero, reunidas espontáneamente para debatir problemas comunes, ofrecerse ayuda y buscar soluciones a carencias cotidianas.

En «De Perla y Nácar» y «Universo y la lista», Fernández de Juan parodia la extrema preocupación femenina por la vida doméstica, con el subyacente efecto crítico a la sobrecarga física y psicológica de la doble jornada[10]. En el primero de los cuentos, las amigas quieren investigar las razones de la mala calidad de la pasta dental Perla y el jabón Nácar, marcas nacionales destinadas a la mayoría de la población cubana a través del sistema de racionamiento de productos básicos subvencionado por el Estado. El absurdo se sustenta en la solemnidad con que las participantes encaran el debate sobre

---

[10] Las referencias a la vida doméstica son habituales en la literatura humorística: «Because of conventional sex roles, women have had to be practical; pragmatist rather than idealists. The mundane day-to-day business of life has been women's domain. As Jenkins noted, "The world of the mundane is named by the keepers of the domestic sphere. Mundane once meant the world; now it means ordinary, in a demeaning fashion" (12). Hence, the catchwords of day-to-day experience; product names, grocery list, etc., function as icons for the ways in which we have been socialized. Women's comedy is infused with these realistic associations» (Merril 1988: 274).

un tema presuntamente frívolo. En las conclusiones de su pesquisa, María E asevera que la etimología de las palabras *perla* y *nácar* pudiera ser la clave de la aborrecible factura del jabón y la pasta de la libreta[11]. «*El jabón Nácar, por el hecho de ser áspero, inodoro y carecer de posibilidad de provocar espuma, hace honor a su nombre. Según nuestras pesquisas,* NÁCAR *significa, y cito: sustancia dura y rica en caliza que producen ciertos moluscos en el interior de su concha*» (2008: 31; énfasis en el original). El cuento satiriza la hipocresía de la retórica oficialista, según la cual toda crítica agrede la seguridad de la Revolución. Cuqui, una de las integrantes del comité femenino, apela a esos códigos cuando protesta por el giro «diversionista» que ha tomado la asamblea. «Noto debilidad en los principios, carencia de fuerza espiritual y me pronuncio en contra de esas vulnerabilidades. […] Yo no soy crítica, sino patriota» (2008: 33). Sin embargo, el final descubre su farsa, pues la mujer escondía en su casa paquetes de jabones Lux y Palmolive y pasta de diente Colgate. Con el mejor estilo correctivo, las mujeres reparten el lote entre todas y firman un «acta de Recibido».

En «Universo y la lista» (2013: 14), el «aguerrido colectivo mujeril» debe decidir sus peticiones para el hijo de una prima hermana de María E, quien después de 48 años viajará a la isla de la que emigró con dos meses de nacido. La situación es común en hogares cubanos cuando familiares emigrados se ofrecen a aliviar escaseces cotidianas con lo que les quepa en el equipaje. El cuento caricaturiza este gesto al describir necesidades mucho más enmarañadas que las que una escueta enumeración de objetos pudiera solventar. Por ejemplo, a Zaida Bárbara (La Barajera) se le ha caído el techo del apartamento, y aunque entre las amigas reunieron el dinero para repararlo, requiere un permiso de la «arquitecta de la comunidad» que no le llega. Luego de un acalorado intercambio, las mujeres deciden no pedir nada a Universo —«un apátrida con pañales que no supo honrar a sus antepasados mambises» (2013: 14), según la madre de María E— pero

---

[11] Se trata de una cartilla que regula la distribución normada de productos básicos subvencionados por el estado para toda la población en Cuba. A muy bajos precios, cada ciudadano de la isla recibe mensualmente alimentos como arroz, azúcar o legumbres, entre otros, y productos de aseo como jabón y pasta dental. El cuento de Fernández de Juan satiriza la mala calidad de estos productos destinados a la mayoría.

le ofrecerán hospedaje para que conozca de cerca la vida cubana, es decir, «para que aprenda cómo es el pan de piquitos el cabrón ese –dijo la Barajera–» (2013: 19).

Las ocurrencias descritas hasta aquí parecerían excéntricas para un lector poco familiarizado con Cuba. Sin embargo, no son más que una hipérbole tragicómica del día a día en la isla. Por demás, Fernández de Juan tiene especial maestría para reutilizar la engolada retórica revolucionaria con fines humorísticos, develando así el vacío ideológico en que la ha sumido la repetición. Cuando María E y sus amigas debaten sobre la poliamorosa vida de Brígida Sepúlveda –casada, con un amante y un Caballero– en el cuento «De espanto» (2013: 27), la autora se sirve del «lenguaje de barricada» para alegorizar el machismo de la sociedad cubana:

> –¡Alto ahí! –interrumpió Zaida, La Barajera–. Ni este país tiene tantos hombres lindos disponibles, ni considero productivo señalar críticas a la compañera Brígida. No estamos aquí para construir un futuro mejor. Nos hemos reunido, en el marco de esta asamblea…
> –Ah, no, por favor, no, lenguaje de barricada no –gritó La Bizca enfurecida–. Nada de eso, vayamos al asunto en sí, a cómo podemos ayudar a Brígida; pero vamos a ahorrarnos las palabras de los dirigentes, que son todos varones y por tanto, de poca confianza. (2013: 29)

El tratamiento de la infidelidad en este cuento resulta por demás desprejuiciado, pues la mayoría de las amigas celebra el comportamiento transgresor de la adúltera en vez de censurarlo. Así lo resume María E: «Siempre me pareciste una mujer común, del montón. Pero desde que cumpliste cuarenta años, estás desbocada. Bravo, te felicito» (2013: 31). Lejos del juicio moral a la sexualidad femenina, el cuento celebra su libertad con los recursos de la comedia.

María E, memoria y conciencia

En varias de sus entrevistas, Fernández de Juan defiende la utilidad social de la literatura: «No me corresponde encontrar soluciones, pero me atribuyo el deber de decir cómo somos, cómo vivimos, qué nos duele y qué nos divierte» (Hernández Hormilla 2013: 133). Asumiendo ese rol, la autora regresa a María E en el cuento «Francisco y la suerte», donde cuestiona la hipocresía y el deterioro espiritual de la nación ya no desde lo doméstico, sino en el universo del arte y la cultura.

La historia se concentra en el ascenso y declive de un grupo de teatro humorístico llamado *La Mona Risa*, en el cual María E es la actriz principal. La mujer de este relato no es ya la habitual madre-hija-proveedora. Está envejecida y ya no la circunda su particular séquito de amigas. Por demás, el cuento elige la primera persona y no el burlesco narrador omnisciente de los relatos aquí analizados. Esto contribuye a que el humorismo de la historia gane cierta aspereza. No rendida, pero sí lastimada y exhausta, la María E del cuento se refugia en la memoria para aliviar su frustración.

Todo arranca cuando Francisco, un «muchacho con rostro de universitario» e ideas postmodernas, se une a la compañía que está a punto de afianzarse en el mundo del espectáculo capitalino. En uno de los ensayos del grupo, en el parque El Quijote del Vedado habanero, el joven se acerca a la directora Brígida Sepúlveda y le sugiere modernizar su discurso sobre el humorismo: «Si quieren salir adelante lo mejor sería hablar sobre la banalización del arte, del acecho de lo nimio al que estamos sometidos, de la utilidad de la ciencia en la cultura y de la vinculación entre el chiste y la sociología». La palabrería teórica obnubila a la directora, ansiosa como está por hallar la fórmula del triunfo. A partir de ahí, la autora escalona una exageración de sucesos que garantizan la primacía de Francisco y sus corrientes diletantes en el futuro ideoestético de *La Mona Risa*. Al mejor estilo performático, el joven desvirtúa las puestas con fragmentos de películas, escenas con malabares, canciones grabadas, efectos digitales y la participación del público, mientras el grupo y su vocación de combinar humor y política terminan diluidos[12].

Fernández de Juan remeda en Francisco a un tipo de seudoartista que se extiende como plaga no solo en Cuba, sino por el mundo. Sigue el pulso de una época donde triunfa más la parafernalia epatante que la profundidad dramática; el impulso rompedor de barreras que la comunicación con la

---

[12] «Abandonamos el estilo que había marcado nuestra compañía, lo que nos distinguía del resto de los grupos teatrales. Las combinaciones entre humor y política, la habilidad para criticar sin que se notara, los atractivos trajes de distintas épocas, las melodías tradicionales que amenizaban los entreactos: todo había desaparecido», describe una María E apesadumbrada.

audiencia. Todo esto con la venia de una burocracia cultural dirigida por mediocres, con pocas luces para distinguir el valor estético del pastiche sin aura.

A la María E de este cuento solo le queda el recuerdo de la noche en que las actrices estelares del grupo improvisaron fragmentos de su repertorio original en un parque, ante una multitud que paralizó el tráfico entre aplausos y carcajadas. Su desenlace áspero defiende con nostalgia un tipo de arte alejado de metáforas huecas y una vida capaz de ir más allá de «un puñado de billetes, una sala aterciopelada, un viaje hacia no se sabe dónde». En palabras de la autora, el personaje refleja «la amargura de quienes sabemos que ya no hay vuelta atrás, y nos queda la fidelidad como asidero, la lealtad como bandera, aunque sea la más mísera de las opciones»[13].

Sin final feliz

Los finales agridulces de los cuentos de María E siguen la tendencia del humorismo feminista, en el cual se transforma el desenlace sin conflictos de la comedia tradicional en aras de revelar las costuras trágicas de la sociedad patriarcal (Barreca 1988; Walker 1988). Desde el mosaico temático e identitario que compone los cuentos protagonizados por este personaje, Fernández de Juan ha provisto a la literatura humorística cubana con una problematizada imagen de mujer, rompedora de barreras y de estereotipos.

Para Lisa Merrill, la comedia que reconoce el valor de la experiencia femenina puede ser un paso importante en el desarrollo de una cultura que permita a las mujeres cuestionar autocríticamente los estereotipos que gobiernan nuestras vidas[14]. Como tal, la red solidaria entre María E y sus amigas sintetiza el poder de las alianzas femeninas como estrategia de supervivencia y enfrentamiento a la victimización, la precariedad y la desesperanza. «Uno de los grandes objetivos de mi literatura es que las mujeres no se sientan solas, que las mujeres comprendan que no son ellas únicamente

---

[13] En conversación con la autora para la preparación de este artículo.

[14] «Humor addressed to women; comedy that recognizes the value of female experience may be an important step in developing a culture that allows women to self-critically question the stereotypes that have governed our lives» (Merril 1988: 279).

las que están transitando momentos difíciles o caminos escabrosos», ha dicho Fernández de Juan (Tuts 2013: en línea). En su literatura, la autora rompe con el individualismo al uso en nuestra época y pondera, en cambio, una afinidad colectiva gracias a la cual, históricamente, la nación cubana ha reemergido. Con María E, un personaje negado al silencio o la indolencia, Laidi Fernández de Juan configura un mensaje ético sin pedanterías, deslizado entre risas, divertidamente subversivo.

Bibliografía

Barreca, Regina (1988): «Introduction». En *Last laughs. Perspectives on women and comedy*. New York and London: Gordon and Brach, 3-22.
Bergson, Henri (2011): *La risa. Ensayo sobre el significado de la comicidad*. Buenos Aires: Ediciones Godot.
Castellanos, Rosario (2010): *Mujer que sabe latín*. Ciudad de México: Fondo de la Cultura Económica.
Campuzano, Luisa (2004): *Las muchachas de La Habana no tienen temor de Dios*. La Habana: Letras Cubanas.
Fernández de Juan, Laidi (2005): *La hija de Darío*. La Habana: Letras Cubanas.
— (2008): *La vida tomada de María E*. La Habana: Unión.
— (2013): *Universo y la lista*. Matanzas: Ediciones Matanzas.
González, Marianela (2011). «Laidi Fernández de Juan, multiplicada». En *La Jiribilla* 10.3 (3 al 9 de septiembre): <http: //www.lajiribilla.co.cu/2011/n539_09/539_07.html>.
Hernández Hormilla, Helen (2011): *Mujeres en crisis: Aproximaciones a lo femenino en las narradoras cubanas de los noventa*. La Habana: Publicaciones Acuario.
— (2013): *Palabras sin velo. Entrevistas y cuentos de narradoras cubanas*. La Habana: Caminos.
Lagarde, Marcela (2005): *Los cautiverios de las mujeres: madreesposas, monjas, putas, presas y locas*. México: Universidad Autónoma de México.
Mañach, Jorge (2000): «Indagación del choteo». En *Identidad y descolonización cultural. Antología del ensayo cubano moderno*. Santiago de Cuba: Editorial Oriente.
Merril, Lisa (1988): «Feminist humor: rebellious and self-affirming». En Barreca, Regina (ed.) *Last laughs. Perspectives on women and comedy*. New York and London: Gordon and Brach, 271-280.

NIEBYLSKI, Dianna C. (2004): *Humoring resistance: Laughter and the excessive body in Latin American women's fiction*. New York: State University of New York Press.

TUTS, Martina (2013): «Laidi Fernández de Juan, sobre el humor». Entrevista en *YouTube*: <https://www.youtube.com/watch?v=X132MDvQ7Bg>.

YÁÑEZ, Mirta (2012): *Cubanas a capítulo. Segunda temporada*. La Habana: Letras Cubanas.

WALKER, Nancy (1988): *A very serious thing: Women's humor and American culture*. Minnesota: University of Minnesota Press.

La reconquista

Mylene Fernández Pintado

Te lo juro Mariela, que cuando yo te toque y te hable, cuando yo te diga que me estoy muriendo por volver contigo y que esta vez será todo como tú quieras, no te me vas a poder resistir.

Yo sé que no me dejaste porque yo no tenía dinero, tú eres una tipa espiritual y romántica, a la que le importa el alma y esas cosas, pero es verdad que sin dinero no se puede ser muy romántico, ni romántico ni nada, sin dinero no podemos vivir.

Ni siquiera le echo la culpa a Anita, aunque yo sé que te daba mucha cuerda, y que te arrastraba siempre a sus fiestas de ricos, con los gerentes de las firmas y los yumas, esas fiestas en las que se beben buenos vinos y whisky y se toman cervezas frías en vasos que sudan y donde resbalan las goticas. Donde se comen exquisiteces, servidas en fuentes grandísimas sobre mesas largas, con muchas servilletas y donde cada uno se sirve lo que quiere todas las veces que quiere. Fiestas en las que todo el mundo tiene celular de última generación e iphones de marcas buenas –yo me compraré uno, y si es mejor que el tuyo, pues lo cambiamos, a mí no me importan esas cosas, pero quiero que tengas uno bonito, que no te dé pena sacar en la calle cada vez que yo te llame, pagando yo las llamadas, claro está, para decirte que te amo y que tengo tantas ganas de verte que el reloj no camina–. Y tú tendrás un reloj bonito y mirarás la hora contenta de que se acerque el momento de encontrarnos. Y le devolverás a Anita el que ella te prestó «hasta que pudieras comprarte uno».

Yo sé que en las fiestas de Anita hay muchos príncipes y que ella te presenta a todo el mundo porque eres tan linda y tan dulce que les encantas a todos. Y sé también que al final ella te decía «Mariela, no te preocupes que Jean Marc o Pedro Pérez te llevan en el carro a tu casa» y en el trayecto, Jean Marc o Pedro Pérez se ponían a intentar acostarse contigo. Y seguro que alguno lo logró, porque te vieron en el Starbien comiendo y esos no pagan nada si no reciben nada. Pero esos no te quieren como yo y no se vuelven locos contigo como yo. Y eso, lo sabes.

Por eso, como estoy tan metido contigo, Mariela, voy a cambiar mi vida, solo por ti y para ti. Y te voy a contar todos los planes y todo lo que he hecho y haré para que tengamos una buena vida.

Mira, para que veas que no es mentira, seguro que no me creerás. Ya llamé a mi hermano a Valencia, como hay seis horas de diferencia, lo cogí a la hora de almuerzo en la casa. Todo fue fácil. Bueno, no fue fácil para mí pero el resultado fue el mejor que podíamos esperar. Siempre me dijiste que hiciera esa llamada pero a mí me daba pena.

Ya hace ocho años que mi hermano se fue, seguro que te acuerdas, y también recuerdas que enseguida encontró trabajo en una clínica privada y luego otro trabajo en otra, del ayuntamiento, y luego guardias en otra. Mi hermano está muy bien, trabaja mucho y tiene muchas cosas, aunque me parece que está muy solo. Y desde que empezó a tener éxito en la vida, está esperando que yo le pida algo.

Lo sé, que una pila de veces me dijiste que eso no tenía nada que ver, que todo el que se iba sabía que aquí se pasa mal y que necesitamos dinero, sin eso no se vive, pero no le quería pedir nada, por orgullo o por complejo o porque él siempre dijo que yo perdía mi tiempo y escogía siempre el camino que llevaba a ninguna parte, estudiar música, y componer dodecafónica y creo que todavía no me perdona aquella discusión en la que yo le dije que si me iba no podría componer nada más y él me dijo que si me quedaba tampoco.

Y sobre todo no me perdona que tú lo hayas dejado por mí. Luego me dijo que yo lo que quería era quitarle algo, porque no tenía nada, y estar contigo era la única cosa en la que yo le había ganado, pero que ni siquiera eso le importaba porque había muchas otras como tú. Pero eso no es verdad, Mariela, tú eres única y me da lo mismo que te hayas acostado con mi hermano o con toda mi familia, porque aquella no eras tú sino otra, la mía, mi Mariela es esta que va a volver conmigo.

Bueno, pues ves, te hice caso y lo llamé. Me dijo que le iba muy bien, que había cambiado el carro porque el Audi le había salido malísimo pero los de la concesionaria le habían reembolsado y dado a escoger y ahora tenía un Ford gigantesco que parqueaba solo. Que se había mudado a un edificio con piscina y gimnasio, y que su apartamento era grandísimo y que tenía dos terrazas, aire acondicionado y calefacción. Que los dueños le habían propuesto que lo comprara, pero que aún no estaba seguro. Me preguntó cómo me iba, si seguía tratando de componer antimúsica con tumbadoras y luego me dijo que a nadie antes que a mí, se le había ocurrido una manera tan ingeniosa de morirse de hambre.

Te juro, Mariela, que me reí, de verdad, no me importó que fuera una burla y que me tratara como a un comemierda que no tiene un peso. Le dije que sí, pero que eso se iba a acabar ya y que por eso lo llamaba, porque necesitaba que me mandara dinero para una inversión inicial. Y le conté.

Mi hermano hizo una pausa en el teléfono, como si estuviera sorprendido de que yo fuera capaz de algo pero no quisiera alabarme mucho. La última vez que hubo una pausa así entre nosotros, fue cuando le dije que estaba contigo y que no me importaba todo lo que hubiera pasado entre ustedes, ni que él conociera tu cuerpo como yo. Porque es mentira, nadie te conoce como yo, que te conozco por dentro y por fuera, cada centímetro de piel y cada profundidad de tu organismo, como si además de tu novio, yo fuera tu ultrasonido y tu radiografía, tu resonancia magnética y tu tomografía de alta resolución.

La verdad es que esa pausa me puso nervioso por la ansiedad, pero como yo estaba al otro lado del teléfono y él no me veía, no se dio cuenta. Me preguntó la cifra que necesitaba. Y sorpréndete Mariela, que le tiré alto, le dije que eran quinientos euros así sin que me temblara la voz.

Pero, mi hermano es muy listo. Enseguida tomó las riendas del asunto. «Eres el único que se cree que con quinientos euros va a solucionar todo eso que necesitas. Te voy a mandar mil y trata de estar atento y usarlo bien, no es para que te las des de rico y te pongas a gastártelo por ahí».

Seguro que cree que voy a gastármelo todo contigo, que no tengo planes. Pero se equivoca. Claro que te voy a llevar a un lugar lindo con ese dinero, y ahí te voy a decir que te cases conmigo, Mariela, que dejes a Jean Marc y a Pedro Pérez, dice la gente que estás con los dos, esperando a ver si uno se decide a divorciarse y llevarte para Marsella o si el otro deja a la mujer y te lleva para su mansión en Siboney. Pero yo sé que lo que tú estás esperando de verdad, es que yo vuelva y te hable y te toque, Mariela.

Le dije a mi hermano que era un préstamo, que en cuanto empezara a ganar le iba a devolver su dinero, poco a poco. Pero me dijo que no le interesaba, que estaría contento de saber que yo me ocupaba de cosas serias y dejaba de hacerme el flautista de Hamelin.

Pero se lo voy a devolver. Sé que eso te gusta de mí, que yo soy honesto y no soporto que me estén restregando los favores en la cara.

La otra noticia que te tengo es aún mejor. Anoche fui a ver a Saucedo, el merolico que vende todas esas cosas de plástico y de metal, el que una vez me propuso que les dejara el segundo cuarto para guardar las cosas y que me pagaba el diez por ciento de las ganancias. Saucedo tiene mucho dinero y total, ese cuarto está desbaratado, ahí no se puede dormir, está lleno de trastos y el techo está en candela, y el piso tiene tantas lomas que parece los Alpes, mi hermano estuvo en un sitio que se llama San Moritz, en los Alpes, dice que es un balneario de lujo y que se sentía un muerto de hambre entre todos los ricones que tienen colecciones de Rolls Royce y Jaguar de inicios del siglo pasado, y manejan con sus gorritas de cuadros y sus espejuelitos de esos que parecen de las películas. Un día vamos a ir a los Alpes, pero no a ese sitio, sino a una casita en la montaña y veremos la nieve y las flores, y vamos a templar mucho y estar junticos en la cama mirando por la ventana, piensa qué cómico, entonces los turistas seremos nosotros. ¿Te imaginas que allí en los Alpes alguien nos diga que somos «yumas»?

Saucedo me dijo que no me preocupara, que él va a sacar toda la mierda que hay en el cuarto y va a pagar el camión para llevársela. Que la semana que viene traerá ya sus cosas. Si ves la cara que puso cuando vio que las pilas de libros casi llegan al techo. Yo no estaba muy decidido a deshacerme de los libros, preferiría meterlos en mi cuarto, pero es verdad que muchos se han destruido, por la humedad y el polvo. Hay muchos otros que están bien, pero dice Saucedo que esos los llevará a los libreros y les sacaremos dinero, «¿Ves?» –me dijo riendo mientras entre sus manos se escurrían, hechas tierra, las páginas de *Los miserables*– «cuando te deshagas de todo esto, tendrás espacio y un poco de dinero. Y si quieres leer, ahora se hace todo eso en la computadora». No creo que sea lo mismo leer en la computadora que en el libro, la computadora no se puede llevar a todas partes, porque es frágil, no se le doblan las esquinitas de las páginas ni se hacen dibujitos ni flechitas en lo que te parece interesante. Pero es verdad que no tengo espacio y que necesito esa habitación para que Saucedo meta sus cosas. Un día volveremos a comprar los libros, que serán nuevos y tendrán títulos más optimistas, como *El hombre del millón*. O leeremos en la computadora.

Yo creo que nos pagará bien, porque Saucedo es un lince y hace dinero de cualquier cosa. Y aunque no te gusta porque nada más que piensa en los negocios y te mira con cara de carnero degollado esperando siempre que le sonrías y tú no le das bola, no es un mal tipo.

La reconquista

Es matemático y estudió en Leipzig, así que sabe sacar cuentas. Después que se graduó se quedó allí, se casó con una alemana y estuvo trabajando en una fábrica. Luego vino para acá con la mujer, y una moto. La alemana se buscó un trabajo en una cosa que le pagaban en divisas pero luego de que cerraran la oficina, ella se quiso ir y él no la quiso acompañar, dice que allí había tremendo frío así que se divorciaron. Vendió la moto y él dejó de dar clases en la universidad y sacó la licencia para vender esas cosas.

Pero según él, esto es solo el comienzo, porque dice Saucedo que lo que hay que hacer aquí, es prever y satisfacer las necesidades de los yumas, y se le han ocurrido ideas muy buenas. Por ejemplo, fabricar ese aparatico que en las comidas de las películas usan para echarse la pimienta, ese que se le da la vuelta a la tapita y sale pimienta y seguro que otras especias que nosotros no conocemos. Y otro parecido que es para el queso, que lo muele y cae sobre los espaguetis. Y un tercero que se usa para lavar la ensalada. Son cosas que los cubanos no necesitan pero los extranjeros sí. Y como dice Saucedo, ahí es donde está el mercado, en esas cosas que parecen insignificantes, simples objetos de la vida cotidiana pero que precisamente por eso son tan importantes, porque son las que ellos están acostumbrados a tener y en las que nadie ha pensado.

Con esos proyectos, te imaginas lo bien que le va a ir siempre. Ya se casó de nuevo, esta vez con una mucho más joven y muy simpática y se dan tremenda vida.

Y esa vida es la que yo quiero que tengamos nosotros. Con el dinero de mi hermano voy a reparar su cuarto, el que él construyó cuando estaba aquí, que tiene la entrada independiente con la escalera de caracol, y lo voy a alquilar a los yumas. Es verdad que para irse desarmó el bañito y vendió el aire acondicionado pero como me mandará dinero voy a hacer de nuevo el baño, le voy a poner todo nuevo, la ducha de teléfono y cortinas de esas que son cuadros de los pintores, hay una que nos gustaba mucho, la del hombre sentado encima de la sombrilla con la lluvia debajo, pondremos esa. Voy a comprar un aire acondicionado y voy a poner las ventanas de aluminio y cristal a ver si ponemos esos cristales oscuros que son tan buenos porque no entra el sol. Y lo voy a pintar ¿de qué color te gustaría que fuera? Uno de esos que le guste a los yumas, yo creo que lo mejor es que sea blanco porque es un color que le gusta a todo el mundo y es fresco.

Como el cuarto está independiente, los yumas y las jineteras no tienen que entrar a la casa, así que no es que tengo que ponerme a arreglarla enseguida. Si tengo que hacerles desayuno, puedo usar la cocina que usaba mi madre cuando se puso a hacer dulces para vender, y llevarles el desayuno al pedacito de azotea que mi hermano cercó para tener una terracita donde poner la hamaca y acostarse contigo. Ahí fue donde te vi la primera vez, yo venía con la pianola de Maser, que es la que tengo ahora porque Maser se ganó la beca aquella y un Yamaha y me dejó la otra para que yo se la pagara a plazos cuando regresara, pero luego que llegó a Londres, me dijo que no viraba y que me quedara con la pianola. Tú estabas en la hamaca, medio desnuda, a las 5 de la tarde, y mi hermano no estaba porque lo habían llamado del hospital. Y yo me quedé como un cretino mirándote porque tienes la piel tan bronceada que parece que alguien te echó barniz y te dio con un pulidor. Y me dijiste que seguro yo era el músico loco del que Aníbal le había hablado tanto. Y yo me puse de todos colores y te dije que sí con la cabeza porque no me salían las palabras.

Mi hermano nunca te quiso, Mariela, y eso lo supimos los dos enseguida. Por eso lo dejaste, aunque él estuvo rindiéndote hasta el final y te llamaba desde Valencia para que fueras para allá con él. Pero ya nosotros estábamos juntos y nos queríamos mucho y a ti eso es lo que te importa, que te quieran, y por eso, como yo te quiero, voy a hacer que nuestra vida sea buena.

Tendremos alquileres y podrás dejar esa oficina en la que nadie trabaja y tú lo tienes que hacer todo, por seiscientos pesos que no alcanzan para nada, donde eres jefa sin carro y con subordinados que se pasan la vida inventando para irse antes o llegar después. Podrás limpiar el cuarto del alquiler y preparar los desayunos a los yumas. Y seguro que harás amistad con ellos y se darán cuenta enseguida de que eres una tipa culta, con un título de ingeniera, con la que se puede hablar de todo. A lo mejor hasta nos invitan a ir a sus países y así viajamos que es algo que tienes tantas ganas de hacer.

Todo será mejor, Mariela. Tendremos el dinero de Saucedo para los gastos del mes y el de los alquileres para ir mejorando nuestra casa y nuestra vida futura. Porque no te creas que aquí se acaban mis planes. Voy a dejar de ser un músico muerto de hambre. Me voy a comprar un almendrón.

El otro día estuve media hora en el malecón mirándolos, son lindísimos, rosados, azules, verdes, morados, todos descapotables y llenos de yumas machos con sombreros panamá y habanos y de yumas hembras con pañuelos en la cabeza o con el pelo suelto, todos con gafas de sol, y cámaras fotográficas, y se ríen y se divierten.

¿De qué color te gustaría que fuera nuestro almendrón? Yo he pensado que sea naranja porque no he visto muchos anaranjados. O color natilla, muy elegante con los asientos de color arena. Pero seguro lo mejor es que tenga colores alegres, de esos fosforescentes que les griten a los yumas que esta es una ciudad risueña, tropical, gritona, llena de diversiones para ellos.

Es verdad que cuesta mucho el almendrón pero Saucedo me ha hablado varias veces de que se compraría uno si tuviera donde guardarlo y nosotros tenemos la entrada lateral con el techito, y se pueden hacer paredes y sería como un garaje, así que se lo puedo proponer a Saucedo y vamos a la mitad con las ganancias, él lo compra y yo lo manejo y así le voy pagando.

¿Ves? No haré más música de esa que nadie oye. Seré chofer de almendrones y me entenderé con los yumas en inglés, la verdad es que los que vienen ahora son casi todos americanos y canadienses. Y les puedo decir que soy músico, a lo mejor quieren oírme tocar y podemos organizar conciertos en la casa. Claro que como está la casa ahora casi ni nosotros mismos queremos estar allí, ¿te fuiste por eso Mariela? ¿porque éramos pobres y la casa estaba en ruinas? Ya verás lo bonita que la pondremos cuando tengamos dinero y arreglemos los techos y las columnas de la sala y pintemos las paredes y cuando nuestro cuarto tenga un buen closet y el inodoro descargue y en la ducha haya agua caliente.

También se me ocurrió que si esos yumas me oyen tocar y les gusta, pueden dejarme contactos en la embajada, y luego yo puedo ir a tocar allí o en las casas de los diplomáticos o darles clases de piano a sus hijos. Es verdad eso que me decías, que yo no era Mozart y que en vez de creerme que estaba componiendo la gran obra dodecafónica cubana, debía repartir tarjeticas ofreciéndome para dar clases en las embajadas y en las casas de los yumas residentes, ahora que hay tantos que han comprado casas aquí, imagínate que el otro día caminaba por un barrio y casi ni parecía un barrio cubano, todo el mundo era yuma.

Pero es que entonces me daba vergüenza Mariela, andar por ahí, tocándoles a las puertas o buscando los timbres escondidos entre las rejas pintadas y las plantas cuidadas de los jardines y que me ladraran los perros de raza o vinieran los guardianes o las cocineras con sus uniformes y me dijeran que nadie me podía atender y que ninguno estaba interesado en clases de piano o en el mejor de los casos, que cogieran mi tarjeta para salir de mí, mirándome con lástima, «este pobre que no tiene un CUC y que tiene que andar por ahí, limosneando». Y luego que pasaran los días y nadie me llamara porque para eso hay que tener contactos.

También podría darles clases de piano a los cubanos que trabajan en las firmas, en las ONG y en las embajadas, a lo mejor Pedro Pérez tiene hijos que quieran estudiar piano, y también sus amigos y los otros jefes y gerentes y vicegerentes de las otras firmas y todos los que tienen negocios prósperos y son ricos y se conocen y se visitan. Pero si es verdad eso que dicen, que te acostaste con Pedro Pérez, no quiero que me haga ningún favor.

Pero tampoco quiero ponerme orgulloso y que discutamos por el pasado. Si tú me lo pides, le daré clases a sus hijos aunque te hayas acostado con él, de todas formas, eso será agua pasada y ya estarás conmigo, y seremos tan felices que Pedro Pérez será un recuerdo ridículo, con su iphone y su Mercedes, porque nosotros tendremos nuestro almendrón technicolor.

Yo sé que tú estás esperando que yo llegue a decirte todas estas cosas. Que no vas a dar un paso sin mí. Aunque ya seguro que despachaste las maletas en el checking –a lo mejor no te llevas nada, yo nunca te pude comprar nada bonito que llevarte en una maleta.

Seguro que miras la pizarra del aeropuerto para ver a qué hora sale tu vuelo pero no has entrado en la pecera, porque me estás esperando. Y yo voy a hacer como en las películas americanas, llegar y gritarte en medio del aeropuerto, delante de los pasajeros y sus acompañantes, los oficiales de inmigración, los aduaneros, los de las líneas aéreas y los tripulantes de los aviones, que no te vayas Mariela, que tendremos un cuarto que alquilar y un almendrón, que nunca más voy a componer música y que tú harás desayunos en vez de organigramas. Que contaremos el dinero e iremos a las paladares y a los bares y te vestirás como una reina. Y para que veas que todo cambiará desde este mismo momento, ya le pedí a Saucedo un adelanto sobre el alquiler del cuarto, para regresar del aeropuerto. Volveremos en un taxi amarillo, con aire acondicionado y música de Fonsi, Pitbull y Maluma. Y la vida nos parecerá más linda que nunca, sabiendo que yo seré tuyo otra vez, que tú serás de nuevo mía y que La Habana volverá a ser nuestra.

Mylene Fernández Pintado o el cubano asunto de irse VERSUS quedarse

Mabel Cuesta | *University of Houston*

En el libro de Helen Hernández Hormilla *Palabras sin velo. Entrevistas y cuentos de narradoras cubanas* (2013), Mylene Fernández Pintado advierte a su entrevistadora: «Me sigue inquietando aquello de quedarse y de irse de Cuba [...] tal vez por ser una isla, o porque aquí las personas viajan poco, nos pasamos la vida como haciendo un batido de nosotros mismos» (2013: 272). Acercarse a la totalidad de la obra de Fernández Pintado confirma lo anterior. Desde su primer libro de cuentos, *Anhedonia* (1999), hasta el último, *Agua dura* (2017), puede trazarse una línea transversal y sólida, casi una obsesión, a partir de ese binomio: irse *versus* quedarse.

El relato que aquí nos ocupa regresa inequívoco a ese paraje seminal en la obra de Fernández Pintado. La decisión de permanecer o marcharse, que a modo de halo angustioso ha rondado la cabeza de varias generaciones de cubanos, se materializa también en la voz del narrador de «La reconquista». El recurso narratológico que la presenta es el monólogo interior de un personaje masculino, del que no sabemos ni el nombre ni la edad. Hay, eso sí, ciertas pistas en la trama que nos permiten imaginarlo con más de treinta años, sobreviviendo dentro de una precariedad extrema, compositor profesional y eminentemente deprimido.

La depresión se explica a sí misma con los episodios que de a poco, como pequeñas piedras en el bosque, van mostrando al lector su camino hacia la totalidad de la anécdota y el conflicto que encierra. Anécdota y conflicto que, desde sus aparentes simplezas, cúmulos de familiaridades y lugares comunes, nos enfrentan a toda una realidad tensa y rota. El protagonista ha perdido a Mariela, su pareja, por no poder proveer para ella una serie de bienes materiales que él entiende como imprescindibles para conseguir que la chica se quede a su lado.

Desde las primeras páginas la autora no escatima en detalles que informen a los lectores sobre cuáles son dichos bienes y cómo Mariela ha tenido que procurárselos a través de supuestas relaciones sexuales con hombres que tengan un mayor poder adquisitivo que el del protagonista: «Yo sé que no me dejaste porque yo no tenía dinero, tú eres una tipa espiritual y romántica, a la que le importa el alma y esas cosas, pero es verdad que sin dinero no se puede ser muy romántico, ni romántico ni nada, sin dinero no podemos vivir».

Pasajes del monólogo como el citado aparecen de manera discontinua para ir delineando, finamente, la psicología de este sujeto, que viene a dar cuerpo y voz a varias generaciones que, a pesar de presentarse como desencantadas con la Revolución de 1959 y sus ecos, insisten en no dejar que sea interrumpida cierta mística –esa en la que, como gesto supremo de alienación, siguen siendo importantes el alma y la profesión que la alimenta; o al menos, así lo han intentado por largos períodos–. Discontinuidades aparte, en «La reconquista» nos vemos abocados al centro de un conflicto narrativo donde figura exactamente todo aquello a lo que no puede acceder –ni para sí, ni para su familia– un sujeto ciertamente arcaico, como el personaje de Fernández Pintado –arcaico en la medida en que no se decide a participar de la nueva sensibilidad consumista que se acelera en el país, porque ello conllevaría una admisión y entrada violentas a los parámetros de la vida global.

Este personaje, un músico profesional que se ha dedicado a trabajar con empeño en su obra, de pronto se da de bruces contra el fracaso personal que supone no haber estado dispuesto a pactar con las nuevas reglas de mercado y consumo vigentes en la Cuba contemporánea. Su pérdida amorosa es asimismo la pérdida de un cierto tipo de relación con un país que ya no existe, que ha venido a ser sustituido por este otro que describe el siguiente pasaje:

> Ni siquiera le echo la culpa a Anita, aunque yo sé que te daba mucha cuerda, y que te arrastraba siempre a sus fiestas de ricos, con los gerentes de las firmas y los yumas, esas fiestas en las que se beben buenos vinos y whisky y se toman cervezas frías en vasos que sudan y donde resbalan las goticas. Donde se comen exquisiteces, servidas en fuentes grandísimas sobre mesas largas, con muchas servilletas y donde cada uno se sirve lo que quiere todas las veces que quiere. Fiestas en las que todo el mundo tiene celular de última generación y iphones de marcas buenas. Yo me compraré uno, y si es mejor que el tuyo, pues lo cambiamos, a mí no me importan esas cosas, pero quiero que tengas uno bonito, que no te dé pena sacar en la calle cada vez que yo te llame, pagando yo las llamadas, claro está, para decirte que te amo y que tengo tantas ganas

de verte que el reloj no camina. Y tú tendrás un reloj bonito y mirarás la hora contenta de que se acerque el momento de encontrarnos. Y le devolverás a Anita el que ella te prestó «hasta que pudieras comprarte uno».

En su libro *Utopía, distopía e ingravidez* Odette Casamayor Cisneros esboza un nuevo catálogo de identidades imaginarias en las narrativas producidas en la era postsoviética, luego de que colapsara el antiguo bloque socialista y Cuba –un apéndice caribeño de aquel– sufriera el tremendo impacto de su desaparición, tanto en su economía como en las nuevas formas de organizar a una ciudadanía bastante maltrecha por el hambre y la escasez de recursos. En la propuesta de Casamayor habría autores y personajes de tres tipos: utópicos, distópicos e ingrávidos. Para desembocar en lo anterior, Casamayor descansa sobre un marco referencial teórico de mayor alcance, a grandes rasgos el de las postulaciones de Alain Badiou en torno al «ser» y su proceder concreto frente a las respectivas «situaciones» o «mundos» que lo desafían. Deudora de esa hermenéutica y sus herramientas nominales, la lente escrutiñadora de Casamayor no va dirigida hacia el sujeto abstracto o sus generalizaciones, posibles de sintetizar en un discurso que contenga y retenga un imaginario específico. Al contrario, hace gala de un ejercicio de tensión/distensión fijando la mirada en personajes concretos, portadores de acciones, situaciones y mundos que los llevan a proceder de manera singular en el escenario postsoviético cubano.

Siguiendo entonces las coordenadas de Casamayor, podría decirse que tanto el personaje de Fernández Pintado como el relato mismo pasan de un estado anterior de «ingravidez» hacia uno de «utopía», solo que esta vez la utopía no es la de un mundo equitativo y de praxis socialista, sino la de otro bien distinto donde lo utópico se equipara con el poder adquisitivo y/o la salida del país.

Mariela, la novia perdida del protagonista, ha decidido asociarse con señores que llevan como nombre «Jean Marc» y «Pedro Pérez». Si el primero evoca a alguien del mundo francófono, el segundo sería el más cubano de los nombres. Esos juegos de connotación onomástica nos vienen a devolver hacia otros juegos mayores: adentro *versus* afuera; irse *versus* quedarse; lo nacional *versus* lo foráneo. Solo que en este caso ambos, «Jean Marc» y «Pedro Pérez», representan todo aquello que no posee el protagonista, que cuenta cómo y por qué cree haber perdido a su novia: «¿te fuiste por eso,

Mariela? ¿porque éramos pobres y la casa estaba en ruinas?». Esos hombres con los que ella ha decidido salir suponen una posibilidad de ascenso social, que es precisamente a lo que Mariela aspira y lo que el músico no puede darle. La relación con el primero (Jean) la conduciría a la salida del país, y con el segundo (Pedro) a una vida mejor si decide quedarse.

El texto, de hecho, podría dividirse en dos planos equivalentes. Dichos planos estarían constituidos por personajes, anécdotas y símbolos bien concretos, que en suma refuerzan la hipótesis desde la cual parte este análisis: aquella obsesión de naturaleza temática, ese perpetuo sendero que se bifurca en dos líneas que suponen idénticos desafíos: irse o quedarse, lo cual sigue siendo una cuestión cubana. Dividido el texto en dos, quedarían de un lado el protagonista, su amigo Saucedo y Pedro Pérez. Del otro, Jean Marc y el hermano del protagonista, que reside en Valencia, España –y de quien sabemos que es médico y que ha tenido relativo éxito en su profesión. Al centro de ambos planos, acaso trazando la línea divisoria, queda Mariela, quién deberá elegir –en el amplio espectro de complejidades que los definen– a cuál de ellos se acoge.

No se trata, por supuesto, de circunscribir los personajes recién mencionados a sus respectivos planos de manera estática, sino, por el contrario, de convocar una lectura donde las interacciones y relaciones de comparabilidad legibles a partir de ellos funcionen como un espejo de reflejos deformados, disfuncionales, pero también complementarios para los actores de ambos lados. Ya hemos visto el binomio Jean Marc frente a Pedro Pérez, y lo que cada uno de ellos supone, por una parte para el protagonista –rivales en términos amatorios y de capital–, y por la otra para Mariela –vehículos para ascender socialmente, eligiendo entre irse y quedarse–. Ahora bien, la oposición de mayor interés en el relato es la que se da entre el empobrecido protagonista, residente en Cuba, y su hermano emigrante y exitoso.

Los clásicos enfrentamientos entre hermanos, tan antiguos como la Biblia, son reciclados aquí por Fernández Pintado para hacerlos aterrizar en el contexto sociohistórico cubano posterior al fin de la Guerra Fría. Como es sabido, de entre las múltiples oleadas migratorias que han tenido lugar en la isla una de las que mayor impacto tuvo al interior de la comunidad profesional fue la posterior a 1991. Contratos de trabajo en el extranjero, becas en centros universitarios y de investigación, el no retorno luego de asistir a congresos y eventos internacionales, las típicas salidas en balsa, resultar ganador del sorteo de lotería de visas estadounidenses o matrimonios con ciudadanos extranjeros provocaron entonces –y provocan todavía– una considerable sangría en los ámbitos de saber profesional y científico del país. Existe incluso un factor conocido como «potencial migratorio», ampliamente analizado por el investigador social Antonio Aja Díaz, y que comprende a aquellas personas más susceptibles de emigrar, según patrones de comportamiento ya comprobados:

> Los resultados de un estudio realizado por el Centro de Estudios de Alternativas Políticas (CEAP) de la Universidad de La Habana entre 1995 y 1996 presentan un estimado de potencial migratorio externo de Cuba con un período de soporte para una predicción en un intervalo de cuatro a cinco años, comprendidos entre 1995 y 1999. [...]
>
> Como resultado se obtuvo una cifra de potencial migratorio externo en el país entre 490,000 y 733,000 personas, con las siguientes características: ser personas jóvenes, menores de 40 años, con mayor nivel profesional o técnico, con una situación ocupacional donde están sobrerepresentados los desocupados, estudiantes, una mayor proporción en el sexo femenino comparado a la oleada de Mariel en 1980, y cuyas zonas de residencia son fundamentalmente Ciudad de La Habana (aporta cerca del 60 por ciento del estimado general del potencial), Habana, Villa Clara, Camagüey y Pinar del Río. (2000: 9-10)

Tanto el protagonista como su hermano, y por supuesto Mariela, forman parte indiscutible de ese grupo de «potencial migratorio». De modo que si el hermano ya migró y Mariela está por hacerlo, lo que nos ofrece Fernández Pintado es la angustia de aquel que, siendo proclive a irse, se debate entre lo acertado o no de su decisión de haberse quedado.

De ahí que el hermano funcione como una suerte de consciencia acusadora, que regresa en dos formas de locución distintas, pero siempre antagonizando al protagonista. La primera sería a través de la memoria, de episodios que tuvieron lugar cuando el médico aún no se había marchado del país pero ya estaba a punto de hacerlo y le reprochaba a su hermano que no hiciera lo mismo: «que si me iba no podría componer nada más y él me dijo que si me quedaba tampoco». Y la segunda, en presente, es a través de la conversación telefónica, reciente al interior del relato y su temporalidad propia, cuando el protagonista decide, al fin, pedir ayuda económica al hermano instalado con éxito en Valencia para poder rehacer su vida financiera y reconquistar a Mariela:

Me dijo que le iba muy bien, que había cambiado el carro porque el Audi le había salido malísimo pero los de la concesionaria le habían reembolsado y dado a escoger y ahora tenía un Ford gigantesco que parqueaba solo. Que se había mudado a un edificio con piscina y gimnasio, y que su apartamento era grandísimo y que tenía dos terrazas, aire acondicionado y calefacción. Que los dueños le habían propuesto que lo comprara, pero que aún no estaba seguro. Me preguntó cómo me iba, si seguía tratando de componer antimúsica con tumbadoras y luego me dijo que a nadie antes que a mí, se le había ocurrido una manera tan ingeniosa de morirse de hambre.

Como resulta fácil apreciar, hay aquí un discurso glorificado que se asocia con el hermano migrante, en oposición al que ha permanecido en la isla –quien sufre varias heridas de orden emocional: por una parte el fracaso amoroso, por la otra el fracaso profesional. El texto presenta al migrante, además, como alguien que no escatima recursos cuando se trata de fustigar a su vapuleado hermano y recordarle lo desatinado de desperdiciar su talento en Cuba: «Le dije a mi hermano que era un préstamo, que en cuanto empezara a ganar le iba a devolver su dinero, poco a poco. Pero me dijo que no le interesaba, que estaría contento de saber que yo me ocupaba de cosas serias y dejaba de hacerme el flautista de Hamelin».

Podrían discutirse otros muchos ejemplos de esta específica dinámica fraternal en el texto, y por supuesto el amplio espectro de proyecciones que desata de cara a las divididas familia y nación cubanas. Sin embargo, y como mencionaba antes, para hacer aún más conflictiva la relación que el protagonista tiene con el país y la decisión de haberse quedado, haciendo su música de modo profesional y no convirtiéndola en un bien de consumo para turistas, conviene detenerse en el personaje de Saucedo, un amigo del músico que el narrador presenta de esta manera:

> Es matemático y estudió en Leipzig, así que sabe sacar cuentas. Después que se graduó se quedó allí, se casó con una alemana y estuvo trabajando en una fábrica. Luego vino para acá con la mujer, y una moto. La alemana se buscó un trabajo en una cosa que le pagaban en divisas; pero luego de que cerraran la oficina, ella se quiso ir y él no la quiso acompañar, dice que allí había tremendo frío así que se divorciaron. Vendió la moto y él dejó de dar clases en la universidad y sacó la licencia para vender esas cosas.

La aparición en el relato de este segundo personaje exitoso cumple la función de completar una realidad que desde su propia disfuncionalidad es también múltiple en aristas. Si bien las cifras de migrantes posteriores a 1994 son aún confusas, se estima que puedan rondar un total cercano al millón:

> La ausencia de datos oficiales precisos sobre el tema complica el cálculo exacto de la cifra. La Oficina Nacional de Estadísticas e Información de Cuba (ONEI) no publica el número exacto de cubanos que abandonan el país, sino un «saldo migratorio», la diferencia entre los que entran y salen del país. Según cifras reportadas por esa entidad, la emigración ha tenido un saldo negativo de 659,973 personas que habrían emigrado desde 1994, aunque por definición el número de emigrados sería mayor. Según Armando Portela, doctor en Geografía y uno de los creadores de la nueva revista digital *CubaGeográfica*, las cifras reales podrían rondar el millón –casi el 10 por ciento de la población–, si se toma en cuenta la tendencia de la ONEI de subregistrar los datos. Así lo escribió en un artículo publicado en la revista con el título *La emigración, el río invisible*. (Gámez 2016: en línea)

Saucedo representaría –frente a esos éxodos constantes y masivos– una suerte de variante cubana de supervivencia, una apuesta por la inversión intrainsular, una puerta de salida dentro del caos. Es por ello que el protagonista, desesperado, recurre también a él, como si se tratara de un despertar absoluto de su ser. De ahí lo productiva que resulta para el análisis de este cuento la nomenclatura de Casamayor. El personaje ha pasado de su estado de ingravidez hacia otro de acciones, donde intentará construir desde el espacio de su casa una utopía financiera con la cual reconquistará a Mariela:

> Saucedo me dijo que no me preocupara, que él va a sacar toda la mierda que hay en el cuarto y va a pagar el camión para llevársela. Que la semana que viene traerá ya sus cosas. Si ves la cara que puso cuando vio que las pilas de libros casi llegan al techo. Yo no estaba muy decidido a deshacerme de los libros, preferiría meterlos en mi cuarto, pero es verdad que muchos se han destruido, por la humedad y el polvo. Hay muchos otros que están bien, pero dice Saucedo que esos los llevará a los libreros y les sacaremos dinero […] Yo creo que nos pagará bien, porque Saucedo es un lince y hace dinero de cualquier cosa. Y aunque no te gusta porque nada más que piensa en los negocios y te mira con cara de carnero degollado esperando siempre que le sonrías y tú no le das bola, no es un mal tipo.

Si nos detenemos aquí, no podemos pasar por alto la enorme carga simbólica que suponen dos elementos: la propia vivienda como un espacio que, de alquilarlo, podría ser rentable y generar beneficios; y la desaparición, por su inutilidad, de los libros que están entorpeciendo el próspero negocio que Saucedo traerá al hogar. Sin imponer lecturas totalizadoras, me apego a la idea de que Fernández Pintado nos está convocando a otra de sus habituales contraposiciones. Por un lado, la prosperidad de los cubanos que se han quedado a vivir en la isla ha de conseguirse haciendo mínimamente lucrativos los espacios históricamente destinados a la privacidad y el descanso de la familia (pensemos, por ejemplo, en las paladares y cafeterías manejadas por cuentapropistas[1]); por otro, esos mismos cubanos no migrantes, que han decidido sacrificar sus hogares en aras de cierto bienestar material, están pagando un alto precio por ello. El cuento lo sintetiza de manera desgarradora cuando vemos al protagonista dispuesto a deshacerse de sus libros, que aparecen como contenedores de cierto «saber inútil», y en cierto sentido como síntomas y termómetros psicosociales, si se tratara de hacer una descripción del estado actual de la situación nacional. Una situación que viene a configurarse como utopía sin libros, como festival de la materia, sin juicios de valor que demonicen esos sacrificios, porque en definitiva su motivo ulterior sí es de orden espiritual: la reconquista del amor de Mariela.

---

[1] Las llamadas paladares son negocios gastronómicos familiares. En un inicio, en la mayoría de estos locales solamente se cocinaba comida criolla, lo que los diferenciaba de los hoteles y otros restaurantes del país. En la actualidad estos establecimientos están aumentando su variedad en cuanto a los tipos de comidas y servicios. Las paladares se permitieron en Cuba en la década de los noventa, pero con el paso del tiempo han proliferado de manera considerable, sobre todo tras las reformas económicas emprendidas por el presidente Raúl Castro. En sus inicios solo se permitía que cada paladar contara con 12 sillas distribuidas a conveniencia según el espacio y las peculiaridades del lugar. A partir de mayo de 2011 se le permitió a las paladares aumentar la capacidad de sus locales, llegando a un máximo de 50 clientes, lo que sobrepasa la cifra de 20 sillas, autorizadas en septiembre de 2010. El gobierno cubano ha adoptado una serie de acuerdos que permiten a la administración de las paladares realizar la contratación de mano de obra y además hacer uso de locales estatales con bajo nivel de actividad en el área gastronómica. Según datos oficiales, existían más de 1.618 establecimientos de este tipo en Cuba hasta mayo de 2012. Véase *EcuRed*: <https://www.ecured.cu/Paladar_(Restaurante)>.

Que el fin justifique los medios no se puede expresar de mejor modo que como lo ha hecho Fernández Pintado en este relato.

Finalmente, y para seguir engrosando su singular proyecto utópico, el protagonista decide que él mismo renunciará al lado estrictamente virtuoso de su profesión:

> También se me ocurrió que si esos yumas me oyen tocar y les gusta, pueden dejarme contactos en la embajada, y luego yo puedo ir a tocar allí o en las casas de los diplomáticos o darles clases de piano a sus hijos. Es verdad eso que me decías, que yo no era Mozart y que en vez de creerme que estaba componiendo la gran obra dodecafónica cubana, debía repartir tarjeticas ofreciéndome para dar clases en las embajadas y en las casas de los yumas residentes, ahora que hay tantos que han comprado casas aquí, imagínate que el otro día caminaba por un barrio y casi ni parecía un barrio cubano, todo el mundo era yuma. [...]
>
> También podría darles clases de piano a los cubanos que trabajan en las firmas, en las ONG y en las embajadas, a lo mejor Pedro Pérez tiene hijos que quieran estudiar piano, y también sus amigos y los otros jefes y gerentes y vicegerentes de las otras firmas y todos los que tienen negocios prósperos y son ricos y se conocen y se visitan. Pero, si es verdad eso que dicen, que te acostaste con Pedro Pérez, no quiero que me haga ningún favor.

Si vemos al personaje como una suerte de guerrero solitario, un sujeto perdido entre las utopías ilustradas de su pasado y los nuevos desafíos que presenta la construcción de una nueva utopía material que lo lleve a la añorada reconquista de su amor, habrá que convenir en que las peculiaridades de ese nuevo guerrero cubano distan, con mucho, de las atribuidas tanto a los fundadores del proyecto nacional emancipador decimonónico como a aquel guevariano hombre nuevo, descendiente directo de los guerrilleros que trajeron a Cuba una nueva apuesta política, en apariencia también emancipada, con la gesta de 1959.

Fernández Pintado, una vez más, resignifica la casa como metonimia de la nación, pero añade esta vez la posibilidad de admitir que el derrumbe al que asiste el protagonista que la habita solo podrá detenerse si se decide a construir una todavía muy lejana puerta de salida. Para que esa puerta encuentre marco y sostenibilidad deben incluirse en la conversación sobre el proyecto doméstico/amoroso/nacional tanto a los migrantes y extranjeros (el hermano en Valencia y Jean Marc) como a los ingeniosos profesionales e inversores nacionales, que han decidido permanecer en la isla para reinventarse en pos de cierta prosperidad personal y a largo plazo (Saucedo y Pedro Pérez).

A partir de la pérdida de la amada (¿podríamos leer a Mariela como símbolo de la propia isla de Cuba?) el protagonista sin nombre de «La reconquista» desencadena una serie de acciones concretas que lo llevan a admitir la urgencia de hacer participar en su proyecto de recuperación y redención del cuerpo de Mariela (tal vez el cuerpo nacional) tanto a su hermano –quien podrá proveer no solo recursos, sino también experiencias de su paso por un país con mayor desarrollo científico– como al inversor extranjero (Jean Marc); al acomodado y experimentado inversor nacional (Pedro Pérez), y finalmente, al amigo también experto en el desarrollo de nuevas empresas e invenciones (Saucedo). Y es que dicho reparto de actores y roles para un nuevo escenario nacional resulta no solo natural para quienes conocemos la realidad contemporánea de Cuba, sino que además ha venido siendo coartado por la filosofía continuista de la era soviética, practicada por el gobierno cubano, que persiste en la centralización y control tanto de la economía nacional como de sus inversores, gestores y posibles dividendos. Enmascarada tras la historia simple y universal de una pérdida amorosa, la autora lo recuerda y, más allá de ese gesto, propone.

Mariela, por su parte, en su dimensión de personaje polisémico, deberá decidir a cuál de las propuestas se acoge, si a la que ya le ha sido ofrecida –está en el aeropuerto lista a marcharse en el momento en que el protagonista comienza a articular el monólogo– o, por el contrario, a la batalla de futuros por conquistar que su ex-amante cubano describe en el propio monólogo. Una batalla en la que él haría todas las negociaciones, sacrificios y concesiones posibles y donde ella lo acompañaría en una reconquista que comprende desde su cuerpo y ser espiritual hasta la reapropiación de La Habana misma, juntos. Es decir, una Habana síntesis de la nación, una Mariela que dejándose recuperar, se recupere a sí misma:

> Seguro que miras la pizarra del aeropuerto para ver a qué hora sale tu vuelo pero no has entrado en la pecera, porque me estás esperando. Y yo voy a hacer como en las películas americanas, llegar y gritarte en medio del aeropuerto, delante de los pasajeros y sus acompañantes, los oficiales de inmigración, los aduaneros, los de las líneas aéreas y los tripulantes de los aviones, que no te vayas Mariela, que tendremos un cuarto que alquilar y un almendrón, que nunca más voy a componer música y que tú harás desayunos en vez de orga-

nigramas. Que contaremos el dinero e iremos a las paladares y a los bares y te vestirás como una reina. Y para que veas que todo cambiará desde este mismo momento, ya le pedí a Saucedo un adelanto sobre el alquiler del cuarto, para regresar del aeropuerto. Volveremos en un taxi amarillo, con aire acondicionado y música de Fonsi, Pitbull y Maluma. Y la vida nos parecerá más linda que nunca, sabiendo que yo seré tuyo otra vez, que tú serás de nuevo mía y que La Habana volverá a ser nuestra.

Mariela no se ha marchado aún, y desde ese «no haber entrado aún a la pecera»[2] Fernández Pintado lanza la más arriesgada de sus provocaciones, que es la que ha venido trazando desde los dos planos simbólicos del relato, y que se concentraría en la decisión a tomar por Mariela/Cuba. Quizá para ello tenga que recurrir a personas o entidades no nacionales o no residentes en el país, y probablemente la decisión traiga también incertidumbre, opacas nociones de futuro, deriva, ingravidez o lucha. Porque Mariela representa, en última instancia, a ese nada despreciable número de «potenciales migrantes», de cubanos y cubanas aún en el borde de una isla donde irse o quedarse sigue siendo el más críticamente existencial de los asuntos.

Bibliografía

Aja Díaz, Antonio (2000): «La migración de Cuba en los años noventa». En *Cuban Studies* 30: 1-25.

Casamayor Cisneros, Odette (2013): *Utopía, distopía e ingravidez. Reconfiguraciones cosmológicas en la narrativa postsoviética cubana*. Madrid / Franfurt: Iberoamericana / Vervuert.

Gámez, Nora (2016): «El éxodo inacabable: ¿Cuántos cubanos han emigrado en los últimos 20 años?». En *El Nuevo Herald*: <https://www.elnuevoherald.com/noticias/mundo/america–latina/cuba–es/article99869227.html>.

Hernández Hormilla, Helen (2013): *Palabras sin velo. Entrevistas y cuentos de narradoras cubanas*. La Habana: Editorial Caminos.

---

[2] Los cubanos llaman «la pecera» al salón de espera del aeropuerto internacional José Martí. Se trata de un área restringida adonde solo pueden acceder los viajeros una vez que han terminado el chequeo de equipajes y migración.

Sana Rabia

Jacqueline Herranz Brooks

Mi madre me ha convertido en una repatriada. Hacia ella parto bajo el peso de la culpa. Llevo una ducha de bañarse al aire libre, para que mi madre la meta en un cubo plástico, que una amiga con dinero me dijo que lo puedo conseguir en cualquier parte. Ella, que consigue de todo, me insiste en que los había y yo me compro uno en cuanto llego y se lo dejo a mi madre en medio de la ducha, así no tiene que darle a la cintura hacia arriba y hacia abajo, metiendo un jarrito en el agua tibia. Mi madre rápida, antes de que yo llegue con la ducha de bañarse al aire libre, a realizar este primer paso del proceso, agarra el caldero calentándose en la cocina y lo carga hasta el baño. Luego me escribe una carta que sella con un sticker de Dora la exploradora, comprado en CUC, en una tienda con vidriera opaca, llena de chinerías polvorientas, a unas dos cuadras de donde vive, hace dos meses, reclusa.

Mi madre no es sedentaria. Ahora simplemente no puede bajar, subir, bregar, resolver, sentarse, levantarse por la noche y alcanzar la taza, pero ya lo tiene todo listo. Enumera las planillas. Menciona la propiedad. Solo faltan las firmas. Me ofrece. Me envía la carta donde me explica la sencillez y el beneficio del trámite. La recibo. Miro el sticker con el que la sella. Trato de encontrar la semejanza entre la sonrisa de la niña exploradora, con su mochila a cuestas en su migrancia y la mueca nerviosa en mi cara tensa de hija que va a repatriarse, vía materna, por los canales legales del mismo sistema que me negó una extensión de visa, y por ende el regreso al país, en 1999. Aun el antes se me presenta en la forma de un trauma. Allá es todavía, para la que va a repatriarse, el lugar obsesivamente arrancado de su propio cuerpo, conformado de manera tan radical que es una creación rehecha a su propia imagen y nerviosa semejanza. No hay pasaje, horizonte, caminito que el tiempo ha dejado borrar, que no desmochara ya, al destajo yo, la que va a repatriarse, para seguir siendo, con la clariosa mente de quien sabe llegaría este momento. El momento en el que mi madre me ofrece lo que tiene y que en algún lugar de nuestra historia fuera un territorio disputado.

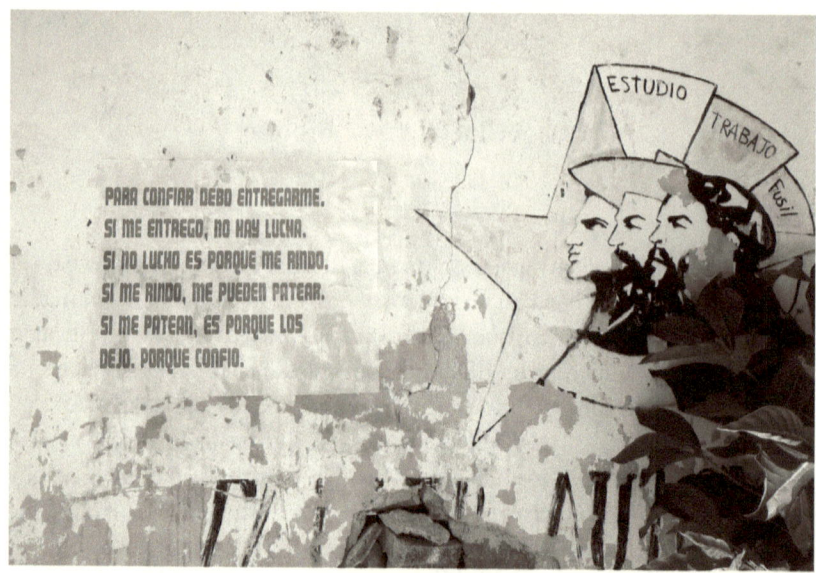

Doblo la carta por sus mismos pliegues y le respondo que sí, mami. Sí, claro, no te preocupes. Voy a preparar el viaje. Cuelgo la carísima llamada y se me resbala el teléfono de las manos pues me sudan a cántaros. Se astilla la pantalla donde casi ahora no puedo distinguir la cara de mi mujer en la foto, sonriéndome en plena avenida de la Queens Boulevard. Activo el botón de llamadas para ver si el teléfono aún funciona. Mi amor, le digo a la voz de mi mujer que sale de la pantalla astillada, mi madre quiere que me repatrie. Cómo, me pregunta mi mujer. Vía los canales del sistema, le digo. Que te transformes ahora, y eso es legal, sigue diciéndome. Yo me pregunto si mediante el proceso mi madre ayuda a otorgarme una nueva categoría de inclusión o de margen. Si fuera inclusiva, ¿irá a garantizarme una voz y un estilo? Se me presenta lo real como una construcción frágil del antes y como una estructura desmantelable, que a nadie le interesa deconstruir ya. Puedo convertirme no en el objeto, que se regresa como artefacto cuya autenticidad se garantiza en su reconexión con las terrenas raíces de donde lo hicieron partir, sino en la sujeto, a la que se le regresan derechos que nunca tuvo.

Tengo dos semanas de fiebre intermitente por las tardes, dolores de estómago, náuseas, sudores fríos por las noches y falta de concentración

desde que comencé a preparar el viaje. A diferencia de años anteriores, con casi siempre los mismos síntomas, esta vez regreso a repatriarme. No sé qué significa la repatriación e imagino que este proceso incluye la pérdida de la voz del sujeto repatriado, pues el proceso se hace dentro de las mismas estructuras quebradas, de difícil acceso y navegación, que antes no nos clasificó en sus archivos y que ahora nos digitaliza en forma de datos. Imagino que la voz de la que regresa tendrá que ir a hacerse eco, sola, dentro de una ruina; tendrá que apuntalar una columna, serpentear en un terreno de escombros, por donde pasa la gente sin detenerse, a menudo, a deshacerse de sus desperdicios, en un solar de nadie. Si la función de un objeto repatriado es la de ser estando en su lugar de origen, la repatriada, para sentirme más activa en el proceso, podrá reclamar su espacio interviniéndolo con un poema. Con dos poemas. Dos poemas de conciencia agrandados en un pdf en la pantalla de la computadora. Dos poemas agrandados e impresos en papel reciclado. En letras rojas todas mayúsculas.

Mi amiga Tamara reconoce mi angustia: mija, bájate ya, pon los pies en la tierra, qué poema ni poema, qué tipografía, qué color rojo, qué símbolo de qué, tranquilízate, ponte para esto y olvídate del trauma ya. Sácale lo que puedas al proceso. Mándale a tu mamá el contenedor, que mucha falta que le hace. Cómprate una casa, repárala y véndela. O alquílala. Mira que tú no tienes nada. Tamara me sugiere que siga sus pasos estancados. Los canales que la repatriaron a ella congelan ahora los permisos para alquilar su apartamento, que será en algún momento su fuente de retiro. Y además, me dice, que se te devuelvan los derechos, aunque nunca los tuvieras. Acuérdate que esto no es ni de ti ni sobre ti, todavía me dice. Siempre habrá en el mundo un evento de mayor impacto o de fuerza mayor que la de tu eventualidad.

Soy nadie. Tengo una small personal voice. Su registro es irregular y ha sido marginado. Ahora es posible que entre solo en la categoría de repatriada. Los lugares donde, itinerante, circulé el tiempo que anduve sin casa en La Habana, ya no son funcionales. No hay estructura que contenga esta voz. No hay archivos donde expurgar la realidad del trauma. O no hay trauma suficiente de inenarrables genocidios brutales y por eso no puede haber estudio coherente de este caso sin archivo. Tamara coincide con mi madre. Ambas me dicen que a veces, para seguir adelante, hay que regresar. Pero adónde. Pero a cuál. No importa, dice mi madre, a tu lugar. Un lugar, sigue diciendo, le pertenece a quien lo reclame con mayor fuerza.

Entre el 1990 y bien entrado el 1991, sin cámara ni rollos, por el quiebre de la Orwo, me paro en el medio del parque con las chiquillas de la escuela, a quienes enseño fotografía sin tener los materiales. Con los brazos extendidos torcemos los dedos hasta hacer el rectángulo de un visor. En el visor, encuadramos la foto. Entonces describimos lo que dejamos dentro y lo que dejamos fuera. Resulta difícil convencernos, como grupo, sobre el porqué dejaremos el banco dentro del encuadre, o por qué se queda fuera la cabeza de la palma real, su penacho. Porque se mueve demasiado con el viento y va a quedar todo el tiempo fuera de foco, dice alguien. Tomábamos notas de estas imposibilidades, mientras llegaba el material para la práctica. A la siguiente semana regresábamos, a ver si acaso el cambio de la luz o del viento nos seguía mostrando los límites de aquello que quisimos y no pudimos retratar antes. Hasta el año de la repatriación, 2017, no hay archivos donde expurgar el «caso» de mi itinerancia en la calle habanera de los noventa, ni de la operación o el plan de acción y castigo bajo el cual «cayó en desgracia» mi padre, en los setenta. Durante su vida y antes de su muerte, en 2006, yo había andado con una cámara vacía, metida dentro de un bolso, y usaba el diploma de la escuela de fotografía de donde me acababa de graduar para escribir en la parte de atrás unas oraciones que, por necesidad e incapacidad de hacer otra cosa, se volvieron poemas. No tengo fotografías de los años en los que anduve acomodándome debajo de la cabeza el bolso de cuero, donde protegía la cámara sin rollo, para dormir en un banco. Cuando sustituí la cámara por la libreta de notas lo hacía convencida de que las imágenes eran un sistema descriptivo inadecuado. Esos son los años en los que no puedo seguir siendo lo que soy en casa de mi madre, esos son los años del territorio disputado.

Aprovechando la capacidad performática de la escritura y mediante la creación de la persona de Sana Rabia, uso los canales de la repatriación para llevar a cabo el proyecto de Rematriación. Sana Rabia es la persona de una poeta y fotógrafa callejera, quien ha desarrollado una pasión por la combinación de imagen y texto. Sus palabras tienen tanto valor como las fotografías con las que las documenta. El motor de sus proyectos es un evento personal. En este caso, el proceso de repatriación, al cual Sana Rabia se acoge a petición de su madre. La incomodidad de Sana Rabia proviene de comprender que está colaborando con el proceso al cual se opone. Contra la patriarquía del paternalismo patriótico de la patria patriarcado, Sana Rabia, repatriada vía su madre, considera este proceso de volver a ser en un lugar reclamado como suyo una rematriación. Su Rematriación no puede resultar en reconectar con el cuerpo de inspectores de los ministerios, pues Sana Rabia ha sido, para el sistema, una sujeto de margen que ha circulado de manera alternativa. Como rematriada, Sana Rabia teme caer ahora en una categoría aún no prevista, pero sin embargo legislada ya, de los falsos artistas generadores de una pseudocultura de antivalores. «Pseudocultura» y «falsos artistas» son juicios de valor que asoman en algunos artículos que leo, donde se equipara lo real con su ficción teórica.

Desde Nueva York y mientras preparo el segundo viaje, comienzo a trabajar en el diseño de los textos y en la selección del tipo de letra y el color. Los poemas que quiero rematriar bajo la autoría e intervención urbana de Sana Rabia deben ser impresos en hojas de papel reciclado, de 24x20 y de 24x23 cada una. Me los llevo a La Habana impresos y las hojas van dobladas dentro de la maleta, que casi no se puede cerrar. Llevo unas cinco impresiones de cada poema. La edición única de «Para confiar debo entregarme», en una impresión de 50x52, viaja conmigo, para en caso de que encuentre, durante los días finales del proceso de repatriación, un busto con el cual el poema pueda entablar diálogo. Los poemas tienen por título la línea con la que abre cada uno («Para confiar debo entregarme» y «Y en la realidad de aquí, en la realidad de ahora»). Los lugares que selecciono para cada instalación de los poemas tienen un arraigo en mi biografía emocional de La Habana de los años noventa. Una cafetería donde pude esconderme a dormir dos noches, mientras estaba sin casa. Un muro donde aún queda el dibujo de un rotulista anónimo, que calcó a mano los perfiles de Mella, Cienfuegos y Guevara. Cada cabeza coincidiendo con las palabras: estudio, trabajo, fusil. Una puerta que resguarda la ruina de un vecino. La fachada todavía en pie del cine Neptuno. El estanquillo de periódicos obsoleto, donde trabajó mi padre hasta que perdió la cordura. Un muro limpio, detrás de un busto de Martí.

Entre enero 2017 y mayo 2018, voy en dos ocasiones a La Habana a ver a mi madre y a comenzar y finalizar el proceso de repatriación. Preparo ambos viajes bajo los mismos síntomas y la misma falta de foco. El primero son diez días con mami. Durante esa primera serie de trámites, anoto que para la repatriada tanto los objetos como los lugares son núcleos de valor. Anoto que de regresar, la rematriada (vía una voz que interviene espacios urbanos con poesía callejera) genera persona y espacio para su voz, mediante la acción de intervenir y reclamar lugares de nadie. Durante el primer viaje, duermo en la colchoneta roja donde amanezco maltrecha a interrumpir la rutina de mi madre. Vamos quemando petróleo desde temprano en un almendrón y hacemos la penúltima parada del trámite, en la pollería de Marianao.

Para el segundo viaje puedo entrar a La Habana sin que la policía de aduana me cuestione de dónde vengo y por qué ahora. O adónde me voy a quedar y qué vengo a hacer. Tampoco me prohíben esta vez hacer vídeos, entrevistas, tomar fotos. Vengo para recoger las autorizaciones de mi regreso, le digo a la teniente sin apellido de la aduana. Me deja ir. Hago los trámites finales. Me tomo la foto. Firmo en la esquina de un papel. Para que me entreguen el carnet de identidad debo esperar una semana. Estos son diez días en los que veo a mami, que ya puede volver a moverse y cargar su cubo calentándose en la cocina hasta el baño, pero no me quedo a dormir en la colchoneta en medio de su sala. Ingenuamente pensé que se me facilitaría más ayudarla económicamente, pero no ha sido así. Aun después de casi terminado el proceso, todo sigue más o menos igual. Nosotras ya disputamos ese territorio, en algún momento tendré derecho sobre él. Por ahora, me quedo en el apartamento de Tamara en el Vedado. Como no lo puede alquilar, los permisos de cuentapropismo están congelados, me quedo sin tener que pagar. Aquí pueden venir a visitarme dos amigos que me ayudarán con los poemas. Nos levantamos temprano. Metemos en la mochila el pomo con goma muy diluida en agua, el rodillo, la brocha pequeña, el cargador de la batería de la cámara, el cargador del teléfono y un rollo que he hecho de cinco o seis poemas para postear en lugares de nadie. Una canon analógica con un lente de 50 milímetros y unos negativos Fujifilm de 200.

Los dos últimos días del proceso de repatriación, durante la segunda visita, mi amiga de tantos años, Caridad, es la que más me ayuda. Es la primera vez que hace videos tan cortos, con un teléfono, en la calle. No tengo que darle instrucciones. Busca sola los mejores encuadres donde no salga mi cara, cruza la calle, se acerca y sale corriendo detrás de mí cuando vemos venir despacio a la policía. En la esquina nos separamos. Por suerte ya teníamos casi todo dentro de la mochila menos la cámara. Tuve tiempo de tomar varias fotos después de pegar una copia del poema «Para confiar debo entregarme» en la fachada de lo que antes era el cine Neptuno, donde trabajé cuando vivía en La Habana. El vecino de enfrente comenzó por preguntar, desde su balcón, qué decía aquello. El texto dice: *Para confiar debo entregarme. Si me entrego, no hay lucha. Si no lucho es porque me rindo. Si me rindo, me pueden patear. Si me patean, es porque los dejo. Porque confío.* El vecino desde el balcón grita: Oye, qué está escrito ahí. Cuando le dije que tratara de leerlo y que me dijera él mismo, preguntó nuevamente qué quería decir. Tan sin respuestas se sentía que decidió llamar la policía para que le aclarara la duda. Pasaron unos seis minutos y la patrulla pasó peinando la cuadra. Corrimos sin parar, a pleno sol, hasta el malecón.

No hay maltrato a la propiedad con algo tan efímero y biodegradable, me dice Caridad con falta de aire, pero esto, señala el sudor de su frente, su cuello, esto es daño contra el cuerpo, la propiedad es-ta-tal, mi amiga. Uf, es muy físico, no tengo edad ya para esto. Me duele todo y mira lo prietas que nos hemos puesto por estar en la pegadera bajo este sol. Nos reímos ahora más, sentadas delante de una caja de cigarros y dos cervezas Bucanero. Caridad agarra un tenedor que está en la mesa, aunque no venden nada de comer, y se lo pone delante de la boca como si fuera un micrófono: dígame entonces, Sana Rabia, ¿de qué trata este proyecto y cómo se llama? Me pongo seria y contesto: Poesía Rematriada, y consiste en un cuestionamiento del espacio al que pertenezco y en una intervención del mismo.

Siempre he usado la fotografía para documentar lugares públicos donde ocurren eventos personales. Pero mis palabras importan tanto como las imágenes que creo cuando tomo las fotos de lo que he escrito o pegado en la calle. La naturaleza performática de la escritura me permite que estos proyectos sean de intervención urbana. Cuando escribo y llevo el poema a la calle cuestiono las convenciones sobre dónde debe hacerse la escritura y dónde debe confrontarse. Mis fotografías elevan mi escritura de su efímera existencia en la calle y me permiten, además, revisitar mis acciones mucho después de que los poemas callejeros ya ni existan. Pegar mi poesía en los espacios públicos relevantes para mi pasado es darle voz a mi subjetividad y es una invitación al intercambio.

En el aeropuerto José Martí, ya a la salida, escucho unas sandalias sueltas que me siguen como una sombra y escucho una voz que me grita encima de la mochila: ¡Señora! ¿Qué usted lleva en ese tubito? Unos dibujos míos, le contesto con energía, y unos poemas, digo más bajito. Es que en este país todo lo que salga debe sellarse, me dice. Venga para acá conmigo, señora, a ver, abra el tubito, yo le explico. Usted ve, esto no debe salir así nada más, hay que tener un record. Yo soy la especialista de arte del ministerio de cultura, me dice mientras empieza a desenrollar los dibujos y los poemas. La situación me pone nerviosa y me da risa. Y usted por qué se ríe, me pregunta. A ver, tiene uno, dos, cinco. Cuenta lo que tengo en el rollo, mira el mal papel donde quedan dos poemas impresos para los que no encontré ubicación y me dice, estos no los voy a contar porque esto no es arte. Mira unos dibujos de cuando aún vivía con mi madre y comenta: ay, qué lindos. Mire, tiene cinco. No, son cuatro, la corrijo, fíjese que este de acá es solamente un papel viejo para protegerlos. Aquí tiene el comprobante, me dice la especialista de cultura del aeropuerto. Me mira el gesto de pena que le hago con la mueca de mi cara y me dice: a ver, usted es cubana, verdad, usted sabe que esto no es mío. No hago comentarios. Pago y sigo. Adelanto por un pasillo. Me siento en el café del aeropuerto dándole el frente a la puerta de salida del vuelo a Nueva York. Hay un anuncio de la cerveza Cristal bajo el eslogan «La preferida de Cuba». Abro mi libreta y anoto: estados del ser. Autora callejera. Una disputa de antaño por un territorio. Trabajar en la consistencia de los hechos inventados del evento real. Cuestionar el lugar de la escritura. Propongo pensar a qué lugar se regresa, intervenirlo, reclamarlo, hacerlo mío... con poesía callejera.

Las rabiosas sanaciones de Jacqueline Herranz Brooks

Odette Casamayor Cisneros | *University of Pennsylvania*

> Anger, used, does not destroy
>
> Audre Lorde

Sana Rabia, esa es la protagonista. O la sombra que se adelanta a su autora. «[P]oeta y fotógrafa callejera, quien ha desarrollado una pasión por la combinación de imagen y texto», nos advierte Herranz Brooks –artista multidisciplinaria con varios libros de poesía y narrativa publicados, que también incursiona regularmente en las artes visuales y el performance.

Mas enseguida comprendemos que Sana Rabia es ante todo una apabullante protesta en palabras e imágenes. Inquieta. Discrepante. Las preguntas son amargas y rudas y ascendiendo desde las vísceras van contaminándole la sangre; la inhabilitan para el conformismo. Como su creadora, es habanera, lesbiana, exiliada en los Estados Unidos, y ya parecía haber dominado el difícil arte de la errancia. Pero la incomodidad siempre regresa, es porfiada y desde las primeras líneas la vomita Sana Rabia: «Mi madre me ha convertido en una repatriada. Hacia ella parto bajo el peso de la culpa».

Lo que sigue es un aluvión de imágenes e interrogaciones: saltar de Queens a La Habana (y viceversa); de la aguda crisis de los años noventa al presente –tan lejos, tan cómodo–; de la sonrisa de Dora la Exploradora en el *sticker* con que la madre ha sellado la carta, y que quizás hasta coincide con su propia sonrisa al iniciar su «migrancia» años atrás, a «la mueca nerviosa» con que recibe los papeles necesarios para comenzar los trámites de la repatriación. Entre una estación y otra hay caminos surcados por la intolerancia, el abandono, el sufrimiento, y finalmente la liberación y la reconciliación consigo misma y con el entorno que Sana Rabia encuentra en su vida actual en Nueva York. Mas la repatriación propuesta –impuesta más bien– por la madre hace tambalear el aparentemente sólido espacio conquistado después de mucho deambular. Hay un trauma, lo reconoce la narradora, pues sumergirse nuevamente en los mecanismos legales del gobierno que le prohibiera regresar a la isla en 1999 no es aventura fácil ni comprensible. Tal vez, no puede de ninguna manera comprenderse. El trauma no se explica, se lo vive en la carne: «Allá es todavía, para la que va a repatriarse, el lugar obsesivamente arrancado de su propio cuerpo».

En 2013, entonces bajo la presidencia de Raúl Castro, fue introducida una reforma migratoria que autorizaba la repatriación de los cubanos residentes fuera de la isla –incluso de aquellos a quienes, como a Sana Rabia, les fue negada previamente la entrada–. Por eso la protagonista es sumada por su madre al rebaño de más de 40 000 cubanos que acogiéndose a las nuevas leyes pueden recuperar sus privilegios ciudadanos. A los repatriados el gobierno les permite invertir en pequeños negocios, poseer propiedades e importar un contenedor rebosante de artículos, enseres, muebles y electrodomésticos –el famoso «menaje de casa» exento de impuestos aduanales (Ferreiro Molero 2018)–. Súbitamente lanzada al nuevo proceso burocrático, como autómata, la protagonista se deja llevar en cada etapa de la repatriación, que no obstante percibe como una dolorosa transformación: «Me pregunto si mediante el proceso mi madre ayuda a otorgarme una nueva categoría de inclusión o de margen». El recelo la gana, espoleado por las inevitables preguntas: ¿cuál es el lugar que le ofrece ahora el país que antes la expeliera? ¿Cómo se vuelve? ¿Es acaso posible el regreso? ¿Podría ser, incluso, real?

La realidad es demasiado caótica y Sana Rabia renuncia a toda esperanza de coherencia: «No sé qué significa la repatriación e imagino que este proceso incluye la pérdida de la voz del sujeto repatriado, pues el proceso se hace dentro de las mismas estructuras quebradas, de difícil acceso y navegación, que antes no nos clasificó en sus archivos y que ahora nos digitaliza en forma de datos». No le falta razón: siendo el mismo sistema el que produce tanto las opresivas leyes que incitan a la migración como las que, en inusitado giro, invitan ahora al regreso, permanecen aún todos a merced de un orden impredecible y opaco que les hace dar «pasos estancados» –como en el caso de su amiga Tamara, quien compró y reparó una casa con la intención de alquilarla, solo para que «[l]os canales que la repatriaron a ella, congel[e]n ahora los permisos para alquilar su apartamento». Pues desde mediados del 2017 a fines del 2018 el gobierno cubano interrumpió la emisión de permisos para abrir nuevos restaurantes, cafeterías y locales de hospedaje privados, aduciendo la necesidad de perfeccionar la regulación del trabajo por cuenta propia.

Todo lo que Sana Rabia consigue comprender es que ha caído en una situación indescifrable. La experiencia cubana se vuelve a sus ojos un gran absurdo. Si seguimos a Camus, un mundo que no se puede explicar, «privado de ilusiones y luces», provoca la sensación de extrañeza, de exilio; y «tal divorcio entre el hombre y su vida, entre el actor y la escenografía, es exactamente el sentimiento del absurdo» (1942: 20; mi traducción).

Con «Sana Rabia» Herranz Brooks nos arrastra, obligándonos a acompañarla en su lúcido manejo de este absurdo. Lo ha tomado entre sus manos y lo desmenuza con destreza; llega a reconocer que, dentro de la alucinante trama insular, no es nadie. Al menos, no puede ser aquella, con todas sus inconformidades y libertades, que su vida presente en Queens le permite ser. Repatriándose, volviendo a la isla, será lo que los detentores del poder decidan que ella debe ser. Entonces, «teme caer ahora en una categoría aún no prevista, pero sin embargo legislada ya, de los falsos artistas generadores de una pseudocultura de antivalores. "Pseudocultura" y "falsos artistas" son juicios de valor que asoman en algunos artículos que le[e], donde se equipara lo real con su ficción teórica». Como Sísifo, regresa el personaje de Herranz Brooks al punto de partida, a recuperar su carga y dejar que se la coloquen sobre los hombros, aparentemente como si no hubieran transcurrido el tiempo y la experiencia entre un momento y otro. Sí, como el mismo Sísifo a través de cuyo mito Camus disecciona su filosofía del absurdo: ese héroe absurdo «por sus pasiones tanto como por su tormento. Su desprecio de los dioses, su odio a la muerte y su pasión por la vida le han valido este indecible suplicio [...] Es el precio que hay que pagar por las pasiones de esta tierra» (1942: 164; mi traducción). Porque Sana Rabia se acoge al absurdo, pero no estaba obligada a ello. Hubiera podido adentrarse en la pantanosa repatriación sin enredarse conflictivamente con el caos externo, aceptándolo simplemente. ¿Por qué no siguió los consejos de Tamara, que la apremiaban a dejar de rumiar sus problemas, a olvidarse «del trauma» y «poner los pies en la tierra»? La amiga la conminaba a sacarle «lo que [pudiera] al proceso» cuando le decía: «que se te devuelvan los derechos, aunque nunca los tuvieras. Acuérdate que esto no es ni de ti ni sobre ti [...] Siempre habrá en el mundo un evento de mayor impacto o de fuerza mayor que la de tu eventualidad».

No es ciega Tamara, quien reconoce que se hallan frente a una situación insólita en la que gobierno anuncia que les devuelven derechos que nunca poseyeron; pero prefiere creer en la existencia de un sentido superior y se entrega dócilmente al mismo. Su posición fue también descrita por Camus, quien contrastaba esta creencia en el sentido de la vida a la creencia absurda (1942: 86), adoptada en cambio por Sana Rabia. Inánime, Tamara se rinde al orden sin lógica, pero la protagonista de Herranz Brooks pertenece a otra estirpe: no puede detenerse, se rebela constantemente, y al persistir en cuestionarse a sí misma y al mundo al que regresa se convierte, como el Sísifo de Camus, en heroína absurda.

En torno a esta idea del absurdo se descubre una concurrente vibración entre la escritura de Herranz Brooks y la de Reinaldo Arenas, quien también conoció, durante su exilio en New York, una libertad impensable en Cuba. Se la reconoce en los frenéticos movimientos de Sana Rabia, que pueden recordarnos la saltarina rebeldía de los protagonistas de la Pentagonía areniana[1]. Unos y otros personajes y autores no solo coinciden en su condición de cubanos homosexuales y exiliados en New York; también conocieron ambos, antes de abandonar la isla, el desamparo en una Habana renuente a tolerar las sinceras explosiones del cuerpo y el espíritu. Como Arenas en los setenta, veinte años más tarde Herranz Brooks es forzada a vagar por las calles de la ciudad. De su padre recuerda la persecución y el castigo sufrido cuando «cae en desgracia», también infligido a Arenas. La narradora lamenta la ausencia de archivos que guarden su dolor, compartido por muchos cubanos. Queda sin embargo la memoria, en la carne siempre, resistiendo. El dilema es cómo hacer que su cuerpo memorioso atraviese ahora –de ser posible alegre, despreocupadamente– el dédalo de oficinas polvorientas que le impone la repatriación. Detrás –Sana Rabia no olvida– acecha el sistema de siempre, el que la convierte en «nadie» y la despoja de todo poder cuando decide cómo y cuándo incluirla o repelerla.

Como la madre, dentro de cuya casa no pudo en aquellos noventa ser quien era: lesbiana. Vuelve a utilizar Herranz Brooks en esta nueva pieza

---

[1] La Pentagonía de Reinaldo Arenas está formada por cinco novelas que recreaban en su opinión la agonía que constituye la condición humana (Barquet 1992: 70-71): *Celestino antes del alba*, *El palacio de las blanquísimas mofetas*, *Otra vez el mar*, *El color del verano o nuevo jardín de las delicias* y *El asalto*.

a la figura de la madre como «metáfora de lo nacional», que es una de las características de su obra, exhaustivamente estudiada por Mabel Cuesta en *Cuba post-soviética: un cuerpo narrado en clave de mujer* (2012: 171 y ss.). La madre y el gobierno se vuelven entonces uno solo en el imaginario de «Sana Rabia». Y aquí se perfilan otras zonas palimpsésticas en Herranz Brooks y Arenas. Recordemos cómo en *El color del verano* La Lúgubre Mofeta mutaba en Gabriel, trocando al homosexual exuberante que solía ser en manso joven cada vez que visitaba a su madre en un pueblerino Holguín.

La ambivalente relación con la figura materna está presente ya en la primera novela de Arenas, *Celestino antes del alba,* en la mezcla de ternura y repulsión que envuelven a Celestino y su madre. En obras posteriores Arenas desarrolla con mayor precisión la interpretación de la madre como depositaria de la moral patriarcal, contra la que constantemente se subleva el autor; el clímax se alcanza en el último volumen de la *Pentagonía, El asalto,* donde el protagonista es un monstruo que persigue a su madre por el reino del Gran Reprimero, y al descubrirla tras la figura del tirano –que es también él mismo– la asesina traspasándola fálicamente y desencadenando una revolución y el derrocamiento de la dictadura.

Por su parte, Sana Rabia llega a bautizar el proceso iniciado por la madre, que la despoja de su libertad ontológica, como «rematriación». Y también, a semejanza de los personajes de Arenas, siente la necesidad de rebelarse contra el poder omnipresente, absoluto –sea de la madre, sea el del régimen del que inútilmente ha pretendido escapar.

La incomodidad de Sana Rabia es virulenta y no puede hacer más que contagiarnos. Es imposible para el cuerpo del lector no seguirla de sobresalto en sobresalto en la búsqueda de su sanación. Porque de eso se trata: hay que sanar la rabia. Tal vez, a la manera en que nos enseña Audre Lorde en «The uses of anger»: como un cotidiano ejercicio de supervivencia, concretizado en aprender a vivir a través de la rabia, expresándola dentro de un proceso consciente de crecimiento y fortalecimiento propios, fomentando la empatía (1984: 124-133).

Sana Rabia es en fin la manera que encuentra Herranz Brooks de librarse de las categorías enajenantes que le impone el mundo cubano, al que ha de regresar bajo la voluntad de la madre. Es su modo de ser, aun si ha comprendido que al aceptar la reinserción dentro del sistema se ha vuelto «nadie». A través de Sana Rabia, Herranz Brooks recupera su poder, que es por supuesto poético: recurre a la imagen y precisa ser actuado en la ciudad. Por eso, la protagonista instala sus poemas en lugares arraigados en su memoria de los difíciles años noventa:

> Una cafetería donde pude esconderme a dormir dos noches, mientras estaba sin casa. Un muro donde aún queda el dibujo de un rotulista con los perfiles de Mella, Cienfuegos y Guevara. Cada cabeza coincidiendo con las palabras: estudio, trabajo, fusil. Una puerta que resguarda la ruina de un vecino. La fachada todavía en pie del cine Neptuno. El estanquillo de periódicos obsoleto, donde trabajó mi padre hasta que perdió la cordura. Un muro limpio, detrás de un busto de Martí.

¡Performance! Las «palabras importan tanto como las imágenes que creo cuando tomo las fotos de lo que he escrito o pegado en la calle. La naturaleza performática de la escritura me permite que estos proyectos sean de intervención urbana» –explica la narradora. Así es cómo las emociones acalladas vuelven a ser expresadas; y esto tiene que ocurrir a través del cuerpo que camina, corre y salta en la ciudad. Otro archivo, inaprehensible para el gobierno y para la madre, se pone en marcha; insumisa, la sana rabia de Herranz Brooks escapa. Bien lo decía Audre Lorde, que debíamos servirnos de la poesía, aprovechar su capacidad para acuñar el lenguaje con el cual expresar e impulsar la exigencia revolucionaria e implementar nuestra liberación (1984: 38). Sana Rabia lo recalca cuando llama a sus acciones «poesía rematriada», y explica que consiste en el cuestionamiento y la intervención del espacio al que pertenece. Y es que más allá de las idas y vueltas, las fugas y regresos, de la Patria o la Matria, es dentro de la poesía que Herranz Brooks se las ingenia para, en cualquier circunstancia, pertenecer.

Bibliografía

Arenas, Reinaldo (1991): *El asalto*. Miami: Universal.
— (2000): *Celestino antes del alba*. Barcelona: Tusquets.
— (2010): *El color del verano*. Barcelona: Tusquets.
Barquet, Jesús (1996): «Del gato Félix al sentimiento trágico de la vida». En Ette, Ottmar (ed.): *La escritura de la memoria. Reinaldo Arenas: textos, estudios y documentación*. Madrid / Frankfurt: Iberoamericana / Vervuert, 65-74.
Camus, Albert. (1942): *Le mythe de Sisyhphe. Essay sur l'absurde*. Paris: Gallimard.

Cuesta, Mabel (2012): *Cuba post-soviética: un cuerpo narrado en clave de mujer.* Santiago de Chile: Cuarto Propio.

Ferreiro Molero, Andrés (2018): «Se mantiene interés de emigrados cubanos por residencia permanente en Cuba: más de 40 000 lo han hecho en los últimos cinco años». En *Granma,* 21 de octubre: <http: //www.granma.cu/mundo/2018-10-21/40-603-emigrados-cubanos-han-solicitado-la-residencia-permanente-en-el-pais-desde-2013-21-10-2018-09-10-22>.

Lorde, Audre (1984): *Sister outsider. Essays and speeches.* Berkeley: Crossing Press.

Charcutería de nalgas y otras exquisiteces

Grettel Jiménez-Singer

—Lo de siempre por favor: cien gramos de glúteo menor y cincuenta de glúteo medio, con nervio y todo. Córteme el glúteo medio lo más fino posible, y el menor, en tajadas ligeramente más gruesas, como para preparar bistec empanizado y que no se me desbarate en el sartén. Si tiene tendones, me llevo unos cuantos.
—¿Algo más?
—No gracias… ¿espere, qué es eso que tiene ahí?
—¿Ahí dónde?… ¿esto? ¿el trozo de cuerpo cavernoso salcochado o el ahumado?
—No, no, eso oscuro que está entre la butifarra de capucha y el paté australiano de labios mayores… ¿qué es?
—¿Los chicharrones de escroto?
—No, no, lo que está al frente.
—¡Ah!, sí, esto… bueno bueno, no es cualquier cosa, es una delicadeza, una nalga muy joven, de niña…
—¿De niña?
—¡Ajá!…
—¿Cuánto cuesta el kilo?
—Uf, es caro.
—¿Como cuánto?
—¡….!
—¿Quéeeeeeee…?
—No se trata de una carne cualquiera, es especial, tratada con los mejores cuidados, certificada orgánica, nutritiva, alimentada con una dieta vegetariana, criada en una de las más lujosas y prestigiosas estancias, para exigentes paladares. Es una nalga de nivel, de niña, oscura, ya sabe usted, más jugosa. La gente paga lo que sea por un producto gourmet tan exótico, usted me comprende… además, esta es de afuera y en todo este barrio yo

soy el único que la vende. Uno de mis distribuidores me la consiguió, pero no es algo que tendré siempre.

—¿Y cómo se come?

—Como más le guste. Bien puede prepararla en salsa bechamel que es la gastronomía en boga del momento. Yo la prefiero asadita en un emparedado. Pan fresco, una rebanada de tomate, unas aceitunas, un poco de aceite de oliva extra virgen y dos lasquitas de carnita fresca. ¡Qué delicia!, para chuparse los dedos. Ahora, le digo una cosa: es imperativo tener precisión al dar el corte. Si se deposita exceso de fuerza en el cuchillo y falla la posición perfecta en diagonal, las lonjas de nalguita se desparraman y ya no es lo mismo, pierde sus delicados jugos y me atrevería a afirmar que el sabor se empobrece por igual.

—¡Vaya, qué complicado!

—Así es, así es. Toda carne depende mucho del filo que la atraviese. Esta en particular se debe sajar en trozos finos y con un cuidado excesivo. Hay un montón de carniceros que están descuartizando este delicado platillo y no aprovechan la parte superior, la mejor parte. Fíjese si son despistados que hasta la han llegado a vender en experimentos de fiambre y enlatados. No saben lo que hacen, ¡qué horror! Por eso ahora la tienen tan controlada y se vuelve difícil conseguirla.

—Me imagino. Nunca antes la había visto pero sí me parece que leí algo hace un tiempo atrás. ¿Cuánto es lo mínimo que puedo comprar? ¿Podría darme diez gramos? Al menos así puedo probar un poquito...

—¿Diez gramos?... es muy poco, no, no se puede, lo siento. Está sellada al vacío y no la abriré para venderle diez gramos. No sé si me comprende, pero esta es de primera, costosísima. Cuando alguien se decida a comprar la mitad o más del paquete, entonces podré venderle esa cantidad. Lo que sucede es que una vez que le meta el primer corte hay que venderla en un día. Esta nalga no tiene conservantes, ni aditivos químicos. Si quiere regrese más tarde, si ya he liquidado una cantidad numerosa, tal vez le pueda vender los diez gramos que me pide, pero ahora, en este momento, no va a poder ser, lo siento.

—¡Oh!, ahora comprendo. Gracias, igual paso por aquí luego, a eso de las seis o las siete. ¿Le parece?

—Ya veremos, ya veremos. Si no se lleva unas teticas frescas que llegan esta misma tarde, después de las tres, y son mucho más económicas.

–Sí, tal vez. A mi marido le gustan mucho, a mí no tanto, algo en la textura no me convence… solo con verlas me causa gran aversión… ¡y qué repugnancia después!, uno las repite todo el santo día.
–Bueno, bueno, hasta luego.
–Adiós.

Pero en la tarde, la clienta no aguantó la tentación y gastó el salario de toda la quincena y parte de la próxima en un kilo de nalga orgánica de niña negra. Una carne importada, la más deliciosa, tierna y jugosa del mundo.

¿Y SI NO ES UN EXCESO DE LA IMAGINACIÓN?
Análisis de «Charcutería de nalgas y otras exquisiteces», de Grettel Jiménez-Singer

Mirta Suquet | *Susquehanna University*

En octubre del 2008, Grettel Jiménez-Singer, quien nació en La Habana y emigró a los Estados Unidos a los 14 años, comenzó a escribir el blog *Mujerongas*, su primer intento de narrar sistemáticamente sus experiencias como mujer latina residente en Miami y Nueva York, al que seguiría la compilación de algunas de las crónicas del blog en el volumen homónimo *Mujerongas* (2012, Linkgua) y, posteriormente, la publicación de la novela *Tempestades solares* (2014, Sudaquia), una *bildungsroman* clásica con elementos autobiográficos, que le permite a la autora repensar desde la autoficción los conflictos de pérdida y dislocación vividos a causa de su emigración. Alejada «de cierta retórica nacional y masculina» (Loss 2015: en línea), Jiménez-Singer ha construido a pinceladas, a lo largo de sus textos, un sujeto autobiográfico que, anclado en lo íntimo o trivial cotidiano, en «cosas de mujeres», a veces en puro dispendio y algarabía de amigas, se desplaza hacia una reflexividad salpicada de humor, sátira o pura crítica, en la que lo personal deviene político. En este ejercicio de empoderamiento puede entenderse la posición pública de la autora, quien, gracias a ese procedimiento que transforma lo banal en eventos extraordinarios y singulares (como extraordinarias y singulares son la maternidad o una sesión de depilado íntimo), logra posicionarse como «mujeronga» –voz que se usa en Cuba para caracterizar a una mujer fuerte, física y psicológicamente hablando. En palabras de la autora, «[las mujerongas] son no solo las corpulentas, sino las desgarradas y las atrevidas» (en <http://mujerongas.com/>).

En la mayoría de los textos de *Mujerongas* aparece una voz autobiográfica, desnudada simbólica y literalmente: asistimos a la comparación de su vagina con la de sus amigas, a sus devaneos eróticos y alucinaciones carnales; nos topamos con la materialidad del cuerpo femenino, desde sus índices más abyectos hasta los más sublimados. También está presente el cuerpo vestido, el cuerpo con género y roles, sexo, identidad, oficio, ropa y estilo; el cuerpo mujer-de-cuarenta-años-amante-madre-activista-editora-escritora-cubanoamericana-habanera-miamense-neoyorkina-bilingüe-mujer-*on-gas*[1] y todo lo que pueda entrecruzarse en el camino-cuerpo y anexarse al continuo relacional que el guion lingüístico favorece. El cuerpo que se expone pública y privadamente, es decir, que se exhibe pero que también, y por ello mismo, se pone «fuera» –que siempre significa «fuera de lugar», *exotopía* moral y estética–, se arriesga, se compromete.

En estos textos se hace evidente lo que Gilles Lipovetsky llama «narcisismo analítico» (1990: 153), ese impulso contemporáneo de someter al cuerpo a una mirada más analítica que sintética u holística; esto es, una mirada que detalla obsesivamente ciertas zonas corporales, sometiéndolas a prácticas de autoapreciación y autovigilancia (que conllevarían respuestas correctoras del físico, en mayor o menor medida). Al narcisismo analítico que se ceba en el cuerpo propio le precede la comparación tácita o voluntaria (a partir del código de belleza celebrado). Jiménez-Singer muestra cómo la obsesión contemporánea por la normatividad de la belleza femenina pasa, muchas veces, por el espinoso proceso de comparación con las demás mujeres (en su caso, con las amigas) y por una evaluación no afirmativa, muchas veces, cruel. La dimensión íntima, impúdicamente expuesta, hace saltar alarmas: «Quizás demasiado atrevido para algunos de mis coterráneos», comenta el periodista Aleaga Pesant en *Cubanet* (2013: en línea), a propósito de la presentación del libro *Mujerongas* en la sala García Lorca del Centro Cultural Dulce María Loynaz, donde la autora leyó algunas de sus crónicas. Lo sintomático aquí es que lo que realmente hace saltar las alarmas es el desplazamiento que se produce del espacio digital –de la página fugaz o fluida del blog, donde el exhibicionismo es política– al espacio *libro* –la sublimada página impresa a la que todavía se le reclama, para receptores como los cubanos que viven dentro de la isla (bastante limitados al acceso de registros íntimos o confesionales), cierto pudor en lo decible[2]. Se trata,

---

[1] Aleaga Pesant explica que Jiménez-Singer propone un juego con la palabra mujerongas: «mujer-*on-gas* le apetece más, pues en inglés pudiera significar "mujer activa"» (2013: en línea).

[2] Como bien apunta Reinier Pérez-Hernández (2019: 306), existe una «precariedad, desidia, desinterés por el cultivo de las escrituras autobiográficas en las

nuevamente, de la posición *exotópica* de los textos en cuestión –tanto fuera de(l) *lugar*, posición espacial, como de los lugares comunes.

En las páginas que siguen me ocuparé de un texto de ficción publicado inicialmente en el blog *Mujerongas* e incluido en el libro homónimo dentro de la sección «Carnicería y otras crónicas rojas». Los textos ficcionales de esta sección complejizan la perspectiva de las historias íntimas a través de una apelación a la metáfora, a la alegoría simbólica, al dialogismo y la polisemia, todo lo cual le permite a la autora una ampliación y/o desestructuración de la referencialidad inmediata presentada en las crónicas. El cuento evoca la materialidad de los cuerpos, el comercio de la carne (de mujer) en el exacerbado circuito de consumo neoliberal y la supresión del erotismo frente a la gratificación inmediata, temas todos que emergen fugaz o centralmente en las historias íntimas de Jiménez-Singer. «Charcutería de nalgas y otras exquisiteces» se vale de la estética del absurdo para recodificar estas problemáticas en un lenguaje que, apelando al sinsentido y jugando con límites culturales como la antropofagia, colisiona de manera radical con las convenciones éticas del lector. A través del absurdo, la autora recrea de manera literal la relación entre sexualidad y comida, entre reducción de la otredad a objeto de consumo y deglución. De esta forma, subraya la porosidad de los límites éticos que estructuran la sociedad neoliberal contemporánea: el absurdo se convierte en esa bisagra que despliega la posibilidad verosímil de lo irracional y lo articula con lo real. La técnica literaria en sí misma le permite a Jiménez-Singer poner en evidencia lo que Zygmunt Bauman ha llamado «economía del engaño» (2007: 72), aquella que apuesta por la irracionalidad del consumidor promoviendo el impulso y la emoción consumista por encima de una reflexión meditada de la compra. Leído de manera literal, desde el mismo título del cuento se abre un guiño a la fluidez ética de las leyes del mercado y a su descomunal capacidad de absorber y producir necesidades, demandas y mercancías por muy inadmisibles que parezcan, ética o racionalmente hablando; a su voracidad inconmensurable, sostenida por la voracidad del consumidor. Como explica el propio Bauman, lo que mantiene el ritual consumista es que el consumo se hace cada vez más inmediato y fugaz, listo para ser prontamente desechado –como la comida que se ingiere–, mientras la promesa de la novedad vuelve a

---

letras cubanas», a excepción de la literatura del exilio.

iniciar el ciclo: «Para que la ilusión siga viva y nuevas esperanzas vuelvan a llenar prontamente el vacío dejado por las esperanzas ya desacreditadas y descartadas, el camino que va desde el centro comercial hasta el basurero debe ser lo más corto posible, y el tránsito entre ambos lugares, cada vez más rápido» (2007: 72).

Ya en el título del cuento se enmarca la centralidad del espacio en el que se desarrollará la historia –el mercado, específicamente la zona de charcutería–, así como de la mercancía que se trafica en él (carne procesada), investida esta última por el *a priori* de la promesa de distinción que marca las transacciones contemporáneas («y otras exquisiteces»). De manera simbólica, el título alude a la condición «procesada» de la corporeidad contemporánea occidental, en correspondencia con un paradigma tecnocientífico que ha fomentado la plasticidad potencial del cuerpo humano, «su materialidad instrumentalizable y modificable a voluntad» (Córdoba 2010: 43), y por ende, la normalización de procedimientos invasivos de cirugía estética a la carta. En tal sentido, la «charcutería de glúteos» (¿cirugía de aumento o reducción de glúteos?) puede enmarcarse en el afán contemporáneo de esculpir el cuerpo a imagen de un ideal mediático de belleza cada vez más desvirtuado –gracias a las técnicas virtuales de modificación de la imagen. Si bien la moda contemporánea, como explica Lipovetsky (1990: 154), tiene actualmente un carácter menos coactivo, el proceso de procurar la belleza física femenina, normativizado por la publicidad e investido con el valor del prestigio y lo saludable, ha ganado fuerza de imposición, generalizándose y universalizándose, de manera paralela al deseo de parecer joven. De manera particular, el título del cuento evoca, también, el insaciable mercado sexual que no solo reduce al sujeto a su condición objetual, sino que también el sexo mismo, el placer «de la carne», queda reducido a «fiambre» producido en serie y destinado al consumo masivo.

De la historia, lo primero que sobresale es el contrapunto que puede establecerse con el relato «La carne» de Virgilio Piñera (fechado en 1944 y publicado en *Cuentos fríos*, 1956), una de las piezas maestras de la narrativa del absurdo en Cuba[3]. En el universo piñereano, las personas de una comunidad deciden devorarse a sí mismas para solucionar la insuficiencia de carne

---

[3] Para el estudio del absurdo en la narrativa corta de Virgilio Piñera, véase Gilgen 1980.

de sus comidas rutinarias. La idea de la autofagia proviene de un personaje que, a contracorriente del sentido común, se niega a suplir la ausencia de carne animal con vegetales y se presta a devorar un filete extraído de su propio trasero. El personaje, llamado Ansaldo –literalmente «sin saldo», esto es, alimentado sin dispendio, con la sustracción de su carne, con el saldo negativo de su propio cuerpo–, «cortó de su nalga izquierda un hermoso filete. Tras haberlo limpiado lo adobó con sal y vinagre, lo pasó –como se dice– por la parrilla, para finalmente freírlo en la gran sartén de las tortillas del domingo. Sentóse a la mesa y comenzó a saborear su hermoso filete» (Piñera 1956: 13).

Lo que sigue es la instrumentalización por parte del poder del acto autofágico: tras el ejemplo de Ansaldo, el alcalde dispone que el pueblo deberá cortar sus nalgas, y posteriormente, las mujeres cortarán sus senos y lenguas, y el resto de la comunidad continuará autoengulléndose *motu proprio* hasta la desaparición de la propia comunidad. El «glorioso espectáculo» del sacrificio corporal impuesto a toda la ciudadanía se convierte en una fabulosa metáfora del Poder que, para su propia subsistencia, devora a sus hijos como Saturno, al convertir las estrategias individuales de supervivencia en prácticas heroicas, para luego retornarlas a la cotidianeidad como prácticas ritualizadas. El cuento de Piñera también puede ser leído como una alegoría de la exacerbación de la subjetividad moderna o, dicho de otra manera, del «desmembramiento» de una colectividad a partir de la amenaza de la individualidad y la compulsión por satisfacer a cualquier costo las necesidades personales, las urgencias y placeres inmediatos. La felicidad es obviamente transitoria, pues el hartazgo termina, en el cuento de Piñera, reduciendo al sujeto a puro resto desechable, a excremento (a)social. Se podría incluso suponer que hay en la mordaz fábula de Piñera una crítica a la primera fase del capitalismo de consumo que, según Lipovetsky (2007), comienza a difundir un tipo de norma y cultura de consumo (el consumo-seducción-distracción, el nacimiento de los lujosos y grandes almacenes), que centra la calidad de vida en los placeres individuales y familiares que el consumo pueda suministrar, en detrimento de una preocupación por lo colectivo. En su cuento, Jiménez-Singer reescribe el texto piñereano desde las lógicas de la sociedad de consumo contemporánea. El absurdo, en este caso, le permite a la autora focalizar la crítica en una ética del consumo, colocada en la ansiedad por la novedad y la satisfacción narcisista, no en el cuestionamiento del objeto que se adquiere (en su funcionalidad, origen, producción, sostenibilidad...). «Charcutería de nalgas» se reduce, de hecho, a un diálogo entre clienta y vendedor: cualquier narración o descripción, ajena a las dinámicas transaccionales, es superflua (solo el párrafo final, a modo de conclusión, introduce una perspectiva omnisciente). El cuento comienza justamente presentando el absurdo como normalidad: «Lo de siempre, por favor: cien gramos de glúteo menor y cincuenta de glúteo medio, con nervio y todo».

De esta forma, se hace muy claro el tránsito o «revolución consumista» (Bauman 2007: 24), que ha ido del consumo como necesidad existencial (sugerido con la compra de carne), al consumismo como necesidad construida (la oferta exclusiva): la clienta «no aguantó la tentación, y gastó el salario de toda la quincena y parte de la próxima en un kilo de nalga orgánica de niña negra». El saldo negativo que ha quedado en la cuenta de la clienta (por no haber esperado, además, al saldo de la mercancía, propuesto por el vendedor) recuerda al nombre del personaje piñereano (Ansaldo), pero a diferencia de él, el «hueco» de la extracción no se refleja en su propio cuerpo (lo que aludiría a la austeridad, a la ascesis), sino probablemente en el crédito bancario y, por extensión, en el valor crediticio de la persona.

El género de la consumidora tampoco es desdeñable. Desde las primeras fases del capitalismo de consumo, en el contexto del auge del fordismo, la mujer es delineada como una figura imprescindible, tanto como decisora de las compras del hogar, como referente y destinataria de las estrategias de publicidad; todo ello, a su vez, atravesado por las retóricas publicitarias encaminadas a conformar un imaginario en el que la nueva posición del sujeto consumidor, así como las nuevas adquisiciones, facilitaban la liberación de las mujeres (Carosio 2008). Desde entonces, la construcción de la feminidad consumidora ha pasado a ser un pivote esencial de las estrategias de mercado. Las mujeres se han convertido en «las líderes indiscutibles en consumo, puesto que el 80% de las decisiones de compra del hogar las toman las mujeres» (Carosio 2008: en línea).

En otro nivel de lectura, es necesario detenerse en las mercancías que se comercializan en la charcutería del cuento. Se trata de diferentes partes eróticas; algunas, de consumo regular y precio asequible, al menos para la clienta del cuento (glúteos, cuerpo cavernoso...); otras, más exclusivas y costosas, como la «nalga muy joven, de niña» («oscura, ya sabe usted, más jugosa»; «carne gourmet», «exótica»). La referencia alude, directamente, al fenómeno de la prostitución, y particularmente de la pedofilia; a la permisividad social de estos fenómenos y al imaginario erótico colectivo, sobre todo masculino, en el que la ansiedad por la llamada «carne fresca», es decir, la revalorización erótica del cuerpo joven, nunca antes había alcanzado tanta diversificación y demanda a través de la industria de la pornografía electrónica y del turismo global masivo organizado alrededor de la pedofilia.

El universo absurdo que presenta Jiménez-Singer vendría, en cierta medida, a reproducir literalmente lo que los imaginarios de los cuentos infantiles han convertido en un pliegue sintomático que encubre la violencia sexual y transforma las fantasías pedófilas en fábulas pedagógicas: el niño/a amenazado/a o devorado/a por lobos, ogros o brujas. El cuento de Jiménez-Singer inscribe también en clave simbólica la violencia de la escena sexual (enmarcada en un supuesto saber hacer que involucre cierta sutileza, algo que remite al proceso de *grooming* o seducción velada del infante por parte del pedófilo con el objetivo de ganarse su confianza), y las formas de consumición:

> Yo la prefiero asadita en un emparedado. Pan fresco, una rebanada de tomate, unas aceitunas, un poco de aceite oliva extra virgen y dos lasquitas de carnita fresca. ¡Qué delicia!, para chuparse los dedos. Ahora, le digo una cosa: es imperativo tener precisión al dar el corte. Si se deposita exceso de fuerza en el cuchillo [...] las lonjas de nalguita se desparraman y ya no es lo mismo [...]. Hay un montón de carniceros que están descuartizando este delicado platillo...

Lo que propone el cuento de Jiménez-Singer, a diferencia de las escenas de autofagia del texto de Piñera, se asemeja más a la práctica colonial de «devorar al otro» (antropofagia cultural), que persiste en la cultura de masas contemporánea transformada en la explotación comercial de fantasías sexuales de posesión y goce de y con la diferencia. En el mercado global contemporáneo no es precisamente la escasez de la «carne» lo que amenaza la desaparición de la comunidad (como en la fabula piñereana de la década de los años cincuenta del siglo XX); es, por el contrario, la proliferación de la oferta y la promesa de saciar al sujeto (de que una «carne importada, la más deliciosa, tierna y jugosa del mundo», sature y suture la avidez), siempre desplazada hacia el próximo objeto de deseo. En el ensayo ya clásico «Devorar al otro: deseo y resistencia», sostiene la feminista afroamericana bell hook:

> Convertir la Otredad en mercancía ha tenido mucho éxito porque se ofrece como un nuevo deleite, más intenso y más satisfactorio que los modos comunes de hacer y sentir. En la cultura comercial, la etnicidad se convierte en especia, condimento que puede animar el platillo aburrido que es la cultura blanca dominante. [...] Cuando la raza y la etnicidad se comercializan como recursos para el placer, puede considerarse que la cultura de grupos específicos, así como los cuerpos de los individuos, constituyen un parque de recreo distinto en que los miembros de razas, géneros y prácticas sexuales dominantes afirman su poder en las relaciones íntimas con el Otro. (hooks 1996: 17, 19)

En tal sentido, la fábula de Jiménez-Singer enfrenta al lector a ese momento de extrañamiento ético en el que el Otro deviene pura carne (y el Otro-Mujer, pura nalga), a expensas de ser adquirido y consumido en la intimidad de cualquiera de los más insospechados hogares. Y no se trata aquí, necesariamente, de un exceso de la imaginación.

Bibliografía

Bauman, Zygmunt (2007): *Vida de consumo*. México: Fondo de Cultura Económica.

Carosio, Alba (2008): «El género del consumo en la sociedad de consumo». En *La ventana. Revista de estudios de género* 3 (27): <http://www.scielo.org.mx/scielo.php?script=sci_arttext&pid=S1405-94362008000100006>.

Córdoba, Marcelo (2010): «La cirugía estética como práctica sociocultural distintiva: un lacerante encuentro entre corporeidad e imaginario social». En: *Revista Latinoamericana de Estudios sobre Cuerpos, Emociones y Sociedad* 2 (2): 37-48.

Gilgen, Read (1980): «Virgilio Piñera and the short story of the absurd». En *Hispania* 63: 348-355.

Hooks, Bell (1996): «Devorar al otro: deseo y resistencia». En *Debate Feminista*: <http://www.debatefeminista.pueg.unam.mx/wp-content/uploads/2016/03/articulos/013_03.pdf>.

Lipovetsky, Gilles (1990): *El imperio de lo efímero. La moda y su destino en las sociedades modernas*. Barcelona: Anagrama.

— (2010) *La felicidad paradójica: ensayo sobre la sociedad de hiperconsumo*. Barcelona: Anagrama.

Loss, Jacqueline (2015): «Reseña de *Tempestades solares*». En *Diario de Cuba*, 23 de julio: <http://www.diariodecuba.com/de-leer/1437639707_15887.html>.

Pesant, Aleaga (2013): «Las Mujerongas de Grettel J. Singer». En *Cubanet*, 5 de junio: <https://www.cubanet.org/articulos/las-mujerongas-de-grettel-j-singer/>.

Pérez-Hernández, Reinier (2019): «Narrativas de vida cubanas: nuevos espacios para su lectura». En *A contracorriente* 16 (2): 305-314.

Piñera, Virgilio (1956): «La carne». En *Cuentos fríos*. Buenos Aires: Losada, 13-16.

Qué hacemos con Nieta

Dazra Novak

Y todo por la demora de la lanchita La nave desvencijada que hace viajes a Casablanca cada treinta minutos había zarpado segundos antes de llegar nosotras Todo por culpa del guardia Empeñado como estaba en revisar hasta el último resquicio del bolso de Susana de seguro buscaba algún paquete sospechoso Algo que justificara el ponerle las manos encima Siempre es lo mismo con los hombres Ellos reprendidos y una llegando tarde Una esperando la segunda oportunidad como quien espera la primera De no ser por el antojo del tipo en vacilarla dos segundos más nos habría dado tiempo a saltar sobre el agua podrida de la bahía No nos habríamos quedado varadas en aquel túnel gris con bancos retrucados contra las paredes para sentarse de cara al otro pasajero y otear sus miserias hasta la siguiente salida No habríamos sido juzgadas por el omnipresente tribunal de las muchedumbres Debió ser en ese instante en que uno finalmente se resigna a la suerte cuando llegó ella pero no la vimos entonces Era demasiado fuerte la presencia decrépita de los otros acumulándose bajo nuestra narices Una señora con unos bultos enormes y un gesto imponente Aquel viejo con tristes cucuruchos de maní El obrero cansadísimo La ama de casa con sus ojos de carnero degollado Era demasiado evidente la forma en que entraban con prisa por entre las barreras de contención pensando que la lancha los esperaba todavía Y al ver que había zarpado no les quedaba más que bajar el ritmo bruscamente A falta de otro remedio miraban a su alrededor buscando un banco vacío Así de adaptados a la espera estamos en este país Que no al calor y por eso la señora con muchos bultos se pasaba constantemente el pañuelo por el rostro ya seco Que no a la obediencia total y por eso un hombre daba paseítos para un lado y para el otro aunque eso no nos trajera la salvadora lancha antes de tiempo Que no a la miseria y por eso el viejo de los cucuruchos tristes y el cobrador nos escrutaban como adivinando quiénes habrían de dejarles la propina Fue en ese instante lleno de detallitos que no cambian nada y dicen mucho que la niña entró definitivamente en escena con sus diminutos gestos programados Avanzó con sus cortos pasitos mal nutridos y se agarró a la mano del hombre como buscando papá El hombre detuvo rudamente su marcha y la miró azorado No supo qué hacer con una manito tan pequeña en la suya La niña le apretaba con ganas pidiendo algo que en ese momento no llegamos a comprender Fue entonces que escuchamos su nombre gritado por primera vez

¡Antonieta!

La madre era como la réplica de la hija pero con rasgos grandes Aunque grande viene a ser una indirecta en este caso La madre estaba tan sucia como la hija Tan flacas y desnutridas las dos Tan alto como sonó el regaño Alto pero no creíble Digamos que en el fondo se sentía como si la madre le hubiera dado la orden de colgarse sobre todo de la mano de una extranjera que recién entraba Entonces Nieta volvió a decir aquello que nadie entendió tampoco esa vez porque era tan chiquita que ni sabía hablar bien Aunque otras cosas bien que las sabía Y eso lo intuyó hasta la extranjera rubia como el sol nuestro de cada día que le sonrió a duras penas hasta que logró soltarse Se soltó con ese gesto políticamente correcto tan de moda en los países desarrollados Disimulado y *light* Libre de la niña no le bastó el gel antibacterial y también se pasó una toallita húmeda En realidad usó dos De todos modos Nieta siguió tras ella para donde quiera que huía hasta que pasó junto a la señora de los bultos y se quedó ahí como quien reconoce un puerto seguro Se le agarró a la mano con todo y pañuelo sudado Volvió a repetir el mantra aquel que nadie entendía La señora se soltó hábilmente La madre chilló

¡Antonieta!

Entonces le llegó el turno al viejo de los cucuruchos tristes Algo que le habría resultado ventajoso de no ser porque el viejo no midió distancias Se acercó demasiado para sonsacar a la chiquita Tanto se acercó que la manito pequeña con tan grandes intenciones logró atrapar unos tres cucuruchos a la vez El papel se hizo ripios con el forcejeo Los granitos rodaron por el suelo hasta nuestros pies pero nadie se atrevió a recogerlos El viejo giró indignado la cabeza hacia la madre para exigir el pago correspondiente La madre miró al otro lado como quien no tiene con qué Y así en lo que todos mirábamos para otro lado sin tener ni querer con qué la pequeña aprovechó para asirse de tres cucuruchos más que dejaron de ser tristes y pivotearon alegremente hasta los pies de varios pasajeros Se escuchó una carcajada que nadie reclamó Y ante el penoso incidente volvimos a rogarle la lancha a las oscuras aguas de la bahía Digo penoso porque era muy fuerte ver a la niña tratando de pescar un granito del suelo y el viejo plantándole un manotazo para evitarlo Ahí sí la madre salió en defensa Una defensa que era más un regaño por rebajarse ante tan poca cosa como puede ser un maní

¡Antonieta!

Susana y yo nos miramos en ese momento O más bien disintió ella con los mismos ojos crédulos como cuando estábamos allá arriba a los pies del Cristo de la bahía y yo dije que ya nada tenía remedio Por más fe que se tuviera las cosas se nos habían ido de las manos Qué sentido tiene a estas alturas traer un hijo a este mundo tan defectuoso Un mundo donde para sobrevivir hay que seguir cada vez mayor cantidad de reglas Un mundo donde somos incapaces de hacer las cosas de otra manera Léase mejor Y Susana casi repite lo que había afirmado bajo el grandísimo dedo gordo de la estatua Aquello de que nuestra misión como lesbianas era repoblar el mundo con seres más autónomos y desprejuiciados en vista de que al patriarcado le había fallado el experimento Léase con amor Pero no alcanzó a decirlo porque Nieta se colgó de su dedo índice acusadoramente dirigido hacia mí Ahora más cercanas fuimos capaces de entender lo que decía la niña Dame un peso La niña pronunciaba mal pero parecía saber muy bien lo que pedía y para qué Ya lo decían sus ojos oscuramente habitados Trampa de niña *made in* nuestra realidad Increíble que un peso fuera ya su medida humana Pequeña trampa tropical La chiquita volvió a decir un peso y Susana le apretó la manito y la atrajo hacia sí

¡Nieta!

Rugió la famélica madre ofendida La rubia extranjera no lo podía creer La señora de los bultos se secó el falso sudor El hombre paró en seco sus paseos inquietos El viejo dejó de protestar y todos nos miraron como si hubiéramos apretado todos los cucuruchos disponibles y el maní del mundo entero se hubiera esparramado en el suelo Maní desperdiciado Maní sucio Maní que ya no valía la pena recoger En eso el cobrador curado de espanto anunció que la lancha llegaba y en medio del murmullo general la niña volvió a pedirlo Dame un peso Fue entonces que Susana le rectificó dulcemente con esa bendita paciencia de quien sabe por instinto lo que hace falta ¿Cómo? ¿Qué me pediste? ¿Un beso? Sí mi vida Cómo no Y mientras plantaba otra vez sus labios sobre la frente sucia de Nieta los demás pasajeros iniciamos el despeje de los bancos Indolentes nos agolpamos, como fieras domesticadas, frente al cobrador.

El p(b)eso de Antonieta
Desbordes de Dazra Novak en la ciudad

Katia Viera | *CONICET*

> esa pobreza triste que baja con el último aliento de un río contaminado, hasta la esperanza de limpiarse en esa bondad del mar −cuando el mar es bondadoso porque no trae tormenta
>
> Dazra Novak

> El abrazo que no damos, el *desabrazo* que producimos, es el agujero que dejamos en las infancias
>
> Susy Shock

La figura de una paseante por La Habana quizás sea para muchos lectores de la obra de Dazra Novak la imagen más porosa y potente que permita acercarnos y abordar su producción narrativa y los modos escriturales que también, desde 2013, viene experimentando desde su blog personal *Habana por dentro*. El recorrido, al parecer sin rumbo fijo, por el entorno urbano habanero le ha permitido a la autora auscultar a los transeúntes de la ciudad, el estado de sus edificios y calles, y sobre todo, impactar en el panorama del campo literario cubano actual con una escritura de profundo contenido humano. Su escritura, muy por el contrario de lo que se ha estado sosteniendo hace algunos años cuando se piensa en el conjunto de obras de autores nacidos en los setenta, no parece prescindir de Cuba ni de La Habana, sino que estos espacios constituyen referentes altamente simbólicos para ficcionalizar nociones tan universales como el sexo, la sexualidad, el amor, la nostalgia o la migración; nociones que no solo son abordadas o referidas al vuelo, sino que parecen convertirse en su obra en figuras estéticas más perdurables. Es Dazra Novak (La Habana, 1978) poseedora de una fructífera, aunque no copiosa, producción literaria, que ayuda a pensar en las nuevas búsquedas estéticas de su generación, que a diferencia de la precedente, no participó en la construcción del proyecto de sociedad que entra en crisis hacia finales de los ochenta e inicios de los noventa. Quizá para muchos de ellos la disolución de la utopía se presenta como un hecho consumado.

En ese conjunto de escritores, agrupados en lo que Orlando Luis Pardo Lazo, Ahmel Echevarría y Jorge Enrique Lage comenzaron a nombrar como «Generación Año Cero», el nombre de Dazra Novak aparece de manera intermitente –en dependencia del crítico que haga el recuento o de la propia voluntad de la narradora. Sin ánimo de leer su obra estrictamente en las complejas y variadas búsquedas estéticas de ese grupo, considero que en sus textos subyacen algunos motivos y preocupaciones que inevitablemente toman nota de una circunstancia, de un momento cultural e histórico, de alguna perturbación o de una emoción en la que están inmersos estos escritores y donde hay algunos rasgos que los enlazan.

Allí donde se unen Susana, Antonieta, Dazra Novak y la ciudad

He citado al inicio de este texto un fragmento de *Habana por dentro*, ya que su contenido nos sitúa como lectores en un espacio en el que hay dos caminos bifurcados (uno a la izquierda y otro a la derecha), que ofrecen dos panoramas distintos pero íntimamente enlazados de la ciudad que (re)vivimos. A un lado, el espacio donde se acumulan cientos de bolsas de basura manchando la orilla; al otro, la terraza de la paladar Río Mar[1], que proyectaba «el eco en sordina de una música pop para adornarle el ambiente a sus comensales». Uno de los aspectos que hace valiosa esta viñeta, más allá de la evidente contraposición espacial, es el punto de vista que asume la escritora para dar cuenta de esa fractura. Al final de «Allí donde se unen el río y el mar», la autora nos alerta como lectores (y observadores) sobre aquella contraposición. Se trata de un acto que parece violentar estéticamente la ciudad, la realidad, para insertarnos en una dimensión en la que una foto

---

[1] Uno de los restaurantes mejor valorados de La Habana, ubicado en el barrio de Miramar y no solo famoso por sus comidas, sino también por la hermosa vista de la ciudad que se logra tener desde allí.

mimética de la urbe es renovada por otra imagen, otro encuadre, no de lo que está, sino de lo que podríamos imaginar que estaría. Esa viñeta, acompañada en el espacio del blog por su imagen fotográfica, puede funcionar como enlace con «Qué hacemos con Nieta», pues en ambos textos advierto en forma de estilo, recurso y visión, un gesto artístico de (re)configuración de La Habana y su gente. Atraviesa toda la obra de Novak –y el cuento aquí antologado es síntoma de ello– una preocupación legítima por las maneras en las que los seres humanos, de un modo justo, social y cultural, habitan y son habitados *en* el espacio urbano. Este cuento se sitúa precisamente en el entorno abierto de una zona de la ciudad: la parada de la lanchita de Casablanca, en la zona del puerto habanero. Ese espacio abierto y público luego se reducirá solo a un espacio reservado e interior de la misma ciudad, un «túnel gris con bancos retrucados contra las paredes para sentarse de cara al otro pasajero y otear sus miserias».

Esta doble articulación de espacios –que parece proponernos la autora también con sus dos primeros cuadernos, *Cuerpo público* y *Cuerpo reservado*, y que tomo aquí para recuperar ambas espacialidades y corporalidades–, establece, a nivel simbólico, una instancia bisagra que nos deja hurgar, aunque de modo muy breve, en el mundo exterior (en el cómo se ven) e interior (cómo se dejan ver) de los personajes. Desfilan por este relato de solo tres páginas un sinnúmero de ellos: el guardia («empeñado en revisar el bolso de Susana, en tocarla y vacilarla»), Susana (quien en la segunda página sabemos que es la pareja de la narradora-personaje), la narradora, «una señora con bultos enormes y gesto imponente», «un viejo con tristes cucuruchos de maní», «un obrero cansadísimo», «una ama de casa con sus ojos de carnero degollado», un hombre ansioso, que «da paseítos de un lado para otro», el cobrador de la lanchita, Antonieta, su madre y una rubia extranjera. Todos ellos, excepto Antonieta y Susana, poseen el rasgo distintivo de los sin nombre, seres anónimos que pueden estar con esas mismas características y cualidades corporales en cualquier otro entorno de La Habana o de alguna otra ciudad del mundo. A través de Susana y Antonieta, personajes sí nombrados, leo el relato desde un costado más femenino-feminista, sin que esta mirada intente sesgar o reducir sus múltiples interpretaciones y análisis. Con Eliana Rivero, entiendo lo femenino en Novak como «una categoría rescatable, no ciertamente por la espuria legitimación de un sistema binario que lo opone a lo central masculino, y por ende le confiere existencia exclusiva dentro del estereotipo de la domesticidad y el interiorismo, sino primordialmente, por el valor intrínseco a su representatividad y que puede (debe) abrirse a la plurivalencia categórica de las diferencias» (1995: 23).

Enmarco esta lectura en una zona, casi al final del relato, en la que la narradora intenta reflexionar en torno a la maternidad y, a su vez, en esa «condición» al interior de una relación lésbica. Allí, la narradora-personaje dice a Susana (y a nosotros): «Qué sentido tiene a estas alturas traer un hijo a este mundo tan defectuoso», mientras Susana apunta: «nuestra misión como lesbianas [es] repoblar el mundo con seres autónomos y desprejuiciados en vista de que al patriarcado le [ha] fallado el experimento». Esas dos intervenciones en el texto nos sitúan como lectores en un lugar incómodo, del que solo saldremos luego de una profunda reflexión propia, puesto que la narradora no parece tomar en ello partido alguno. Advierto en este diálogo (revivido por la pareja, puesto que se nos hace saber que antes han hablado a los pies del Cristo de La Habana del asunto) una puesta en crisis de las perspectivas más tradicionales de lo femenino. A partir de este momento, el relato es fuente de conocimiento y permite avizorar la construcción simbólica de nuevas femineidades. Lo anterior parecería incluso estar impulsado por una discusión muy profunda (por fuera del texto literario), relacionada con el sentido de ser o no madre en un entorno que parece, o da la idea de, estar cada vez más necesitado de que acompañemos a personas que *ya* existen. Por tanto, esta vigorosa idea de afrontar o no la maternidad, relacionada con el rol de la mujer lésbica, está marcada textualmente por una profunda subjetividad que intenta tensionar las derivas de una particular experiencia ligada ya no solo a una condición de género, que ha sido socialmente marcada (y que hasta hoy intentamos deconstruir), sino también al interior de un mundo femenino homosexual: cómo plantearse y desestabilizar los estereotipos que se dan en relaciones heterosexuales y que son hoy mucho más intensos y problemáticos en una relación lésbica. En este sentido, el texto de Novak se inserta en una discusión que no solo evidencia las problemáticas de las mujeres en un espacio ordenado, interpretado o articulado de la experiencia femenina más tradicional, sino que traspasa esta tensión e intenta recuperar y multiplicar aspectos simbólicos que nos permitan hoy acercarnos, también desde lo estético, al complejo entramado de las identidades femeninas, siempre dinámicas y plurales.

A lo largo de las historias literarias hemos asistido a la lectura de un conjunto de narrativas escritas por mujeres que configuran y tematizan la maternidad, los hijos, el amor, la nostalgia, la familia, lo doméstico y lo privado. En muchos casos esos textos exponen la preocupación por tales asuntos desde el entorno femenino, a la vez que introducen un punto de vista otro en el entramado de los hegemónicos relatos de hombres. Novak, en cambio, sale en este cuento del ambiente doméstico, del interior de la casa, y coloca su historia y a sus personajes fuera, en algún punto de la ciudad (exterior-interior), desde donde observa y desde donde intenta explorar e insertar estéticamente las problemáticas de una femineidad alternativa. En ese mismo sentido, observo una recolocación doble en la perspectiva, puesto que la propia escritura del cuento se fundamenta no en la idea de un relato escrito, sino en la de un relato hablado. Explora dicha femineidad a partir de un discurso escrito (también alterno), enclavado en un registro más asociado con la oralidad, el recuerdo, el libre fluir de la conciencia: todo ello es visible en la ausencia de signos de puntuación que separen estructuralmente palabras e ideas (y quizás, mundos). Hay en este modo de abordar formalmente el texto literario un método que pone en crisis la propia escritura, y que nos puede llevar incluso a preguntarnos hasta qué punto es posible relatar lógica y estructuralmente lo sucedido en este relato, si no es a través de las rupturas de todo tipo de orden: lo femenino, lo escrito, lo ficcional y lo real.

Incidente penoso: posibilidad

El beso de Antonieta es la acción que me permite enlazar lo que he venido exponiendo anteriormente con otro elemento del relato que quisiera destacar: la inquietud de Novak por presentar en el conjunto de su obra a sujetos marginados, despreciados, corridos de su lugar, que no tienen nada, que han perdido mucho; sujetos a los que, como a Antonieta, la vida rechazó. En este sentido, algunas ideas de la teórica norteamericana Judith Butler, aunque situadas en un entorno de análisis muy particular, resultan útiles para pensar este acercamiento estético de Novak a la precariedad de la vida de la niña y del resto de los personajes. Rescato, de modo deliberado, aquellas ideas de Butler de que «el hecho de que puedan hacernos daño es motivo de temor y de dolor», o de que «la herida ayuda a entender que hay otros afuera de quienes depende mi vida, gente que no conozco y que tal vez nunca conozca. Esta dependencia fundamental de un otro anónimo no es una condición de la que puedo deshacerme cuando quiero» (Butler 2006: 14).

Antonieta es, en este cuento, la representación más expresa de ese sujeto al que hieren, al mismo tiempo que su comportamiento perturba a los demás. Está expuesta corporalmente a un otro anónimo, que desconoce, y con esto trastorna y desconcierta no solo el mundo de Susana y de la narradora –y hasta cierto punto también el del resto de los personajes, sobre todo en un primer momento– sino también el de los lectores. La secuencia narrativa en la que esa pequeña niña de «cortos pasitos mal nutridos» entra en escena está marcada por un gesto auxiliador: agarrar la mano de alguien y pedir algo, lo cual al principio resulta inteligible, y que luego sabemos que es Un Peso. Las manos del hombre ansioso, luego las de la extranjera, más tarde las de la señora de los bultos y las del viejo de los cucuruchos tristes se convierten en manos azoradas, espantadas por este incidente penoso en su doble cara: penoso para ellos, también para Nieta y para nosotros, sus lectores. Sin embargo, el punto de vista en el relato –una vez que cada mano rechaza la mano de la niña– se traslada hacia Antonieta primero y hacia la mano auxiliadora que más tarde le extiende Susana.

Es en esa conjunción de mano, cuerpo, beso y espiritualidad que se juntan Nieta y Susana y en la que no pudo pensar antes la multitud: «la rubia extranjera no lo podía creer La señora de los bultos se secó el falso sudor El hombre paró en seco sus paseos inquietos El viejo dejó de protestar». El tiempo del relato parece detenerse y volver hacia atrás: hacia la mano detenida y la mirada azorada del hombre que daba paseítos, hacia el «gesto políticamente correcto», «disimulado y light» de la extranjera que limpia su mano con gel antibacterial y *dos* toallitas húmedas; o hacia el cuerpo indignado del viejo del maní. ¿Qué sentido tiene sufrir un daño de esta magnitud, cómo estamos preparados para sopesarlo? Esa es la pregunta que podríamos hacernos luego de leer el cuento. En ese sentido, pienso que el relato de Novak está profundamente abierto para pensar con Butler que «sufrir un daño significa que uno tiene la oportunidad de reflexionar sobre el daño, de darse cuenta de cuáles son sus mecanismos de distribución, de enterarse de quién otro es víctima de fronteras permeables, violencia inesperada, desposesión y miedo» (2006: 20).

El giro del punto de vista que pone en primer plano la actitud de Susana con Nieta parece estar en consonancia con el desvío de la mirada de la realidad, un recurso que Novak viene experimentado hace mucho, no solo con sus dos textos más conocidos, *Cuerpo público* y *Cuerpo reservado*, sino también con su novela *Making of* y las viñetas que construye desde *Habana por dentro*. Una mirada desviada que nos ha «situado» armónicamente frente a juegos intelectuales y emocionales de sus personajes, frente a la configuración de una ciudad que es ruina, jardín invisible, posibilidad, a un tiempo, o como en esta oportunidad, frente a un «retrato» descarnado y brutal de lo que los seres humanos pueden hacer con otros (más desvalidos) y los medios para proyectar otro tipo de humanidad (humildad). Esta mirada y el pacto que ella establece con sus objetos de observación en el espacio del cuento construyen una visión desde la que intuyo que los personajes de la narradora, Susana y Nieta, mientras más se acercan (o alejan) unos de otros y de sus respectivas subjetividades, más se conocen ellos mismos como individuos. El foco de la narradora no está puesto en la realidad, ya que el relato parece situarse en ese borde perdido entre aquella y la ficción, en esa incomodidad con «lo real». Lo anterior es propio de estas escrituras más contemporáneas y construidas desde la autoficción, las cuales suelen elegir a un narrador en primera persona (*alter ego*) que se confunde con la voz del autor y crea ese espejismo entre lo real, lo biográfico y lo ficcional. Asumo, de todos modos y en cualquiera de aquellas posibles circunstancias y sus combinaciones, que en este texto Novak no *fija* una mirada de la realidad, sino que presenta un proceso de algo mucho más complejo y permeable que se toca a un tiempo con aquellas primeras ideas sobre las femineidades que exponía al inicio de esta lectura.

Al peso, beso

Por último, vuelvo al texto de Novak publicado en su blog porque me permite enlazarlo una vez más con el cuento que nos ocupa. Ambos relatos nos abren al mar, quizás en una búsqueda más azul de La Habana, en una ida y vuelta de olas; en una imagen y en un gesto tranquilizador, pero en el que hay siempre algo de incertidumbre, porque no sabemos nunca cuándo aquel se (nos) va a alborotar; nos abre, en suma, a una zona de limpieza espiritual y humana (a un *ebbó*). Novak no acompaña la viñeta del blog con una fotografía de la desigualdad urbana que ve y describe en su relato, sino con una que desvía la mirada y nos sitúa como espectadores ante una selección deliberada de la belleza de aquella realidad: la imagen excluye el entorno que ella relata. Del mismo modo, en «Qué hacemos con Nieta» se configura el escenario de un suceso desdichado, en cuyo final, si bien no está acompañado por una fotografía, leo la intención de encuadrar la imagen del deseo de la narradora. Al final de «Allí donde se unen el río y el mar», Novak escribe: «Las metas, en la vida, nadan como los peces». ¿Antonieta, acaso, no es un pez que se mueve en tropel, tumba cucuruchos de maní, agita a la señora de los bultos, hasta terminar en los brazos de Susana?

Establecen estos textos de Novak (como la mayoría de su obra) una combinación provechosa entre lo público y lo privado que se deja traslucir no solo en el abordaje temático que se da en ellos, sino también en las sugerentes reflexiones del yo-narradora-personaje y en la de los otros. Todo ello está sostenido por un tono de profunda intimidad que no carece de preocupaciones y posturas éticas, y que deja entrever los modos en que sus personajes habitan y son habitados de modo simbólico por su ciudad. En «Qué hacemos con Nieta» aquella palabra cercana a un discurso oral de la que hablábamos parece haber sido lo suficientemente poderosa para que podamos imaginar nuevas identidades femeninas, en un entorno plural en el que también participan mujeres ajenas a un canon de feminidad tradicional. Veo en lo anterior un gesto que apunta hacia la creación de un espacio otro de significaciones desde el que se funde un mundo más justo para todos.

Por otro lado, desde ese gesto artístico que es el texto literario de Novak, repensar la precariedad, la vulnerabilidad, la interdependencia, los nuevos contactos corporales, el deseo, las reivindicaciones, las aperturas y multiplicidades respecto al lenguaje y a la pertenencia social de lo femenino ayudaría a constituir nuevas ontologías corporales y humanas a partir de las cuales sostener y ampliar la defensa de los derechos humanos básicos.

Acudo, a modo de cierre –pero con la intención de abrir esta y otras lecturas relacionadas con el cuento de Novak– a un fragmento del poema «Besos», de la escritora argentina Susy Shock, quien ha venido construyendo, a partir de los años 2000, textos, performances y espacios simbólicos que piensan las disidencias sexuales, culturales y morales y las fracturas de todo orden binario. Propongo la lectura de este poema en el conjunto de las ideas que he venido exponiendo, porque me ha permitido desbordar el b(p)eso de Nieta en otras latitudes y con otras preocupaciones y emociones:

> *Beso*
> [...]
> y sentir
> que tus labios y los míos mientras rajan la tierra la construyen
> y hay una historia de besos que el espanto no ha dejado ser
> y que por eso te beso
> lxs beso
> me besás
> besaremos
> por eso el beso
> beso (2011: 25)

Bibliografía

Butler, Judith (2006): *Vida precaria: el poder del duelo y la violencia*. Buenos Aires: Paidós.

Novak, Dazra (2007): *Cuerpo reservado*. La Habana: Letras Cubanas.

— (2008): *Cuerpo público*. La Habana: Unión.

— (2012): *Making of*. La Habana: Unión.

— (2014): «Allí donde se unen el río y el mar». En *Habana por dentro*: <https://habanapordentro.wordpress.com/2014/12/31/alli-donde-se-unen-el-rio-y-el-mar/>.

Rivero, Eliana (1995): «Precisiones de lo femenino y lo feminista en la práctica literaria hispanoamericana». En *Inti: Revista de literatura hispánica* 40: 21-46.

Shock, Susy (2011): «Beso». En *Relatos en Canecalón*. Buenos Aires: Nuevos Tiempos, 25.

El trajecito rosa

Nara Mansur

Volví a entrar a la tienda e hice lo que hago siempre, el mismo recorrido casi siempre,
    la misma peregrinación en torno a ¿siempre a qué?, ¿a casi qué?
Volver a entrar y volver a hacer yo misma; él mismo (recorrido)… pero las preguntas vienen después y también el recuerdo. Miro la ropa de frente,
    le digo al pantalón negro cigarette algo relativo al cielo y a la tierra,
a mis medidas y mis sentimientos, como si por adelantado me pudiera decir cómo será nuestro vínculo
(cómo nacer ahí en esa zona del plexo solar o en el bajo vientre sin dolor):
si él me estaba esperando.
Si Emilia lo supiera.
Si me va a elegir a mí, si me va a poner la medalla, si me va a colorear. Porque no quiero pasar la prueba de la prueba, entrar al probador –esa ficción diminuta que me aplasta con su verdad de espejo, ese lugar donde le gusta jugar a Emilia.
Ah, el error.
Ah, el mercurio que se mancha.
Ah, el descuerpo, el desengaño, el desgano.
Él no es para mí –me respondo antes de preguntarme.
Qué violento ese diálogo entre la mujer que soy, el espejo, las cortinitas de poplín azul cielo; qué extraño ese sonido de las argollas ahí arriba, de las costuras del dobladillo, de las marcas de un planchar quemar, de un mirar dejar, de un querer no querer; qué extraño el sonido de mi trac trac contorno, hueso que se parte candela en el pantalón.

Y sí, siempre puede haber un chisporroteo… siempre puede que te quede bien el pantaloncete de marras –le digo a la otra mujer que me mira desde el espejo del probador de al lado…
¿Viste? ¿La viste?

¿Me está mirando a mí, entonces?
¿Soy yo?
¿Y ese agujero dónde está?
¿Y ese ojo adulto que quebranta la ley, ese ojo que me indispone?

Vuelvo a entrar a la tienda, doy vueltas, busco algo como sacos o partes de arriba –me digo– partes de arriba, concéntrate en eso.
Arriba. Arriba. Arriba. Corazón, pulmones, gargantas, ojos, manos arriba

puños cerrados…
Pero qué busco: ¿tafetán, transparencias, brocatos, modal, jersey, algodón saquitos de harina?
Sigo pensando en el pantalón negro cigarette (parte de abajo)… pensar que algo así me queda bien, pensar que algo así se piensa a sí mismo,
¿quién lo diría?
¿Y eso basta para comprarlo?
¿Y eso basta para comprar mi deseo?
Ahora me posee una idea, una ficción de ese pantalón conmigo dentro, ya está, ya está metido dentro mío, me atraviesa
y todavía no sé si lo quiero a él de tal forma que haga que me lleve a casa…
Él me ha comprado a mí sin darme nada a cambio, sin entregarse. No es justo. Es muy violento. Me grita, me sacude.
Él.
Vuelvo a mi recorrido; ahora me detengo, un rayo me fulmina, son letras estampadas por solo cien pesos, letras sobre un saco rojo, derrocha goma el saco. Adherido a mi espalda, encubierto el material demasiado rígido para abrigo dar, demasiado rígido para componer nada más que sus propios huesos sin agua, sus propios sentimientos, su bastidor sin piel.

Vuelvo ahora y estoy frente al perchero forrado para traje de novia / Vuelve ahora para que me acompañes en este dolor mínimo de acceso mínimo.
Mírame a los ojos ojos ojos. No los cierres. No habías pensado en que la ropa tiene ojos también… no necesariamente son los botones, fíjate.
Fija esa idea, esa mirada, y volverás a vestirte con más calma.

Algo te va a devolver el fuego que no es fuego y que no quema, algo de la vorágine de juntar la ropa como para echarla a lavar cuando todo es olor a grasa en tu casa, a rocío vegetal recién nacido que ya pide algo de la funeraria: encajes, por ejemplo, mensajes de despedida...

Algo de esa vorágine revoloteando en los locales en busca de rebajas, de un poco de comida; O la gente buscando –como yo– lingotes de oro u oro molido dentro, bien adentro de los bultos amontonados en las esquinas de los bolsillos

o bien atrás de los cortinados.

Esa ropa no necesita planificar mi recorrido, esa ropa no espera mi visita, nadie la desea, nadie la mira con sus propios ojos, sino que viene con otros ojos:

cerrados de aburrimiento, ojos de pobreza inaudita.

Y entonces esa mirada de los otros volcada con fuerza sobre la pila se hace muerte segura, violenta huida;

A patadas quieres dejar que esa ropa no te mire a ti, a ellos más bien. Aplástala.

Y solo quieres golpear para diferenciarte del que duerme en la calle, del olor a gratitud grasa, de la suciedad sobre tus hombros, de la comida rápida, de la sangre un perro muerto en la suela de los zapatos.

Ojos que te persiguen, ojos que no saben cuál es tu deseo exactamente, ojos que se cierran y se quedan pegados a su propia secreción.

Toda esta ropa, toda esta gente que la usaba antes, dónde está.

Cada prenda que te pruebas –me digo mirándome al espejo al final del pasillo– es la pesadilla de alguna muerte desconocida. O de alguna fiesta, ¿por qué no?

Me convierto en otra mujer. No es una prueba, no es un error, no estoy probando más que mi frágil condición, y rápidamente se vuelve una pesadilla la escena: perras y perros que ladran. Me enfermo sin miramientos. Yo vestida de otra, disfrazada de otra, untada de otra grasa que no es la mía, con otro ladrido.

El vendedor me asegura que todo se lava antes, que la ropa se plancha antes y se perfuma con esos nuevos productos que él tanto conoce. El vendedor me quita los ojos de encima rápidamente; no me miró nunca mientras yo le hacía aquellas preguntas

y sonreía por debajo. Atrás. Puños cerrados.
Salgo vestida con ese trajecito y creo que le recuerdo a alguien.
Qué le hace a la gente que viene aquí, qué me hace a mí.
Por qué me quita los ojos, a dónde se los lleva.
Qué les hizo a los otros antes, a los que dejaron la ropa para vender.
Qué me hace, qué me puede hacer si ni siquiera puede sostener la mirada, dejar
de mover sus deditos entre las rosas de plástico.
Qué me está haciendo ahora, dónde mete las manos, dónde los deditos, el movimiento, Dónde. las rosas de plástico.
Vuelvo a la recámara última del pasillo y siento que no me puedo mover aunque lo espero.
¿Quién es esta mujer del trajecito rosa, qué cuerpo es este que no es mi cuerpo?
No soy yo, nada de esto me pertenece, no lo deseo, no lo compro entonces.
Quién me toca mis labios rosa, mis ideas rosa, mi piel satín rosa, mi rubor, mi dinero
rosa.
Y se queda quieta la extraña que me mira.
Se acerca él sin ojos también, se acerca sin oler el rocío vegetal, la crema enjuague, la plancha quemar, la perra moribunda, la perla jade. Pero ahora deja de mirarme, es ella quien baja la vista esta vez y se va arrastrando los pies.
Qué quieren esos ojos de mis ojos.
Ya no estoy más en el espejo, se ha llevado el trajecito y todo lo demás. Se borra todo y el vendedor comienza a hacer preguntas muy cerca de mí, como si yo necesitara algo otra vez, algo de él, como si llegara de otro mundo y él me estuviera esperando, como si solo él supiera de qué se trata:
ojos ahumados, cigarettes, tailleurs, sombreros, mitones, plisados, parkas, asimetría, trajes de baño antiguos, pulseras, medias de fantasía…
La luz amortigua cualquier exceso en días como este y por eso aflojo el bombillo y abro la boca:

Oh, fuego.
Oh, dragón.

le digo que está todo "okey", que me queda bien (sí, ese tipo de frases no suele dejar margen de error).

Gracias, gracias, sí, está todo bien....

Pero no me llevo el conjunto rosa –le digo cuando comienza a alejarse hacia la entrada.

No, no...

Oh fuego.

Oh dragón.

Qué mujer desconocida tendrá el valor de vestirme con su ropita gastada y cool

qué mujer me dará su limosna con amor mañana

qué perra me va a lamer.

Qué mujer vendrá a buscarme.

Y doy marcha atrás y comienzo a probarme todo tipo de cosas para esperarla.

«Nena, si querés salvarte, nunca te olvides el saquito, el largo Chanel, el rodete. No te quedes dando vueltas en la puerta de un bar. Y, lo peor de lo peor, no se te ocurra hablar por la calle con alguien de quien no sepas su nombre, apellido, dirección, color de pelo de la madre y talle de la enagua de la abuela: la policía los separa y si no saben todo uno del otro, zas, adentro.

Tampoco salgas con una amiga –no te hagas la desentendida. Y, si sos casada, no salgas sin los chicos: porque ¿qué hace una madre que no está cuidando a sus hijos? Y nunca te olvides lo que decía el General: "de la casa al trabajo y del trabajo a la casa". Pero, ¿usted de qué trabaja, señorita? Me va a tener que acompañar».

Néstor Perlongher, «Nena, lleváte un saquito»

Nena, llévate el trajecito rosa
Lectura atenta y sonrosada de Nara Mansur

Susana Haug Morales | *Universidad de la Habana*

Para Nara Mansur, por la paciencia y la admiración
A Jamila Medina, por la amistad, la ayuda y otras complicidades

Un atrincherado lector de narrativa, un crítico poco imaginativo y amante de las definiciones seguras para el comentario y la reseña sin muchas pretensiones de sobresalto diría que «El trajecito rosa» de Nara Mansur no es estrictamente un cuento, ni un relato de ficción. Ni siquiera leyéndolo con amabilidad y mente abierta, con el cariño de los tontos, lograría averiguar en sus páginas una historia, una serie de acontecimientos narrables. El hecho de que «El trajecito rosa», con su título delicado y grácil, integra la penúltima estancia de un poemario titulado también así vendría a confortarlo, sin dudas, y a reforzar su argumento inicial, apuntalado con lógica de manuales y decálogos ortodoxos, de que jamás un texto semejante podría pertenecer a la familia del cuento. Esto no es una pipa, señores, nos recordaría Magritte para decirnos que sí, que cualquier figura que comienza por una manifiesta e inequívoca pipa, objeto de formas tan curiosas y posibles como una nube, puede desprenderse de su explícita materialidad, de su estricto y monógamo contorno, para desbordar y desechar sus límites hasta desembocar en cualquier cosa. Yo pensé entonces, mientras lo leía a las dos de la mañana, que la escritura de «El trajecito rosa» escapaba por suerte a cualquier definición, mejor o peor, como el humo de esa no-pipa por mi ventana imaginaria, para convertirse en todas las cosas imaginables que yo quisiera nombrar a esa hora: vivencia, delirio, confesión, poema dramático, pieza teatral, prosa poética, ensayo, cuento en verso, performance, fragmento, instalación, testimonio, viñeta, escena, autoficción, monólogo, agujero negro, catarsis. Siempre me han disgustado hasta el rencor las clasificaciones y las disecciones «académicas» de los textos literarios, esas perversas esterilizaciones y ejercicios de clase que nada se parecen a las piruetas de estilo de Raymond Queneau, porque cuando los conceptos inflexibles tocan las palabras vivas las acuchillan, las fijan, las empequeñecen, las banalizan, les quitan su poder de encantamiento, su jugo, su natural libertad de asociación, permutabilidad y desvío; su capacidad para provocar, emocionar e inquietar a quien las comparte. Y no quiero arrancarle a este «trajecito rosa» de Nara que tanto me he probado, sentido, arrugado y experimentado en y bajo la piel sus muchas texturas, su emoción, su espíritu y su sobrevida. Ya bastante pintarrajeados dejé los renglones del libro, intentando, en un ritual inútil de inscripción y apropiación, habitar todas las advocaciones y mat(r)ices de sus rosas.

Cuando me adentro en el espacio interior, íntimo de «El trajecito rosa» vienen a mí en desorden, como encarnaciones solidarias –*sympathetic* prefiero decir en inglés, palabra que me encanta porque une lo simpático con lo dramático a la vez que desplaza los labios y la lengua de una manera muy sensual–, ciertas imágenes de Cirenaica Moreira en su serie «Últimas fotos de mamá desnuda», ciertos roces y presencias de Dulce María Loynaz (la de *Jardín*), de Reina María Rodríguez (*Variedades de Galiano*, *El libro de las clientas*) o de Wendy Guerra. Pero antes aun, me asalta la visión, como una nota en vibrato, de Jacqueline Kennedy posando con su icónico traje Chanel, tan *pink*, tan chic, antes de ser embarrado, fotografiado y ennegrecido por la mancha de sangre y sesos de su esposo. Cada vez que mi madre o mis amigas hablan de un traje chaqueta, de un conjunto *fashionable*, es Jackie en su rosa Chanel quien protagoniza todas las iteraciones posibles en mi catálogo mental. Será porque hace poco vi a Natalie Portman vestirlo dramáticamente en una película, o porque sé que me resultaría un desafío lucirlo en todo su esplendor rosado y sobrio en un clima como el mío, implacable para la elegancia y la moda, el tweed, el *corduroy*, el satén, el terciopelo, las mangas largas o tres cuartos, y cualquier otro tejido fuera del lino y el algodón. Mi madre, que me compró (casi por vicio, por arqueología) tantas ropas en ese amasijo impúdico de textiles sucios, usados y fuera de moda y estación que son las tiendas de ropa reciclada (las «trapishoppings», como las llaman en Cuba) nunca encontró, perla en el muladar, margarita en el chiquero, dos piezas coherentes que formaran un trajecito sin manchas y de un color remotamente pastel que valiera la pena rescatar.

Concuerdo con Wendy Guerra en que «En esas tiendas improvisadas, poco a poco desaparece nuestra identidad» (Guerriero 2017: s/p). Confieso que el rosa es un color que me daba alergia –¡no se te ocurra comprarme nada *pink*, mami!–, por su blandura, su complacencia, su falta de conflicto y su apatía, hasta que me reconcilié con él por culpa de dos acontecimientos: la canción de Aerosmith, y los capítulos-poemas-minificciones-piezas del libro de Nara Mansur.

Coser, entallar, bordar la tela, bordar la hoja con el trazo caligráfico: manualidades que, junto con las artes de la cocina hogareña o los dulces caseros, históricamente han tenido rostro de mujer. Hace mucho tiempo, en mi infancia, recuerdo que mi mamá me llevaba a casa de su amiga la costurera, a que me hicieran ropitas a la medida. Extraño ese mundo menor y familiar, ya perdido en La Habana y en casi todo el mundo global ante el empuje de las industrias transnacionales y las maquiladoras, cuando costureras y sastres resistían como una fauna negada a la extinción. «Escribir en vez de pespuntear», apunta la autora por si acaso, aunque el lenguaje remede en este poemario la lógica inacabada y provisional del pespunte, la puntada discontinua. Pero se trata de un escribir deliberadamente plástico, animado, sensorial, apoyado en la vista, el tacto y el oído, incluso en efectos como la onomatopeya y el sinsentido. Nara Mansur se propone desarrollar con el par poesía/*fashion*, alternando una rica y valiente paleta de matices cromático-lingüísticos, apuntes ético-estéticos y personalísimas apreciaciones, apartándose de efectismos gratuitos y sensiblerías trilladas a pesar del manejo (magistral, osado) del diminutivo, un tema que no suele mostrarse con frecuencia en la poesía cubana, por temor a pecar de frívolo, de sensiblero, de edulcorado, de banal y *kitsch*: el microcosmos de la moda, el glamour, la pose, la belleza en sus heterogéneas manifestaciones, la búsqueda del estilo mejor provisto para representar la auténtica libertad del cuerpo y del ser. La preocupación por la estética y la elegancia, el interés por la moda y el buen vestir se confundieron con desviaciones ideológicas, nihilismo y decadencia durante las décadas del sesenta, setenta y ochenta. Desde los primeros años del proceso revolucionario cubano, como apunta Wendy Guerra en su crónica literaria «Glamour y Revolución», se canceló

> la posibilidad de tiempo o espacio para el cuidado o la contemplación del ser. El cuerpo en los años sesenta y setenta empezó a ser una herramienta de

trabajo, defensa y reconstrucción. La ideología minaba los espacios estéticos, una mujer demasiado arreglada desentonaba con la afinación revolucionaria. Una compañera elegante no estaba a la altura de los tiempos y se necesitaban un uniforme y un rostro verde olivo para instruir y transitar, de modo colectivo, los años duros. Tanto las circunstancias económicas […] como los prejuicios machistas que trazaron los límites ideoestéticos permitidos en estos años, conspiraron con la conservación de la belleza en la mujer revolucionaria. «El Hombre Nuevo» no debía ser bello. (Guerriero 2017: s/p)

Espejos, bellezas, perlas, princesas, ramilletes y demás parafernalia con visos neorrománticos y neomodernistas cobran una resonancia peculiar al ser intervenidos por una lengua vanguardista. La poeta, que imprime sus referentes, su acontecer, sus desvelos sobre «El trajecito rosa», no es, empero, una heroína romántica y dócil, una narcisista abúlica, una criatura perdida y dependiente, sin idea de lo que quiere, busca transformar y sueña. En variadas instancias poemáticas esa voz femenina se afirma, se rebela –«Tienes que aprender a decir que no» (Mansur 2018: 63)–, se desvela –«Ya no voy a ser esa mujer que se espera de mí, la de los labios de fresa, la de las perlas como ojos»–, se angustia –«Otra vez / y otra vez y otra vez qué sentir, qué hacer, qué no hacer […]» (2018: 28)–, se descubre–«Estoy tan lejos de la idea de interpretación» (2018: 29)–, con un propósito muy claro de dialogar con su cuerpo y su circunstancialidad, de desvestir/desmontar/exponer los pliegues y cuerpos/*corpus* de la cultura y la historia.

Nada más riesgoso y provocador a la hora de comentar «El trajecito rosa» que la aventura emocional a la que me empujó su escritura, practicada por una voz/conciencia/protagonista en primera persona tan inestable como inquietante que soltó de pronto, con el desparpajo y la seducción de los grandes inicios literarios al estilo de *Moby Dick* o *Pedro Páramo*: «Volví a entrar a la tienda e hice lo que hago siempre, el / mismo recorrido casi siempre, la misma peregrinación en / torno a ¿siempre qué? ¿a casi qué?». Cómo enfrentarse a una sintaxis erizada, dialógica y rabiosamente discontinua, intervenida por paréntesis, reticencias, guiones, desdoblamientos, apartes dramáticos y demás formas del pliegue y el intersticio; una sintaxis sacada de su eje de reposo, removida violentamente de la inercia por la vorágine de acciones y de preguntas esbozadas, que apela a un tono oscilante entre lo dulce, lo conmovedor, lo confesional y lo nostálgico, mas luego se expresa con violencia, con ferocidad, con ironía, con ternura o irreverencia. Cómo leer y conversar con esas palabras de las que me siento ahora cómplice sin exponerme yo misma a un viaje en caída libre como Alicia, como Altazor. *Jamais sans danger*, me contesta la admonición del Marqués de Valmont en *Las amistades peligrosas*, uno de mis libros favoritos. Para leer a Nara instalada/instalándonos en su «trajecito rosa» hay que aceptar el riesgo y la zozobra de su experiencia intelectual.

Desde la primera lectura atenta, desde el primer abrazo que sostuve con el texto el verbo «volver» me pareció inmejorable, por su atracción y misterio, para lanzar la primera palabra-acción-pedrada contra el silencio de la hoja vacía, y excluirme de los accidentes pasados de la yo narradora, cuyo punto de partida, un retorno, implica algo que ya ha transcurrido. Cuántos capítulos-poemas, esquirlas y situaciones me faltarían para sentir la carga emotiva callada detrás del «volví». A qué se iba a la tienda. ¿A mirar, a exhibirse, a tocar y probar la ropa, a comprar? ¿Por qué un trajecito rosa?, pregunto. Nada me lo sugiere en el poema –ella, la protagonista, la ejecutante, acaso tampoco lo sabe, o al menos no me/se contesta todavía. Solo repito, como hace la poeta en «El trajecito rosa» siguiendo a Joseph Beuys, que «[...] no podemos hacerlo sin rosas / No es posible hacerlo sin rosas» (2018: 45). Resulta curioso constatar que la vivencia aislada y parcial, la pequeña historia de cámara que Nara comparte consigo y con sus lectores en «El trajecito rosa» solo termina de percibirse y madurar al ser reinsertada en el arco narrativo mayor de la novela poemática total. Así, al incluir en los márgenes de mi análisis textos imprescindibles de *El trajecito...* como «Solo lo bueno es radical» o «Armas extraviadas», siento que emerge con mayor claridad en el proscenio de la tienda esa mujer que aún no conozco pero me interesa mucho conocer, la que habla en los poemas anteriores desde la primera, la segunda o la tercera persona, y que, solidaria, le presta o le toma la palabra a otras damas. Igual con los prólogos al *Museo de la novela de la Eterna*, de Macedonio Fernández, «El trajecito rosa» de Nara Mansur puede disfrutarse y conmover incluso prescindiendo del resto del cuaderno. Mas entonces ignoraría que existe una unidad sumergida e interconectada, una coherencia absolutamente orgánica y rara vez conquistada en un libro de poemas, que aflora cuando se hacen sonar, interactuar, crispar en sintonía todos los textos, permitiendo traslapar, proyectar o desbordar ciertos pasajes, enunciados y situaciones de un poema hacia otro distinto. Me parece fundamental el manifiesto de «Solo lo bueno es radical», igualmente en *El trajecito...*, si se pretende «explorar la palabra poética [...] como si se tratara de un fenómeno teatral» (Leñero 2003: 230), y captar lo dicho, lo no dicho ahora pero dicho en otra parte, y lo que se recupera como un excedente de energía poética para hacerlo intervenir directamente sobre la voz dramático-narrativa de «El trajecito rosa»: «Tienes que tener estilo. Te ayuda a bajar las escaleras [...] Te ayuda a decir que no –esto es lo más importante–[...] sin estilo no eres nadie» (2018: 62). La consigna bien pudiera haberla dicho Diana Vreeland, *influencer* y editora de la revista *Vogue*, quien elevó la moda a las altas esferas de la cultura y es citada por Nara en otra parte.

De manera solidaria, pues, una hermandad de mujeres poderosas desfila por el poemario, asomándose bien adentro o debajo de los poemas gracias al recurso de los efectivos paratextos, intertextos y citas implícitas (utilería infaltable) que, lejos de ser redundantes, innecesarios o pretenciosos, como suele suceder, aportan capas de sentido a la escritura tan particular que distingue a Nara Mansur entre las poetas cubanas. No se trata, pues, de un cuaderno de textos individualistas y egotistas, cerrados sobre sí mismos, sino una labor de amor, de complicidad y admiración hecha a cuatro, a seis, a dieciocho manos con intelectuales pasados y presentes, conocidos o no, que han influido en la maduración artística, en los afectos de la dramaturga, la poeta, la narradora, la *performer*, y en la concepción particular de este poemario. «Todas esas mujeres que uno es que uno no es» (2018: 46), la poeta me/nos dice, queriendo recibir en el patio de su casa poética a Rosa Luxemburgo, a varias Nara Mansur, a Aurora la bella durmiente, a Cenicienta, a Rosa Pastora Leclere, a Diana Vreeland, Margarette von Trotta, Renée Méndez Capote, Clarice Lispector, alternando protagonismo y papeles secundarios con artistas y creadores como José Martí, Joseph Beuys, John Cage, Néstor Perlongher, Nicanor Parra, Pablo Neruda, Federico García Lorca...

En el caso de «El trajecito rosa», su pareja intertextual e intersubjetiva es un fragmento del artículo «Nena, llévate un saquito», firmado por Perlongher justamente con el seudónimo de Rosa L. de Grossmany y publicado en su columna «Edictos policiales». El dilema más personal que examina el poema de Nara deviene, al entrar en contacto con las frases paródicas, irónicas y corrosivas de Perlongher, en un performance político, en protesta contra las dictaduras de una moda que se ha vuelto cada vez más impersonal, cosificante y alienante para los cuerpos de las mujeres y hombres sin demasiados recursos, que se ven obligados a usar los *thrift shops* y las tiendas de ropa que ya no son, como en la época de las costureras y los ateliers, confeccionadas a la medida, sino fabricadas en masa, despersonalizadas, *pret-á-porter*. La crítica subversiva del argentino se monta sobre las palabras de la cubana y las resignifica.

    El tropo de la rosa, arquetipo de lo efímero y de la fragilidad femenina, inscrito hasta el cansancio en la literatura y el arte, cobra, no obstante, una inusitada frescura en la escritura y el mundo privado de la escritora. Siguiendo al Shakespeare de *a rose by any other name would smell as sweet*, en «El trajecito...» y en la armazón del libro entero se ponen a circular/jugar múltiples significantes, más o menos familiares y conocidos, del *Leitmotiv* de la rosa, aunque actualizado muchas veces a los contextos ya de Cuba, ya de Argentina: sandalias rosadas por las que «mi abuela esperó horas frente a la zapatería de Reina y Galiano / y las consiguió» (2018: 28), un ramillete de rosas, billetes rosas, piel rosa, capullos de rosas, la pantera rosa, el *rouge* del pintalabios, el rubor de las mejillas, las rosas rosas. El segundo motivo unificador del poemario encuentra su clímax justo en «El trajecito...», sin duda uno de los ejercicios más sugerentes y desestabilizadores, y se enfoca directamente en la ropa, el traje, la vestimenta, los accesorios, el universo de la moda en general que bien define, restriñe, condiciona o emancipa al sujeto según los usos que este haga de ella. El traje es con respecto al cuerpo lo que el relato/vestidura de la Historia representa, encubre y connota para la nación. El discurso subjetivo e interior de las presencias femeninas que atraviesan los versos, los paratextos y la realidad representada se mezcla y entrelaza de un modo verdaderamente simbiótico con los discursos públicos, sociales, históricos y económicos, con los imaginarios de varias épocas para fabricar un espeso tejido cultural que, a pesar del título engañoso y a primera vista frívolo, inocuo, se carga de significados políticos, decisiones vitales y tomas de posición. Desde este régimen de afectos alternativos, puntos de fuga y revisiones/revisitaciones del pasado nacional y personal, los múltiples yoes desperdigados por esta «novela como nube» de Nara reclaman su derecho a la libertad, a la diferencia, a la autorrealización; incluso a la excentricidad, a la crítica y la parodia de las normas/modelos/modas: «He de ir bien vestida si quiero hacer algo le permite a esta cobrar/ [...] que no te entristezca la carencia, que no te afecte lo material» (2018: 48). Por su parte, Rosa Luxemburgo postula un credo radical que recoge la autora y hace suyo: «La libertad siempre ha sido y es la libertad para aquellos que piensen diferente» (2018: 50). En *El trajecito rosa* resalta sin dudas eso, un pensar diferente y a contrapelo, una sensibilidad descentrada, una mirada rebelde que se emancipa-despoja-desviste de retóricas oficiales, lecturas condicionantes y conductas/reacciones «propias». Otro grito desenfadado y caprichoso se canaliza a lo largo de «este/colosal trozo de cultura» que, juntando un sustantivo común y un nombre propio, «define una época ¡rosa, rosa!» (2018: 50).

Me interesan especialmente los diseños del espacio y las figuras o coreografías que elabora en «El trajecito rosa» este personaje que he querido llamar Nara, aprovechando los guiños autobiográficos y (pseudo)referenciales que explota la autora como procedimiento recurrente, y el hecho de que los *happenings* que contiene el texto se narran en primera persona. A pesar de la supuesta espontaneidad y agencia con que deambula el personaje por la tienda, escenario teatral por excelencia, sospecho que detrás existe un movimiento arbitrado y establecido que predetermina sus artes de hacer en el tablado social. De qué manera no espontánea o natural sino calculada, condicionada, se conducen nuestros cuerpos en determinados espacios públicos que exigen el aprendizaje previo de conductas, gestos, enunciados verbales y acciones particulares, sancionados por instituciones políticas, sociales y familiares como requisito para acceder a ellos, para sociabilizar –pienso en aquel limitado arsenal de gesticulaciones, expresiones emocionales y movilizaciones de energía que han quedado autorizadas, previstas, y pueden por consiguiente practicarse con normalidad en hospitales, cines, teatros, comercios, restaurantes, escuelas, centros laborales, es decir, *sin llamar la atención*. ¿Podría hablarse de una verdadera libertad en las figuras, en los ritmos, en los intercambios físicos y verbales con los que nos representamos en tales sitios?

Tal vez el agente libertador viene a ser el deseo. Giorgio Agamben en *Desnudez* trae a colación una idea de Sartre acerca del deseo en relación con el cuerpo del otro, que Sartre define «en situación» porque «está ya siempre en acto de cumplir este o aquel gesto, este o aquel movimiento dirigido a un fin» (Agamben 2011: 107). La carne, en cambio, se muestra a menudo «enmascarada por el maquillaje, los vestidos, [...] pero sobre todo es enmascarada por sus *movimientos*» (2011: 108; énfasis en el original). En la tienda, la protagonista de este mínimo pero terrible drama ya convencionalizado realiza una serie de maniobras y acciones predecibles, inevitables dentro del rango de sus operaciones subjetivas y físicas –por ejemplo, dar vueltas, deambular entre las perchas de ropa, «hacer el mismo recorrido», tocar los tejidos en oferta, escoger algo de su agrado, interactuar con el vendedor–, que la conducen, inevitablemente, al probador, a enfrentarse a «la prueba de las pruebas» y a mirarse en el espejo, porque no queda otra elección posible, otro margen de improvisación, emancipación o fuga en el delimitado y normativizado teatro de la tienda. Interesante que la manera de caminar y recorrer la tienda cobre un sentido ritual, casi sagrado, cuando se redefine bajo la forma de una peregrinación. El peregrino sí repite con periodicidad sus pasos, anda y desanda el mismo camino, sagrado e inevitable, en su tránsito hacia la meca donde espera trascenderse. ¿Podría, pues, desautomatizarse esa movilidad prefigurada, esos ritmos del cuerpo predefinidos, regimentados por la cultura, los lugares y las normativas sociopolíticas, hasta dotarlos de una originalidad, de una individualidad, de un auténtico espíritu creativo y personal? Algo así trata de llevar a cabo Cortázar en *Historias de cronopios y de famas*, cuando revela sus maravillosas instrucciones para bajar una escalera o para darle cuerda a un reloj. También Nara intenta hacerlo a través de la palabra poética, que imprime densidad e intensidad a las acciones narrativas mientras ralentiza o «desnarratiza» sus contenidos referenciales, contingentes, anecdóticos. Si por una parte «El trajecito rosa» es quizás el poema más dramático, narrativo, largo y desgarrado del conjunto, en el que presenciamos una serie de confesiones, escisiones y transformaciones psicológicas y corporales dentro y fuera de la protagonista que lo acercan a esa cualidad «contable» de la ficción en prosa, signada por la sucesión de acontecimientos y algún tipo de desenlace, por la otra el lenguaje, la estructura y la sustancia viva que imanta, sostiene y enlaza cada palabra, cada asociación, cada imagen trasciende la mera exposición y disposición organizada, lineal y diríase utilitaria de los contenidos y significados dentro del «cuento». Aquí, como señala Carmen Leñero en «Palabra poética y teatralidad», «las palabras están vivas» en virtud de su «capacidad de provocar experiencia» (2003: 228). Y la experiencia de regresar a esa tienda específica, de manosear las hileras de percheros, de escoger un pantalón negro o un traje rosa para entrar luego a los probadores, desnudarse, probarse las ropas, contemplarse, (auto)reconocerse, volver a vestir el cuerpo, enfundarse en complejos estados de ánimo, es compartida de forma orgánica y activa con el espectador-lector que participa de esas maniobras. La palabra poética que Nara pone a circular funciona en el ámbito de «El trajecito...» como «un espacio de encuentro y provocación, un espacio de la intersubjetividad donde la verdad adquiere un estatus vacilante [...]» (Leñero 2003: 226).

Si la tienda se presenta como un proscenio acotado y público, con sus maniquíes, sus figurantes, su atrezzo y su vestuario, mostrándose a los clientes, el poema ejecuta una secuencia de pliegues, repliegues y despliegues en una suerte de danza combinatoria, de improvisación jazzística o *riffing*, que lleva al personaje a entrar y salir del probador, el espacio más liminar, si se quiere, en apariencia interior y privado aunque en realidad se separa de la esfera pública por la ilusión de una cortinita, una membrana. Los probadores tienen un funcionamiento, un deber-hacer que simula los confesionarios de las iglesias, donde toca a lo íntimo ser exhibido, expuesto, y al cuerpo (o al alma) desnudarse y confesarse. Igual que en un teatro de cámara, la mujer-maniquí-*performer* de «El trajecito...» busca refugio, se aísla detrás de la cortina que hace las veces de telón y de bambalinas. Se encierra en un caracol. Sin embargo, la protección ofrecida por esta caja china, corrosivo teatro dentro del teatro, es ínfima –«Qué violento ese diálogo entre la mujer que soy, el espejo, / las cortinitas de poplín azul cielo»–, porque nadie la salva del «no quiero pasar la prueba de la prueba, entrar al probador –esa ficción diminuta que me aplasta con su verdad de espejo, ese lugar donde le gusta jugar a Emilia». La obligación casi fatal de tener que contemplar/sentir/confrontar el cuerpo, el pasado y las ilusiones frustradas ante y con el espejo, criatura acechante, perversa, define un motivo que se repite no solo en varios instantes de este «relato lírico-teatral», sino en anteriores recodos del libro cuyas experiencias y sentires despliegan una panoplia emocional afín, y donde los ojos de los espejos (que podrían ser igual los ojos de la Historia, o los ojos ajenos, todos crueles), devuelven con sadismo y dominación la mirada al sujeto femenino emplazado, disminuido: «Qué pasa conmigo /Sentí que había para siempre un espejo delante de mí» (2018: 39), «Todo ese espejo te vuelve a mirar» (2018: 59). En síntesis expresiva y acelerada, el resultado de la penosa faena es un «error», porque la ropa que no entalla bien, no le sirve, no la satisface, no la expresa, estará destinada para otro cuerpo que no es el suyo. «Ah, el descuerpo, el desengaño, el desgano», concluye ella, desencantada, usando un juego paródico del barroco que recuerda a Sor Juana Inés de la Cruz y a los engaños coloridos de sus retratos.

Mientras la niña Emilia es capaz de hallar divertimento en el potro de tortura que deviene el probador, pues lee en los espejos y en el performance de ocultarse/desvestirse/vestirse significaciones muy diferentes a su madre, la voz poética anticipa el temor a la búsqueda interior, a la introspección rememorativa que sobrevendrá para el cuerpo femenino, como una maldición o un extravío, tras el pretexto, el acto preliminar a primera vista inocuo de contemplarse y redescubrirse en la superficie del reflejo: «las preguntas vienen después y también el recuerdo». Yo también me he sentido emplazada y «desdramatizada» (quién no) por el peso de la «ficción diminuta» y cruel con que nos oprimen los probadores de todas las tiendas de ropa del mundo, con el latigazo de sus espejos. Ahora bien, en esa relación tan personal y tiránica entre la ropa y el cuerpo, la moda y la identidad personal, quién viste a quién, quién domina y somete y expulsa del falso paraíso: el vestido al sujeto, o viceversa –«Si me va a elegir a mí, si me va a poner la medalla, si me va a colorear»; «No tienes más tiempo /dijo el vestido inmaculado, inmejorable: / sale de ahí, rata, mujer bella, con tu cara hosca de tanto mirarte» (2018: 39).

Por eso ella entabla de antemano una relación personal y subjetiva con la ropa que ha de probarse (el pantalón negro, el vestido de novia, el trajecito rosa, las prendas recicladas, de segunda mano); una especie de *foreplay*, de propedéutico, de conversación introductoria con las piezas potenciales que han atraído su atención, al punto de que los objetos quedan humanizados, elevados a la categoría de confidentes o, al menos, conocidos de ocasión, como sucede en los mejores cuentos de Felisberto Hernández: «Miro la ropa de frente, / le digo al pantalón negro cigarette algo relativo al cielo y a la tierra, / a mis medidas y mis sentimientos, como si por adelantado me pudiera decir cómo será nuestro vínculo [...]». La relación es, por supuesto, agonística, dolorosa. «¿Soy yo?» se acribilla a interrogantes ella. El pantalón, pieza masculina por excelencia, deviene una de las presencias incómodas del texto, un ente indiferente que no logrará comprender ni ceñir bien el cuerpo de esta mujer que al buscar las ropas para cubrirse/encubrirse/definirse no deja de buscarse a sí misma, y decide que, aunque se produzca «un chisporroteo», es decir, cierta atracción o compatibilidad elemental, él, el pantalón «no es para mí». Más aún, la protagonista le entrega una consciencia y un poder, una toma de decisiones a la prenda que, en consecuencia, le permiten a esta cobrar una autonomía llamada a subvertir en alguna medida los roles de la persona (activa) y el objeto (pasivo): «pensar que algo así se piensa a sí mismo, / ¿quién lo diría?». Con todo, porque exista un pantalón hermoso y deseable, un pantalón a la moda en una tienda de ropas, «¿eso basta para comprarlo? ¿Y eso basta para comprar mi deseo?», se detiene a cuestionarse ella para, enseguida, convertir sus divagaciones en una fantasía deseante, erótica, que desbarata el plano de realidad sobre el que actuaba: «Ahora me posee una idea, una ficción de ese pantalón conmigo dentro, ya está, ya está metido dentro mío, me atraviesa [...] Él me ha comprado a mí sin darme nada a cambio, sin entregarse. No es justo. Es muy violento. Me grita, me sacude». Tal pareciera que la ropa intentara forzar al cuerpo a cambiar, a mudar de forma, a ser algo ajeno a su naturaleza para ajustarse, someterse a la dictadura de la industria de la moda. Hay un no sé qué metafísico, profundamente existencial y óntico en el modo en que una se relaciona con su ropa, expresión textil que ayudará a construir, a revestir con densidad simbólica y a comunicar una parte de nuestro pasado, de nuestras vivencias, de nuestras múltiples y cambiantes identidades, de nuestro itinerario vital. Pero ahora se trata de «cortar [...] los vestidos, las armaduras», de «[u]sar la palabra para nombrar infalibles, deseos, grilletes...» (2018: 42), como diría la autora en «United States of America», anticipándose a los mismos conflictos que resurgirán en «El trajecito...» porque nunca son solucionados ni tocan fondo.

Retorna en la siguiente sección-estrofa-abrevadero la idea obsesiva del movimiento, la repetición circular, el deambular casi baudelairiano, casi teatral por el poema; el «vuelvo ahora y estoy frente al perchero», «vuelvo a mi recorrido» que marca una conversación rumiada hacia adentro con la cadencia del soliloquio, y a la vez retoma el sentido reiterado de un viaje inestable con calas y derivas, con tensiones que se debaten entre fuerzas centrífugas y centrípetas, estas últimas las más peligrosas para el cuerpo y la conciencia, pues van arrastrando a la voz poética cada vez más hacia el fondo de sí misma, hasta caer en el ensimismamiento, en la andanada de preguntas a ratos filosóficas que son respondidas, cooperativamente, entre ella, la narradora poética, que se siente acaso lejos de La Habana, en una región más templada, y la lectora o lector: «Pero qué busco: ¿tafetán, transparencias, brocatos, modal, jersey, algodón/saquitos de harina?». El tafetán, el brocato, el jersey, tejidos improbables cuando no imposibles de concebir y vender en el calor inhóspito de La Habana, deslizan la territorialidad imaginada del poema hacia una Buenos Aires donde caben el invierno, los abrigos ligeros y los trajecitos rosa que se prueba Nara.

A partir de este momento, sin embargo, «El trajecito rosa» va a perder un poco de su juguetona provocación inicial para tornarse mucho más dramático, violento y oscuro una vez que la apacible y ordinaria escena de la tienda retrocede y el espacio se transmuta en una deprimente *trapishopping*, en una tienda de ropa de segunda mano. Esa es la ropa que nadie quiere, que nadie prefiere comprar porque está usada, raída, vieja, fuera de moda. La gente que escarba entre los montones de esas ropas «recicladas» (de quién, para quién) evoca con frecuencia la imagen de los pobres desarrapados que escarban en los vertederos de basura. Estos trajes, faldas y vestidos usados son los hijos bastardos a la deriva, los marginados sociales, los *freaks*, los rechazados, los desechos de un sistema (el de la moda, pero también el político) que los expulsó a los intersticios, a la pérdida de atributos, de identidad pero que, no obstante, siempre hallarán a quien cubrir la desnudez y la precariedad del cuerpo. «Esa ropa no necesita planificar mi recorrido, esa ropa no espera mi visita, / nadie la desea, nadie la mira con sus / propios ojos, sino que viene con otros: cerrados de / aburrimiento, ojos de pobreza, ojos de guata».

La voz poética ha venido demostrando a lo largo de *El trajecito rosa* su gran capacidad para conmovernos, para transmitir ternura o criticarse con dureza a sí misma. Los diminutivos quedan atrás y el paisaje se cubre de sustantivos, imágenes y verbos opresivos, paranoicos, implacables hasta la revulsión y la crueldad, que evocan otro tipo de belleza, la del horror, la del dolor, la del desamparo: palabras como golpes, patadas, aplastar, muerte, perra, grasa, suciedad, sangre, perro muerto, secreción parecieran negarse a coexistir con la idea de un inocuo y frívolo trajecito color rosa. «Toda esta ropa, toda esta gente que la usaba antes, dónde está». El poemario había venido amenazando con la preguntada, emboscada detrás de los extrañamientos y las faltas de reconocimiento que sacuden a las personas poéticas/narrativas, pero ahora se explicita claramente el tópico del *ubi sunt*, el lamento por lo que se ha perdido, por las gentes, las realidades y las cosas que se esfumaron del presente y de la memoria colectiva, hasta que la mirada sensible de la *performer* realiza una operación arqueológica, evocativa, a gran costo personal, y les devuelve una relevancia, una presencia, las hace importar, de algún modo, durante el tiempo breve de los versos.

Y al que se prueba las pertenencias sucias y ajadas que no son suyas, que se posaron antes sobre las pieles y los cuerpos de desconocidos, ¿qué le ocurre? ¿Es acaso poseído, privado de identidad y (re)conocimiento? Sin permitirse un alivio a las tensiones dramáticas que se han acumulado rápidamente en pocos versos de ominosas pinceladas atmosféricas, la pesadilla invade con su escenografía despiadada y lúcida lo que ya intuye la protagonista en su imperturbable registro de conciencia, de sensaciones físicas y psíquicas que jamás se ha detenido desde la primera línea del texto: «Cada prenda que te pruebas –me digo mirándome al espejo al final del pasillo– es la pesadilla de alguna muerte desconocida. [...] Me convierto en otra mujer. No es una prueba, no es un error, no estoy probando más que mi frágil condición [...] Yo vestida de otra, disfrazada de otra, untada de otra grasa que no es la mía, con otro ladrido».

El mayor acto de cinismo y de indiferencia corresponde al dependiente que observa a la mujer sin atenderla, espectador impersonal y anestesiado de un espectáculo que tiene lugar ante sus ojos y no le interesa presenciar: «El vendedor me asegura que todo se lava antes, que la ropa se plancha antes y se perfuma con esos nuevos productos que él tanto conoce» (73). En el instante en que ella emerge por última vez del probador, después que ha sido peregrina, maniquí, cuquita, lo hace «vestida con *ese* trajecito y creo que le recuerdo a alguien» (énfasis mío). A quién no podría recordarnos la que se viste con ropas prestadas o recicladas, con ropas que antes salieron a la calle vistiendo un cuerpo ajeno. Es inevitable, también, que tanto el vendedor como nosotros invoquemos por última vez el traje Chanel/el luto rosa que vistió Jacqueline Kennedy, en particular si consideramos que el referente lírico anterior dentro del libro total –creando casi un dístico, una simbiosis, una hermandad inseparable y dialógica con «El trajecito...», al punto de que sus historias/conflictos respectivos se completan, solapan y relacionan visceralmente– es justo «Armas extraviadas», en donde se recrea el impacto del asesinato de John F. Kennedy desde la histriónica perspectiva de su mujer, una Verónica de sangre sobre fondo rosa *haute couture*.

Como el conjunto de la ex primera dama, que ha perdido su lustre, su aura sagrada, su estatuto de alta costura en el impecable mundo de la moda; como una Jackie sin maquillaje ni *glamour*, reducida a la estampa de una muchacha menuda, trigueña, sudada, desencantada de la vida, embarrada de fluidos corporales, así bien podría lucir esta otra mujer anónima, una mujer cualquiera que se enfrenta *again* a la ordalía del probador y los espejos, con el sueño de conseguir su propio traje chaqueta. Ambos poemas, en el fondo, comparten y generan, echando mano a mecanismos y efectos más o menos similares, una común desesperación, una angustia, una rabia, una reconquista/redescubrimiento (dramático, brutal, agónico) del ser femenino, del cuerpo y la subjetividad propios, de la identidad personal que se canaliza y potencia mediante lo vestido (o lo desvestido), y concluye en la asunción de una nueva conciencia, la práctica de una voluntad madura, el hallazgo de una actitud independiente. Jackie aprehende su auténtica personalidad, su voz, su carisma *después* de la sangre que ensucia su inmaculado Chanel hasta fijarlo en la memoria; la protagonista de «El trajecito...», ropa que tal vez desechó la misma Kennedy y fue a parar a esa pila de trapos de uso, maltratados por la historia, malqueridos, renuncia al *deber* de llevarlo-poseerlo, a pesar de que sea tan rosa, tan *fashionable* y tan icónico. La ordalía/prueba termina en renovado y fructífero fracaso, en una anticatarsis de signo positivo, en una no revelación que conduce al verdadero conocimiento, en una fallida exhibición donde ella, la compradora, la replegada, la que ha permanecido en escena con la luz enfocándole de lleno en el rostro, ya no sabe reconocer ni su cuerpo, ni su voluntad ni su deseo. «¿Quién es esta mujer del trajecito rosa, qué cuerpo es este que no es mi cuerpo? No soy yo, nada de esto me pertenece, no lo deseo, no lo compro entonces. Quién me toca mis labios rosa, mis ideas rosa, mi piel satín rosa, mi rubor, mi dinero».

En la coda amenaza con irrumpir la lengua paródica de Néstor Perlongher con su «Nena, si querés salvarte, nunca te olvides el saquito, el largo Chanel, el rodete», que se burla de los consejos que daban las madres y abuelas argentinas a sus niñas «bien» para que se cubrieran los cuerpos decorosos. Con todo, la cita de Perlongher es mucho más juguetona y traviesa que el intervalo final del texto de Nara Mansur. La mujer del poema no se derrumba. Regresa sobre sus pasos y se planta en el escenario sobre el que ha derramado su ser y sus preguntas para concluir el último acto/acción con una voz preñada de esperanza con la que enseña que ha sufrido una evidente transformación tras quitarse el traje rosa y retornar a sus propias prendas, a sus palabras, sus huesos, su dolor. Porque esta mujer que ha sido interpretado/interpelado a otras mujeres no se distancia de lo vivido, no se protege, no se esconde detrás de trapos y tropos, no da más vueltas esquivas, no se extravía en los meandros de su mente y del lenguaje, sino que prefiere reconocer sus fracasos y y desear para el futuro una perspectiva mejor. De ahí su plegaria por una mano tierna, la mano femenina y solidaria que ojalá se le tienda para seguir ofreciendo amor, consuelo, amistad y simpatía. Porque una mujer que espera a la intemperie, que se halla expuesta, perdida, desnuda, extenuada, al borde de la derrota, sabe que otra mujer le dará amparo, le prestará un vestido, le obsequiará una caricia, le posará un beso en la frente, la boca o la mejilla, la ayudará a alcanzar un remanso, compartirá con ella su calma y la dejará, en paz, lamerse las heridas: «Qué mujer desconocida tendrá el valor de vestirme con su ropita gastada y cool / qué mujer me dará su limosna con amor mañana / qué perra me va a lamer. / Qué mujer vendrá a buscarme. / Y doy marcha atrás y comienzo a probarme todo tipo de cosas para esperarla». No serán un hombre nuevo, un redentor, una patria, una familia, un rosado atuendo los que acudan a la cita.

Bibliografía

Agamben, Giorgio (2011): *Desnudez*. Buenos Aires: Adriana Hidalgo.

Guerriero, Leila (ed.) (2017): *Cuba en la encrucijada. Doce perspectivas sobre la continuidad y el cambio en La Habana y en todo el país*. Ciudad de México: Penguin Random House.

Leñero, Carmen (2003): «Palabra poética y teatralidad». En *Acta poética* 24: 225-258.

Mansur, Nara (2018): *El trajecito rosa*. Buenos Aires: Buenos Aires Poetry.

Puesta a prueba

Achy Obejas

para m (madrid-barz-parís)

¿Ves el Capitolio? Es un excelente ejemplo de arquitectura neoclásica. Tiene una cúpula central que se eleva por encima de una rotonda desde la que se despliegan dos alas, una para cada cámara del Congreso: la norte es para el Senado y la sur para la Cámara de Representantes.

Tiene exactamente 88 metros de altura. En cierta época la construcción de cualquier edificación más alta estuvo prohibida, pero la ley fue modificada en 1910 y ese límite fue extendido a unos 6.1 metros más allá del ancho de la calle adyacente en la cual se construyera la nueva estructura. Una fórmula absurda, no hay duda. Como resultado, el Capitolio es en realidad la quinta estructura más alta en Washington D.C.

Ahora, imagínalo reducido: ese es el Capitolio en La Habana. Si algún día lo visitas, ya verás.

Los cubanos dirán que es más grande que el de Washington, pero si tomas un par de fotos y comparas los edificios –sobre todo si hay turistas posando en las escaleras– adquiere una cierta dimensión humana... El turista en Washington, obviamente, sería latino y no tan alto (como resultado de haber sido criado en el Tercer Mundo o en un ghetto norteamericano); y el de la Habana sería alto y gringo, pero nada de eso realmente importa. (Los yumas en La Habana son generalmente reconocidos por sus camisetas del Che. La mayoría de los cubanos que usan una, lo hacen solo para las marchas, o cuando están en Europa, con el fin de cumplir con las expectativas de las leyes coloniales). Es muy probable que el yuma nunca haya visitado el Capitolio en Washington.

Un dato más sobre la estructura del Capitolio cubano, uno que resulta simplemente exótico: hay un diamante de 25 quilates incrustado en el suelo de la sala principal que marca el punto cero de Cuba. El original se dice que perteneció al Zar Nicolás II de Rusia y fue vendido al Estado cubano por un comerciante turco (ahora se puede ver que hay una conexión rusa, pero aquel comerciante probablemente tenía muy poco de turco, ya que en mi Cuba muy pocas cosas son lo que aparentan. Y ese comerciante, quien quizá era polaco o alemán u holandés –quién coño sabe– era sin dudas un judío). El diamante fue robado el 25 de marzo de 1946 y luego fue devuelto misteriosamente al Presidente Ramón Grau San Martín tres meses más tarde. En 1973 fue reemplazado, tan misteriosamente como cuando por primera vez desapareció, por la reproducción que ahora ves.

El Capitolio de La Habana es en realidad cuatro metros más alto que el americano, cuatro escasos metros que empujan la cúpula hacia el cielo, pero en realidad no puede ser aplaudido como un logro de Cuba. Por lo general, el isleño que se jacta de ello –insolente y en voz alta– no tiene ni idea de que el gran símbolo nacional fue diseñado por un par de cubanos nativos bajo la atenta mirada de –¡qué sorpresa!– una compañía norteamericana.

Y a pesar de la obvia similitud –la descarada similitud con el Capitolio estadounidense, el arquitecto, Eugenio Raynieri, murió insistiendo en que su inspiración nunca fue Washington –¡no señor!– sino la cúpula del Panteón de París.

Por favor, ten en cuenta la inspiración de los espíritus de Voltaire, Rousseau, Marat, Zolá y muchos otros. Imagina el nivel de delirio que se necesita para imaginar que, con todo y la obvia evidencia –¡basta con mirar las putas fotos!– sea posible usar el sentido común.

Pero no importa. Vamos a pasear un rato. Dobla por esa callecita y verás lo hermosa que es... sí, sin dudas La Rambla es una de las muchas callecitas que hay por aquí... es por eso que ellos las llaman las Ramblas o *Les Rambles* en catalán. Creo que viene del árabe y quiere decir algo así como «fondos arenosos». Si vas por la Plaza de Cataluña hasta el puerto, encuentras la Rambla de Canaletes y la siguiente es la Rambla dels Estudis y así sucesivamente: la Rambla de Sant Josep, la Rambla dels Caputxins, la Rambla de Santa Mónica y la Rambla del Mar. Hace años el malecón terminaba justo en el agua, pero ahora es más o menos en el «Maremagnum» –espérate hasta que veas esa locura, el resultado del capitalismo salvaje, con su Lacoste y su Oysho y su Scapa Sports; no es para nada mi lugar favorito de Barcelona. García Lorca decía que la Rambla era la única calle en el mundo que no quería terminar. Como puedes ver, les importó un carajo lo que dijera Federico.

En fin, es un paseo bonito ¿verdad? Me gusta ir de compras a las tiendecitas y ver a los artistas callejeros, como esos de allí, o a los tragafuegos... También puede ser insoportable, especialmente durante la temporada turística. Generalmente hay más turistas que gente de la ciudad y eso ha cambiado lo que las tiendas ofertan y también el ambiente de las calles. Es por eso que se ha convertido en plaza fija para los carteristas y los precios están por los cielos.

Pero si te lo imaginas en miniatura es igual al Prado de La Habana. Si vas a Cuba con un grupo de turistas, verás que ya está en la lista de lugares favoritos de todas las guías de la ciudad.

Nuestro Prado solo va del Parque Central, cerca del Capitolio, hasta el Malecón. Fue construido en el siglo XVIII, pero cuando fue remodelado en 1928, se benefició del estilo neocolonial que incluye los pequeños bancos de mármol, los faroles y los populares leones de bronce, testigos silenciosos y protectores de aquellos a quienes les gusta pasear bajo los árboles.

Por supuesto que en una ciudad moderna, un lugar como el Prado no es ya el oasis que originalmente se quería que fuera. La vida en el Prado se mueve a diferentes ritmos, dependiendo de la hora. Los niños que patinan por el día son reemplazados en la noche por muchachas que seguirán a cualquier rubio hasta el final de la calle solo para preguntarle qué hora es. Lo mejor es ignorarlas, al igual que a los tipos que promueven pequeños restaurantes, o que venden cigarrillos, tabacos, ron, mulatas, su hermana o hermano, su esposa o esposo, su madre o padre o cualquier pariente que esté a la mano. Los fines de semana, los artistas venden cuadros con los rostros de los íconos revolucionarios (pero ninguno de Quien-Tú-Sabes) y con escenas pintorescas de una Habana imaginaria.

También hay gente que viene a negociar asuntos relacionados con la vivienda. Algunos buscan lugares pequeños, otros una mejor ubicación. Cualquier diferencia de precio se puede arreglar permutando o con dinero en efectivo. A pocos pasos del punto de negocio de las casas, llegan en convertibles algunas parejas que entran a un viejo casino español con elementos arquitectónicos moros, góticos y renacentistas. Es el Palacio de los Matrimonios. Hasta cinco parejas se pueden casar al mismo tiempo. Algunos hablan con el guardia de seguridad para que los dejen ir al techo, desde donde se puede ver todo el Prado. Los techos cercanos tienen sus propias vistas: parejas *in fraganti*, travestis haciendo un desfile de modas, un suicidio a punto de suceder. Y si esperas un momento, de seguro escucharás a la mujer que cada noche grita: ¡Fósforos! ¡Alcohol! ¡Vete pa' la pinga, hijoe'puta! ¡Dame los fósforos!

Pero como te iba diciendo... lo que más me gusta de Chicago es South Lake Shore Drive. Fue parte del plan Burnham en 1909, el cual contempló anchas calles y bulevares, parques y otros espacios verdes. Desde la muerte en 1912 de Daniel Burnham, diseñador y arquitecto de la ciudad, muchos de sus planes se han hecho realidad. Los resultados de su modelo pueden ser claramente observados en los lagos y parques adyacentes.

Es aquí donde puedes ver unas de las mejores instituciones culturales de Chicago. Está el famoso campus del museo: el Field Museum of Natural History, el John Shedd Aquarium y el Alder Planetarium; el Soldier Field en donde juegan los Bears, el equipo profesional de fútbol americano y McCormick Place, un centro de convención que atrae a más de cuatro millones de personas al año y que también está en Burnham Park. Al sur está el Museum of Science and Industry.

Jackson Park tiene muchas atracciones maravillosas, incluso estanques, muelles, caminos para pasear y el único campo de golf público con dieciocho hoyos en todo Chicago. El Paul H. Douglas Sanctuary, situado en una isla salvaje, también es un lugar popular. Se pueden identificar allí más de trescientos diferentes tipos de aves. El centro recreativo del Jackson Park tiene una fuente interactiva que simula el movimiento de un carrusel con luces, música y arcos de agua arremolinada que se alzan hasta tres metros en el aire.

Ahora imagínatelo sin un toque de verde, sin estanques o playas, sin museos o campo de golf, sin un centro de convenciones, sin una fuente interactiva o cualquier especie de ave. Imagínatelo como una extensión de siete kilómetros de concreto con un rompeolas que esconde arrecifes de coral, las ofertas, las parejas, el contrabando; imagínatelo por un lado bordeado por edificios dañados por el agua salada y la indiferencia y otros que están en proceso de restauración (prestos a ser convertidos en hoteles o apartamentos para extranjeros y cubanos con conexiones en el extranjero); y por el otro lado, imagínatelo lleno de pintorescos pescadores con sus varillas y sentados en llantas en plena mar (sí, en llantas, ni preguntes); de parejas amorosas o enojadas; de estafadores de todos los colores y tamaños ofreciendo todo tipo de actividades interactivas; de vendedores ofreciéndote un juego completo de té hecho de plata, un Rolex, una primera edición del libro *Native Son* de Richard Wright (por solo $2.50 USD), un muñeco del Che (con una camiseta que dice «Patria o Muerte»), o una foto de Benicio del Toro semidesnudo y vomitando sobre la llanta de un Chevy del 56 (por lo menos eso es lo que dice el vendedor y se parece a él...) y de masturbadores olímpicos que pueden disparar a más de tres metros. ¡Eso es el Malecón habanero! (Claro que lo disfrutarás –es imposible no hacerlo, especialmente tarde en la noche cuando estás regresando a casa después de una fiesta, cuando no hay nada como la brisa del mar para aliviar la borrachera).

¿Sabías que todavía hay monos en los árboles cerca de aquí? Sí, sí, monos como en Tarzán. Creo que fue en el 56 que cuarenta y cinco monos se escaparon de Tierpark Hagenbeck y se perdieron en Hamburgo. La policía solamente pudo capturar a veinticuatro de ellos y mientras tanto, el resto se iba colando por las ventanas y robando pasta de dientes, jabón y cualquiera cosa que se encontraran en su camino. Quizá sea solo una leyenda eso de que todavía hay descendientes de aquellos monos rodando por ahí ¿verdad? Es difícil imaginar que la policía alemana no fuera más eficiente al capturarlos. O que los monos por su propia voluntad no regresaran a Tierpark Hagenbeck, porque hay pocos zoológicos que se le comparen: es conocido como el primer zoológico que usara espacios abiertos y rodeados por fosos en lugar de jaulas. Es una suerte de paraíso –si es que es posible encontrar un paraíso cuando has sido desplazado. Claro que me estoy refiriendo a los monos, a los monos desplazados. Bueno, me gusta la leyenda... me gusta la idea de que en Hamburgo pueda haber monos en los árboles.

En el zoológico de La Habana jamás ha pasado algo así. Los animales no se escapan. Se multiplican. Viven felices. De hecho, los administradores están preparando un envío de animales a Venezuela el mes próximo. No lo estoy inventando –es cierto.

De la misma manera que Cuba envía médicos a Venezuela a cambio de 92.000 barriles de petróleo al día, Venezuela ahora proporciona equipos médicos a Cuba a cambio de los animales. Todavía están preparando la lista, pero entre los ya confirmados están un león, un pequeño hipopótamo, dos hienas, un antílope y una vaca ankoli africana. Es posible que envíen un rinoceronte blanco después. También hay una jirafa que se llama Evo, como el presidente de Bolivia. Esta Evo come plátanos, papas, calabazas, leche y huevos duros –la verdad es que come mejor que mis vecinos, pero bueno, es una jirafa y hay que tenerlo en cuenta. No es lo mismo que un niño o una persona mayor.

Recuerdo que hace unos años (durante el Período Especial, querida, y eso lleva una explicación muy larga para la que ahora no tengo tiempo, pero trata de imaginarte un infinito hueco negro, sí, muy negro, y piensa en esta historia a partir de ese contexto) una artista amiga mía quería hacer una cosa con la carne y decidió ir al zoológico para ver si podía pedir algo prestado. La idea era utilizar la carne con la que alimentan a los leones en su proyecto de arte y luego devolverla y de esa manera todo el mundo iba a ganar, ella y los leones. Juro por Dios que no miento. Ella quería tapizar una caja con carne. Era un performance ¿entiendes? Pero cuando habló con el tipo del zoológico sobre el tema, el pobre hombre casi se muere de risa. «¿De qué mierda de carne estás hablando? El zoológico de La Habana tiene los únicos leones vegetarianos del mundo. Comen zanahorias ¡montañas de zanahorias!».

Lo increíble es que aun así, el zoológico de La Habana ha logrado desarrollar una de las mejores colecciones de animales africanos del mundo. Más de cuatrocientas cebras (descendientes de una que terminó hecha picadillo durante el Período Especial y fue disfrutada por todo el vecindario) han nacido en cautiverio en sus ochocientos cuarenta acres, al igual que trescientos leones, muchos de los cuales han sido enviados a zoológicos en otros países. Por supuesto, nadie habla sobre el pasado vegetariano de los leones. Sería como decir que están enviando leones maricones y aunque la homosexualidad en La Habana puede estar en boga, no llegarían muy lejos, digamos, a Caracas.

Algunos de los leones se remontan a los que el presidente de Tanzania, Julius Nyerere, le dio a Quien-Tú-Sabes en los años setenta. Todo el mundo recuerda a Nyerere, siempre más africano que socialista, pero un socialista hasta el final, un socialista hasta su muerte. Pocos recuerdan el momento en que Nyerere se dio cuenta de que la economía de Tanzania no había prosperado bajo su sistema y, antes de retirarse de la presidencia en 1985, en un acto de honestidad singular, durante su discurso de despedida, declaró: «He fallado. Tengo que admitirlo».

Bueno, eso *aquí*... ¡imagínate!

Conocerse en el espacio diaspórico alucinante
«Puesta a prueba» de Achy Obejas

Jacqueline Loss | *University of Connecticut*

Muchos escritos de Achy Obejas (La Habana, 1956) están poblados de cubanoamericanos que exploran sus géneros, sus orientaciones sexuales, su religión, sus vastas relaciones con otros inmigrantes y con los «americanos» que viven a su lado en los Estados Unidos. Algunos de esos personajes –a diferencia de otros, que integran generaciones que les precedieron, sobre quienes Obejas también escribe, y que son renuentes a poner un pie en aquel país mientras el gobierno revolucionario siga en el poder– incluso visitan a sus parientes e interactúan con muchos conocidos en la isla. Convendría recordar que la narradora de su novela *Memory mambo* dice en algún momento: «Por cada cubano que he conocido en los Estados Unidos, hay al menos un pariente que se quedó en la isla» (Obejas 1996: 74). Y en otras novelas como *Days of awe* (2001) y *Ruins* (2009a), Obejas, en contraste con muchos narradores cubanos instalados en los Estados Unidos a quienes les interesan temáticas nostálgicas sobre sus países natales antes del exilio, indaga en historias contemporáneas basadas en la isla. Ya en 1992, el sociólogo Lisandro Pérez, en una crítica a las distinciones artificiales que establecen muchos investigadores en sus trabajos sobre Cuba, había llamado la atención sobre la interconectividad de las historias que existen entre quienes residen en la mayor de las Antillas y los que se encuentran en el exilio. El personaje protagónico del relato «Aguas», de Obejas, expresa esta conexión de un modo singular, cuando afirma que ella «se siente cómoda en este estado de humedad [...] como si flotara en líquido amniótico» (Obejas 2009: 23). Es decir, sus sentimientos hacia Cuba, sus recuerdos y sus conocimientos sobre la isla no están arraigados en un pasado firme, sino que más bien se reactivan en el presente, por medio de sus viajes a la isla y sus interacciones con las personas de allá.

El narrador/a de «Puesta a prueba» comienza su relato con la pregunta «¿Ves el Capitolio?», una pregunta que anuncia una tensión entre espacios dislocados y superpuestos que es análoga a las experiencias y percepciones que tiene el propio/a narrador/a acerca de la cubanidad, especialmente cuando entra en contacto con otras personas y lugares. Incluso el género del narrador/a, que habla desde la primera persona, no parece preciso, y solo deja escapar el término cariñoso «querida» una vez para referirse a su interlocutora.

Si bien las formas de saludar que caracterizan un relato epistolar se han omitido en «Puesta a prueba», los rasgos de este género literario son continuamente usados en la narración. Al mismo tiempo, la autora lanza un guiño al costumbrismo decimonónico, con sus representaciones locales de la vida cotidiana. O sea, el cuento persigue transmitir suficiente información sobre La Habana como para que el lector se imagine que conoce más plenamente al narrador/a y sus orígenes. El relato transmite una forma singular de conocimiento psicogeográfico, por medio de comentarios sobre lugares e historias, algunas divertidas y otras angustiosas, vinculadas a experiencias individuales y colectivas. Del mismo modo, es preciso recordar que el destinatario de una narración de apariencia epistolar no tiene por qué ser necesariamente una persona «real». Tal pudiera ser el caso de «Puesta a prueba», que se dirige a la problemática subjetividad diaspórica que está de antemano constituida por las relaciones con su país natal y por el conflicto de permanecer simultáneamente dentro y fuera de aquel entorno. En el caso específico de Cuba revolucionaria y su relación conflictiva con los Estados Unidos, dicha subjetividad presenta la dificultad adicional de que los silencios son tan importantes como las expresiones vocalizadas.

La guía turística imaginaria que ofrece Obejas por la capital de Cuba está ya inscrita en la percepción de alguien que habla desde el punto de vista del desarraigado, con lo cual no solo se sugiere el desplazamiento real del narrador/a, sino también la peculiar manera mediante la cual los cubanos se comprenden a sí mismos. En el cuento, las ideas que se expresan sobre el imaginario del otro se derivan de lugares comunes que son perfectamente conocidos sobre Washington D.C., Barcelona y Chicago, además de informaciones tomadas de la historia «universal». Maurice Merleau-Ponty y Michel de Certeau podrían ayudarnos a indagar mejor sobre preguntas que subyacen al experimentar ciertos espacios. Para Merleau-Ponty:

Las visiones científicas, según las cuales soy un momento del mundo, son siempre ingenuas e hipócritas porque sobreentienden, sin mencionarla, esta otra versión, la de la consciencia, por la que un mundo se ordena en torno mío y empieza a existir para mí. (Merleau-Ponty 1993: 9)

Para llegar a conocer tanto La Habana del narrador/a como al propio narrador/a, «Puesta a prueba» sugeriría la necesidad de reflexionar sobre esa consciencia desde la cual La Habana emerge ante el narrador/a. Esto implica ir más allá de la serie de hechos que se enumeran en las historias sobre la ciudad y pensar las subjetividades que encarnan en dichas historias. En un sentido similar, Michel de Certeau afirma:

«La ciudad», como nombre propio, ofrece de este modo la capacidad de concebir y construir el espacio a partir de un número finito de propiedades estables, aislables y articuladas unas sobre otras [...] Bajo los discursos que la ideologizan, proliferan los ardides y las combinaciones de poderes sin identidad, legible, sin asideros, sin transparencia racional: imposibles de manejar. (Certeau 2008: 4)

Es decir, dentro del concepto de la ciudad no pueden incluirse las vidas. La ciudad es la dualidad entre el concepto «ciudad» y la manera en que es vivida, una dualidad que aparece llamativamente acentuada en el relato de Obejas.

Igualmente, más que una identidad claramente definida, como cubana, cubanoamericana o estadounidense, «Puesta a prueba» subraya el punto en el cual la percepción transgrede las fronteras autoritarias del conocimiento, mostrando cómo esas fronteras están en sí mismas atrapadas dentro de discursivos delirios de autenticidad. El edificio de la capital de los Estados Unidos no es ni «un excelente ejemplo de arquitectura neoclásica [con] exactamente 88 metros de altura», ni tampoco es el comentario del narrador/a sobre la «quinta estructura más alta en Washington, D.C.»: «En cierta época la construcción de cualquier edificación más alto estuvo prohibida pero la ley fue modificada en 1910 y ese límite fue extendido a unos 6.1 metros más allá del ancho de la calle adyacente en la cual se construyera la nueva estructura». El cuento sugiere que los lectores no pueden conocer la manera en la que el narrador/a percibe la realidad sin al mismo tiempo buscar una zona de contacto desde la cual examinar el edificio de La Habana, la retórica legal por medio de la cual está constituido y las miríadas de comentarios que informan sobre una manera cubana de verlo.

El hecho de que el Capitolio de La Habana sea cuatro metros más alto que el de Washington es el único rasgo objetivo que, desde el punto de vista arquitectónico, conforma la historia de este peculiar edificio, que le parecería idéntico al de la capital norteamericana a cualquier mirada supuestamente neutral, pero desde luego, una mirada nunca es neutral. La percepción del narrador/a sobre las dos construcciones se basa en esas actitudes cubanas asociadas con una supuesta superioridad. «Por lo general, el isleño que se jacta de ello –insolente y en voz alta– no tiene ni idea de que el gran símbolo nacional fue diseñado por un par de cubanos nativos bajo la atenta mirada de –¡qué sorpresa!– una compañía norteamericana».

Es por medio de esta explicación del descaminado orgullo nacional sobre la pretendida soberanía de Cuba –iniciada en 1902, con la proclamación de la República, y continuada con la Revolución de 1959– que el narrador/a les describe el edificio capitalino tanto a su «querida» y ausente interlocutora/destinataria como a sus lectores. Solo por medio de una aproximación a esta vasta cartografía de actitudes que trascienden Washington D.C. o La Habana actuales es que podemos imaginar cómo el narrador/a ve los edificios de ambas ciudades.

Al contemplar el emblema de la resistencia nacional, que se expresa en las similitudes entre los dos edificios, el narrador/a revela que el arquitecto cubano Eugenio Raynieri insistió en que la fuente de inspiración para este capitolio –construido bajo la presidencia de Gerardo Machado y culminado en 1929– «fue la cúpula del Panteón de París». Esta terquedad se adentra en el mito de cómo los cubanos se ven a sí mismos. En este caso, inspirarse en Francia y no en los Estados Unidos –que ya en 1895, José Martí, la figura más internacionalmente conocida de la independencia nacional, llamó el «monstruo», al que decía conocer por haber vivido en sus «entrañas»– proporcionaba una alternativa elitista, ni estadounidense ni tampoco española, frente a las formas de dominación reales que padeció la nación en los años que siguieron a la ocupación militar norteamericana de 1898. La tensión entre la supuesta autonomía y la imitación del poder imperial no es exclusiva de la experiencia cubana, sino más bien un comportamiento impregnado en las subjetividades postcoloniales. De hecho, Homi K. Bhabha en su discusión sobre la mímesis poscolonial menciona que puede leerse como un alarde, vinculado a la noción de superar el original:

> El mimetismo es, entonces, el signo de una doble articulación; una compleja estrategia de reforma, regulación y disciplina, que se «apropia» del Otro cuando este visualiza el poder. El mimetismo, no obstante, es también el signo de lo inapropiado, una diferencia u obstinación que cohesiona la función estratégica dominante del poder colonial, intensifica la vigilancia, y proyecta una amenaza inmanente tanto sobre el saber «normalizado» como sobre los poderes disciplinarios. (Bhabha 2002: 112)

Esta expresión relacional está tan profundamente enraizada en la conciencia nacional que el destinatario de «Puesta a prueba» podría no llegar a entender el tour imaginario sin tener en cuenta este problema. El relato también obliga al destinatario de la carta a implícitamente involucrarse en la manera en que el cuento se relaciona con los poderes coloniales.

El sentido de identidad que caracteriza a los cubanos está muy bien explicado por Louis A. Pérez, Jr.:

> Las formas mediante las cuales los cubanos desarrollaron los términos de una autoconsciencia colectiva deben ser entendidas, en sí mismas, como rasgos de la personalidad del cubano: un pueblo seguro de un destino que estaba vaticinado en su historia. En algún momento del siglo XIX, los cubanos desarrollaron la capacidad de asumir una mirada externa, llegaron a verse a sí mismos desde afuera tanto para contemplar el mundo en general como para medir su lugar en ese mundo, al que nunca dudaron que pertenecían. (Pérez, Jr. 2013: 7)

Lo que sería necesario enfatizar en este fragmento del reconocido historiador es la frase «en su historia». Pérez no está abogando por ningún esencialismo, sino más bien por la percepción que los cubanos tienen de su lugar en el mundo, basada en circunstancias históricas. Este excepcionalismo es crucial para comprender «Puesta a prueba», ya que, más allá de las locaciones descritas, lo que está en juego es esta manera de ser en el mundo que caracteriza la idiosincrasia de los cubanos y de los inmigrantes cubanos.

El narrador/a posee, además, una herramienta más actualizada para medir el tamaño de los capitolios en perspectiva –una perspectiva creada al contemplar los cuerpos de aquellos que están «posando en las escaleras». En el caso de la edificación habanera los altos extranjeros del «Norte» hacen que la planta de la construcción parezca más pequeña. En Washington D.C., por el contrario, la baja estatura de los que provienen del tercer mundo crea la ilusión de que el capitolio luce más grande. Estas cualidades mensurables se encuentran entre los muchos aspectos polémicos del relato. La historia de Cuba no solo está condicionada por mezquinas luchas de poder, como vimos anteriormente, sino también por chismes, frecuentemente introducidos por la frase «se dice que»

> hay un diamante de 25 quilates incrustado en el suelo de la sala principal que marca el punto cero de Cuba. El original se dice que perteneció al Zar Nicolás II de Rusia [...] En 1973 fue reemplazado, tan misteriosamente como cuando por primera vez desapareció, por la reproducción que ahora ves.

El desconcertante espejismo que se produce entre el original y la copia muestra cómo la memoria colectiva está igualmente condicionada por la conveniencia ideológica. El hecho de que el negociante que vendió el diamante fuese turco, polaco, alemán u holandés importa menos que la hipótesis judía que sostiene el narrador/a, «ya que en mi Cuba muy pocas cosas son lo que aparentan».

Es necesario aclarar que en «Puesta a prueba» el propio paseo errante por la ciudad no ha ocurrido todavía. No hay ninguna ciudad física que esté siendo explorada, ni hay ningún guía turístico, ni turistas. No hay tampoco ningún *flâneur*, ninguna *flâneuse*, ninguna multitud bulliciosa. Solo hay un lector implícito, interpelado desde la voz informal de la segunda persona. Como un modo de «poner a prueba» el contacto intercultural, el narrador/a intenta definir un lugar a partir de datos objetivos, interpretaciones personales, anécdotas que se apartan de los caminos trillados y similitudes que pudieran servirle como referentes al lector. Además, si —como mencioné anteriormente— en algunos de los escritos de Obejas el punto de enunciación para los sujetos cubanoamericanos es la isla, ese no parece ser el caso en este cuento. En su lugar, hay una profunda desorientación que es también un indicio, a un nivel más general, de las experiencias de la diáspora y sus vínculos con el texto. Como apunta Iván de la Nuez:

> Literatura y diáspora son dos estatutos obligados a vivir una enemistad indisociable: la diáspora te abre la posibilidad de habitar un mundo que antes

fue solo leído. Y al revés: el mundo anteriormente vivido ya es solo escritura, noticias del diario, webs en la red, cartas –en una palabra: texto. (Nuez 1999: 131-132)

Lo que puede palparse en el relato de Obejas no es el desasosiego entre el siglo XIX y la modernidad –tal y como se evidencia en la ciudad de la que habló Walter Benjamin– sino más bien los poco confortables modos de ver del isleño y el refugiado, que no pueden dejar de recurrir a interconexiones entre los espacios conocidos. Con la ausencia de una ciudad estable, el sujeto de la diáspora está obligado a retirarse hacia el texto, como un medio para transmitir las complejas realidades de otro lugar, que deben ser consideradas dentro de una cadena de significantes. Los lugares de interés turístico de La Habana –el Capitolio, el Prado, el Palacio de los Matrimonios y el Malecón– y el singular escenario del llamado Periodo Especial solo cobran vida dentro de dicha cadena relacional.

Como mismo ocurre con las relaciones que se crean entre los capitolios de los Estados Unidos y Cuba, el Paseo del Prado de La Habana es presentado mediante asociaciones con las pequeñas calles de Barcelona, llamadas las Ramblas, y su más importante centro peatonal, La Rambla. El Prado es un bulevar flanqueado por hileras de árboles, «construido en el siglo XVIII [...] remodelado en 1928» en un «estilo neocolonial». No obstante, de acuerdo con el narrador/a, en «la ciudad moderna» el Prado ya no es «el oasis que originalmente se quería que fuera», sino más bien un lugar transformado por las actividades ociosas –y no tan ociosas– de sus transeúntes. En ese sentido, las muchas caras del ocio y de las ideologías en boga irrumpen en «Puesta a prueba». En su estudio sobre el periodo que siguió a la desintegración de la Unión Soviética, Ariana Hernández-Reguant dijo a propósito de las industrias culturales:

> Estas constituyen no solo el apoyo institucional para la mediación y diseminación de formas de la cultura mediática, sino también sitios creadores de empleo, en los cuales convergen éticas y prácticas contradictorias, en una suerte de transculturación burocrática que subvierte, o al menos torna híbridas, las jerarquías socialistas de conocimiento y poder.
>
> Los artistas, como trabajadores creativos, fueron por lo tanto fundamentales para la transformación de la producción cultural cubana en un reglón exportable. (2004: 8)

«Puesta a prueba» deja implícito que el Estado tiene las riendas de un comercio que aparentemente no es acogido con beneplácito por el propio Estado. En las marchas de apoyo al gobierno y en Europa se encuentran los principales espacios donde, de acuerdo con el cuento de Obejas, los cubanos exhiben la ideología del Estado en las camisetas que lucen para cumplir con las expectativas gubernamentales (en el caso de las marchas) y con las «expectativas coloniales» (en el caso de Europa), mientras los norteamericanos coquetean con la imagen del Che Guevara, en sus ratos de ocio, como turistas que recorren La Habana. Irónicamente, estos comportamientos ponen de manifiesto la doble moral y la complicidad de los implicados. En el Paseo del Prado, los turistas pueden comprar «cuadros con los rostros de los íconos revolucionarios (pero ninguno de Quien-Tú-Sabes) y con escenas pintorescas de una Habana imaginaria». Sin llegar a atisbar las prohibiciones en Cuba, sea en conmemoraciones de líderes —como el siempre innombrable Fidel Castro («Quien-tú-sabes»)— o en definitiva cualquier otra cosa que no sean las «escenas pintorescas de una Habana imaginaria», el no-iniciado en la «Puesta a prueba» experimentaría la ciudad sin la zona de contacto que el narrador/a establece para su destinatario y sus lectores. El abigarrado despliegue en el Paseo del Prado depende de las aperturas y restricciones del Estado para la *mise-en-scène* de sus representaciones costumbristas contemporáneas. Esta dinámica, en miniatura, deviene una crucial «puesta a prueba», como se verá en el final del cuento.

Las «vistas desde lo alto», tal y como las ha desarrollado Mary Louise Pratt (2010), están a menudo asociadas con una perspectiva omnisciente. Con respecto a las maneras genéricas de recorrer la ciudad, Deborah L. Parsons ha sugerido que las *flâneuses* a las que estudia ocupan espacios diversos en la urbe «en lugar de flotar sin ataduras por encima de ella» (Parsons 2000: 14), como haría un *flâneur*. Si bien el narrador/a de «Puesta a prueba» apenas asume una perspectiva omnisciente, tampoco elude las vistas desde lo alto. Lo que sugiere, sin embargo, en su descripción, es una experiencia distinta de La Habana, desde las alturas, donde el «alboroto» no está limitado solo a los sectores más oprimidos de la sociedad. Desde el Paseo del Prado deambulamos por espacios a la intemperie, donde los grupos humanos están sometidos a la necesidad de adaptarse a las transcripciones oficiales y a las expectativas del turista que visita una nación postcolonial hasta llegar a otro «oasis». En el «Palacio de los Matrimonios», «hasta cinco parejas se pueden casar al mismo tiempo. Algunos hablan con el guardia de seguridad para que los dejen ir al techo, desde donde se puede ver todo el Prado». Pero la vista del Prado desde las alturas no es el único placer escópico. El ámbito afectivo es más diverso:

> Los techos cercanos tienen sus propias vistas: parejas *in fraganti*, travestis haciendo un desfile de modas, un suicidio a punto de suceder. Y si esperas un momento, de seguro escucharás a la mujer que cada noche grita: ¡Fósforos! ¡Alcohol! ¡Vete pa' la pinga, hijoe'puta! ¡Dame los fósforos!

Esta colorida experiencia está descrita de un modo humorístico, ya que el relato procura mantenerse tan apegado a los hechos como las descripciones arquitectónicas y urbanísticas que le preceden y las que vienen a continuación. No obstante, es precisamente en este pasaje «desde las alturas» donde emerge el costumbrismo más local. El alboroto se interrumpe bruscamente con la frase «Pero como te iba diciendo…», que momentáneamente podría hacer que los lectores se sintieran más cómodos al saber que el narrador/a se encontraba en Chicago. Obejas se mudó a esa ciudad en 1979 y trabajó allí como periodista durante dos décadas. En el 2010 fue incluida en el *Chicago LGBT Hall of Fame*. Sin embargo, la descripción de Chicago carece de la sensorialidad que inunda las descripciones de La Habana. Jackson Park se convierte en un nuevo punto de partida hacia un universo de ruinas y restauraciones, de paisajes pintorescos y, por último, hacia esa especie de atmósfera circense que es el Malecón habanero.

Todavía sin recuperarse de la embriaguez que produce el Malecón, el narrador/a pregunta: «¿Sabías que todavía hay monos en los árboles cerca de aquí?». El salto especial hasta Hamburgo probablemente sea el más vertiginoso y relevante del cuento. Es allí donde adquieren vida las preguntas existenciales. La leyenda dice que «en el 56 cuarenta y cinco monos se escaparon de Tierpark Hagenbeck y se perdieron en Hamburgo». Además, el narrador/a se pregunta por qué los monos no regresaron a Tierpark Hagenbeck «por su propia voluntad porque hay pocos zoológicos que se le comparen». Y más adelante: «es conocido como el primer zoológico que usara espacios abiertos y rodeados por fosos en lugar de jaulas».

El sentido de desorientación que impregna la «puesta a prueba» deja de ser solo un trasfondo. Por medio de la alegoría se revela el dilema constitutivo del narrador/a –«si es que es posible encontrar un paraíso cuando has sido desplazado. Claro que me estoy refiriendo a los monos, a los monos desplazados». Debajo de este desplazamiento existencial se encuentran las historias que ofrecen la imagen de Cuba como una prisión o como un paraíso.

Esa pregunta queda sin responderse en el cuento. Sin embargo, lo que se logra mostrar son los intercambios alucinantes que sustentan esta pregunta sobre Cuba como prisión o como paraíso. Hasta hace poco, antes de que la propia economía de Venezuela comenzara a desmoronarse vertiginosamente, los intercambios con la isla caribeña incluían petróleo, médicos, animales para los zoológicos y equipamiento médico (los intercambios de sexo y «cuadros con los rostros de los íconos revolucionarios» en el Paseo del Prado se pueden leer como miniaturas de esos acuerdos internacionales), pero cuando el narrador/a retrocede en el tiempo hasta el Periodo Especial, que acaeció después de la desintegración de la Unión Soviética y fue un momento de grandes penurias para la población cubana, es cuando podemos percatarnos de hasta qué punto la ideología impacta sobre las ecologías. Cuando una artista, amiga del narrador/a, pidió prestada un poco de la carne destinada a alimentar a los leones en el zoológico, con la intención de emplearla en una performance, le contestaron «¿De qué mierda de carne estás hablando? El zoológico de La Habana tiene los únicos leones vegetarianos del mundo. Comen zanahorias. ¡montañas de zanahorias!». Algunos de esos leones debieron ser regalos que le hiciera el presidente socialista de Tanzania, Julius Nyerere a «Quien-Tú-Sabes en los años setenta», conjetura el narrador/a.

Luego de tan desconcertante *tour-de-force*, el narrador/a evoca las palabras «He fallado. Tengo que admitirlo», que Nyerere pronunció antes de «retirarse de la presidencia». Las resonancias son tan inmediatas que consiguen finalmente situar el discurso en un lugar singular, imaginable y lleno de vida. «Bueno, eso *aquí*... ¡imagínate!». Ese «aquí» revela este errar urbano como parte de un relato intencional y decididamente cosmopolita, que desafía las expectativas del género epistolar y los bosquejos costumbristas. En un tono íntimo e informal, el narrador/a hace declaraciones, sin declarar absolutamente nada. ¿Qué podría ser aquel «eso» que podría imaginarse «aquí»? ¿Qué significan estas dos palabras en este peculiar contexto? ¿Podrían acaso referirse a las maneras en que los discursos y las actitudes se configuran por medio de relaciones de poder desde arriba que no parecen ser distintas de las que existen «desde abajo»? En el caso de Cuba, aquel «abajo» también es «arriba», y el «arriba», como sabemos, «abajo».

El narrador/a de «Puesta a prueba» explora muchos temas, entre los que figura la dificultad de conocer al yo y al otro, pero dentro del cuento existe también la esperanza en que la imaginación de tan alucinante estado diaspórico pueda volver a contarse y en ese recuento transformar las realidades.

Bibliografía

Bhabha, Homi K. (2002): *El lugar de la cultura*. Buenos Aires: Manantial.

Certeau, Michel de (2008): «Andar en la ciudad». En *Bifurcaciones: revista de estudios culturales* 7: <http: //www.bifurcaciones.cl/2008/06/andar-en-la-ciudad/>.

Hernández-Reguant, Ariana (2004): «Copyrighting Che: Art and authorship under Cuban late socialism». En *Public Culture* 16 (1): 1-30.

Merleau-Ponty, Maurice (1993): *Fenomenología de la percepción*. Planeta: Barcelona.

Nuez, Iván de la (1999): «Registros de un cuerpo en la intemperie». En *Encuentro* 12-13: <http: //arch1.cubaencuentro.com/pdfs/12-13/12in123.pdf>.

Obejas, Achy (1996): *Memory mambo*. Berkeley, California: Cleis Press.

— (2001): *Days of awe*. New York: Ballantine Books.

— (2009): *Aguas y otros cuentos*. Habana: Letras Cubanas.

— (2009a): *Ruins*. Brooklyn, New York: Akashic Books.

Parsons, Deborah L. (2000): *Streetwalking the metrópolis: Women, the city, and modernity*. New York: Oxford University Press.

Pérez, Lisandro (1992): «Unique but not marginal: Cubans in exile». En Fernández, Damián J. (ed.): *Cuban studies since the revolution*. Gainesville: University Press of Florida, 258-268.

Pérez, Jr., Louis A. (2013): *The structure of Cuban history. Meanings and purpose of the past*. Chapel Hill: University of North Carolina Press.

Huracán

Ena Lucía Portela

Es mi decisión. Mía, solo mía, y no pienso discutirla con nadie. Estoy en mi derecho, ¿no? La tomé a fines de los noventa, cuando tenía unos veintidós o veintitrés años, no recuerdo bien. Lo que sí sé es que lo hice en pleno ejercicio de mis facultades mentales, que no estaba borracha ni bajo el efecto de ninguna droga. Claro que suele dudarse de las facultades mentales de alguien que toma «en frío» una decisión de tal naturaleza, aparentemente sin motivos. Justo por eso no quiero discutirla con nadie. Ya estoy aburrida de que me tilden de loca.

La primera oportunidad se me presentó en octubre de 2001, cuando el huracán Michelle. Para ese entonces ya mamá había fallecido (el corazón, los disgustos...). Gracias a las gestiones de no sé cuál organización internacional de derechos humanos, papá había salido por fin de la cárcel... directo hacia el avión. Ahora vivía en L.A., California. A mi hermano el Nene, el mayor, le habían descerrajado un tiro en la nuca, sabrá Dios por qué. Algo inconcebible. Porque el Nene, que yo sepa, nunca tuvo nada que ver con nada. Ni política ni narcotráfico ni la mujer del prójimo. Solo era un poco distraído, como ausente, igual que mamá. Leía mucho. Poesía, sobre todo. Le encantaba W. H. Auden. Era un buen tipo. Supongo que lo mataron por estar, como quien dice, en el momento y el lugar equivocados. O tal vez lo confundieron con otro. En fin, no sé. En nuestra casa del Vedado, ya bastante deslucida pero aún sólida, nada más quedábamos mi hermanito el Bebo y yo.

Eran las tres y pico de la madrugada, a comienzos de aquel octubre. El Bebo dormía en su cuarto y yo, acurrucada en el sofá de la sala, miraba la televisión. Casi nunca transmiten nada a esas horas, excepto las Olimpiadas o el Mundial de Béisbol, cuando ocurren en países lejanos, o las noticias acerca de algún huracán muy horrible que ande por países cercanos. Y ahí estaba. Michelle. Como la canción de los Beatles. *Michelle, ma belle...* Nombre glamoroso para un monstruo de categoría 5 en la escala Saffir-

Simpson, lo cual significa vientos máximos sostenidos por encima de 250 km/h. Y rachas que pueden ser muy superiores, sobre los 300 km/h, o aún más. Lo peor que uno pueda imaginar en materia de ciclones.

Así pues, la capital y todo el occidente y el centro de la isla grande, junto a la Isla de Pinos y algunos cayos adyacentes, estaban en fase de alarma ciclónica. En unas horas el huracán entraría en el archipiélago cubano. Pero nadie sabía por dónde. Entraría. Punto. Ni en el Observatorio de Miami ni en el de Casablanca se aventuraban a emitir un pronóstico más preciso acerca de su trayectoria. En la TV, de pie junto a las imágenes del satélite (misteriosas, como siempre, jamás las he comprendido), y algunos mapas climáticos, el director del Instituto de Meteorología no paraba de hablar. Decía: Ubicación actual, tantos grados de latitud norte y mascuantos de longitud oeste. Velocidad de traslación, más bien lenta... ¡Hum! Malo, malo... se secaba el sudor de la frente con la manga de la camisa. Precipitaciones, tantos milímetros. Presión atmosférica, mascuantos hectopascales. Velocidad de los vientos huracanados... ¡Uf! Muy fuertes, fortísimos... ¡Hace décadas que no se veía algo como esto! Pero mantengan la calma, ¿eh? –volvía a secarse el sudor. Hay que mantener la calma, estimados televidentes, y cumplir con las orientaciones del Estado Mayor de la Defensa Civil para casos de ca... ca... catástrofe... Pobre tipo. A la legua se le notaba el miedo, las ganas de mandar a la porra al puñetero Estado Mayor con todas sus malditas orientaciones, y salir corriendo como alma que lleva el diablo. Claro que correr no tenía sentido. No llegaría a ninguna parte.

Luego aparecieron en pantalla imágenes de la CNN en español. Con una lentitud escalofriante, Michelle había ido bordeando la costa caribeña de Centroamérica y los periodistas iban tras él (o tras ella, ¿no?) con sus cámaras y micrófonos. A prudencial distancia, por supuesto. Las imágenes eran espantosas. Crecidas de ríos, casas desplomadas, árboles arrancados de cuajo, cadáveres de personas y de animales flotando en el agua sucia, toda la miseria y el sufrimiento del mundo en los ojos de los sobrevivientes, que para colmo de males eran gente pobre, cuyos gobiernos –dijeron algunos de ellos– no los tomaban en cuenta para nada y no los ayudarían a recuperarse, etc. Algunos indígenas, que quizás no hablaban español, permanecían en silencio, muy serios, con el entrecejo fruncido. Aunque en realidad no hubo tantas entrevistas. Muchas zonas habían quedado aisladas por las inundaciones, resultaban inaccesibles por tierra, así que las imágenes (pura devastación) eran tomadas desde un helicóptero. Una voz en off iba diciendo en tono dramático: esto es en Nicaragua... esto, en Honduras... esto, en Guatemala... A la altura de Belice –dijo la voz en off– el poderoso huracán ha salido nuevamente al Caribe, donde ganará en organización e intensidad. Ahora se dirige hacia Cuba...

Y en ese momento, justo en ese momento, apenas la voz hubo pronunciado la palabra «Cuba», ¡paf!, se cortó el fluido eléctrico.

Imagino cómo debieron sentirse los estimados televidentes de las tres y pico de la madrugada, que seguro eran millones, ante aquella oscuridad. Creo que escuché unos gritos a lo lejos. No sé. Ni Stephen King hubiera inventado algo más terrorífico.

En lo que a mí respecta, no tenía ningún miedo. No es que yo sea muy valiente, qué va. Desde niña padecí toda clase de terrores. Fueron muchos, demasiados. Tantos, que vivía en perpetua zozobra, mordiéndome las uñas, con un nudo en la garganta... Pero cuando tomé la decisión, a fines de los noventa, desaparecieron todos como por arte de magia. ¡Zas! Fue como una especie de exorcismo. Ni siquiera volví a tener pesadillas. Ahora, con el corte de la electricidad, solo me preocupaba que mi hermanito fuera a despertarse por causa del calor. Porque la noche estaba caliente, húmeda, pegajosa, y él, sin ventilador...

El Bebo no era ningún chamaco. Nada de eso. Con solo tres años menos que yo, no le faltaban fuerzas para arruinarme los planes. Y trataría de hacerlo, desde luego. Siempre lo hacía. No quiero decir que él fuera violento, que me maltratara o algo por el estilo, no. Pero tenía un lado Aliosha Karamázov francamente insoportable. Cuando empezaba con aquello de que el Señor nos ama a todos y que debíamos buscar la salvación de nuestras almas y no sé qué más, no había forma de pararlo. Yo le decía: Ay, Bebo, por favor, déjame en paz... Y él: ¿Pero qué dices, Mercy? ¡Déjate en paz tú a ti misma! Deja que el Señor entre en tu corazón... Y cosas así. Mejor que no se despertara.

En medio de la oscuridad, fui a sentarme en el poyo de la ventana que da al portal. Silencio absoluto. Ni los grillos del jardín chirriaban. Tal vez se habían largado con su música a otra parte. He oído que los animalejos perciben la inminencia de los desastres naturales mucho mejor que nosotros, que sin satélite y radares no percibimos nada de nada. Quién sabe. El hecho es que aún no soplaba la más mínima brisa. La noche estaba clara, despejada, con luna y estrellas y todo eso. De no ser por la TV, nadie hubiera sospechado que se nos venía encima un huracán, y de los más apocalípticos. Mis ojos («de gata», decía el Nene) se adaptaron enseguida a la oscuridad. Prendí un cigarrillo. Aún no era el momento, no había que apresurarse. Permanecí allí, fumando, contemplando la noche, durante varias horas. No pensaba en nada. No tenía nada en qué pensar. El Bebo, por suerte, no se despertó.

Al filo del amanecer, me bajé del poyo. Estiré las piernas. Según mis cálculos, ya era hora de entrar en acción. Sigilosa, procurando no tropezar con nada, fui hasta el cuarto de mi hermanito, en el fondo de la casa. Ahí estaba él, con la ventana abierta, arrebujado entre las sábanas. Ajeno al calor, a la inminente visita de Michelle y a mis propósitos, dormía como un tronco. Vaya sueño glorioso, pensé.

Ni el Bebo ni yo trabajábamos. Con nuestros antecedentes, nadie nos hubiera dado un empleo que no fuese en la agricultura o en la construcción. No eran antecedentes penales, no habíamos cometido ningún delito. O quizá sí. Depende del punto de vista. Hay acciones, u omisiones, que son legales en unos países y en otros no, según el sistema de gobierno. De manera que sobrevivíamos, mal que bien, gracias a las remesas que nos enviaba un amigo de papá desde los Estados Unidos. Se suponía que en algún momento de nuestra era partiríamos al exilio, para volver a reunir a la familia, o lo que quedaba de ella. Pero hacía falta un permiso de salida de Inmigración, que no llegaba (aún no llega). El Bebo, con su problema de la columna, no era apto para el servicio militar. Eso era bueno, porque en caso contrario se hubiera declarado objetor de conciencia y sabe Dios lo que hubiese ocurrido. En cuanto a mí... digamos que apenas existía, que apenas existo. Vamos, que no peso ni cien libras. Según los hombres de este país, tan adictos a las masas y los volúmenes, soy ojos verdes, pelo largo y nada más. ¿Qué interés podría tener alguien en retenerme en un lugar o en otro? Nada, que no entiendo la demora con el permiso de salida. Pero me da igual. Oh, sí. Ya desde entonces me daba igual. En esta vida hay muchas cosas que no entiendo.

El Bebo tampoco entendía. Pero él sí que se lo tomaba a pecho. Durante algún tiempo estuvo muy, pero que muy ansioso, incapaz de concentrarse en nada, loco porque acabáramos de largarnos de una cabrona vez –decía–, a cualquier parte, aunque fuera a Tombuctú. Porque además sentía que nos vigilaban, que habían pinchado nuestro teléfono para espiar nuestras conversaciones privadas, que merodeaban por los alrededores de la casa (vestidos de paisano, claro, para que no se les viera lo policial, ¡como si pudieran engañar a alguien!), en fin, que pretendían aniquilarnos. Yo le preguntaba quiénes y él me respondía que ellos. ¿Quiénes más podrían ser? Ellos. Los perros. Los hijoeputas. Los de siempre. Yo le preguntaba si estaba seguro, si no serían figuraciones suyas, sí, porque a fin de cuentas era un poco absurdo... Él me miraba con cara de horror. Decía: ¿Un poco queeeeeé? ¡Ay, María de las Mercedes Maldonado! ¡Tú como siempre, en las nubes, en los jardines colgantes de Babilonia! Estás más loca... Entre eso y la muerte del Nene, tan inexplicable, mi hermanito estuvo al borde de una crisis de nervios.

Entonces, un buen día, se iluminó. O sea, decidió que estaba bueno ya de ser católico, lo que para él equivalía a ser razonable en exceso, falto de pasión, de auténtico fervor religioso, y se metió a protestante. Se hizo evangelista, creo. Aunque no estoy segura. Tal vez fuese luterano, o anabaptista, o pentecostal... En realidad, no sé. Era una secta cuyos practicantes se la pasaban dando brincos y alaridos. A veces caían en trance y se revolcaban por el piso, ponían los ojos en blanco y hasta soltaban espuma por la boca, vaya, como si tuvieran un ataque de epilepsia, y consideraban todo eso terriblemente espiritual. Yo respeto las creencias de los demás, de veras que sí. Pero aquellos creyentes espasmódicos y vocingleros me ponían los pelos de punta. No podía con ellos. Cuando venían a casa, me encerraba en mi cuarto. Sí, para que no me dijeran que yo llevaba colgado del cuello un instrumento de tortura. ¡Dios mío, un instrumento de tortura! Los muy anormales se referían a una crucecita de oro de lo más inofensiva. Y si empezaban con los aullidos y los berridos, me iba al parque de la esquina y me sentaba a leer en mi banco favorito, debajo de un flamboyán. Por cierto, ahí leí un libro que ahora mismo no recuerdo de qué trata ni quién lo escribió, pero que me gustaba muchísimo en aquella época, no sé por qué. *La campana de Islandia*, creo que se llamaba. ¿No es un lindo título? Pero volvamos a los evangelistas, o quienes fueran. La cuestión con ellos es que, pese a toda la bullanga que armaban, en cierto modo ayudaron a mi hermanito. Eso hay que reconocerlo. Con sus extravagancias lo mantenían entretenido, a salvo de la angustia, el alcoholismo y las noches de insomnio. Verdad que se volvió muy latoso con lo del Señor que nos ama a todos, pero al menos dormía tranquilo de vez en cuando. Como aquella madrugada, en vísperas del huracán Michelle, en que entré a su cuarto subrepticiamente.

Cogí la linterna y el llavero, que estaban encima de la mesita de noche. Los vientos ya comenzaban a soplar con alguna fuerza, pero aún había una calorana sofocante, por la baja presión atmosférica. Solo enfriaría más tarde, cuando empezara a llover. Dudé por un segundo entre cerrar o no la ventana. Preferí dejarla abierta. No quería que el Bebo se despertara aún. ¿Para qué? Ya se despertaría más adelante, cuando la cosa se pusiera realmente fea. También me pregunté si no debía dejarle una nota. Las personas que toman la decisión que yo he tomado suelen dejar notas antes de ponerla en práctica. Escriben algo como «No se culpe a nadie...» o, por el contrario, «La culpa la tiene Fulano de Tal...», o qué sé yo. Todo eso siempre me pareció muy patético. Vamos, como si quisieran darle una suprema importancia a un acto que, si lo miramos con un poco de objetividad, no es nada relevante. Ya sé que hay otras opiniones al respecto, pero en fin. Sea cual sea el asunto de que se trate, siempre hay otras opiniones. Si algo se sobra entre las personas, es justo eso: las opiniones. De cualquier modo, yo no hubiera sabido qué escribir en mi nota sin que sonara falso o ridículo. El Nene siempre me decía que tengo talento para la literatura, pero no sé, no lo creo. Toda mi obra (¡je je, mi obra!) se reduce a cinco o seis cuentos, de los cuales he publicado solo uno, en una revista mexicana. Así que no le dejé al Bebo ninguna nota. Ahora me pregunto si, de haberlo hecho, eso no hubiera cambiado el curso de los acontecimientos. Quién sabe. Me parece que no.

En mi mente, le di un beso a mi hermanito. Y un abrazo. Y muchos besos más. Aunque yo no sea tan fervorosa ni tan pasional, tampoco soy una piedra. Me hubiera gustado tocarlo de verdad. Pero no debía correr riesgos. De manera que me despedí solo en mi mente. Le dije que lo quería mucho-mucho, a pesar de las latas evangelistas (era cierto). Que ojalá no me extrañara demasiado. Le deseé suerte con lo del permiso de salida, que le llegara pronto y pudiera reunirse con papá. Y me fui, antes de que los vientos comenzaran a arreciar y las hojas de la ventana a dar bandazos. Nunca volvimos a vernos.

Cuando salí al portal ya amanecía, aunque apenas había luz. El cielo estaba tan empedrado, tan gris, que deprimía a cualquiera. El olor a humedad era muy fuerte. De un momento a otro empezarían a caer los primeros goterones. Y luego, casi enseguida, el diluvio. Por las condiciones del tiempo, era evidente que Michelle ya había entrado en la isla grande. ¿Por dónde? Vaya uno a saber. Si el ojo del ciclón atravesaba La Habana, de por sí tan destruida, sería la catástrofe más colosal de los últimos cincuenta años. Por un instante sentí algo parecido al patriotismo. Odié a Michelle.

Del portal salí al pasillo exterior que conduce al garaje. Las ventanas laterales de la casa contigua estaban todas cerradas. Estupendo, pensé. No quería que nadie me viera.

Abrí el portón. Ahí adentro, en el garaje, estaba oscuro como boca de lobo. Olía a herrumbre, a moho, a gasolina. Con la linterna encendida, me subí a la camioneta Ford y traté de ponerla en marcha. No era fácil. Lo logré al tercer intento. No revisé el tanque del combustible, pues ya lo había hecho la tarde anterior. Esa camioneta era una antigualla, una auténtica pieza de museo. Cada vez que un turista la veía, enseguida quería comprarla. O si no, retratarse junto a ella. O filmarla en movimiento. Verdad que se movía de puro milagro, sin que le hubieran cambiado un solo componente en más de cuatro décadas. Si no es un récord Guinness, le anda cerca.

Ya en la calle, miré por el retrovisor. El portón seguía abierto. Pero no iba a apearme para cerrarlo. Qué va. En el garaje no había nada que pudieran robarse, y a lo mejor hasta servía de refugio a alguien. Siempre hay vagabundos, pordioseros, borrachos, viejos locos que se fugan de sus casas y luego no tienen dónde meterse cuando llegan los huracanes. También hay perros y gatos callejeros. En fin, todo lo que yo deseaba era alejarme de allí lo más rápido que pudiera. A estas alturas ya había empezado a llover y el viento sacudía las copas de los árboles como si quisiera desguazarlas. De modo que arranqué veloz... bueno, más o menos veloz, rezando por que el dinosaurio Ford no fuera a darme candanga justo ahora.

Creo que rodé varios kilómetros sin rumbo fijo. Di algunas vueltas. Llegué hasta el puente de hierro del Almendares y luego regresé, por un camino distinto. No me interesaba ir a ningún sitio en particular. Solo rodaba y rodaba. La lluvia era cada vez más intensa. El viento la inclinaba ora en una dirección, ora en otra. Hacía remolinos, espirales, trombas. Yo iba un poco despacio, pero sin detenerme. Al principio tenía cierta visibilidad. Recuerdo vagamente las calles del Vedado, sombrías, desiertas, sin vehículos ni peatones. Las farolas del alumbrado público, apagadas. Las de la camioneta, igual. Yo era como un fantasma que recorría una ciudad fantasma. Por primera vez en muchos años, me sentía feliz.

El paisaje fue desdibujándose tras la cortina de agua. Era de esperarse. Nada puede un limpiaparabrisas de medio siglo contra la lluvia torrencial. Lo último que distinguí fue una silueta humana. Yo rodaba en mi cacharro de lo más beatífica por la calle 23 y alguien, no sé si hombre o mujer, iba a pie por el callejón de Montero Sánchez. O por el de Crecherie. No sé. Iba por un callejón perpendicular a 23. Se tambaleaba. Se caía de rodillas. Se levantaba, al parecer con tremendo esfuerzo, y daba unos pasos. Volvía a caerse, ahora de bruces. Volvía a levantarse. Caminaba de nuevo, con una pata coja... Hasta que la cortina de agua se convirtió en una pared de agua y ya no vi más nada. ¿Qué habrá sido de aquella persona? Jamás lo supe.

A ciegas, seguí rodando, ahora un poco más rápido. Algo *tenía* que suceder conmigo, ¿no? Estaba segura de eso. Y en efecto, algo sucedió.

De pronto, la camioneta pegó como un brinco y se detuvo. Claro que yo no tenía cinturón de seguridad. Por poco salgo disparada contra el parabrisas. De hecho, me di un buen tortazo en la frente con el timón, o con algo, no sé. ¿Qué coño había pasado? El motor seguía encendido, pero la camioneta no avanzaba. Intenté dar marcha atrás y nada, tampoco podía. Nunca se vio una camioneta más inmóvil que aquella. ¡Ni un mulo hubiera opuesto tanta resistencia! Aparte de «coño», masculló otras palabrotas, aún más gruesas. En general no soy boquisucia. Las blasfemias, si las sueltas con frecuencia, pierden eficacia. Mejor reservarlas para las grandes ocasiones.

Mientras, un líquido tibio me corría por el rostro. Me toqué. Era sangre. Me miré en el retrovisor. La herida en la frente no lucía tan bonita. Qué raro que no me doliera. Aunque eso no tenía mucha importancia. Traté de avanzar otra vez, y nada. Se apagó el motor. Creo que si me hubiera apeado en aquel momento, quizá hubiese tenido más suerte. Pero no lo hice. Me quedé allí, dentro de la camioneta. A mi alrededor todo era agua. La lluvia repiqueteaba contra el parabrisas de un modo infernal. No sería extraño que lo reventara, pensé, y esa idea me devolvió la tranquilidad.

Lo cierto es que la camioneta se había atascado en un bache. Nada extraordinario, después de todo. Ya se sabe que las calles del Vedado, al igual que otras muchas en La Habana, están llenas de huecos, algunos muy grandes y peligrosos para cualquier vehículo. En uno de esos vine a caer. Solo con una grúa se hubiera podido sacar la camioneta de allí. Y el problema con estos baches, aparte de los atascos y los neumáticos ponchados, es que se inundan cada vez que llueve un poco fuerte. Una simple tormenta tropical los hace desbordarse, no digamos ya un huracán. Así que el nivel del agua fue ascendiendo hasta alcanzar el motor, y este se apagó, como es natural.

Pero eso no lo supe hasta mucho después. En aquel momento no sabía ni hostia. Encerrada en la camioneta, me molestaban el olor de la sangre, tan parecido al del cobre, y el calor. Porque había mucha sangre y mucho calor. Al menos así lo recuerdo. Me preguntaba si no sería conveniente bajar los cristales, para que se fuera el aire viciado y entrara toda esa lluvia demencial y todo ese viento que rugía como los mil demonios... Entonces fue cuando sentí el otro golpe. Ese sí me dolió. Muchísimo. Pero solo por un segundo, o quizás menos. Tras el dolor, vino la calma. Una rara sensación de plenitud, de bienestar. Podía oír la lluvia y el viento, sí, pero muy atenuados, como si estuvieran a miles de kilómetros de allí. Luego me entró sueño. Poco a poco, me envolvió la oscuridad.

No tuve suerte. Desperté en la sala de emergencias del hospital Fajardo. Me habían puesto una transfusión, un suero, una máscara de oxígeno, un vendaje alrededor de la cabeza y no sé cuántas cosas más. ¡Hasta me habían cambiado el vestido por una especie de batilongo gris! Qué rabia. Mi primer impulso fue el de arrancarme todos aquellos trastos, incluido el batilongo. Pero no pude ni mover un dedo. Me sentía muy débil, mareada, con una jaqueca espantosa.

Apenas la enfermera vio que yo me había despertado, salió corriendo. Enseguida apareció un médico. Un gordo cincuentón, con cara de cumpleaños. Lo primero que me dijo fue: ¡Ajajá! ¡Así que tenemos los ojos verdes! Y se abalanzó para estudiármelos con una linternita. Luego me quitó la máscara de oxígeno y me preguntó cómo me sentía, y también mi nombre, dirección, teléfono, parientes cercanos, etc. No le respondí nada. No tenía ganas de hablar. Él aceptó aquel silencio como lo más natural del mundo. Me preguntó si yo podía oírlo. Asentí con los ojos (hacerse el sordo es mucho más difícil que hacerse el mudo, al menos para mí). Entonces volvió a ponerme la máscara y habló él. No recuerdo todo lo que dijo, solo algunas cosas. Lo que había caído encima de la camioneta era un álamo. Claro que no me golpeó de lleno con el tronco, pues en tal caso me hubiera hecho papilla. Vamos, quien haya visto álamos sabrá que pueden ser más altos que una casa de dos plantas. Este, en su caída, aplastó primero una cerca, unos arbustos, un automóvil, y al final solo tocó la camioneta con una de sus ramas. Yo llevaba tres días inconsciente. Aparte de la herida en la frente, que hubo que suturar, no tenía otras lesiones visibles. Me habían hecho algunas radiografías y pruebas, y nada. Todo parecía estar en orden. Pero no había que confiarse. La conmoción había sido muy fuerte. Yo debía permanecer allí, en observación, unos días más. En cuanto a lo de hablar... –sonrió–, pues no había prisa. Ya hablaría más adelante. Por el momento era mejor que guardara reposo absoluto.

Cuando el gordo se fue, eché un vistazo en derredor. En la sala de emergencias había otras camas y otros pacientes, familiares de los pacientes y amigos de los pacientes y de los familiares, enfermeras y novios de las enfermeras, la que limpia el piso, la que prepara el café, el que vende pirulíes... Nada, que aquello parecía el camarote de los hermanos Marx. Todos charlaban, discutían, opinaban, interrumpiéndose unos a otros. En lo alto de una pared, frente a la hilera de camas, había un televisor encendido. A todo volumen, por supuesto. Conque «reposo absoluto», ¿eh?

Me puse a mirar la TV. Las aventuras de Michelle seguían acaparando la atención. Tras salir de acá, había continuado su paso con rumbo Noroeste por el Golfo de México, y ahora estaba acabando con la Louisiana o con la Florida, no recuerdo bien. En cuanto a Cuba, el ojo del ciclón había cruzado por el centro. A la capital solo habían llegado las bandas exteriores. O sea, la parte más «floja» del fenómeno. Lo que yo había visto en mi accidentado paseo, toda aquella furia de agua y viento, no era nada en comparación con lo que había pasado por el centro de la isla grande, al que más tarde la ONU declararía oficialmente «zona de desastre». Hacia allá se había dirigido buena parte de la prensa nacional e internacional. Las imágenes tomadas desde el aire, que aparecían ahora en pantalla, eran todo lo horribles que cabía esperar. Pura devastación, igual que en la costa caribeña de Centroamérica.

Luego transmitieron un reportaje acerca de un pueblito llamado Jícara, en la región central. Era uno de esos bateyes insignificantes que ni aparecen en los mapas. Si recuerdo el nombre es porque me hizo gracia que los lugareños se autodenominaran «jicarenses». En verdad Michelle se había ensañado con aquel sitio. No quedaba ni un bohío en pie, ni una palma, nada. El aspecto de los jicarenses era muy similar al de los damnificados centroamericanos. Entre ellos no había indígenas. Solo negros y mulatos. Por lo demás, a simple vista se les notaba la miseria, el hambre, el desamparo. Y ahora, para colmo, les había caído un huracán. Sin embargo, cuando el periodista les preguntó cómo se sentían, ellos respondieron que muy bien. Oh, sí. Maravillosamente bien. Cualquiera hubiese creído que ironizaban, pues a fin de cuentas la pregunta era un poco idiota. Pero no. Los jicarenses hablaban en serio. ¡Se sentían muy bien! ¡Habían soportado el huracán, sí! ¡Y soportarían todo lo que tuvieran que soportar por la patria y la revolución! ¡Y lucharían contra el imperialismo yanqui, sí! ¡Hasta la última gota de sangre! ¡Y que viviera por siempre el inmortal comandante en jefe! Todo eso lo soltaron a grito pelado, agitando los puños con frenesí, como para que no quedara la menor duda acerca de lo bien que ellos se sentían. Válgame Dios, pensé, y luego dicen que yo estoy loca... En la sala de emergencias se escucharon algunas carcajadas. ¡Mira pa' eso, por tu vida! ¡Están del carajo, esos guajiros ñongos! ¡Jo jo jo! Creo que nadie reprendió a los risueños. Ya se sabe que la gente de ciudad suele ser un tanto burlona con la gente de campo.

Si de veras el gordo creía que yo iba a decirle algo acerca de mí, estaba muy equivocado. Nada le dije, ni mi nombre. ¿Para qué? No era asunto suyo. Permanecí varios días en silencio, más callada que una ostra en el fondo del océano. Él trataba de sonsacarme, cada vez más nervioso. Me decía que los pacientes anónimos no estaban permitidos, que él no era mi niñera y no tenía por qué aguantar mis caprichos, y hasta me amenazó con remitirme al psiquiatra. Pero no consiguió nada. En cuanto pude, me fugué del hospital. Solo entonces me enteré de lo otro.

Como se conoce, las bandas exteriores de Michelle causaron un sinnúmero de estragos en La Habana. Derrumbes, penetraciones del mar, gran parte del tendido eléctrico por el suelo, junto a los cables del teléfono, árboles y toda clase de objetos que normalmente no vuelan, pero que los vientos habían hecho volar. También dejaron alrededor de una decena de víctimas fatales. Eso no es mucho para una ciudad con más de tres millones de habitantes, de modo que no hubo catástrofe humanitaria. Solo que una de esas víctimas fue mi hermanito el Bebo. Encontraron su cuerpo tirado en la calle, a unas cuadras de casa. Estaba muy magullado, con fracturas múltiples, una de ellas en la base del cráneo. Qué sucedió exactamente, no lo sé. Creo que nunca lo sabré. Dadas las circunstancias, me temo que resultaría muy difícil, tal vez imposible, averiguarlo. Y para qué especular, para qué, me pregunto, si de todas formas él no va a volver...

Ahora estoy sola en nuestra casa del Vedado. Ya ni sé por qué digo «nuestra». Debe ser por la costumbre. El permiso de Inmigración aún no llega. El amigo de papá sigue enviándome algún dinerito mes tras mes, y con eso voy tirando. La camioneta Ford, como es de suponer, después del incidente del bache y el álamo, pasó a mejor vida. Tengo una cicatriz bien fea en la frente, pero me da igual. Si la oculto detrás de un flequillo es para no llamar la atención en la calle. No soporto que los extraños anden mirándome, siempre me ha gustado pasar inadvertida. No voy a acudir a un cirujano plástico, suponiendo que esa posibilidad estuviera a mi alcance, por la misma razón que no voy a tener un perro, ni voy a ocuparme de arreglar el jardín, ni voy a intentar escribir una novela… Nada de eso tiene sentido para mí. Porque persisto en mi decisión. Vaya si persisto. Cada año, desde el 1ro de junio hasta el 30 de noviembre, que es la temporada ciclónica, me dedico a ver los noticieros en la TV. Así me entero de lo mal que anda el mundo y de lo bien que está todo en mi país. Pero lo que más me interesa es el parte meteorológico. Oh, sí. No me pierdo ni uno. Como Penélope a su Odiseo, yo espero un huracán.

«Huracán» de Ena Lucía Portela: un letrero de neón rojo que dice *Exit*

Mayerín Bello | *Universidad de La Habana*

Siete razones para una lectura o bosquejo de una poética

Resulta muy gratificante que la lectura hecha por placer devenga luego objeto de estudio, ya porque las endorfinas liberadas impelan a que uno se ocupe más conscientemente del asunto, ya porque las circunstancias en que se ejerce la profesión conminen a ello. Ambos imperativos se han dado cita aquí, convocados por un cuento de la narradora cubana Ena Lucía Portela (La Habana, 1972), pero tales convocatorias no son raras, como se deduce del notable asedio crítico al que ha sido sometido el conjunto de su obra en las más disímiles latitudes. Ello trae consigo, fuerza es confesarlo, cierta frustración: lo que descubríamos por nuestra cuenta ya ha sido dicho, y en muchos casos, muy bien dicho. Pero ánimo: siempre queda un resquicio por donde deslizar un matiz, refrendar un dictamen redireccionándolo, o, fuero de lector, intentar legitimar la propia especulación. Mas antes de irnos a la caza del «Huracán» –que, por cierto y por suerte, deja todavía muchas rachas por donde cortar– no se quiere renunciar a exponer algunos puntos explicativos de nuestro sibaritismo lector, sin ningún ánimo de exhaustividad y según el particular punto de vista de quien estas líneas escribe, salpicados por algunas remisiones pues *noblesse oblige*[1].

¿Qué vuelve, entonces, tan legible y disfrutable la obra de Ena Lucía Portela?

1. La permisividad de las voces enunciadoras, cuya tolerancia y amplitud de miras nos hace sentir cómodos y liberados; es decir, su *no estar en nada*, frase muy de norma cubana, y cuyo abanico de significados incluye, asimismo, la condescendencia, el no adecuarse a un patrón exclusivo en dominios como la belleza, los códigos sociales y las diferentes variantes de

---

[1] La primera de ella a Araújo 2003: 82-111.

la corrección (estética, política, conductual, etcétera), sin que ello implique, en lo que a la escritora se refiere, displicencia o un escepticismo o relativismo llevados al extremo. Esta actitud se manifiesta de diversos modos en su obra. El más seductor tal vez sea el de ciertas narraciones en primera persona a cargo de seres –por lo general mujeres–que, justamente, *no están en nada*, como la Zeta de *Cien botellas en una pared*, o la Regan de «El sueño secreto de Cenicienta». Pero tal actitud no se circunscribe a ese uso narrativo, sino que puede manifestarse igualmente cuando la voz enunciadora se coloca en el personaje que suscribirá tal comportamiento, es decir, focaliza a través de él, como sucede con la encantadora Chantal de «Un loco dentro del baño», donde, dicho sea de paso, la socarrona Ena Lucía convierte la Facultad de Artes y Letras de la Universidad de La Habana, su *alma mater*, en sede de una singular noche de Walpurgis.

2. La densidad intertextual de su discurso, que para nada está reñido con su coloquialismo y desenfado tan característicos. Es uno de los rasgos de su escritura sobre el que más se ha insistido (Araújo 2003; Iwasaki 2014; López-Labourdette 2015; Fernández de Juan 2016, entre otros). Pero en lo que se hace hincapié es en la *digestión* que hay en su obra de ese vasto y heterogéneo mundo de referencias, y en lo *funcional* de su uso. En ella no es hojarasca, adorno, narcisismo o petulancia (como sucede en otros escritores de nuestro mundillo letrado) sino que son fibras esenciales en la urdimbre de su discurso. Esas referencias regocijan al entendido, ponen a dialogar sus escritos con la cultura universal y estimulan a informarse a quienes las desconozcan.

3. El haber logrado en sus textos de madurez el difícil equilibrio entre *historia y discurso*, lo que en palabras más simples significa que *cuenta una historia y la cuenta bien*. Se dice fácil pero el asunto, para decirlo «en estilo Ena», *no es jamón*[2]. A veces la balanza se inclina a favor del discurso, a veces más del lado de la diégesis, pero sin que se empobrezcan ninguna de las dos dimensiones. Para entendernos: «El viejo, el asesino y yo» le da peso a lo dicho y constituye una ocasión para el despliegue del estilo de la escritora; la anécdota, sin estar ausente, va a la zaga. En «Al fondo del cementerio», «El sueño secreto de Cenicienta», «Un loco dentro del baño», «Huracán», en cambio, la historia narrada le marca la pauta al estilo.

---

[2] No es sencillo.

4. El despliegue del humor, con múltiples gradaciones y modos de ejecución (Iwasaki 2014; Minjárez 2014; Álvarez 2017): coloquialismo de diálogos y parlamentos, salidas hipercultas y originales, situaciones absurdas, todo eso y muchos otros recursos alimentan la hoguera del delirio, la parodia, la ironía, el juego, en fin, *la jodedera*, que es toda una categoría en el mundo por ella concebido. Pero tal humor tiene un reverso, que entrevemos mediante el comentario grave o, simplemente, la enunciación escueta de un drama, actitudes de las que no se abusa para no caer jamás en el patetismo o el melodrama, pero que nos alertan acerca de que tras esas apariencias estrafalarias de los personajes más característicos y de las situaciones jocosas, hay dolor, pérdida de afectos, marginación, indefensión y muerte.

5. El cultivar lo que se pudiera llamar «la poética del adefesio», o lo que es lo mismo, la exacerbación de la rareza en la concepción de muchos de sus personajes (Campuzano 2004; Bello 2014; Sánchez Becerril 2015; López-Labourdette 2015), técnica expresionista que sacude y desafía al receptor, generando en él emociones complicadas, como ocurre en «Al fondo del cementerio», originalísimo, repugnante, malévolo y humanísimo cuento, ejemplo de literatura llevada hasta sus límites.

6. El modo tan efectivo y persuasivo que emplea para distanciar y reconsiderar —adulterándolo, fantaseándolo— lo que ha presentado como familiar y reconocible. Ese proceso se manifiesta de manera diferente en cada narración suya, trátese de cuento o novela. Así, partiendo de un realismo de base, la escritora lo mismo se atiene a una verosimilitud que fundamenta en muchos detalles contextuales, particularmente comprensibles para el lector entendido, léase, su coterráneo (como sucede en «El viejo, el asesino y yo», *Cien botellas en una pared*, «Huracán»), o, por el contrario, avanza hacia una deformación expresionista y progresiva de las situaciones y las conductas («Un loco dentro del baño», «Al fondo del cementerio»). Pero, asimismo, puede concretar realistamente un tema perteneciente a un registro fantástico («El sueño secreto de Cenicienta») o una trama que se desenvuelve en un escenario distante y ajeno. En este sentido, una situación especialmente retadora se le presentó al escribir su novela *Djuna y Daniel*, que cuenta los avatares de la amistad que unió a la escritora norteamericana Djuna Barnes y a su coterráneo Daniel Mahoney, y sobre las andanzas de ambos por diversos escenarios de Europa y de Estados Unidos, especialmente en el París de los años veinte y treinta. Uno de los desafíos que tuvo que asu-

mir, amén de connotar la época y la geografía, fue el manejo del lenguaje. En la mayoría de sus ficciones, ambientadas en Cuba, y/o protagonizadas por personajes cubanos, podía emplear naturalmente el español hablado y escrito en la isla, con todo su abanico de normas y registros lexicales. En *Djuna y Daniel*, por el contrario, Cuba está totalmente ausente. De modo que había que emplear otro lenguaje y «estar siempre muy, pero muy alerta, para no "cubanizar" por descuido lo que ni en broma es cubano. [...]» (Portela 2017b: 159).

7. La manera en que sus narraciones trascienden –por haber antes ahondado bien en ello– lo inmediatamente contextual y autóctono, en busca de una dimensión esencialmente humanista y universal, seductora de públicos foráneos. He aquí un dato revelador: cuando ocurrieron el terremoto y el tsunami que afectaron el nordeste de Japón en marzo de 2011, con un alto costo de vidas humanas y daños materiales, por las empatías que tenía con la catástrofe los editores de la revista nipona *Gunzo* propusieron al público lector de ese país, en acto de singular catarsis, el cuento «Huracán» de Ena Lucía Portela[3].

Las rachas y el ojo del «Huracán»

> Es mi decisión. Mía, solo mía, y no pienso discutirla con nadie. Estoy en mi derecho, ¿no? La tomé a fines de los noventa, cuando tenía unos veintidós o veintitrés años, no recuerdo bien. Lo que sí sé es que lo hice en pleno ejercicio de mis facultades mentales, que no estaba borracha ni bajo el efecto de ninguna droga.

---

[3] El dato me lo ha proporcionado el colega y amigo Ryoichi Kuno, profesor de literatura latinoamericana de la Universidad de Tokio y traductor del cuento. «Yo había elegido para traducir algunos cuentos de *Bogotá 39* –me explica en un correo electrónico–, entre ellos "Huracán" de Ena Lucía Portela. En una conversación con los editores de la revista donde luego se publicó noté que ellos querían publicar algo relacionado con ese desastre. Así que "Huracán" cuadró perfectamente con ese ambiente . Apareció con el título "Hariken", una palabra transliterada del inglés que significa "hurricane", en la revista *Gunzo*, noviembre de 2011, Editorial Kodansha, pp. 89-93».

Así arranca «Huracán»[4], *in medias res*, manejando el llamado «dato escondido» y ocultando la naturaleza de «la decisión» durante parte del relato, procedimiento que estimulará la intriga hasta que comience a emerger poco a poco la respuesta: Mercy, la narradora y protagonista, quiere morir voluntariamente de una manera peculiar, esto es, desafiando la furia de un huracán categoría cinco, la máxima en la escala de Saffir-Simpson, y aunque el acto apunta al suicidio nunca es nombrado con la palabra que lo define: «Las personas que toman la decisión que yo he tomado suelen dejar notas antes de ponerla en práctica. Escriben algo como "No se culpe a nadie…" o, por el contrario, "La culpa la tiene Fulano de Tal…", o qué sé yo». El temor a la simplificación, la censura, o tal vez al sobredimensionamiento de las causas de su acción, podrían ser las razones que llevan a Mercy a no soltar prenda con el médico que la interroga y por las que termina escapándose del hospital sin dar cuentas de qué hacía girovagando en circunstancias tan peligrosas. Fracasada la intención de la protagonista luego de su recuperación tras el accidente, lo que parecía ser el epílogo de la narración se prolonga en la sorpresa final de la muerte del Bebo, el hermano menor, muerte que, por cierto, se ha anunciado en una ambigua frase dicha al paso y conclusiva de la muda despedida de la hermana: «Nunca volvimos a vernos».

Imprescindible aditamento de esta trama es, pues, el renovado suspense que la anima, así como el silencio ante interrogantes irresolutas: ¿Por qué mueren violentamente los dos hermanos de la narradora? ¿Quién es la figura fantasmal que aparece trastabillando en la madrugada tormentosa? ¿Qué pasó por la mente de María de las Mercedes Maldonado mientras esperaba al amanecer la llegada de Michelle? ¿Cuáles son esos antecedentes «relativamente» penales que les impiden trabajar y los marginan socialmente? A través de los silencios del argumento puede aventurarse la imaginación del lector, siempre con el cuidado de que sus conjeturas no lo conduzcan a afirmar cosas que la autora no dijo. Pero pueden ser, asimismo, tales vacíos, expresión de una atmósfera en la que flota un halo sombrío, una especie de

---

[4] «Huracán» se publicó por vez primera en 2006, en *Crítica. Revista Cultural de la Universidad Autónoma de Puebla* 116, junio-julio. Posteriormente ha formado parte de diversas antologías de cuentos, en español y otras lenguas. No ha sido publicado en Cuba.

moira fatídica que se aúna en un frente común, tan letal como ellas, con las violentas rachas del huracán.

Por otra parte, la historia se cuenta insertando anacronías, en particular analepsis o retrospectivas –todo el relato podría constituir una de ellas, puesto que constituye «la primera ocasión» en que se le presenta la oportunidad a la narradora para encaminar su proyecto– y a alguna que otra prolepsis o anticipación –como la velada alusión a la muerte del Bebo. El cometido principal de las primeras es proporcionar información acerca de los personajes de la familia, ninguno de los cuales tiene voz independiente en el relato, a la par que se refuerza la dominante isotopía de la muerte. La inserción de tales desvíos cronológicos está hecha con pericia, pues a la vez que son semánticamente funcionales le confieren una acompasada andadura a la narración, dosificadora de la tensión dramática. El propósito caracterológico se advierte, asimismo, en el acto narrativo productor del relato cuando la narradora da cabida en su discurso a hablas ajenas, ya con un fin lúdico (como cuando se refiere a los apuros del meteorólogo, que en la emisión televisiva sigue angustiado la trayectoria de Michelle), ya informativo: sabemos su nombre a través de la voz del hermano, reproducida por ella.

Así, muchos detalles van componiendo la historia, engrosando la trama principal, contextualizándola. Sobre este *modus operandi*, tan esencial en ella, ha expresado Portela:

> La auténtica elocuencia en el terreno de la ficción no se consigue, a mi entender, con meras abstracciones o teorías, sino que se va construyendo a partir de lo individual, lo específico, lo tangible, lo que se puede palpar, degustar, olfatear... El quid, en otras palabras, está en las minucias, en esos pequeños detalles de la vida cotidiana que tan a menudo pasamos por alto porque para nosotros, los cubanos, se han naturalizado casi como el Sol, que sale por el este y se pone por el oeste y a nadie se le ocurre que pudiera ser de otro modo. (Díaz Mantilla 2017: en línea)

La trama de «Huracán» ocurre en 2001, año marcado, entre otras calamidades, por el paso de Michelle por Cuba y otros territorios cercanos. Además de la presencia del ciclón, desastre endémico, lo específico de la vida nacional va surgiendo, efectivamente, de decenas de detalles que dan cuerpo a un estrato de significación particularmente seductor para editores y públicos foráneos, sin excluir el beneplácito del lector cubano que se reconoce en tantos pormenores de su existencia diaria. Se diseña, así, todo un mundo de objetos, conductas, prácticas sociales, instituciones, códigos de convivencia, topografías urbanas etc. que, sin dudas, pesa en y conforma las actitudes de los personajes, en especial las de la protagonista (Caamaño 2012).

De tal inmersión en lo cotidiano y familiar nos sacan algunas referencias librescas con implicaciones caracterológicas, como la de la predilección del Nene por la obra del poeta W. H. Auden, o las cultas e informadas evocaciones de la protagonista de amplio diapasón, alusiones que apuntan a la complejidad de seres que, aun siendo marginales, no se adecuan al estereotipo, además de refrendar –acusado rasgo estilístico de esta escritura– la necesidad de tales apoyaturas culturales para «airear» con brisas ajenas la autoctonía dominante en el cuento.

Es, en efecto, innegable que la atmósfera opresiva que reina en él, alimentada por la presencia de la muerte y la amenaza del ciclón, está también asociada a las carencias materiales, persistentes siempre pero particularmente abrumadoras en la década del noventa, momento en que es tomada «la decisión», y se vincula igualmente a la marginación a que son sometidos los miembros de esa familia por parte de un poder al que se evoca con el sugerente pronombre de «ellos». Todo lo cual pudo haber incentivado el sentimiento de extrañamiento que experimenta la protagonista en relación con el mundo, sentimiento exacerbado igualmente por el modo en que su cuerpo es percibido tanto por ella como por una comunidad masculina definida en bloque, sin olvidar cuánto pudo haber pesado en su desapego por la existencia su nulo desempeño social (Caamaño 2012). De todos modos, como se apuntó líneas arriba, las motivaciones reales que conducen al cumplimiento del propósito de la protagonista nunca son declaradas lisa y llanamente, y quedan, como tantas otras cosas en este cuento, en la sombra, o, en el mejor de los casos, podrían estar asociadas a una muy personal cosmovisión, que tiene muchos puntos de contacto con una filosofía del absurdo.

Podríase especular, entonces, que una vez consciente Mercy de la inutilidad de su existencia y de la falta de opciones para encaminar acciones que le produzcan algún género de gratificación, descubre que el único activismo o realización individual que se puede permitir es el de decidir y enfrentar su propia muerte, lo que trae como consecuencia inmediata la desaparición de los miedos que tanto la atenazaron durante buena parte de su vida. No debe perderse de vista, por otra parte, una precisión que el cuento deja bien sentada: la decisión no es el mero suicidio –sobrarían ocasiones para ello– sino morir desafiando la furia de un ciclón.

El huracán: resonancias simbólicas

Es de esperar que toda lectura o interpretación del cuento que se examina pare mientes en un título que no es solo un signo indicador de un fenómeno meteorológico, sino que lleva consigo un valor identitario por lo que a la región del Caribe y zonas adyacentes se refiere, además de ser portador de una dimensión antropológica y simbólica que se remonta a la representación figural hecha por nuestros aborígenes y a sus connotaciones mágico-religiosas. Tales dimensiones, como es conocido, han sido estudiadas por Fernando Ortiz en su documentado y fundacional ensayo *El huracán, su mitología y sus símbolos* (publicado por vez primera por el Fondo de Cultura Económica de México en 1947), camino por el que han transitado numerosas contribuciones que han ampliado y enriquecido los valores etnográficos, míticos y culturales del fenómeno (Mateo 2011: 91-128; Sánchez Becerrill 2011).

Así pues, aunque no sería, a nuestro juicio, totalmente pertinente una interpretación que reduzca el cuento solo a la dimensión simbólica evocada por su título, algo de ella aletea en él de principio a fin, sustentada por la centralidad del fenómeno en la narración. El huracán es objeto de una cuidadosa y pormenorizada contextualización, que va desde el parte meteorológico, su descripción científica, y el consiguiente seguimiento mediático, pasando por las medidas que su paso genera, como el corte de la luz, hasta llegar a sus efectos devastadores, ante los que se enfrentan Mercy en primer término, pero también los indígenas circunspectos y cejijuntos de Centroamérica, que parecen no esperar nada de sus gobiernos, así como los habitantes del isleño pueblito de Jícara, quienes, en abierto contraste con aquellos, declaran sentirse felices y prontos a confiar en, y a sacrificarse por la Revolución. La zumba se hace particularmente eficaz por la ironía que trasuda la hibridez del discurso.

En consecuencia, el huracán es a la vez telón de fondo y vía para acentuar la atmósfera sombría de la narración, además de constituir el verdadero contrincante de la narradora, el oponente elegido en términos de lógica narrativa.

Conscientes, por otra parte, de que se trata de una especulación interpretativa un poco más arriesgada y personal, aunque tal vez no carente de fundamento, nos parece que el cuento podría también leerse en clave existencialista –para decirlo de modo simple y rápido– y que tal dimensión de su significado termina por resultar esencial.

Ya se ha insistido suficientemente en que el conflicto o problema fundamental que el cuento tiene que resolver es el suicidio de la protagonista –asumido como una singular muerte en combate–, y en que las posibles causas se relacionarían con una poderosa inadecuación al mundo y una serena y racional aceptación de ello. En consecuencia, el relato ilustra, a través de la focalización privilegiada de Mercy, el absurdo de una existencia que, aunque es vista sobre todo en su dimensión individual, no puede desasirse totalmente de la colectiva. Sin establecerlo como condicionamiento interpretativo, la situación en que se encuentra la protagonista tiene muchos puntos de contacto con las tesis expuestas en un texto canónico del pensamiento moderno, *El mito de Sísifo* de Albert Camus[5]. Allí su autor ilustraba mediante un razonamiento impecable que el suicidio era la rendición al absurdo (entendiendo este como el radical divorcio entre el ser humano y su vida, y la consciencia de la gratuidad del ser) y proponía la rebelión como la posición más coherente a asumir, esto es, ser feliz, vivir intensamente, y amar la vida a pesar de su contingencia y sinsentido. En el cuento de Portela se produce un replanteo del problema mediante su peculiar modo de efectuar esa rebelión. Una vez consciente Mercy del absurdo de su existencia –la eventual fe que anuncia la cruz de oro que lleva al cuello no parece ampararla lo suficiente– decide morir, pero dando batalla a la encarnación de la muerte, enfrentando un poder atávico, vital y destructivo a la par: el mítico huracán. Habiendo fracasado, el cuento se cierra con el anuncio de un nuevo desafío que es, asimismo, la ratificación de una personal filosofía del vivir.

---

[5] Al respecto, véanse Labourdette 2015 y Caamaño 2012.

Epílogo paratextual

> La condición preliminar de cualquier obra literaria es esta: quien escribe debe inventar ese primer personaje que es el autor de la obra. Que alguien se traslade íntegramente a lo que escribe es una frase que se dice a menudo pero que no se corresponde nunca con la verdad. Es siempre solo una proyección de sí mismo lo que el autor pone en juego en la escritura, y puede ser tanto la proyección de una parte verdadera de sí mismo como la proyección de un yo ficticio, de una máscara. (Calvino 1980: 316-317; mi traducción)

Tal artículo de fe de Italo Calvino es persuasivo y seguramente Ena Lucía Portela lo suscribiría gustosa, sobre todo cuando sus lectores intentan validar la ecuación entre literatura y vida, y aplicársela.

No obstante, empecinados en sustentar un poco más nuestra interpretación, no podemos renunciar a hurgar en la trastienda de esta creadora y enarbolar algunas identidades puntuales y sugerentes entre este que se examina y otros textos suyos. Así, en «Alas rotas», de marcado corte autobiográfico, Portela expresa:

> Conste que no soy depresiva ni tengo un temperamento melancólico ni nada por el estilo. Amo la vida. Por eso mismo, pienso que jamás debería ser un castigo. No elegimos venir al mundo, pero sí podemos decidir si nos quedamos en él o no. Veo la muerte como una salida de emergencia, la puerta lateral con el letrero de neón rojo que dice EXIT. (2017a: 175)

Y en la entrevista concedida a Daniel Díaz Mantilla para *Hypermedia Magazine*, vuelve a reflexionar sobre un problema que ha recibido con «Huracán» un tratamiento ficcional:

> Fallecer no es lo peor que puede ocurrirle a uno. Si ante la visión de tu muerte no retrocedes ni cierras los ojos, a la larga acabarás aceptándola con semblante sereno e inclusive, ¿por qué no?, con una franca sonrisa de bienvenida. […]
>
> En lo relativo a la eutanasia, que viene siendo el «buen morir» y, por ende, una parte indisoluble del «buen vivir», no me parece una cuestión particularmente difícil desde el punto de vista de la ética. ¿Por qué lo sería? Nadie pretende obligar a algún profesional de la salud que sea, digamos, católico, a poner la inyección o a desenchufar el soporte vital. Nones. Ese profesional, como tutilimundi, tiene pleno derecho a vivir conforme a su fe y a sus prin-

cipios morales. A lo que no tendría derecho es a impedirle al paciente recabar asistencia en otro lado, pues convendrás conmigo en que nadie tiene por qué vivir –o morir– según dicten la fe o los principios morales de otra persona. (Díaz Mantilla 2017: en línea)

Tal modo de entender la existencia podría tener muchas concordancias con el de Mercy, quien, aposentada en el engañosamente sereno ojo del huracán, espera tozuda –«como Penélope a su Odiseo»– que entre sus rachas se abra finalmente esa puerta lateral o salida de emergencia que es también figura de la libertad.

Bibliografía

Álvarez, Ileana (2017): « Ena Lucía: humor y subversión de la sombra del hombre nuevo». En *Árbol invertido*, 31 de octubre: <http: //www.arbolinvertido.com/cultura/ena-lucia-humor-y-subversion-de-la-sombra-del-hombre-nuevo>.

Araújo, Nara (2003): «Erizar y divertir: la poética de Ena Lucía Portela». En *Diálogos en el umbral*. Santiago de Cuba: Editorial Oriente, 82-111.

Bello, Mayerín (2014): «De Ena Lucía Portela *ad Ephesios*» En *Mitologías hoy. Revista de pensamiento, crítica y estudios literarios latinoamericanos* 10: 129-137.

Caamaño, Virginia (2012): «Memorias del desaliento. Acercamiento a dos cuentos cubanos contemporáneos: *Huracán* de Ena Lucía Portela y *La yerba atrae a los tiburones* de Michel Perdomo». En *Revista Estudios* 25, diciembre 2012-mayo 2013: <http: //revistas.ucr.ac.cr/index.php/estudios/article/view/2728>.

Campuzano, Luisa (2004): «Literatura de mujeres y cambio social: narradoras cubanas de hoy». En *Las muchachas de La Habana no tienen temor de Dios*. La Habana: Unión, 142-168.

Calvino, Italo (1980): «I livelli della realtà in letteratura». En *Una pietra sopra. Discorsi di letteratura e società*. Torino: Einaudi, 310-323.

Díaz Mantilla, Daniel (2017): «El escepticismo es un magnífico antídoto contra las decepciones». En *Hypermedia Magazine*: <https://hypermediamagazine.com/2017/03/22/daniel-diaz-mantilla-el-escepticismo-es-un-magnifico-antidoto-contra-las-decepciones/>.

Fernández de Juan, Laidi (2016): «Las cien botellas de Ena Lucía Portela». En *La Jiribilla. Revista de cultura cubana* XII, 25 de junio al 1 de julio: <http://lajiribilla.cu/las-cien-botellas-de-ena-lucia-portela>.

Iwasaki, Fernando (2014): «Biblioteca bailable Ena Lucía Portela». En *Mitologías hoy. Revista de pensamiento, crítica y estudios literarios latinoamericanos* 10: 139-143.

López-Labourdette, Adriana (2015): « El sueño de la Revolución produce monstruos. Cuerpos extra/ordinarios y aparato biopolítico en *La sombra del caminante* (Ena Lucía Portela, 2001)». En *Mitologías hoy. Revista de pensamiento, crítica y estudios literarios latinoamericanos* 12: 31-50.

Mateo, Margarita (2011): «La ruta del huracán». En *El misterio del eco*. La Habana: Unión, 91-128.

Minjárez, Solem (2014): «Humor y autodestrucción: la construcción de la indefinición identitaria en la narrativa breve de Ena Lucia Portela». En *Mitologías hoy. Revista de pensamiento, crítica y estudios literarios latinoamericanos* 10: 33-48.

Ortiz, Fernando (1947): *El huracán, su mitología y sus símbolos*. México: Fondo de Cultura Económica.

Paz Soldán, Edmundo (2012): «Usos y abusos del huracán», En *El boomeran(g)*: <http://www.elboomeran.com/blog-post/117/12803/edmundo-paz-soldan/usos-y-abusos-del-huracan/>.

Portela, Ena Lucía (2017a): «Alas rotas». En *Con hambre y sin dinero*. La Habana: Unión, 172-179.

— (2017b): «Algunos rumores sobre *Djuna y Daniel*». En *Con hambre y sin dinero*. La Habana: Unión, 155-159.

— (2009): «Huracán». En: *El viejo, el asesino, yo, y otros cuentos*. Iraida H. López (ed.). Doral: Stockcero, 97-109.

Sánchez Becerril, Ivonne (2011): «El huracán de Ena Lucía Portela». En *Crítica. Revista cultural de la Universidad Autónoma de Puebla* 142: 3-9.

— (2015): « La construcción de los personajes en la obra de Ena Lucía Portela». En *Kamchatka. Revista de análisis cultural* 5: 455-480.

La mujer de Lot

Verónica Pérez Kónina

La primera vez que te tienes que untar base de maquillaje para disimular un morado piensas que fue por casualidad, que nunca más volverá a pasar. Él estaba de mal humor, discutieron y Rivaldo no pudo aguantarse. Te prometes que nunca más discutirás con él.

Hoy, en cambio, estaba tan cariñoso, hasta te pidió perdón por lo de ayer y preparó el desayuno.

Lástima que justo dentro de unas dos horas tengas que presentar tu ponencia en una conferencia de tu facultad, esa que estuviste escribiendo por las noches. Menos mal que existe la base de maquillaje, es algo realmente mágico, un poco más debajo del ojo y ya no se ve nada.

Todos te aplauden cuando terminas de presentar tu trabajo, te sientes feliz y tratas de olvidar lo ocurrido la víspera. Como te dijo más de una vez tu madre, la mujer es siempre la responsable de que en la pareja las relaciones sean buenas. Así que si surge algún problema, debes pensar en qué fue que fallaste tú.

Tus padres llevan casados más de 20 años, y cuando a ella le preguntan en qué consiste el secreto de un matrimonio tan duradero, su respuesta siempre es la misma.

—Son necesarias solo tres cosas: paciencia, paciencia y paciencia.

Armada de esa paciencia triple, tratas de hacer las cosas lo mejor posible, para no irritar nuevamente a Rivaldo. Lavas, cocinas, planchas, friegas. Cada día te levantas a las 5.00 de la mañana para poder llegar a las 7.15 a la Universidad, y dejas preparado el desayuno y el almuerzo.

Tu marido, que disfruta de un año sabático, a esa hora duerme. Él se pasa casi todo el día en casa, pero está muy ocupado, pues está escribiendo un libro, una obra que, sin duda, lo hará famoso.

A veces por las tardes te pones a coser en la máquina de mano que te dejó tu madre, pues el dinero que les dan tus progenitores y tu suegra alcanza solo para la comida, y tú misma te haces la ropa que usas. Aprendes a tejer y también tejes algunas prendas para ti y para Rivaldo.

Ya no tienes tiempo de leer, no te quedan fuerzas para arreglarte o pintarte para salir a la calle. Llevas el pelo recogido en un moño en la nuca.

Ahora utilizas la base de maquillaje no solo para ocultar los morados, sino también para que no se noten tanto las ojeras.

El cansancio tarde o temprano te vence, y entonces te duermes cuando viajas en autobús a la Universidad, en medio de una clase o en casa, sentada, escribiendo un trabajo que tienes que entregar al día siguiente.

Un día tu esposo se aparece en casa con una chica que te presenta como su amiga. Se llama Natasha, y piensas que es muy bonita. Rivaldo asegura que la está ayudando a pasar los exámenes de matemática.

Natasha se queda a comer con ustedes y por la noche, cuando por fin se marcha, Rivaldo se presta para acompañarla y regresa como unas dos horas más tarde.

Claro que en el barrio donde ustedes viven el transporte es muy escaso, hay que entenderlo. Pero te viene a la mente que cuando ustedes eran novios, Rivaldo nunca te acompañó ni a la parada de autobús, ni mucho menos hasta la casa.

Natasha comienza a aparecer casi a diario, van juntos a los conciertos, al cine. Tú te sientes deprimida, lloras cuando ella no puede notarlo, mientras tu marido te acusa de que eres demasiado celosa, que te inventas cosas y piensas siempre mal de la gente.

Ahora, a la vuelta de la Universidad, no tienes muchas ganar de regresar a tu hogar, pues nunca sabes lo que te espera a la vuelta.

Una buena tarde vienes a casa más temprano que de costumbre y descubres nuevamente a Natasha, que además te mira con mala cara. Ella enseguida decide irse, y Rivaldo sale a acompañarla.

Cuando regresa, ya te exige que te hagas amiga de esa muchacha, que es tan buena persona, tan noble...

No sientes ni celos, solo le pides que, por favor, continúe esa amistad en otro lugar, y no la vuelva a traer a casa, a tu casa, que es además la casa de tus padres.

Ellos viven justo detrás de la puerta del pasillo, junto a la cocina. Cuando ustedes se casaron, erigieron una pared que divide la casa en dos partes y les hicieron una entrada independiente. A veces piensas que tal vez ellos puedan oír tus discusiones con Rivaldo, y por eso tratas de no contradecirlo nunca. Optas por callar y no decir nada.

Llega un frente frío, baja la temperatura y comienza a soplar un viento fuerte. Casi todas las mañanas te despiertas ahogada, con una crisis asmática, es una enfermedad que te persigue desde hace unos años pero que ahora se ha agravado. Tu padre te lleva en su automóvil al cuerpo de guardia de un hospital cercano. Allí te ponen un suero, y esperas a que termine la crisis para ir a la Universidad.

Durante uno de esos viajes al cuerpo de guardia le comentas a tu padre la aparición de Natasha, y le preguntas qué piensa sobre las relaciones de pareja, sobre el matrimonio.

Él te asegura que tienes que darle celos a tu cónyuge, para que él no tenga ganas de mirar a otra mujer y solo piense en que puede perderte.

¿Darle celos, en qué tiempo? Además de coser, hacer las faenas de casa y estudiar, ¿debes buscarte un enamorado?

Además, eso resulta imposible porque Rivaldo no te deja salir sola, siempre va contigo a los conciertos, a los festivales de cine, a todas partes.

Cuando por fin tu marido te permite ir sola a llevar un artículo a la redacción de una revista, te das cuenta de que llevas más de un año sin salir sin él, sin salir sola.

En una cafetería que está cerca de la redacción te encuentras a un amigo de antes, un exnovio. Él sabe que estás casada, y te pregunta por tu vida, por cómo te va en el matrimonio. Inesperadamente para ti misma, comienzas a llorar amargamente.

Le cuentas todo y te vas con él, te vas para su apartamento donde te pasas tres días pensando en tu vida. Te da mucha lástima que tus padres no sepan dónde estás, pero en casa no hay teléfono fijo, y llamar a los vecinos sería como contarle a todo el barrio que te has fugado con un exnovio.

Los dos primeros días no puedes ni probar un bocado, y sientes que no puedes imaginarte tu vida sin Rivaldo, que no puedes vivir sin él. Solo al tercer día te encuentras con fuerzas para regresar a casa para romper definitivamente con tu marido.

Por supuesto, cuando apareces por la puerta, tus padres están locos de alegría, ya te daban por muerta, pero la reacción de Rivaldo te parece extraña.

Es como si él ya supiera dónde tú estabas. Le cuentas todo, que estabas con un exnovio, que ya no quieres seguir con él.

Rivaldo te responde que necesita tiempo, al menos un mes, para arreglar sus asuntos y poder volver a casa de su madre, pero en un principio no tiene nada en contra de que estés con otros hombres. Te asegura que eso se llama un matrimonio libre, y añade que él ya quería proponértelo antes.

Durante un mes vives con dos hombres, con Rivaldo y con tu novio anterior. Te sientes culpable, lloras por las noches, no duermes. Le pides a tu exnovio (¿o novio actual?) que hable con Rivaldo y lo eche de la casa, pero él se niega, considera que tú misma debes resolver ese problema.

Un día, cuando regresas de la Universidad, Rivaldo comienza nuevamente a gritarte. Está muy enfadado, pescó un resfriado y tú, tan fría e indiferente como de costumbre, no quisiste acompañarlo al hospital. Te empuja y te golpea, caes al suelo junto a la puerta de la cocina, te levantas rápidamente y comienzas a buscar algo, un cuchillo o una navaja, para defenderte.

Solo encuentras un abrelatas ruso, tosco y sin ningún filo, con el que corres hacia Rivaldo e intentas clavárselo en el brazo. Él te empuja dentro de la cocina y te encierra.

Comienzas a golpear la puerta y a gritar. Ya no te importa que tus padres puedan oírte.

Tu padre llega por fin desde el patio, y Rivaldo le muestra el rasguño que has logrado dejarle en el brazo. Dice, lloriqueando:

—¡Virginia trató de matarme con un abrelatas!

Acto seguido tu progenitor sale a buscar un camión que encuentra enseguida. Ayuda a Rivaldo a subir sus cosas. Tu marido se va junto con su cama, su almohada y sus libros.

Descubres que el suelo de la habitación se ha convertido en una laguna, con islotes de vidrio roto y pececitos dorados. En medio de la pelea uno de ustedes ha roto el acuario de Rivaldo. Recoges uno a uno a esos seres trepidantes y los echas en el inodoro. Tiras de la cadena.

Los motivos de la mujer de Lot
Apuntes para una presentación

Damaris Puñales-Alpízar | *Case Western Reserve University*

Historia en varios tiempos. Primer tiempo

> Dicen que miré hacia atrás por curiosidad.
> Pero, además de la curiosidad, pude tener otros motivos.
> Miré hacia atrás apenada por mi escudilla de plata.
> Por descuido, al atarme una sandalia.
> Para dejar de ver la nuca justiciera
> de mi esposo, Lot
>
> Wisława Szymborska

La mujer de Lot tenía la obligación de seguirlo casi a ciegas, de obedecer y de caminar por la ruta que marcara su marido. De no hacerlo, las consecuencias serían fatales: quienes voltearan la mirada a la Sodoma que abandonaban serían castigados, tal y como Dios les había advertido al salir de la ciudad. ¿Por qué, entonces, volver el rostro, mirar al sitio que dejaban, desafiar a Dios? La lección parecería ser que Dios solo salva a aquellos que lo obedecen. Pero, ¿qué pasa con quienes no quieren hacerlo porque las leyes de la obediencia los anulan o marginan como seres humanos? ¿Qué pasa si quien desobedece es una mujer?

«La mujer de Lot» ofrece una pista intertextual importante para entender los alcances de la historia ficcionada, y establece un diálogo desafiante —como paratexto que llama la atención del lector y sirve de preámbulo al entendimiento del cuento— con la visión tradicional y religiosa sobre el destino de la mujer y su dependencia respecto a los hombres. Es solo a partir de estas pistas transtextuales que llegamos a comprender la reacción de la protagonista frente a ese supuesto destino histórico que propone el pasaje bíblico, y que es en realidad patriarcal e impuesto.

Sin este juego de transtextualidad al que nos invita Pérez Kónina a partir del título de su cuento –al decir de Genette, la transtextualidad es «todo lo que pone al texto en relación, manifiesta o secreta, con otros textos» (1989: 9-10)–, seguramente leeríamos la historia narrada de forma diferente. Pero esa breve contraseña, esa breve evocación del destino de la mujer de Lot nos pone en la pista de una lectura de su acción de mirar hacia atrás como un acto de voluntad liberadora, y nos ofrece una dimensión superior para entender a cabalidad la importancia que otorga la autora a la capacidad de decisión de la mujer.

Pero, ¿quién fue la mujer de Lot? De acuerdo a las Escrituras, de tan insignificante ni siquiera tuvo un nombre[1], y apenas aparece mencionada brevemente en el Libro del Génesis (19: 26): «Entonces la mujer de Lot miró atrás, a espaldas de él, y se volvió estatua de sal». Su otra aparición en la Biblia es cuando Dios afirma que quien no obedezca puede tener el mismo destino que ella: «Acordaos de la mujer de Lot» (Lucas 17: 32). Pese a su escasa presencia en las escrituras bíblicas, y su falta de nombre propio, la mujer de Lot ha inspirado numerosas obras literarias y reflexiones acerca del papel femenino en la historia. Por solo mencionar algunos, los poemas de Wisława Szymborska, de Mario Benedetti, de Anna Ajmátova. El poeta bejarano Luis Felipe Comendador, en su sitio *Diario de un savonarola*, publicó una colección de poemas inspirados en la historia de la mujer de Lot, a partir de una petición a colaborar hecha por él en su blog. También Belkis Cuza Malé tiene un poemario titulado *Los poemas de la mujer de Lot*, en el que incluye uno llamado «La mujer de Lot». Es importante mencionar en este recuento, además, por la doble significación que tiene tanto en relación con el cuento que presentamos ahora como con la escritura de mujeres cubanas, la antología *Estatuas de sal, cuentistas cubanas contemporáneas (1959-1995). Panorama crítico*[2], publicada por Mirta Yáñez y Marilyn

---

[1] En la tradición judía, su nombre es Edith.

[2] Respecto al título, es interesante la mirada que ofrece María Virginia González en su artículo «Estatuas de sal: urdimbres para una tra(d)ición de escritoras cubanas»: «Simbólicamente, debido a su anclaje en el pasado y a su incapacidad para mirar hacia el futuro, la mujer es convertida en estatua de sal. Se trata, entonces, de un castigo por transgredir las leyes patriarcales. No puedo dejar de advertir el sentido de pertenencia que implica el uso de la preposición y la ausencia de nom-

Bobes en 1996, que pretende, justamente, visibilizar la literatura hecha por mujeres en Cuba, y apela, desde su título, a la historia de la mujer de Lot[3].

La mujer de Lot, castigada por haber desobedecido un mandato divino, es convertida en estatua de sal que no puede avanzar, que ha de quedar para siempre varada en el sinsentido. Contra esa lectura, contra esa visión, la protagonista del cuento de Pérez Kónina opta por otra salida.

Segundo tiempo

Una mujer de nombre cualquiera (digamos, Virginia) se casa con un hombre cualquiera (digamos, Rivaldo). La vida en común podría transcurrir en cualquier sitio (digamos, La Habana. Digamos, Moscú). Su historia podría ser la de cualquiera de nosotras: apacible en apariencia, de realizaciones profesionales, de sueños por cumplir… De puertas para adentro, sin embargo, empiezan las dificultades: un hombre que abusa, física y emocionalmente, de su pareja; una mujer que hace lo que cree necesario, lo que le han enseñado, para preservar la supuesta paz del hogar: «la mujer es siempre la responsable de que en la pareja las relaciones sean buenas. Así que si surge algún problema, debes pensar en qué fue que fallaste tú», afirma Virginia al reflexionar sobre su situación. Ese «hacer lo necesario», sin embargo, lleva implícita una responsabilidad que ha sido la realidad cotidiana de muchas mujeres, tanto de las que su trabajo primordial transcurre de puertas para

---

bre propio "la mujer de Lot". Este detalle conecta las lecturas propuestas sobre el episodio porque lo que está implícito en el acto de esta mujer –sin nombre– es la transgresión de lo establecido y es este acto el que la individualiza y, por lo tanto, le otorga identidad. En esta transgresión también está sobrentendido el hecho de que la mujer construye su historia mirando necesariamente hacia el pasado (operación que, por otra parte, realizan las compiladoras al recuperar a sus antecesoras). Sin embargo, en este libro –donde las mujeres sí poseen nombre y apellido–, el título se congela en un estado –el castigo– y, de esta forma, la misma operación que las coloca en la palestra pública, las congela (las silencia). Si se tiene en cuenta que la tarea de selección contribuye, además de a promover obras y escritores, a conformar cánones en tanto las nuevas recopilaciones generalmente reproducen una porción de lo aparecido en las anteriores, el gesto adquiere otra densidad» (2015: 37).

[3] La introducción al libro, a cargo de Mirta Yáñez, se titula «Y entonces la mujer de Lot miró…».

adentro, como de aquellas que trabajan fuera de casa, ya sea de manera profesional o no: la doble jornada laboral, la presión constante para avanzar, mientras se carga y se es responsable por todo lo demás, como cuenta la protagonista del cuento de Pérez Kónina: lavar, cocinar, planchar, fregar, despertar casi de madrugada para dejar preparado el almuerzo, la casa, la ropa. Mientras, el marido permanece ajeno a ese mundo que disfruta, se mantiene al margen. Y así, día tras día. Hasta un día.

De todos los poemas basados en la historia de la mujer de Lot, el de Wisława Szymborska con el que abro estas reflexiones es mi preferido, y es también uno de los que más se acerca a la esencia del cuento que ahora nos presenta Pérez Kónina: ni la Virginia de Pérez Kónina ni la protagonista del poema de Szymborska son víctimas. Si en el pasaje original se pretende presentar a la mujer de Lot o como víctima o como culpable, en las historias narradas por Wisława Szymborska y por Pérez Kónina la mujer es la que determina qué hacer con su vida; desobedecer es su decisión y está lista para asumir las consecuencias: la caída al vacío, la muerte, en el caso de la protagonista del poema: «Me arrastré y emprendí el vuelo / hasta que del cielo cayeron las tinieblas, / la grava hirviente y los pájaros muertos. / Di vueltas y más vueltas sobre mí misma, sin aliento» (1997: 69)[4]. O echar por el inodoro los peces que se han caído de la pecera rota, como un acto simbólico de terminar la relación con Rivaldo en el cuento de Pérez Kónina. En ambos casos se trata de una ruptura dramática cuyo resultado será la liberación femenina.

El cuento de Pérez Kónina es una oda al fin de la paciencia como mecanismo de autosubyugación, al descubrimiento de una fuerza vital que permite cambiar el estado de las cosas de manera definitiva.

La presencia de animales en el final de cada una de estas historias contiene también un alto nivel simbólico: pájaros muertos en el poema; peces muertos en el cuento. Lo animal que se destruye para que se salve lo humano, aun cuando en la obra poética esta salvación se alcance solo a través de la muerte.

---

[4] El poema pertenece al libro *El gran número*, de 1976. Para este ensayo trabajamos con la edición en español de la obra de Szymborska, publicada por Lumen en 1997, y traducida del polaco por Jerzy Slawomirsky y Ana María Moix.

Tercer tiempo: un tiempo anterior

Cuando en 1989 aparece *Adolesciendo*, libro con el que Pérez Kónina fue merecedora del premio David el año anterior –con apenas 20 años–, el campo de la literatura escrita por mujeres en Cuba era un páramo, además, ignorado: no solo no existía un *corpus* literario femenino sólido –en especial en lo referente a la narrativa–, sino que tampoco se contaba con un aparato crítico que comentara y evaluara la producción literaria femenina. La publicación de obras escritas por mujeres era escasa –y ojo, estamos hablando de publicación, no de producción; conocer si había o no escritura de mujeres en esos años implicaría un trabajo de arqueología literaria que sigue estando pendiente– y no había mecanismos ni instituciones que impulsaran la publicación de las mujeres. Al decir de Luisa Campuzano, los primeros años después de 1959 estuvieron signados por la «escasez de producción narrativa femenina en tres décadas; porque a diferencia de otras literaturas latinoamericanas, por no hablar de otras latitudes, la cubana no se caracterizó en los años setenta y ochenta del siglo pasado por el desarrollo de una cuentística y mucho menos de una novelística escrita por mujeres» (2003: 39).

Según Campuzano, cuando a principios de los noventa se celebra en México el primer congreso dedicado a la literatura femenina en Cuba, los resultados fueron desalentadores, pero constataban una realidad innegable: aunque existía una larga y coherente producción literaria femenina en la isla, tal tradición había desaparecido con el triunfo de la Revolución cubana en 1959, sobre todo en la narrativa.

Y en ese contexto Pérez Kónina escribe un libro rompedor en todos los sentidos, tocando temas que no habían sido abordados en la literatura cubana antes; temas que treinta años después siguen siendo de una vigencia tan tangible que podría pensarse que el libro ha sido concebido y escrito en los tiempos que corren, si dejamos de lado, claro, los anacronismos del lenguaje propio de los ochenta en Cuba. En este sentido, el artículo de Campuzano deja fuera de su análisis los importantes aportes literarios hechos por autoras como Pérez Kónina o Daína Chaviano[5], por ejemplo,

---

[5] Chaviano había ganado en 1979 el Premio David de ciencia ficción con su libro de cuentos *Los mundos que amo* (publicado por Unión en 1980). En los años

desde la década anterior. Si bien es cierto que no es sino hasta mediados de los noventa cuando hay una publicación ostensiblemente mayor de literatura escrita por mujeres, y que igualmente de manera masiva comienzan a tratarse ciertos asuntos en la narrativa cubana –«las sexualidades, el erotismo, la prostitución, la violencia doméstica, la pedofilia, la drogadicción» (Campuzano 2003: 41)–, también lo es el hecho de que desde años antes ya se habían dado las primeras manifestaciones de los cambios estéticos, temáticos y de género que cobrarían auge a partir de mediados de la siguiente década.

Tal olvido por parte de Campuzano, podríamos especular, tendría mucho que ver con la historia personal de Pérez Kónina, quien salió de Cuba para Rusia a fines de los ochenta. Las causas de su salida, además de la lejanía geográfica entre ambos países, así como las nuevas y desafiantes condiciones de vida que le esperaban en Moscú, rompieron la sinergia natural entre la escritora y el sitio de enunciación de su literatura. Es a este sitio al que Pérez Kónina regresa ahora con «La mujer de Lot». Sin embargo, la universalidad del tema podría permitir su permuta territorial hacia cualquier parte donde haya una mujer maltratada por un hombre.

Al describir el panorama literario cubano de los años ochenta en el que se publica *Adolesciendo*, Leonardo Padura afirma, aunque sin atender a marcas de género, que

> esta narrativa se tipifica por obsesiones tan disímiles y a la vez recurrentes como los conflictos de pareja [...]; el análisis ético de la circunstancia cubana actual, nada homogénea, nada idílica, con lo que han surgido, por primera vez en nuestra narrativa y al parecer para quedarse, tipos tales como el oportunista, el «dirigente», el fraudulento, los «jineteros» –cazadores de dólares– o el siempre difícil personaje del homosexual; una visión desprejuiciada y descarnada de lo que significó a nivel individual la presencia internacionalista de Cuba en diversas partes del mundo, especialmente en África; una nueva valoración, mucho más intimista y humana del drama del exilio cubano, con sus desa-

---

siguientes publicó *Amoroso planeta* (1983), *Historias de hadas para adultos* (1986), *Fábulas de una abuela extraterrestre* (1988) y *El abrevadero de los dinosaurios* (1990). Aunque pertenecen a generaciones anteriores a la de Chaviano y Pérez Kónina, otras escritoras importantes de esos años son Aída Bahr (*Un gato en la ventana*, 1984; *Ellas de noche*, 1989), María Elena Llana (*Casas del Vedado*, Premio de la Crítica en 1984), y Mirta Yáñez (*El diablo son las cosas*, Premio de la Crítica en 1988).

rraigos, equivocaciones y dolores; y por supuesto, el asunto que, quizás, haya dominado por encima de cualquier otro: el mundo de los jóvenes y adolescentes que fueron y son estos escritores, vistos en su ámbito estudiantil, amoroso, laboral y familiar, sin tintes bucólicos ni complacientes. Alrededor de estos tópicos gira entonces el vórtice de esta cuentística de lo cotidiano. (1997: 15)

Y al llegar al análisis de los fines de esa década, destaca la introducción del personaje del joven marginal:

> autores como Sergio Cevedo (1956) con sus libros *La noche de un día difícil* y *La costa*, o la muy joven Verónica Pérez Kónina (1968) con *Adolesciendo*, introducen los conflictos de un sector de la juventud cubana cuyas existencias bordean la ilegalidad y la alienación [...] a través de una narrativa que, estilísticamente, trata de reproducir el caos de un universo caótico hecho de ocio, *heavy rock*, baños de mar y amores muy libres. (1997: 17-18)

Ese primer libro de Pérez Kónina estaba compuesto por 16 narraciones (cuentos, fragmentos y poemas) divididas en dos partes. En la primera, sobre todo, se plasma el espíritu de los ochenta en Cuba desde la perspectiva de los adolescentes: un vacío de contenido que contrasta poderosamente con la literatura épica de los setenta. Hay un aliento en su escritura que se opone, en un ejercicio narrativo muy bien logrado, a la desesperanza de sus personajes, su falta de rumbo, de fe. Más allá de lo que muy bien han señalado críticos como Leonardo Padura, Verónica Alemán Cruz y Ana Belén Martín Sevillano respecto a *Adolesciendo*: el contexto del rock (las referencias a Robert Plant[6] son constantes a través del libro), sexo, alcohol, drogas, violaciones que quedan impunes, embarazos no deseados y abortos, lo que más resalta en estos cuentos es la carencia absoluta de un ideal por parte de los personajes: no están a favor de nada, no están en contra de nada. Sencillamente están: dejándose llevar por el día a día, pero sin tratar de encontrar una lógica, una razón, indiferentes a todo, a las notas en la escuela, al futuro personal y profesional. Se «van de guerrilla» de la misma

---

[6] Robert Plant, vocalista y compositor del grupo Led Zeppelin entre 1968 y 1980 –cuando este se disuelve–, se convirtió en una figura de culto y un modelo a seguir entre la juventud cubana de los años ochenta, cuando la música del grupo era de las más escuchadas y bailadas en la isla.

manera en que se acuestan los unos con los otros: sin que nada realmente importe. A pesar de la soledad y la desesperanza, evidente en la narración a través de frases concretas que conforman tal ambiente[7], son los amigos, la pertenencia a un grupo, lo que sirve de asidero a los personajes: «son mis amigos aquello imposiblemente bueno que me separa del suicidio de la pared con signos mojados que me golpea o yo la choco» (1989: 25). Por ratos la narración es caótica (como en este fragmento del que procede la cita), un torrente de palabras que cruza nuestra vista a la misma velocidad que el pensamiento, donde no hay signos de puntuación, solo el fluir de las angustias del personaje.

Uno de los grandes méritos de ese libro de Pérez Kónina es precisamente el trabajo con el lenguaje y con las técnicas narrativas. Compuesto por poemas, flujos de pensamiento –que se asemejan a la escritura automática pero que están muy bien estructurados en este caso–, y cuentos, el libro sugiere una visión bastante completa y compleja, a partir de los fragmentos que ofrece, del mundo interior de los adolescentes y jóvenes cubanos de los años ochenta.

Según Verónica Alemán Cruz:

---

[7] Algunas de las frases que respaldan este ambiente de desesperanza son: «una feria sin leyes, fiesta de animales libres» (11); «un montículo de cuerpos, dispersos sin orden alguno, desganados, y un cacharro sonando a rock» (13); «el aspecto desteñido del grupo: el Beatles luce un sucio gorro de estambre, short ripiado y pulover con algo escrito en la espalda, a mano; una palabra breve. Shit» (15); «y un hotel de cristales/indiferente/muestra su espalda» (17); «nunca llegué a encontrarme. Se necesitaba un grado mayor de indiferencia» (20); «fueron de guerrilla, todo el grupo. Su mamá la había botado de la casa» (22); «al Yuma y a Ernesto los metieron presos» (22); «desde que se rompió el grupo, andaba a la deriva, lo mismo con unos que con otros» (32); «si mis hermanos me dejan en paz y mami no viene con uno de esos tipos que aparecen con una botella de ron y una sonrisita babosa» (33); «préstanos tus peldaños/para hablar de cosas ingenuas» (43); «no vale la pena asomarse a la calle porque las marchas siempre son ajenas» (44); «y nadie, nadie que dijera qué hacer, y ayudara» (45); «tú sola en el mundo con aquello» (48); «hoy, día tal, me siento vieja y pienso en ti, que eras tan buena, y me das mucha lástima, no tengo fuerzas para reprocharte nada, nada» (50); «toma la cuchilla… observa tus muñecas, el sitio exacto donde hundirás el filo» (51); «estoy tan cansada» (90).

Quiero hacer énfasis en *Adolesciendo*, de Verónica Pérez Kónina, pues este texto abrió las puertas a una secuencia totalmente radical que apareció con/en la década de los noventa y que he gustado en llamar «Madres transparentes». En el relato «Un cuento gris», incluido en el libro *Adolesciendo* (1989), se ve la violación como origen de la maternidad, una forma de violencia que nunca ha sido ajena para la mujer, pero de la que antes pocas autoras se habían atrevido a escribir. Es a partir de este texto que comienzan a visibilizarse personajes femeninos muy disímiles, inmersos todos en las complejas circunstancias de vida que impuso el «período especial», y que trajo consigo una dicotomía dura y real: la diferencia entre las madres que son y las que la sociedad les exige que deben ser. (2014: en línea)

Respecto al contexto en el que se produce la escritura de *Adolesciendo*, Ana Belén Martín Sevillano señala que:

En abril de 1988, un grupo de jóvenes ponía en circulación una revista de factura manual que llevaba por nombre «El Establo»[8], que era el mismo con el que se habían bautizado un año antes. [...] Alcanzaron a sacar un segundo número [...] En torno a la figura de Raúl Aguiar (1962), giraron las de Ricardo Arrieta (1967), Sergio Cevedo Sosa (1956), Daniel Díaz Mantilla (1970), Karina Mendoza (1971), Ronaldo Menéndez (1970), Verónica Pérez Kónina (1968), Ena Lucía Portela (1972) y José Miguel Sánchez (1969) [...] Su obra inauguró la que durante una década se llamaría «literatura *freakie*», que daba voz literaria a un nuevo sujeto que exhibía un modo de vida en el que la música rock, las drogas, el alcohol y la problemática emocional y existencial de la adolescencia eran los elementos fundamentales. (2008: 93-94)

Como en aquel primer libro, la escritura de Pérez Kónina en «La mujer de Lot» está marcada por un empuje desgarrador. Como en aquel primer libro, uno de los temas fundamentales es la culpa que recae continuamente

---

[8] El nombre viene del grupo protagonista de la novela *Itzam Na*, de Arturo Arias, que había ganado el premio de novela Casa de las Américas en 1985. Varios integrantes del grupo obtuvieron reconocimiento literario: en 1987, Sergio Cevedo gana el Premio David de cuento con *La noche de un día difícil*; en 1988, Verónica Pérez Kónina con *Adolesciendo*; en 1989, Raúl Aguiar con *La hora fantasma de cada cual* (que no se publicó hasta 1995). En 1990, Ronaldo Menéndez y Ricardo Arrieta, con *Alguien se va lamiendo todo* (no fue publicado hasta 1997). En ese momento el grupo se disuelve.

en la mujer: si en «La mujer de Lot», Virginia, la protagonista/narradora afirma: «la mujer es siempre la responsable de que en la pareja las relaciones sean buenas. Así que si surge algún problema, debes pensar en qué fue que fallaste tú», ya en *Adolesciendo* encontrábamos esa misma preocupación: «Ahora, al recordar, busco un error. ¿Cuál fue mi error? Porque seguramente el error fue mío; él me quiso, de eso estoy clara» (1989: 60).

Otros tiempos posibles

Entre la publicación de *Adolesciendo* (1989) y «La mujer de Lot» (2019) median treinta años. Y aunque Pérez Kónina ha seguido publicando esporádicamente, estos años se caracterizan por un silencio casi inexplicable de quien había escrito una obra del calibre literario de aquel primer libro. Ese silencio literario, sin embargo, está lleno de vida, y no incide negativamente para nada en la calidad de la escritura de Pérez Kónina. Más bien al contrario: su narrativa mantiene una vitalidad y un vigor que ya se anunciaban desde aquel libro de la adolescencia.

Como bien explica ella en «Por amor al arte» (donde firma con su apellido ruso de mujer casada: Proskúrnina),

> soy de una familia que aprecia mucho la literatura, una familia potencialmente literaria, por lo menos en su parte femenina. Lo de potencialmente lo digo porque muchas mujeres no llegan a ser escritoras, aunque podrían serlo, pues prefieren vivir la vida real a describirla, y en la vida de una mujer casada hay tantas preocupaciones y tantas cosas que hacer que no queda mucho espacio para escribir. (2015: 43-44)

Sobre la relación de su escritura con la realidad, añade: «aprendí a mirar todo lo que me sucedía como material para escribir un cuento o una novela y empecé a observar mi propia vida como desde fuera» (2015: 45). Y es precisamente esa conexión con la realidad vivida, con las experiencias acumuladas, lo que le otorga a su escritura una riqueza y una fuerza que la aleja de tendencias o modas literarias, y la inscribe como un caso *sui generis* dentro del universo literario cubano.

Al hablar de su literatura y su relación con la realidad no estamos hablando, sin embargo, de una literatura de no ficción o testimonial, sino de una escritura que le debe mucho a la vida real, pero que se distancia de ella, mostrando sus más sutiles matices, sin dejarse tentar por la descripción burda o transliterada de la realidad. Partir de ciertas vivencias no implica, en el caso de Pérez Kónina, la producción de un texto asertivo o veraz pues no existe una correspondencia directa, única, entre la referencia y lo real.

Pero, ¿de cuál realidad estamos hablando aquí? Pérez Kónina vive desde 1989 en Moscú, donde nació y pasó sus dos primeros años. La mayor parte de su vida ha transcurrido en otro país, con otro contexto social y, sobre todo, en otro idioma. Y, sin embargo, habría que darle entonces la razón a Rainer Maria Rilke cuando decía que «la verdadera patria del hombre es la infancia». Una y otra vez, en su narrativa, vuelve Pérez Kónina al ambiente cubano en el que vivió diecinueve años. Sus preocupaciones literarias/humanas esenciales siguen estando conectadas a aquella época en que participaba en talleres literarios en busca no solo del hombre ideal (como afirma ella en el artículo recién citado), sino sobre todo de su propia voz escritural. Los talleres estaban dominados por hombres, y la presencia de una mujer era cosa rara (¿ha cambiado mucho el panorama literario?, tiene una la tentación de preguntarse). Incluso cuando la trama de alguno de sus cuentos transcurre en Rusia, como en el caso de «Tamara», hay un fuerte vínculo afectivo con Cuba, además del hecho de que su escritura sea siempre en español. En ese cuento, además, surge de nuevo una de las inquietudes vitales que alientan la obra de Pérez Kónina: la mujer al centro de la vida. Dice la protagonista: «Su destino era el mismo que el de todas las mujeres, esperar» (1989: 50).

Tiempo circular, único tiempo: volver a empezar

> ...una voz penetrante urgía a la mujer:
> no es demasiado tarde, aún puedes mirar...
> ...mi corazón no olvida
> a la que dio la vida por una mirada
>
> Anna Ajmátova

«La mujer de Lot» le debe mucho a aquel primer impulso literario de la joven que escribía *Adolesciendo*. Pérez Kónina retoma aquí una preocupación vital que ya había aparecido en uno de los cuentos de ese libro: la culpa en la mujer, o más bien, su responsabilidad en el (buen) funcionamiento de una relación con un hombre. En el caso de «La mujer de Lot», el uso de la segunda persona del singular le permite a la narradora establecer un diálogo consigo misma y profundizar, desde una perspectiva externa, en una especie de autorreflexión sobre los hechos de su vida, que abarcan desde su estado de infelicidad y de no realización humana ni profesional, hasta el maltrato psicológico y físico por parte del marido, así como sus infidelidades. Ante esta situación, de la que parece no haber escapatoria –Virginia vive pared de por medio con sus padres, quienes han dividido su casa para darle a ella y a Rivaldo un espacio para vivir–, las soluciones que va encontrando el personaje son radicales: escapar con un antiguo novio, primero, y finalmente romper, de manera definitiva, tajante, con el hombre con quien ha compartido sus años, pero no su vida ni sus sueños.

Si cuando aparece el primer libro de Pérez Kónina el panorama literario narrativo femenino[9] era desolador, como bien apunta Campuzano en el artículo antes citado, para las dos primeras décadas del siglo XXI la literatura cubana escrita por mujeres «sufre de una salud sin precedentes» (Vázquez Domínguez 2016: 19) –aunque, como bien apunta la propia Vázquez Domínguez en la introducción a su estudio, «la recepción crítica de este *corpus* creciente aún brilla por su ausencia» (2016: 19). En cualquier caso, lo que nos interesa es, en ambos escenarios, destacar el papel fundamental y diferenciador que representa la escritura de Pérez Kónina. Si para fines de los ochenta su libro fue una excepción, no solo por el hecho de ser ella misma una mujer escritora dentro de un escenario dominado por los hombres, sino también por todos los temas que trata, y sobre todo, la forma en que los aborda, en los tiempos que corren su escritura rompe también con esquemas o tendencias de lo que podríamos llamar, en términos muy generales, muy indefinidos, la literatura cubana escrita por mujeres en las primeras décadas del siglo XXI, y no solo en referencia a cuestiones de generaciones literarias –siempre tan inasibles, tan imprecisas– sino también en cuanto a temáticas y técnicas narrativas que parecen ser un común denominador. Hablamos aquí, por ejemplo, como muy bien señala

---

[9] En el artículo «Precisiones de lo femenino y lo feminista en la práctica literaria hispanoamericana», Eliana Rivero ofrece pistas muy importantes para establecer una diferencia entre lo que llamamos literatura femenina y lo que sería la literatura escrita por mujeres.

Vázquez Domínguez en el estudio antes citado, de la experimentación literaria posmoderna –algo que Pérez Kónina había hecho ya, con éxito, a fines de los ochenta–; y del uso de «narradores autorreflexivos en primera persona, especulaciones metaliterarias que evidencian la condición de artificio del texto narrativo, intertextualidades e historia; todo ello unido a cuestionamientos identitarios que parten de la exposición de situaciones autobiográficas» (2016: 55). A fin de cuentas, el diálogo más productivo que establece la escritura de Pérez Kónina es consigo misma, y con los temas que siguen estando al centro de sus preocupaciones, y que son, en definitiva, las preocupaciones de todas las mujeres: ocupar un sitio justo, de igualdad, junto al hombre.

Bibliografía

Ajmátova, Anna (2005): «La mujer de Lot». En *El canto y la ceniza. Antología poética* (Anna Ajmátova y Marina Tsvetáieva). Mónika Zgustova y Olvido García Valdés (Trad. y selec.). Barcelona: Galaxia Gutemberg, 117.

Alemán Cruz, Verónica (2014): «La luz que la noche aclara. Representación simbólica de la figura materna en la cuentística femenina de la Revolución». En *Cubaliteraria*, octubre: <http: //www.cubaliteraria.cu/revista/laletradelescriba/n129/articulo-1.html>.

Campuzano, Luisa (2003): «Literatura de mujeres y cambio social: narradoras cubanas de hoy». En *Temas* 32: 38-47.

Comendador, Luis Felipe (2009): «La mujer de Lot [meme]». En *Diario de un savonarola*, 2 de abril: <http: //diariodeunsavonarola.blogspot.com/2009/04/la-mujer-de-lot-meme.html>.

Cuesta, Mabel (2012): *Cuba post-soviética: un cuerpo narrado en clave de mujer*. Santiago de Chile: Cuarto Propio.

Genette, Gérard (1989): *Palimpsestos. La literatura en segundo grado*. Madrid: Taurus.

González, María Virginia (2015): «Estatuas de sal: urdimbres para una tra(d)ición de escritoras cubanas». En *Anclajes* XIX (2): 21-40.

Martín Sevillano, Ana Belén (2008): *Sociedad civil y arte en Cuba: Cuento y artes plásticas en el cambio de siglo (1980-2000)*. Madrid: Verbum.

Padura, Leonardo (1997): *El submarino amarillo. Cuento cubano 1966-1991. Breve antología*. Ciudad de México: Universidad Nacional Autónoma de México.

Pérez Kónina, Verónica (1989): *Adolesciendo*. La Habana: Unión.

Proskúrnina, Verónica (2015a): «Por amor al arte». En *Kamchatka. Revista de análisis cultural* 5. Dossier especial: *Mi abuelo murió leyendo a Pushkin. Antología de escritores cubano-(post)soviéticos (2005-2015)*: 42-47.

— (2015b): «Tamara». En *Kamchatka. Revista de análisis cultural* 5. Dossier especial: *Mi abuelo murió leyendo a Pushkin. Antología de escritores cubano-(post)soviéticos (2005-2015)*: 48-51.

Rivero, Eliana (1994): «Precisiones de lo femenino y lo feminista en la práctica literaria hispanoamericana». En *Inti* (40-41): 21-46.

Szymborska, Wisława (1997): «La mujer de Lot». En *Paisaje con grano de arena*. Barcelona: Lumen, 64.

Vázquez Domínguez, Yailuma (2016): *Limón, limonero... La literatura femenina cubana en el siglo XXI*. La Habana: Editorial UH.

Yáñez, Mirta & Bobes, Marilyn (eds.) (1996): *Estatuas de sal. Cuentistas cubanas contemporáneas. Panorama crítico (1959-1995)*. La Habana: Unión.

Un eterno suspirar

Legna Rodríguez Iglesias

> No podrás olvidar que te amé
> como yo nunca imaginé.
>
> Cristian Castro

Todas las mujeres me regalan perros. Cada mujer que conozco llega a mi vida con un perro en los brazos diciéndome *para ti*, como si un perro fuera una dote. Y la verdad es que con eso me hacen feliz. A veces, incluso, me hacen muy feliz. Desde que nací y hasta el año pasado fui feliz con bastante poco: un perro, una canción y una botella. En ese orden de día y al revés de noche. La misma canción siempre.

¿Por qué el papel de cera, creado para arrancar de raíz cualquier cosa que asome, lacios y crespos, no logra desclasificar las canas, ni en un lado ni en el otro, y las deja para siempre donde quiera que ellas salgan, así sea la barbilla, el borde del pezón, o los labios menores?

Estaba
yendo
al supermercado
a comprarle
un paquete
de seis
cervezas
a mi pareja
y vi
a una
musulmana
embarazada.

El portero la ayudó a despegar un carrito del bulto de la fila de carritos ordenados para que los clientes se sirvan, y la musulmana le agradeció al portero con un guiño discreto y una media sonrisa. Enseguida la miré con tanta envidia que la mujer empezó a tener contracciones y se la llevaron en una ambulancia. Cuando llamé al hospital para saber cómo había salido todo me preguntaron cuál era mi relación con la paciente y respondí: espiritual.

A nuestra perra la mató un automóvil. Se me escapó cuando fui a sacar la ropa de la lavadora para meterla en la secadora. Corrió entre mis pies y a la voz de mando *regresa* reaccionó en sentido opuesto. Le había dado por eso últimamente, por escaparse cuando abríamos la puerta, aunque tuviéramos el mayor cuidado. La gata y yo vimos todo, aunque yo tenía el cepillo de dientes atrapado entre las muelas. Fue un golpe seco y tajante, de esos golpes que matan, definitivamente. Pensé que la gata había llorado, pero ahora me doy cuenta de que en realidad esbozó una sonrisa.

La muerte de Fidel Castro, el presidente por más de cincuenta años de una pequeña isla del Caribe, fue celebrada por todo lo alto en un restaurante de mal gusto del sur de Miami. Nadie que llega a Miami deja de ir al famoso restaurante, aunque sea para desayunar en él o tomar una merienda. Los festejos por la muerte del presidente Castro duraron más de veinticuatro horas adentro del restaurante y en sus afueras. Un desfile de personas que se reían y se abrazaban en actitud de jolgorio llenó de vida auténtica aquella noche y aquel día. Parecía un Bar Karaoke pero no lo era. Era solo un restaurante tradicional de comida simple y pesada.

La última vez que visité un zoológico eché en falta los animales. Me había creado unas expectativas sobre la flora y fauna autóctonas de esa región específica, pero una vez más las expectativas resultaron falsas. En los zoológicos no tienen perros. Los perros están destinados a las casas, a los portales y a los patios de las casas. En La Habana hay un zoológico vacío y en Miami hay un zoológico que no conozco. Debo trabajar diez horas en posición impersonal para pagar la entrada al zoológico.

Si pudiera volver el tiempo atrás me pasaría un día entero frente a la secadora, mirando a la secadora sin pestañear, tratando de entender por qué es necesario secar la ropa después de lavarla, si aquí en Miami el calor es tanto que uno podría ponerse la ropa mojada y así refrescarse, humedecerse, aguarse. De esa manera yo jamás hubiera ido a sacar la ropa de la lavadora para meterla en la secadora, la perra jamás se me hubiera escapado, el automóvil jamás la hubiera matado, la gata jamás hubiera sonreído.

Durante el embarazo íbamos a restaurantes baratos a comer yuca y arroz y ensalada verde. Sobre todo yuca, por el color blanco satín, y el olor a nada. Comía sobre todo cosas blancas. Comía cosas que no tuvieran olor. Me salieron canas. Se me agudizó la vista y el olfato.

Todavía no sé describir a mi hijo. Le pusimos un nombre que significa Dios en lenguaje taíno. Los taínos eran aborígenes caribeños que se asentaron en las islas llamadas Cuba, La Española, y Puerto Rico. España exterminó a los taínos, después de mezclarse con ellos. El nombre de mi hijo es una palabra de dos sílabas con una tilde en la primera sílaba. Cuando fuimos a inscribirlo, en el hospital, suprimieron la tilde: No tenemos tildes, señora, no tenemos diéresis ni tildes.

Una vez
le dije
a alguien
que sí,
que la risa
cambiaba,
movía
el mundo,
y esa
persona,
una mujer
propensa
a la masculinidad,
se rió
en mi cara.

En el momento en que se lo dije íbamos una al lado de la otra, aunque no sé si es mejor decir que íbamos *una al lado del otro*. El asiento que compartíamos no tenía división. Un brazo rozaba con el otro y ese roce emitía electricidad. Aprendí que la risa es buena. Y que la media risa más.

Esa manera de sobrecogerme, de agitarme, de volverme un escorpión oscuro con ganas de matar, legítimos deseos homicidas cuando oigo a alguien masticando, digiriendo cualquier cosa, aguas, panes, lechugas, plátanos, camarones, caramelos, chocolates, chips, chips, chips. No importa la relación afectiva que mantengamos, no importa el hecho de sentir algo por él. Al oírlo masticar, ese afecto se desvanece, se sitúa en un espacio de desprecio, repulsión.

En Texas la cosa es muy distinta. Vi un barrio donde las casas parecían cajas de lápices o de crayolas o cajas de cartón de cualquier juego infantil. Casas de tres plantas que cuestan más baratas que las casas de Miami, así que he decidido cargar con mi familia y mudarme a Texas. También he decidido quedarme donde estoy. Tenemos que quedarnos donde estamos un par de años, de modo que concienticemos esa manera de estar tan parecida a los árboles o, llevándolo a un plano más animal y mamífero, tan parecida a los almiquíes.

He recibido un mensaje de voz del mismísimo Cristian Castro. En el mensaje me dice: Anoche tuve el sueño más raro que he tenido en mucho tiempo, y te lo cuento porque estabas en él. Soñé que estábamos en un Bar Karaoke. Estábamos en este lugar y en cierto momento teníamos que comer. No era un Bar Karaoke de los mejores, pero había cactus por todas partes, las luces tenían forma de cactus. Tú estabas embarazada del segundo bebé. La barriga era enorme y el ombligo parecía una aceituna. En un momento determinado tú dejaste de masticar, me miraste a los ojos y me dijiste que tenías miedo, un miedo muy grande a que todo eso no fuera verdad.

Me he besado con media humanidad, sin dudas. Metiendo la lengua y sin meterla, sin duda. No tengo duda de lo que estoy segura, aunque se puede dudar, incluso, de los hechos más exactos. La matemática exacta, por ejemplo, es algo de lo que yo no dudo, pero tampoco estoy segura. Y hablando de matemáticas, ¿cómo puedo saber que las personas con las que me he besado suman lo mismo que media humanidad? ¿Cuántas personas son media humanidad? ¿Es la humanidad, tal vez, una metáfora? ¿Es la media humanidad, tal vez, media metáfora?

San Antonio de Padua es el responsable de que una de las divisiones del Estado de Texas se llame San Antonio. Nunca nadie le llamó Tony a San Antonio, pero definitivamente, anoche, antes de que San Antonio me besara, oí mi propia voz saliendo de mis labios y diciendo «Oh Tony, oh Tony, devuélveme mi lengua». Y así San Antonio, no Tony, se suma a esa humanidad con la que me he besado. Hay una contradicción en la idea esencial de este párrafo, y es que si le pedí a Tony que me devolviera la lengua antes de que me besara, ¿de qué manera llegó la lengua de San Antonio a mi boca?

Cosas molestas que se pueden enumerar: los pequeños televisores en los asientos anteriores al propio a bordo de los aviones (ya todos los aviones tienen estas pantallitas pesadas, que no se apagan nunca, que te muestran al avión sobrevolando el océano, a punto de caerse en el océano y naufragar, y hundirse para siempre, y desaparecer, con todas las maletas llenas de todos los pasajeros llenos de cocacola y sándwich de jamón y queso); un sombrero en la cabeza de una enana; una enana en tacones; una enana desnuda; los mismo televisores a bordo de los aviones mostrando a una enana que te dice que la vida es dura y que la noche es oscura. Mi nombre es Olga Cañón, dice la enana, antes de empezar.

Después de seis semanas salí a la calle y el portero del supermercado al que entré me preguntó a qué me dedico. Llevo tres días pensando en eso: a qué me dedico, a qué me dedico, a qué me dedico. Un portero se dedica a abrir la puerta, incluso a cerrar la puerta, pero yo a qué me dedico. Tal vez la respuesta exacta sea que no me dedico a nada. Lo veo injusto porque siempre estoy haciendo algo. La mayoría de las veces estoy cargando al bebé. Y eso requiere una dedicación constante. Para ser sincera conmigo misma puedo decir que hoy en día yo me dedico a mis labores.

Fui a Texas a un evento misterioso donde supuestamente tendría que exponer, sobre todo, mis ideas. Mis ideas no son más originales que mi cuerpo. Tengo el cuerpo maltratado. Después de parir, a cualquier mujer se le maltrata el cuerpo. La recuperación es casi imposible, considerando que una mujer, después de parir, vuelve a parir. Hay dos formas de parir y las dos formas maltratan. Eres la misma, pero al mirarte, la gente ve otra cosa.

Dejé al bebé con una mujer que se dedica a vender dispositivos, herramientas y accesorios para acondicionar salones en las clínicas dentales. En las clínicas dentales hay poesía, pero más que poesía hay narrativa. Estando embarazada tuve que asistir a una clínica dental pero no fue porque quise. Me salieron dos abscesos en las encías de abajo. Un absceso en cada encía para seguir con la simetría. La mujer es tan bonita como un accesorio o una herramienta, y se ve más bonita aún con mi bebé en sus brazos. Hueles a sangre, me dijo la mujer cuando llegué de Texas.

Contar todo esto en tercera persona sería más o menos así: siempre quiso tener hijos, pero nunca había logrado una auténtica estabilidad. Material, conyugal y emocional, se llaman las estabilidades a tener en cuenta para emprender el proceso de la maternidad. Puede menguar la primera y un poco la segunda, pero nunca la tercera. Sin la tercera, el deterioro paupérrimo, intrínseco, de la maternidad, sería apenas la mitad de la debacle. La debacle y la maternidad pudieran ser sinónimos si no fuera por el placer de los nueve meses de gestación, y luego, el placer de verlo salir fresco como una lechuga, mojadito, lleno de cebo materno, mío para siempre.

    Los pájaros
    de Miami
    son tantos
    que es
    imposible
    llevar
    la cuenta.

Lo mismo que pasó con la media humanidad. Un catálogo sobre pájaros indica que podrían existir más de cincuenta especies en unos pocos kilómetros cuadrados. Nadie dice *kilómetro* en Miami. No existe esa palabra aquí. A diferencia de la palabra *pájaro* que sigue teniendo vigencia y más aún, contundencia. Se podrían enumerar, a continuación, todos los tipos de pájaros de los que me estoy vanagloriando, pero perdería, más que tiempo, gancho. Narrativamente, mantener el gancho es lo único imprescindible.

    Nunca compro el papel de cera en la misma farmacia. Tengo el convencimiento de que en cada farmacia el producto varía. La mayoría de los papeles de cera son rosados, y esto supone un problema de retórica. Se podrían enumerar, a continuación, todas las cosas rosadas que combinan, sobre la piel, con el papel de cera, empezando por la alergia que produce, de un rosado escandaloso: la pulpa de las cerezas, esas llamadas *plum*; las encías; las puntas de los pezones; los líquidos de limpieza para limpiar el cuarto del bebé; algunos pájaros de Miami; los flamencos del zoológico de la Habana; los caballos niuyorkinos de Tana Oshima; las amapolas; la sal del Himalaya; el cordón umbilical de nuestro hijo antes de ser cortado.

    Me reí de Olga Cañón cuando entramos al Bar Karaoke y la vimos ahí con un sombrero de hongo cantando una canción en italiano haciéndose la intelectual. Alguien quería cantar una canción de Juan Gabriel, el ícono del karaoke. Otros querían cantar canciones típicas de travestis. Otros más intelectuales que la mismísima Olga Cañón querían algo del repertorio del jazz. A todos los complacieron. Yo solo quería reírme y cantar para mis adentros la canción más despechada de los noventa, de Cristian Castro, un ícono no tan ícono.

Fui a hablar con el dueño del Bar para que me dejara cantar mi canción. Su oficina detrás de la consola olía a tabaco viejo y a comida mexicana. Vomité detrás de una puerta que no daba a ningún lado. En vez de un río de orine dejé un río de frijoles escurriéndose hacia afuera. El dueño del Bar me dijo, muy serio: Después de la muerte del Comandante, los Consejos de Estado y de Gobierno de Cuba han prohibido que se canten canciones de autores con su apellido, ni siquiera Cristian Castro puede cantar sus propias canciones. Pero no estamos en Cuba, le dije. Ni siquiera estamos en el Caribe. Todo es el Caribe, me dijo.

Mi bebé
se parece
a Cristian
Castro
y esto
lo digo
con miedo
pues parece
que nadie
debe
pronunciar
ese apellido
hoy en día.

Los Consejos de Estado y de Ministros de Cuba, una pequeña isla del Caribe, andan prohibiendo a diestra y siniestra cualquier tipo de pronunciamiento a favor o en contra. Tengo miedo hijo mío, eres igualito a Cristian Castro, aunque más hermoso y menos cantante y por supuesto sin un ápice de despecho aún por nada ni por nadie.

Las personas se mezclan con otras cantando una canción para seducir. La canción de despecho es otro tipo de canción. La primera canción es para mezclarse y la segunda canción es para separarse. La canción de despecho vendría a ser la tercera canción, o la cuarta, depende de los sentimientos de la persona que canta. En mi caso la canción de despecho va dirigida a un lugar en vez de a una persona.

Todavía no me he visto una sola cana en la cabeza. Allá abajo sí me he visto pero esas son canas graciosas que me dan tremenda risa y la risa es salud. Cuando las toco, sin mirarlas, puedo diferenciarlas del resto del vello púbico. Son suaves y aterciopeladas, y aunque las hale con una pinza no se despegan del poro. Al limpiar al bebé cada tres horas, justo antes de alimentarlo, miro sus genitales perfectos, lampiños, y me imagino sus futuras canas. Le doy wipe hasta en los ojos. Queda tan limpio que ni un diamante.

Volviendo a Olga Cañón, estuve riéndome a sus espaldas en aquel Bar Karaoke del centro de Miami durante una hora exacta. Los seres humanos nacemos con esa actitud, la de reírnos a las espaldas del otro. Lo cierto es que la miraba, a ella y a su sombrero, y no lograba evitar reírme. Un día también mi hijo se reirá de mí a mis espaldas y yo ni siquiera me enteraré. Por mi parte no pienso ponerme nunca un sombrero, ni de hongo ni común.

Me asombré de las luces con forma de cactus y por primera vez en toda la noche recordé que habíamos ido a parar a Texas. Extrañaba el olor de Miami, los aromatizantes dulces de esencias azucaradas y lavanda falsa. Salí al parqueo a cantar mi canción y a seguir riéndome un poco más. La primera vez que una madre se separa de su hijo la reacción es de risa y llanto al mismo tiempo, y viceversa. Olga Cañón avanzó hacia mí, quitándose el sombrero por primera vez en toda su vida, un gesto transcendental. Dejé de reír por respeto, los seres humanos también sabemos dejar de reír, y respetar. Me falta un seno, me dijo, en vez de seno tengo una prótesis.

El piano Legna: masticando «un eterno suspirar» en forma de

Nanne Timmer | *Universiteit Leiden*

Close reading

Me pidieron que leyera *close*,
muy *close*. de tan *close* que leí,
me nace

una canción y canas

de
vida
accidentes,

de
muerte
nacimiento,

de
busco perro muerto…

y
nombre del hijo, nombre
del padre, nombre del
espíritu santo,

de risa macho:
se mastica desprecio
en grande

el desdeño de una gata sonriente:
«tu embarazo es mi comida»

pero
uno vive para mudarse
adonde uno
pueda ser árbol

árbol que sueña con uno
árbol que se besa con media humanidad
árbol que se llama Tony, San Antonio,
Coca Cola o sándwich de atún.

la primera vez
que una madre se separa de su hijo
es así
así así
así es como es

siempre habrá enanas que te pregunten:
«¿qué te sucede, belleza?, ¿a qué te dedicas?»
y siempre habrá también enanitos que respondan:
«a vivir, ¿a qué va a ser?»

exponer el cuerpo
maltratado
a sabiendas

como una canción para mezclarse
y otra para separarse:

vida vida muerte vi
vida vida vida vi
vida sí vida sí, risa satanás.

la risa es salud con canas
bebé limpio, vello limpio
carne limpia, vida limpia
sin canas y con ganas:
Olga con sombrero,
Olga con risa,
Olga con tambor.

la primera vez
que una madre se separa de su hijo
es así
así así
así es como es

contarte en segunda persona
que te fuiste a Texas así sin más
a besar un pájaro.
¿Dejar al bebé de una
en manos de otra
mientras que una va oliendo a sangre?
No, eso jamás.

lo único que sé es que

EN LAS CLÍNICAS DENTALES NO EXISTE LA POESÍA

mejor un pájaro en mano que cien volando, pensaste
y saliste al zoológico a besar un pájaro,
la lengua materna no soporta masticar

y yo
yo
veo una avispa bebé
una mini micro bebé avispa

y un problema de retórica
en la punta

de los pezones
en las encías
los pájaros de la playa
donde oigo

una canción despachada de un Castro,
un tal Cristián, todo es Caribe
y aquí no se pronuncia el nombre de
Dios ni del espíritu santo.

> Sin nombre, pero con prótesis,
> sin sombrero, pero con senos: una narración...

Hacer un *close reading* de un fragmento de una novela en construcción escrita por Legna Rodríguez Iglesias, más bien pide eso: una recreación de su texto en forma de poema. Pide juego y recreo. Hablar de constructos y tradiciones trae el peligro de hacer estancar un flujo que Rodríguez Iglesias intenta inyectarle al archivo nacional cubano. Un canon bastante macho, todo hay que decirlo. Aunque si uno recuerda que Legna incluso es capaz de ponerle vagina a Antonio Maceo (jefe militar del Ejército Libertador de Cuba del siglo XIX), tal como hace en su novela *Las analfabetas*, pues convendrán conmigo que toda marca de género es relativa:

> Tú te pareces a Antonio Maceo, me dice la escritora.
> Alta.
> Esbelta.
> Hermosa.
> Valiente.
> Negra.
> Ojos penetrantes.
> Sonrisa de porcelana.
> Pezones muertos.
> Cicatriz.
> Boca, manos y pies grandes.
> Vagina enorme.
> Legañas al despertar.
> Orejas suaves.
> Cabello crespo.
> Antonio Maceo en persona. (2015b: 128)

Este ensayo se propone comentar «Un eterno suspirar» de Legna Rodríguez en relación con aspectos recurrentes en el resto de la obra de la autora, en particular *Las analfabetas* y el cuento «Antihéroe», y está pensado para una antología académica que reúne en abrumadora mayoría textos de ensayistas mujeres. Me pregunto si ese dato contribuye al hecho de que me haya aventurado a subvertir el género académico empezando libremente con un poema en vez de una aproximación teórica. Creo que sí, y me pregunto por qué. Como si el mundo se pudiera dividir genéricamente entre los académicos conservadores y las académicas anticonvencionales. Y no, no es así. Nada pinta aquí la identidad sexual. ¿Será entonces que siempre he considerado el registro académico (falsamente) como un registro masculino? Sí. ¿Será que se trata de un espacio *gendered* y que la institución de por sí la pienso «macha»? Sí, también. No por casualidad me pongo chaqueta y pantalón –prendas que asocio con significantes masculinos– cuando quiero que escuchen con seriedad una de mis conferencias. En ese travestismo el hombre como tal no existe (*I've got news for you*, Lacan). Leamos a Sarduy, quien dijo: «El travestí no imita a la mujer. Para él, a la límite, no hay mujer, sabe –y quizás, paradójicamente sea la única en saberlo–, que *ella* es una apariencia, que su reino y la fuerza de su fetiche encubren un defecto» (Sarduy 1982: 13).

Pues esta cita también funciona al revés si cambiamos los signos de género, e incluso funciona en múltiples direcciones.

Transcribámosla: La «travesti» no imita al hombre. Para *Ell@, a la limite*, no hay hombre, sabe –y quizás, paradójicamente sea la única en saberlo–, que *él* es una apariencia, que su reino y la fuerza de su fetiche encubren un defecto.

Travistámonos pues, en las direcciones que sean: de signo mujer a signo hombre, de hombre a mujer, de mujer a mujer u hombre a hombre. Cambiemos chaquetas, faldas y tatuajes de colores y signos varios. Pero no para borrarse en la adaptación; borrar algunos aspectos asociados a lo supuestamente femenino en un espacio ligado al saber y la institución sería una equivocación. Sobre todo porque es falso catalogar modos de saber, modos de escribir y géneros de texto según una etiqueta de lo femenino. Una puede terminar hablando un registro acartonado superando así la imitación del hombre que no existe. Las travestis siempre podemos superar al modelo. Usemos la treta no para invisibilizar la desemejanza, sino para asumir libertades: travistámonos para hacer visibles aquellos aspectos que asociamos a lo *otro* y que fueron catalogados interiormente como «diferentes» –por las razones que sean.

En mi caso, en el texto académico asocié poesía rítmica, lenguaje suelto y registro subjetivo a un espacio femenino en oposición a un espacio masculino de *logos*, saber e institución. Y bueno, aquello tiene su lógica, no soy la única en ese error: hay toda una tradición que asocia los géneros menores como el diario y la poesía al espacio íntimo y privado y a la escritura «femenina», y ¿a quién le gusta quedar como *la mujercita* en medio de una ciudad letrada donde se hace el reparto del derecho de habla? Josefina Ludmer (1984) explicó muy claro cómo, a través de un juego con los géneros textuales, Sor Juana con su *Carta Atenagórica* negocia su derecho a hablar haciendo como si no supiera lo que estaba diciendo o haciendo como si en efecto no lo estuviera diciendo. El travestismo podría ser entonces también una hibridación de géneros textuales, e incluso, escriturales, tal como ya ha mostrado Legna en la novela antes mencionada, donde la narradora/escritora del texto que en ese momento estamos leyendo deviene o pretende ser analfabeta. La obra declara su no-hacer literatura; la voz analfabeta escribe una novela haciendo como si no supiera, y eso le da cabida incluso a las pesadillas de la narradora a través de un juego autoficcional:

> Esta mañana, antes de despertarse, la escritora tuvo una pesadilla.
> Soñó que al final de sus días había logrado escribir más de cien libros.
> Pero ninguno valía la pena.
> Todos eran un fracaso.
> Todos decían lo mismo.
> Mierdas sobre el amor.
> Así que una empresa de materia prima se llevaba todos los ejemplares de la escritora para un almacén y
> los convertía en pulpa.
> La pulpa en que fueron convertidos los libros de la escritora fue utilizada para hacer más libros.
> Libros de verdad. (Rodríguez Iglesias 2015b: 104)

La poética de Legna es un travestismo de la palabra que se viste de cuerpo o al revés. La dicotomía falsa entre cuerpo y mente no ayuda en esta confusión. *Pienso, luego existo*, decía Descartes... Ser un cuerpo y tenerlo, pensarlo y habitarlo; todo eso a la vez complica la posición del sujeto logocéntrico. El cuerpo frecuentemente ha sido delegado al campo opuesto, a la centralidad de la mente. Como consecuencia la otredad ha sido definida como no-masculina, no-blanca, no-europea y no heterosexual, y fue pensada sobre todo como mero cuerpo. Todo para crear un orden, aunque sea falso, como por ejemplo la división de campos semánticos masculino *versus* femenino. Legna afirma que en su obra desde el inicio le «interesó explorar bien la noción de lo femenino, no como socialmente se ha canonizado, sino como un fenómeno muy asombroso» (en Carranzana 2018: s.p.). Una identificación con el lugar de lo «femenino», como consecuencia de lo anteriormente explicado, a veces ha resultado en más reflexión crítica sobre la relación entre sujeto y el cuerpo. En los textos de Legna aquello es precisamente uno de los ingredientes que vuelve con fuerza en tanto ritmo, flujo, materialidad. La narración se viste de cuerpo como otro modo de travestismo. *Mastico, luego existo. Sangro, luego existo*, parece decirnos si me pongo con gesto de traductora cartesiana. O como dice la narradora de «Un eterno suspirar»: «mis ideas no son más originales que mi cuerpo».

El travestismo de la palabra que se viste de cuerpo y es también uno que subvierte un orden entre algo considerado como centro y algo como periférico. *No wonder* las reacciones tan diversas a la escritura de Legna, o tal como explican más en detalle Javier L. Mora y Ángel Pérez:

> Quizás sea Legna Rodríguez Iglesias (Camagüey, 1984) quien haya generado las opiniones más encontradas en estos años. Adorada por defensores del desorden y la mala conducta, ultrajada por los devotos de la rectitud poética, su obra (irregular, imperfecta, vulnerable) constituye una de las voces literarias más auténticas de la Cuba contemporánea. Sería demasiado ingenuo interpretar la desfachatez creativa de esta autora a la luz de normativa o postura académica alguna. ¿Por qué resulta inquietante, molesta, perturbadora? ¿Qué problema hay en exteriorizar un pensamiento por más lateral que lo pretenda la norma? Esta escritura es un golpetazo político al deber ser: desafío ideológico y dislocación de la moral. (2018: 146)

Uno de los desafíos para la crítica literaria, entonces, es el de catalogar novelas que son poemas, poemas cuentos o selfies. Legna «publica libros bastardos, degenerados, y gana concursos con su depravación literaria», según señala Gilberto Padilla en la cubierta de *No sabe / No contesta*. Ahmel Echevarría explica que la autora no narra la vida cotidiana «sino un magma vital en formación que promete no llegar a ningún lado» (2014: 19). Se trata pues de una suerte de narrativa en expansión, en la que habita el deseo de que la oralidad sustituya a la escritura, o de que por lo menos aquella se imponga a esta, para desafiar los límites del soporte de la memoria colectiva.

En «Un eterno suspirar» cada párrafo parece un minicuento autónomo, como es el caso de muchos otros textos de la autora. En esta fragmentación del texto hay una familiaridad con otros de la llamada *generación cero* –por ejemplo, Jorge Enrique Lage, quien continuando una escritura marginada como la de Lorenzo García Vega, construye *collages* de pedazos textuales. En el caso de Legna, tal fraccionamiento tiene un efecto muy peculiar: por la aparente desconexión entre los párrafos surgen yuxtaposiciones de lo abstracto y lo concreto. Los vínculos entre algo trascendente como ser «feliz con bastante poco» y «el papel de cera que arranca de raíz cualquier cosa que asome, lacios y crespos» crean las concretizaciones tan propias de la narrativa de Legna. Se podría decir que este juego que oscila entre lo abstracto y lo concreto y entre lo oral y lo escrito es paradigmático respecto a las ideas que Julia Kristeva entiende como la experiencia donde «los dos bordes que orillan el habla –el borde inferior (femenino) de lo psicosomático y el borde superior (masculino) de lo lógico-conceptual–"no se oponen con rigidez, sino que son fronteras" que se mueven interdialécticamente» (en Richard 1996: 740).

La oralidad atraviesa los textos de Legna de varias maneras. De modo físico y material mediante asociaciones a la comida y el sexo (por ejemplo, en los detalles «el arroz, la yuca y la ensalada verde», la «repulsión al oír a alguien masticando», y «haberse besado con media humanidad» o en el nombrar las partes del cuerpo como «la barbilla, borde del pezón, labios menores»). Esas son algunas de las estrategias para materializar la experiencia poética, aunque Catalina Quesada señala la importancia de la ironía en esa materialización con la que Legna despoetiza tópicos poéticos. Para ello la autora usa «el chicle como sustituto de la sustancia poética, dada su condición de "elemento" en contacto con la lengua» (Quesada 2016: 310). Liuvan Herrera Carpio, sin embargo, lee el título *Chicle (ahora es cuando)*, la goma de mascar, como una «metonimia de raigambre antropofágica» que juega con diferentes tradiciones poéticas. Así explica que se trata de digerir la tradición «y al absorber su naturaleza, solo queda un jugo amniótico donde la poeta hará nacer su praxis literaria, y más tarde, el resto será escupido (hemos utilizado este verbo por su sema despectivo) para formar parte de la basura» (2012: s.p.). Las dos críticas aciertan. La palabra poética en la obra de Legna es como el chicle. El irónico mascar es un apropiarse de ingredientes varios que con cierta diversión se mezclan, yuxtaponen o se pegan. Digerir la palabra líquida y escupir los restos implica también un juego indiferente contra todo tipo de trascendencias: «Te pido / que no interpretes / los ámbitos culturales / porque sabrías / que soy la perra dócil de la poesía cubana / la perra sin hueso / ni sopa / hay otros perros / sarnosos / pero menos resquebrajados / [...] hay otros gatos también / te pido / que en paz me dejes / [...] y sola / voy / a desenterrar / el hueso» (2013a).

Pero lo oral se da sobre todo en ese registro hablado tan central en su narrativa. Piensen en el ritmo, la sonoridad y la repetición. La materialización poética ocurre además en la reflexión sobre el lenguaje: «nadie dice *kilómetro* en Miami. No existe esa palabra aquí. A diferencia de la palabra *pájaro* que sigue teniendo vigencia y más aún, contundencia». Desde una especie de extranjería, o desde el *in-fans* (Agamben 2007) se tantea la palabra, se prueba y se saborea su uso. Desde una mirada afín a la infancia no insertada en las convenciones del lenguaje, los significados y el orden social, la voz lírica practica con las palabras en cuanto a su sonido y aspecto de significante, como si fuese un aprendizaje del idioma. Agamben explica que la infancia no es solo aquel lugar que se dejó atrás en un pasado anterior a la entrada en el orden simbólico, sino también aquel lugar intermedio (la in-fancia como el no-hablar) por el que siempre se atraviesa al usar el habla, aquella zona que se pierde cada vez que se pronuncia el lenguaje (2007: 54). Es como si la narrativa de Legna se resistiera a tener que perder aquella zona del habla.

Al insertarse en un orden discursivo, el sujeto va descubriendo los procedimientos reguladores que organizan el habla como bien se ve también en «Un eterno suspirar». El sujeto así se tropieza con los rituales sociales (descritos como aquellos que tienen lugar en el «restaurante de mal gusto» o en el «Bar Karaoke»), como también con los tabúes y las prohibiciones en el orden del discurso. Las últimas se ejemplifican con la interdicción de la canción al pronunciar el apellido Castro cuando la narradora se propone cantar una canción de Cristian Castro. Mediante este dato el texto deja en claro algo curioso: mencionar el apellido del ex-presidente de la isla roza con el tabú. Walfrido Dorta (2018) ha analizado cómo la literatura contemporánea cubana subvierte ese tabú. En el caso del texto de Legna, se da una versión paralela: no se trata de las prohibiciones estatales que rigen en la isla, sino que se trata de lo no-decible en Miami. Curiosamente, algunas de las reglas discursivas pasan por tabúes similares: no mencionar un nombre en particular —aunque sea por la razón contraria. El sujeto aquí es ajeno a la Historia, solo reflexiona sobre la propia vida y propone más bien el canturreo como modo de vida. Por mera casualidad coincide el apellido de un cantante popular con el del ex-presidente. La narrativa de Legna es como una canción karaoke o un piano que atraviesa el archivo nacional y que juega con sus restos discursivos. Eso se ha visto en otros textos suyos también. En *Las analfabetas* la coexistencia de la escritura y la oralidad está al servicio de una propuesta literaria que políticamente desafía los monumentos de la memoria nacional. Es un desafío lúdico que deja en evidencia los desechos del discurso patrio y lo recicla dentro de un nuevo lenguaje poético. Hay una idea de «desalfabetización» que va de la mano de una búsqueda poética que se concentra en la metáfora del piano. En «Un eterno suspirar» la expresión musical es más banal: el karaoke funciona aquí como posible lazo social. Los sentidos sociales y políticos más concretos y el entorno más inmediato caben todos dentro de la transformación poética y social que Legna Rodríguez Iglesias propone y *a fortiori* se vuelve chicle, karaoke o piano. La oralidad, la voz y el cuerpo en su literatura funcionan como un posicionamiento frente al archivo y la *polis* (Timmer 2016: 51).

En cuentos como «Antihéroe», de *No sabe / No contesta*, se ve un procedimiento parecido con respecto a la deconstrucción de los símbolos nacionales. Legna crea allí un orden casual del mundo a través de la repetición de un mismo suceso: cuatro personas con diferentes recorridos urbanos pasan a la misma hora a comprar el mismo libro de José Martí, todos después siguen su recorrido con hambre para ir a comprar pan con tortilla en el Restaurante Las Ruinas. El cuento casi se lee como una coreografía de movimientos de cuatro personajes que parecen estar orquestados desde un siglo antes. El año 1895 es la referencia que hace que el lector conecte todo lo anterior con la hora y el lugar de la muerte de Martí y con su supuesto «apetito» justo un segundo antes de morir. Lo curioso es que la repetición y la determinación temporal aluden a una trascendencia y densidad histórica, pero aquí funciona al revés. La reiteración de la presencia del héroe anónimo que da nombre a una plaza, una avenida y una librería sugiere más bien la ironía de la construcción heroica como tal. A través de la ironía se eleva el insignificante acto de consumir un pan con tortilla a un acto con estatus épico.

Javier L. Mora y Ángel Pérez definen el «extravagante uso del lenguaje por desenfadado y directo» y la «extrema naturalidad en la colocación de los versos» en la poética de Legna como el «sostén exacto de su apatía social y de su indiferencia por el destino de la nación» en un ensayo sobre la poesía cubana de los 2000 que no por casualidad titulan «La desmemoria» (2018: 146).

A modo de conclusión podríamos afirmar que el texto «Un eterno suspirar», que hemos comentado a lo largo de estas páginas, muestra algunas de las características más recurrentes de la escritura de Legna. Una escritura que mueve la fragmentación textual para reconectar de modo inesperado lo abstracto y lo concreto. Combinaciones que, de manera clara, concretizan la experiencia poética desde la reflexión sobre el cuerpo y las identidades sexuales. Buscando la musicalidad del lenguaje y resistiéndose a cerrar la zona de infancia, el juego poético medita sobre las palabras y las cosas y llega a una mezcla sonora de significantes que se libran de su significado. Con un travestismo de los géneros y los textos, la autora muestra la relación desafiante y provocadoramente indiferente que se genera entre el ritmo lúdico del registro oral y el archivo nacional con su memoria, símbolos y héroes. Esta mezcla, tan propia de la poética de Legna, podría decirse que solo es comparable a la de su continua expansión.

Bibliografía

Agamben, Giorgio (2007): *Infancy and history: On the destruction of experience*. London: Verso.

Carranzana, Lien (2018): «Legna Rodríguez Iglesias: "Me interesa parecerme a mi escritura, y que mi escritura se parezca a mí"». En *Diario de Cuba*, 7 de abril: <http://www.diariodecuba.com/cultura/1522502355_38412.html >.

Dorta, Walfrido (2018): «Fidel Castro como tabú: disrupciones de una prohibición». En *Hypermedia Magazine*, 26 de noviembre: <https://www.hypermediamagazine.com/sociedad/fidel-castro-como-tabu-disrupciones-de-una-prohibicion/>.

Echevarría, Ahmel (2014): «La casa de los náufragos o a la vista en planta de una generación». En *Quimera*, diciembre: 16-20.

Herrera Carpio, Liuvan (2012) «Legna Rodríguez y Oscar Cruz. Dos poetas que perdieron la aureola». En *El Caimán Barbudo*, 4 de febrero: <http://www.caimanbarbudo.cu/articulos/2012/02/poetas-que-perdieron-la-aureola/>.

Ludmer, Josefina (1984): «Tretas del débil». En González, Patricia Elena & Ortega, Eliana (eds.): *La sartén por el mango. Encuentro de escritoras latinoamericanas*. Río Piedras: Huracán, 47-54.

Mora, Javier & Pérez, Ángel (2018): «La desmemoria. Epílogo de la poesía cubana de los 2000». En *Temas* 93-94: 142-149.

Quesada Gómez, Catalina (2016): «Arqueologías globales en la literatura cubana: de las ruinas al chicle». En *Cuadernos de Literatura* 20 (40): 301-312.

Richard, Nelly (1996): «Feminismo, experiencia y representación». En *Revista Iberoamericana* LXII (176-177): 733-744.

Rodríguez Iglesias, Legna (2012): *Mayonesa bien brillante*. Matanzas: Ediciones Matanzas.

— (2013a): *Chicle (ahora es cuando)*. Ciudad de México: Literal.

— (2013b): *Chupar la piedra*. La Habana: Abril.

— (2015a): *No sabe / no contesta*. La Habana: Caja China.

— (2015b): *Las analfabetas*. Leiden: Bokeh.

Sarduy, Severo (1982): *La simulación*. Caracas: Monte Ávila.

Timmer, Nanne (2016): «Cartografía de la no-nación: escritura y oralidad en *Las analfabetas*, de Legna Rodríguez». En *Telar: Revista del Instituto Interdisciplinario de Estudios Latinoamericanos* 17: 38-53.

El ojo de la noche

Karla Suárez

Porque todo tiene un comienzo y casi siempre uno se empeña en descubrirlo. Es ese obstinado empeño en definir las causas que anteceden a las consecuencias y como no siempre quedan claras o acaso no queremos verlas claras, entonces uno las inventa, las viste, les pone este u otro nombre, se fijan fechas y todo queda concluido: todo comenzó aquel día.

Todo comenzó el día en que Jorge llegó a casa con el telescopio. Siempre he sido de costumbres nocturnas, me gusta deambular por la casa a oscuras, tantear para sortear los muebles hasta aprenderlo todo de memoria. A Jorge esto no le gusta, pero siempre he sido así. A él le gusta dormirse sintiendo mi cuerpo junto al suyo. Yo lo complazco y me tiendo a su lado después que hacemos el amor, me pongo a mirar al techo y espero a que se quede dormido para levantarme. Es que la noche me fascina, no sé por qué no lo entiende.

Aquel día se apareció en casa con un telescopio, dijo que un amigo se lo había regalado y podría entretenerme contando estrellas. La idea me gustó. A partir de aquel día, antes de dormir me sentaba en el balcón a mirar, ciertamente, las estrellas. Jorge se acercaba, colocaba su ojo, algo decía y un rato después me invitaba a dormir. Vamos a dormir significaba vamos a hacer el amor, y él comenzaba a quitarse las ropas hasta llegar desnudo a la cama desde donde gritaba que se arrepentía de haber traído el aparato, que yo no era astróloga ni iba a descubrir un nuevo cometa y que si quería ver las estrellas, él podía ayudarme. Jorge es así.

Entonces mis madrugadas fueron un tanto diferentes, ya no solo vagar y asomarme a ver la calle. Con el telescopio podía observar las constelaciones, podía ver el barrio más allá de lo que alcanzaba mi vista. Mi balcón da a una avenida por la que rara vez transitan autos de madrugada. Más allá hay casas y edificios, un parque lleno de faroles rotos, callecitas que se pierden entre árboles. Yo podía verlo todo. Me convertí en el fisgón del barrio, en el ojo de la noche, y resultaba curioso pensar que en ese momento alguien pudiera estar mirándome con otro telescopio. Nunca estamos solos. La oscuridad es un cómplice con demasiados rostros.

Una de esas noches estaba recorriendo los edificios con la vista, y entonces lo vi recostado al balcón. Un hombre joven, fumando despacio y mirando hacia la avenida como quien no mira nada, como quien espera acabar el cigarro para irse a dormir. Nunca lo había visto, y por eso me llamó la atención. Tal vez tendría la misma manía que yo, o quizás sencillamente había tenido un mal día y no conseguía el sueño, yo qué sé, el ojo de la noche tiene sus límites de alcance. El caso fue que lanzó el cabo del cigarro y continuó recostado. Me dediqué a observarlo. Posiblemente seríamos solo él y yo los testigos de la noche, es bueno saberse acompañado en una empresa aunque esta parezca totalmente absurda. El hombre volvió a fumar. Detrás de su balcón había una puerta y una ventana de cristal con las cortinas abiertas, la habitación a oscuras. No podía descubrir si adentro alguien roncaba como Jorge del lado de acá y en realidad no importaba tanto. El hombre estuvo recostado un buen rato, en ese tiempo fumó tres cigarros y, justo al lanzar el último, se incorporó, estiró el cuerpo y entró en la habitación. Bastante aburrido, pensé, así es que me olvidé de los vecinos y continué con las estrellas hasta que el amanecer me lo impidió.

La siguiente noche fue como de costumbre. Jorge sudando encima de mi cuerpo y yo acelerando el movimiento para dejarlo exhausto. Luego la pausa. El suspiro final y Jorge echándose a mi lado boca abajo, murmurando un diminuto "hasta mañana". Tiempo de tregua para entonces levantarme, contemplarlo en su respiración serena y salir al balcón. El barrio como siempre, tranquilo. Yo espiando detrás de mi ojo de cristal, como Corrieri en *Memorias del subdesarrollo*. Es curioso, uno se pone a mirar y la cabeza se llena de imágenes dispersas; si pudiera recoger en una cinta todo lo que pasa por mi mente en cada madrugada, escribiría una novela, o un tratado de sociología, o quizás, no sé, uno se pone a pensar en tantas cosas... Pensé en el insomne de la noche anterior, su balcón estaba a oscuras, seguramente dormía como todos, como Jorge, que duerme apacible en mi cama. ¿Y por qué en mi cama? Porque es así, desde hace un tiempo es así. Primero eran salidas eventuales, nos veíamos, él se quedaba en casa algunas noches, cada vez más seguido, un día traía un pantalón, otro dejaba una camisa, y así la casa se fue llenando de Jorge que duerme mientras yo pienso mirando las ventanas del lado de allá.

En una de esas descubrí una luz que se encendía en el edificio. Un acontecimiento en la madrugada y el apartamento del hombre de la noche anterior estaba dentro de mi ojo. Las cortinas de la ventana permanecían abiertas. Cuando se tiene algo que ocultar uno se cuida de cerrar las ventanas, pero él no sospechaba mi presencia. Entró seguido de una mujer, una flaca de pelo largo que sonreía todo el tiempo. Un hombre y una mujer en la intimidad con entrada libre a los curiosos. Si Jorge despertaba iba a acusarme de pervertida o tal vez me arrebataría el telescopio, nunca se sabe las cosas que pasan por la mente ajena. A mí me resultó atractiva la idea de seguir mirando y vi cómo la flaca se quitaba la ropa mientras él bebía de la botella que traía en la mano. Nunca he visto una película pornográfica, así es que la idea resultaba interesante. Ella se tiró en la cama y dejó de ser visible; él se quitó la camisa, encendió una pequeña lámpara y apagó la luz. Prohibido para curiosos. El apartamento convertido en una luz muy tenue donde seguramente un hombre y una mujer hacían el amor como Jorge y yo antes de que Jorge se duerma. Pasó un buen rato y vi a mi vecino levantarse, bebió nuevamente de la botella, se puso un short y fue a fumar al balcón. Exactamente igual que la noche anterior, mirando la nada de las calles. Seguramente la mujer dormía y él, insomne como yo. Él fumaba, botaba el cabo y al rato encendía otro cigarro, mirando las calles como yo de madrugada. Me gustaría saber qué piensan los demás cuando se quedan callados, fumando en solitario. Jorge nunca hace esas cosas, estamos juntos en las noches, solamente las noches. Conversamos algo, él cuenta cosas, dice que está cansado y aburrido, yo lo escucho. En realidad no estamos enamorados, no vivimos juntos, su ropa en casa no significa para nada que vivamos juntos. Pero estamos aquí la mayoría de las noches haciendo el amor hasta que me da la espalda y se queda dormido, ¿por qué siempre se dice hacer el amor?, hay otras formas de decirlo, claro, pero no me gustan. ¿Estaría haciendo el amor el hombre de enfrente? Yo qué sé. El hombre fumó unos cuántos cigarros y se fue a la cama, apagó la luz y no ocurrió nada más en toda la noche.

Una semana después estaba más que convencida de que el hombre de enfrente padecía de insomnio y además no hacía el amor, porque no se puede estar enamorado cada noche de una mujer distinta. Su rutina era un círculo cerrado, una mujer, la lamparita del cuarto y un rato después a fumar al balcón, como cada madrugada. Era exacto, cigarro tras cigarro que lanzaba a la calle mientras la mujer dormía como Jorge. Pensé que quizás sería interesante llegar a su casa en la mañana y convidarlo a que pasáramos la noche juntos. Hasta podría mostrarle mi telescopio y quizás descubriéramos algo. Una idea tonta, claro, porque cuando uno escoge la madrugada para recostarse al balcón es porque quiere estar solo y la evidencia de alguien espiando es inadmisible. Pero ese hombre me resultaba extraño. ¿Por qué esa manía de fumar y fumar callado, ponerse a mirar la calle como si la calle le aplaudiera las conquistas, esa cara cansada y la falta de sueño? No sé, los hombres no soportan estar solos. Él llenaba sus noches de mujeres y luego, ¿qué? ¿Qué nos cura del gusto del vacío? Uno se recuesta al balcón y es cuando de repente todas las verdades se escapan de las máscaras. La noche es el gran espejo. Uno se empeña en construir el todo con remiendos, como partes de un mosaico infinito, pero algo sucede cuando estos subterfugios se convierten en bufones burlándose de nosotros. ¿Qué hacía Jorge en mi cama? Además de dormir, darme la espalda y dormir después de haber sudado sin amarnos, porque Jorge duerme en mi cama y ronca y antes de irse a trabajar desayunamos juntos y luego regresa y es otra noche y otra noche más yo ante el ojo de cristal viendo cómo el de enfrente fuma, hace el amor y fuma, se recuesta al balcón y pasa sus manos por la cara mientras tira el cabo hacia la calle, en una de ésas coloca el cabo en el balcón y se lanza él a ver si algo sucede, como yo, esperando cada noche que algo distinto suceda, un algo diferente que no sea Jorge boca abajo como las mujeres del apartamento de enfrente y, ¿acaso no será lo mismo? El vecino al menos cambia de rostro y quién sabe si en una de esas...

Comencé a obsesionarme. Cada vez me apartaba más pronto del lado de Jorge para irme al balcón. Él comenzó a molestarse preguntando qué tanto hacía yo en las madrugadas y protestando cuando le inventaba alguna excusa para no hacer el amor. Las mujeres tenemos excusas formidables. Al final se quedaba dormido y podía irme ante el ojo de la noche a esperar que se encendiera la lámpara del apartamento de enfrente.

Una noche ocurrió el milagro. Mi vecino encendió la luz seguido por una nueva mujer. Ella entró, tiró la cartera y dio varias vueltas por la habitación, mirando los adornos, comentando cosas inalcanzables para mis oídos. Él se acercó a la cama, encendió la lamparita y se fue a apagar la luz, en el mismo instante en que la mujer dio la vuelta en dirección al balcón. Mi vecino la siguió y ambos se recostaron a la reja a conversar. Era extraño, aquella mujer reía y hablaba todo el tiempo, él la miraba y sonreía. Supuse que estaría harto de tantas palabras y deseoso, como cada noche, de irse a la cama para luego dejarla dormida y correr al balcón, pero no parecía incómodo. Ciertamente, no parecía molesto ni esquivo, como yo horas antes, cuando Jorge me besaba. El hombre no parecía fastidiado, fumaba y escuchaba a la mujer, que siempre sonreía y a veces se quedaba seria, suspiraba y entonces recomenzaba a hablar. ¿De qué estarían conversando? No sé, mi telescopio es solo un ojo mágico, no basta ver para estar adentro. Lo único que verdaderamente podría concluir es que me resultaba incómodo verlos ahí horas y horas conversando, mientras este hombre de cada noche dormía en mi cama, a ratos tosía, y entonces era cuando percibía su presencia. Sí, porque si Jorge no hiciera ruido en toda la noche, entonces podría afirmarme categóricamente sola, pero Jorge roncaba y tosía. Físicamente no estaba sola. Físicamente había dos cuerpos en mi apartamento, ocupando cada cual su espacio, que coincidía únicamente en el momento justo que separa el «vamos a dormir» de Jorge y su quedarse dormido. ¿Qué hacía entonces allí cada noche mientras yo hurgaba en la madrugada de los apartamentos de enfrente? Del apartamento donde el hombre y la mujer continuaban charlando. A ratos él decía algo y le pasaba la mano por el rostro apartándole el pelo de la cara. Parecía que me habían cambiado de vecino, pero era el mismo, mi telescopio lo conocía perfectamente. Ellos conversando. Yo, la espía. El ojo delator que acecha a los confabulados, aquellos que se hablan muy bajito, y se examinan para sentirse así, mero conquistador, ganador de territorios por derecho propio. Por los cientos de minutos que forman horas hasta que empezaron a cantar los gallos —los gallos cantan mucho antes del amanecer, eso Jorge no lo sabe porque no es insomne. Ella estiró su cuerpo, él dijo algo y caminaron hacia el apartamento. Permanecieron adentro unos minutos, alguien apagó la luz de la lamparita y él reapareció en la puerta, pero esta vez distinto. No se apoyó al balcón a fumar y observar la calle que ya debe saberse de memoria. Se recostó en la puerta, con la mirada hacia adentro, hacia el lugar en que yo sé que está la cama. Me hubiera gustado hacer lo mismo. Me hubiera gustado abandonar mi posición, estirar la espalda y mirar hacia adentro, pero no tendría sentido. Adentro solo iba a hallar a Jorge, tendido boca abajo a un lado de mi cama, horas antes de despertar y pedir el desayuno. Por eso, preferí quedarme allí para ver cómo él dejaba de mirarla y se sentaba en el piso del balcón, frente a mí, recostando la cabeza a la pared y sonriendo, sin fumar, sin nada de lo común que tan bien conocemos él y yo. Estuvo un rato así hasta que en el marco de la puerta apareció la mujer descalza, con el pelo suelto y un pulóver. Ella caminó hacia el hombre, se agachó y quedaron largamente mirándose, yo lo sé. No importa que su espalda se interpusiera en mi mira. Tampoco importa que no viera sus rostros cuando ella se sentó con los brazos extendidos y las manos del hombre aparecieron en su pelo. Ya no importaba ver, no importaba mi ojo telescópico ni mi carencia de audífonos para escuchar lo que quizás no fueran a decirse. Él la acercó hacia sí y supe que se besaban sin importar que yo mirara desde acá. Yo, ¿qué era? ¿Qué podía determinar? Nada, absolutamente nada, conclusivamente nada. Yo era la espectadora que se seca tímidamente las lágrimas mientras el encargado del proyector recoge las cintas. No era nada, por eso se besaron. Él la abrazó muy fuerte y quedaron así, intactos y felices, y yo era tan feliz, curiosamente era feliz de verlos. Ella recostándose sobre él y yo viendo sus rostros, sonriendo, él besándole la oreja mientras la mujer se estremecía y viraba la cabeza para besarlo y quedarse así, tan quietos, murmurando cosas al oído para esperar el alba, asistir juntos al alba mientras Jorge dormía. Jorge, tan tonto, quien no es capaz de presenciar un nacimiento no puede comprender nada. Y yo asistí al nacimiento, estuve cuando el cielo empezó a clarear y los gorriones salieron de sus nidos y ellos se levantaron del piso. Él estiró el cuerpo y colocó las manos encima de la reja del balcón para gritarle algo al día que empezaba, mientras ella lo miraba con ternura, recostada a la pared. Luego volvieron a abrazarse, él la tomó por la espalda y caminaron hacia adentro, fueron perdiéndose, corrieron las cortinas, alejándose de mí, de mi ojo de cristal lleno de la luz de la mañana, sin la tenue lamparita. Me quedé en el balcón sorprendida por el amanecer, sin estrellas cómplices en mi afán de profanar espacios ajenos, sin el hombre y la mujer, que estarían tendidos en la cama, no sé si haciendo el amor, tal vez durmiendo, qué importa, pero él no volvió a levantarse, no volvió al balcón a fumar como al final de cada madrugada. Me dejó sola esperando su regreso. Me dejó sola como estoy. Sola. Unos momentos sola y ya no hacía falta el ojo de la noche para descubrir los carros que comenzaban a transitar por la avenida, los viejitos sacando sus perros a orinar, los despertadores sonando, los radios anunciando las noticias matutinas y Jorge revolviéndose en la cama.

Cuando Jorge se levantó, yo aún estaba afuera.

—Oye, tú deberías buscarte una contratica de guardia nocturna, sería la perfecta, estás más loca... Ve preparando el desayuno, anda...

Se metió en el baño y continué en el balcón. Al rato salió con los pantalones puestos y la toalla colgando del hombro.

–¿Pero todavía estás ahí? Mijita, se ve que tú no tienes que trabajar temprano, ¿preparaste el desayuno?

Me recosté en la puerta y lo miré mientras se ponía los zapatos.

–Vete, Jorge.

Él siguió con los zapatos.

–Claro, me voy a trabajar, dale, prepara el desayuno, anda, para que te acuestes a dormir, tienes unas ojeras…

–No, Jorge, vete, quiero que te vayas.

Levantó la vista de mala gana.

–¿Qué pasa, mijita?

–Quiero que te vayas…, que lo recojas todo y no vuelvas…, que te vayas.

Jorge se incorporó y me miró con una semisonrisa.

–¿Qué pasa? ¿Las estrellas te están afectando la cabeza o qué? –No dije nada, él suspiró y se levantó caminando hacia mí con los brazos abiertos. Vamos a ver, ¿qué le pasa a mi astróloga? ¿Estás muy cansada?

Esquivé su cuerpo.

–Estoy cansada de ti y, además, no soy astróloga.

Entonces se detuvo mirándome molesto.

–¿Qué es esto, chica?, ¿tú estás hablando en serio?

–Sí, quiero que te vayas, que lo recojas todo y me dejes sola, Jorge, que te vayas.

–¿Pero por qué?

Comenzó a impacientarse, en cambio yo estaba sedada como el amanecer. Me senté en la cama mientras él continuaba de pie a medio vestir.

–Dame una razón, Jorge, dame una sola razón para que tú y yo estemos juntos.

Levantó la cabeza mirando las paredes, hizo una mueca con la boca y entonces dio unos pasos apresurados para alcanzar la camisa.

–Mira, chica, son las siete de la mañana para que me vengas con esta historia; yo me voy a trabajar, luego hablamos, ¿ok? –negué con la cabeza y lo vi endurecer el rostro mientras alzaba la voz–, ¿pero tú de verdad quieres que yo me vaya?

–Dame una razón para no hacerlo.

Jorge se detuvo unos segundos mirándome con odio, luego fue aflojando el rostro lentamente, ya sin mirarme, perdido en qué sé yo dentro de su cabeza.

–No sé… ¿Una razón…? No sé…

–Entonces vete.

Me levanté y volví a la puerta del balcón a observar la mañana que empezaba a llenarse de gente. A mis espaldas sentía la frialdad de sus ojos clavados en mí.

–Chica, pues pal carajo –comenzó a caminar de prisa y abrió el ropero–, de mejores lugares me han botado, pero cuando yo me voy, me voy completo, ¿oíste?

No tenía que responder, no hacía falta. Seguí allí parada dándole la espalda, mirando cómo las cortinas del apartamento de enfrente continuaban cerradas mientras del lado de acá Jorge murmuraba palabras y no hacía falta verlo. Sabía perfectamente que tiraba sus ropas en el maletín, buscaba algo en el baño, y luego regresaba para cerrar el zíper con furia.

–… ¿me oíste? Por eso estás tan jodida, no hay quien soporte a una mujer que se pase la noche despierta, la noche se hizo para dormir y para templar, ¿oíste?, sigue así, que te vas a joder más de lo que estás, por eso me voy pal carajo de aquí…

Le di la espalda al balcón de mi vecino y miré a Jorge con el maletín en la mano.

––Se te queda esto –señalé el telescopio–, es tuyo.

–Quédatelo…, yo para qué quiero esa mierda… Voy echando…

Jorge salió del cuarto dando un portazo a lo *Casa de muñecas*. No quiso llevarse el telescopio, pensó que no le hacía falta y quizás tenía razón, ciertamente a él no le hacía falta, pero a mí tampoco. Ya no lo necesitaba más. En las noches siguientes, las cortinas del apartamento de enfrente no estuvieron más abiertas. Yo percibía la luz encenderse y apagarse, pero ya sin el ojo de cristal. Me paraba un rato en el balcón a ver las calles, el parque lleno de árboles, la avenida sin autos, y sabía que del lado de allá alguna luz se encendería para luego apagarse, así toda la noche, aunque ya yo no fuera la fisgona, aunque ya no estuviera en el balcón para enterarme de todo. Yo lo sabía. Sabía perfectamente que mi vecino no se iría a fumar y lanzar los cabos a la calle. Ya no le hacía falta, por eso cerraba los ojos, sonreía y me dormía, mientras en el balcón, el ojo de la noche continuaba solo espiando el nacimiento de la mañana.

Voyerismo y *Performance* en «El ojo de la noche» de Karla Suárez

Yailuma Vázquez | *Ediciones Unión*

> There are some emotions that, performed over and over again, come to seem like nothing more than performance…
>
> Chang 2005: 184

> The vehicle of the time drives inexorably forward. We ride along, passing through thoroughfares that are perhaps already quite familiar. […] What a shame that we occupy ourselves instead searching for shadows of ourselves in the shop windows that flit so quickly by –we see only our own faces, pallid and trivial. In our self-ishness and emptiness, in our smug and shameless ignorance, every one of us is like all the others. And each of us is alone.
>
> Chang 2005: 52

Desde una *ventana indiscreta* una mujer espía a su vecino (puede que este planee matar a su mujer –pensamos). Noche tras noche, la *voyeur* impenitente observa. Nada más parece suceder. Nada ocurre más allá de la noche y la testigo. Un círculo, repeticiones, ecos sin importancia. La práctica voyerista, en este caso, no implica satisfacción sexual, la mujer convertida en mirona nocturna solo acecha, sin placer ni culpa ni castigo. Obsesivamente. Un mundo otro con necesidades desconocidas que solo se traducen a nivel mental se abre en su mente (en la nuestra); su búsqueda, desconocida para nosotros (*voyeurs* de segunda generación) solo adopta una forma. La mujer no interactúa directamente con el objeto de su atracción (encuentro que deseamos a medida que avanza el relato). El hombre –ajeno a una situación que lo involucra– desconoce el hecho de que está siendo observado y el encuentro nunca llega a producirse.

Cuando en 1999 se publicó –por Letras Cubanas– el primer cuaderno de relatos de Karla Suárez, titulado *Espuma*, la literatura cubana se encontraba en crisis. En ese mismo momento, Anagrama publicaba por primera vez *Trilogía sucia de La Habana*, de Pedro Juan Gutiérrez[1]. Un cambio drástico de mentalidad se estaba produciendo; sin embargo, desde muy cerca siempre es difícil ver las cosas bien. No sé por qué una asociación así se ha producido en mi mente, pero cuando leo los cuentos de *Espuma* encuentro los mismos personajes atormentados de Gutiérrez, el mismo *performance* se desarrolla ante mis ojos; y ahora me cuesta un poco más creerlos, pero antes recuerdo bien que no era así.

El realismo en la literatura cubana no tiene nada de novedoso; pero el desencanto abría por primera vez su boca negra y se multiplicaba. Me sorprende que esa crudeza que tanto parecía necesitar nuestra literatura haya pasado más desapercibida en los cuentos de *Espuma*, quizás no estábamos preparados para entenderlos del todo, aún. Quizás se escondía mejor tras los efectismos con que su autora parecía solamente querernos impresionar.

Para aquellos lectores veloces los efectismos de un texto como este pudieran resultar demasiado evidentes. Una buena historia no necesita un telescopio, no demanda intertextualidades, no *tiene* que ser un mosaico de citas (aunque lo sea). Ahora, como si la cosa fuera posible, hay que intentar ponerse en sus zapatos. Veinte años después es posible decir cualquier cosa, cerrar el siglo XX, no pudo haber sido fácil. Imagino que publicar en 1999, en Letras Cubanas, debió ser algo grande. ¡Lo más grande! Había que impresionar. Por eso valoro la intertextualidad cinematográfica en la que el texto se asienta, la velada –*La ventana indiscreta* de Alfred Hitchcock (*Rear window*, 1954)– y también, la enunciada dentro del relato –Corrieri en *Memorias del subdesarrollo*– porque como nos recuerda Lauro Zavala, «las intersecciones entre cine y literatura son múltiples y ocurren en ambos sentidos» (2017: 10). Según Zavala, la literatura y el cine (a partir de la apropiación de los mecanismos de intertextualidad creados por la primera), recurren a la alusión como efecto creador de significados. Las categorías

---

[1] Curiosamente, tengo en mis manos la primera edición cubana de *Trilogía…* que tuvo que esperar veinte años para ser publicada en la isla (2019, Unión).

narratológicas de la literatura (el tiempo, la voz y la distancia narrativa) se aplican cada vez más a los análisis cinematográficos, para estudiar y definir especificidades fílmicas; y en una suerte de trueque, el *focus* (pariente modificado del punto de vista) se convierte en una manera de catalogar narratológicamente el espacio en la literatura. «El ojo de la noche» apela claramente a esta estrategia, puesto que su argumento se sostiene en la visualización de un objetivo, de un único plano de observación. De hecho, el ejercicio intertextual que propone solo está anclado en la cita, en la alusión, más que en la transformación que lo conduciría a la parodia.

«El ojo de la noche» es el texto que abre *Espuma*. Diez relatos más lo acompañan[2] y todos se imbrican en un corpus fortalecedor. No quiero decir con esto que una historia sea nada sin las otras pero creo que son parte de un mismo momento creativo, de una misma intención y de una similar búsqueda. Y que en el conjunto alcanzan una particular fuerza. *Espuma* está habitado por una serie de personajes femeninos que, desde una visión otra del mundo, que alterna entre lo establecido y lo transgresor (y más que lo transgresor, lo que Kristeva denominó *lo irrepresentable*[3], como ejercicio de poder, de liberación) intentan (lo que cada personaje femenino que en el mundo ha sido) hallar su espacio. «Hallar el modo» –diría la española Carmen Martín Gaite– de habitar un espacio propio. Y como apuntara también la salmantina, vivirlo no como cárcel, sino como liberación.

Este primer relato es un cuento difícil de olvidar. Contrariamente a lo que pensaríamos su efecto no es inmediato. En él no se trata de sobresaltos, ni siquiera del *suspense* que introduce su clara intertextualidad cinematográfica. Es una historia en la que aparentemente no pasa nada y que me recuerda

---

[2] Se listan a continuación: «Ritual», «Un poema para Alicia», «Piso 23», «Aniversario», «Punto de Partida», «Espuma», «El almacén de los espejos», «Martes 5 a.m.», «En esta casa hay un fantasma» y «Elena & Elena».

[3] Julia Kristeva se cuestiona «¿Qué es la irrepresentabilidad?», y concluye: «Aquello que, a través del lenguaje, no forma parte de ningún lenguaje particular, [...] lo que a través del significado, es intolerable, inconcebible: lo horrible, lo abyecto» (citado por Hassan 2007: 23-24). Evitando la obscenidad, los personajes de *Espuma* se construyen a partir de conflictos que pudiéramos catalogar como *irrepresentables*. Estos conflictos recorren un amplio espectro que va desde la práctica voyerista hasta el tabú del incesto (véase «Un poema para Alicia»).

un poco también –sin que la intertextualidad quede manifiesta– «El falso autoestop»[4] de Milan Kundera, cuyo final seré incapaz de olvidar y que repienso ahora porque tiene quizás el mismo tono reflexivo, el mismo viaje mental, pero esta vez al interior de la cabeza de un hombre, dentro de la interrelación de parejas convencionales. Inmersa en una dinámica tradicional de pareja, una mujer encuentra un objeto de deseo que no es su pareja (hombre del mundo real, con quien solo interactúa nuestra protagonista en una realidad paralela); ni siquiera es el otro hombre al que observa. Desde el anticlimático anuncio del conflicto, que aparece en las primeras líneas: «Todo comenzó el día en que Jorge llegó a casa con el telescopio», sabemos que su objeto es un telescopio pero es más que esto, y también hay que buscar más allá del símbolo fálico, fetiche que sería ampliamente clarificado por el psicoanálisis. Su objeto es el acto de mirar, de observar. Con su clara adicción nocturna, este personaje y su historia aparentemente banal problematiza en sí mismo el hecho de observar… en un mundo cada vez más mediatizado, en el que las imágenes se superponen desinformándonos, aturdiéndonos, intoxicándonos, el problema no debiera parecernos poca cosa.

Por otro lado, se trata de una historia que cuestiona el deseo. ¿Qué nos motiva o atrae? ¿Qué esperamos del mundo? ¿Cómo cada quién encuentra su satisfacción? Nadie parece tener una respuesta, o por lo menos una que englobe el deseo en general. Los personajes de *Espuma*, y especialmente nuestra protagonista, dan fe de ello; todos oscilan entre un pasado inerte y un futuro incierto (incapaces de propiciar o desear cambios en sus propias dinámicas). Su mayor logró está en que sus actuaciones (*performances*) definen macabras desesperaciones perfectamente inaudibles. No se trata aquí de la simple contemplación de la fragilidad de la vida humana y la precariedad de una existencia sin sentido sino de mostrar, sin anclarse en juicios de valor, como el egoísmo y la vacuidad definen nuestra existencia.

Dos líneas argumentales rigen mi análisis de este relato; en primer lugar, la más evidente y ya mencionada condición de *voyeur* de la protagonista –cuyas implicaciones serán retomadas más adelante–, y en segundo lugar su *performance* –«el texto posmoderno, verbal o no verbal, invita a la *performance*: necesita ser escrito, revisado, respondido, actuado» (Hassan 2007: 274)–, a través de la cual, y no solo desde la intertextualidad, juega

---

[4] En *El libro de los amores ridículos*.

con un perfectible traslado de un ámbito a otro, también porque dramatúrgicamente algunos de los cuentos de *Espuma*, así como otros textos de la misma autora, han sido llevados al cine o han tenido adaptaciones para la televisión. Recuerdo que hace unos años una querida profesora me hacía notar esta condición, el síntoma de la literatura femenina: su habilidad para representarse pluralmente. Un buen ejemplo es la obra de Suárez.

Regresando a la mujer mirona –«A partir de aquel día, antes de dormir me sentaba en el balcón a mirar, ciertamente, las estrellas»– algunos elementos deben ser revisados. El voyerismo se considera una parafilia, una desviación sexual y, por ende, una de las tantas formas de la locura. Ya se ha analizado profusamente la locura como condición femenina en la literatura y pienso que es un tema que aún da tela por donde cortar. Principalmente si se analiza la locura (real, impuesta, imaginada) como ejercicio de liberación, como *práctica emancipatoria concreta* (Moi 1999). Pero esta mujer no está buscando precisamente satisfacción sexual en su ejercicio visual, aun cuando declara: «A mí me resultó atractiva la idea de seguir mirando y vi cómo la flaca se quitaba la ropa mientras él bebía de la botella que traía en la mano. Nunca he visto una película pornográfica, así es que la idea resultaba interesante». Se trata entonces de desentrañar la repulsa ante la parafilia, de establecer que somos paradójicamente solo humanos y son nuestras transgresiones las que definen nuestra humanidad. Prefiero entonces irme por otro camino. Prefiero emparentarla con *la mujer ventanera*, una que aparece, según la española Carmen Martín Gaite, en la literatura del siglo xix, como arquetipo. De este se apropian las escritoras de su generación y lo actualizan. La mujer ventanera se convierte entonces en una imagen recurrente, pero se define desde una perspectiva diferente. En su texto «Mirando a través de la ventana», explica:

> Más de la mitad de las novelas escritas por hombres en el siglo xix tienen por protagonista a una mujer que desde la rutina de su vida matrimonial sueña, apoyándose en modelos literarios, con vivir aventuras pasionales, nunca en tomar de verdad las riendas de su existencia como ser pensante. Flaubert, Chejov, Tolstói, Eça de Queiroz, Clarín, Pérez Galdós, Varela y otros tantos buceadores del genio femenino no proponen al problema más opción que la del adulterio. Opción capciosa y ambigua, por otra parte, ya que nunca deja de llevar por moraleja la condena del sexo más o menos velada. Es decir, en estas historias ofrecidas a las lectoras y consumidas ávidamente por ellas, se multiplicaban los

gérmenes del malestar y se reanudaba el mismo círculo infernal que consumía en el papel a madame Bovary, Ana Ozores, o la Karenina, creando copias suyas en la vida real. Aquella cosmovisión que partía de una situación de encierro, no brindaba más alternativa a la postre que la de resignarse nuevamente a él, y ya nadie aceptaba ese remedio. (Martín Gaite 1987: 32)

La ventana –al igual que el balcón– crea una suerte de espacio intermedio que no es interior ni exterior. Para una mujer del siglo XIX, que debía satisfacer un deseo masculino de ofrecer corrección total y aceptar la reclusión, «la ventana era un elemento tan ineludible como peligroso de transgresión» (1987: 35):

> Pocos han reparado en la significación que la ventana tuvo entonces y ha tenido siempre para la mujer recluida en el hogar, condenada a la pasividad y a la rutina. [...] La ventana es el punto de referencia del que dispone para soñar desde dentro el mundo que bulle fuera, es el puente tendido entre las orillas de lo conocido y lo desconocido [...] La ventana condiciona un tipo de mirada: mirar sin ser visto. Consiste en mirar lo de afuera desde un reducto interior [...] Me atrevo a decir, apoyándome no solo en mi propia experiencia, sino en el análisis de muchos textos femeninos, que la vocación de escritura como deseo de liberación y expresión de desahogo ha germinado muchas veces a través del marco de una ventana. La ventana es el punto de enfoque, pero también el punto de partida. (Martín Gaite 1987: 35)

La peculiaridad de estos espacios –balcón y ventana– que se vuelven fetiches –lo mismo que el telescopio– es que ofrecen el marco de referencia. Son parte integrante del espacio interior doméstico y también un elemento vinculado con el espacio exterior. La dualidad de su condición espacial genera un sinnúmero de sentidos. Estos están apoyados por el contexto cinematográfico, al que constantemente se alude en el relato. Desde la intertextualidad manifiesta de *Memorias del subdesarrollo* y Sergio Corrieri mirando a través de su telescopio, a la escena lacrimógena de un drama romántico con final feliz:

> Él la acercó hacia sí y supe que se besaban sin importar que yo mirara desde acá. Yo, ¿qué era? ¿Qué podía determinar? Nada, absolutamente nada, conclusivamente nada. Yo era la espectadora que se seca tímidamente las lágrimas mientras el encargado del proyector recoge las cintas. No era nada,

por eso se besaron. Él la abrazó muy fuerte y quedaron así, intactos y felices, y yo era tan feliz, curiosamente era feliz de verlos.

Lo único que parece quedarnos claro en un texto como este es que la *realidad* en la que vive la protagonista no le gusta. Es por eso que intenta inventarse una distinta y *privada*, solo para ella. De ahí que se introduce en escenarios extraños, de su creación, en los cuales solo puede transitar ella misma, habitar ella misma, y aquellos a quienes les permite la entrada. No obstante, el ejercicio no resulta del todo satisfactorio. Una vez que el encuentro con el hombre no llega a producirse[5] y que este halla, al parecer, un *amor verdadero* –«él reapareció en la puerta, pero esta vez distinto. No se apoyó al balcón a fumar y observar la calle que ya debe saberse de memoria. Se recostó en la puerta, con la mirada hacia adentro, hacia el lugar en que yo sé que está la cama»– y se abstiene de traer todas las noches a casa una mujer distinta, es posible percibir cierta frustración en nuestra espía:

> pero él no volvió a levantarse, no volvió al balcón a fumar como al final de cada madrugada. Me dejó sola esperando su regreso. Me dejó sola como estoy. Sola. Unos momentos sola y ya no hacía falta el ojo de la noche para descubrir los carros que comenzaban a transitar por la avenida, los viejitos sacando sus perros a orinar, los despertadores sonando, los radios anunciando las noticias matutinas y Jorge revolviéndose en la cama.

La soledad es una epidemia contemporánea. Un malestar latente que aflora en un mundo cada vez más conectado y más accesible. Pero este no es el mundo de nuestra protagonista. En el momento en que siente, en que descubre su soledad, reacciona. El mundo real y el imaginado se le unen de cuajo. Solo tiene la posibilidad de cambiar su propia vida y lo hace.

---

[5] Llama la atención que mientras en el relato este encuentro nunca sucede, en la puesta en escena para la televisión la mujer sí se relaciona con el hombre e incluso le propone pasar la noche juntos (véase la adaptación para la televisión cubana de «El ojo de la noche» (2001), dirigida por Charlie Medina, con guion de Lucía Chióng y las interpretaciones de Tahimí Alvariño, Mijail Mulkay y Patricio Wood. La producción recibió el Premio Caracol a la Mejor Edición y el Caricato a la Mejor Actuación Femenina de Televisión para su protagonista.

La reflexión principal que un texto como este propicia tiene que ver con la representación del sentimiento amoroso. Como Jacques el fatalista, nos hace preguntarnos: *¿Y qué tal tus amores, Jacques?* Curiosamente esta mujer ventanera no dista mucho de aquellas que en el siglo XIX soñaban desde su ventana un sueño perfecto de amor. La vida, ya sabemos, es otra cosa. Sin embargo, nuestra protagonista, en tono grandilocuente espera algo que sabe que no va a llegar y sufre. *Performance*, más que vida... Porque quizás tendríamos que dejar de fantasear con un mundo mental que soñamos desde la ventana e introducir en nuestras vidas otras prácticas. Quizás debemos cambiar cómo educamos a nuestras niñas, para no volverlas, a la larga, ventaneras.

Con este cuento, que abre su primer libro de relatos, Suárez prefiere contar una historia abierta, a través de códigos intermediales. Se aleja de la concepción de la acción más tradicional y, a modo de divertimento, permite que su personaje principal encuentre una manera peculiar de contar sus motivaciones, de entender su mundo. Casi nada parece suceder, pero, sin dudas, un mundo interior se agita. La mirona establece además un tono que va a mantenerse a lo largo de *Espuma*, pues son historias que, sin sobresaltos, están inscritas sobre los difusos márgenes de lo que queremos saber y lo que no.

Bibliografía

Chang, Eileen (2005): «From the ashes». En *Written on water*. New York: Columbia University Press.

Hassan, Ihab (2007): «El pluralismo en una perspectiva postmoderna». En Navarro, Desiderio (ed.): *El postmoderno, el postmodernismo y su crítica en* Criterios. La Habana: Centro Teórico Cultural Criterios: 19-42.

Moi, Toril (1999): «Appropriating Bourdieu: Feminist theory and Pierre Bourdieu's sociology of culture». En *What is a woman? And other essays*. New York / Oxford: Oxford University Press, 269-299.

Martín Gaite, Carmen (1987): «Mirando a través de la ventana». En *Desde la ventana. Enfoque femenino de la literatura española*. Madrid: Espasa-Calpe.

Zavala, Lauro (2017): «Del cine a la literatura y de la literatura al cine». En Difusión Cultural UAM: <www.difusioncultural.uam.mx>.

No dejes entrar a la luna

Mariela Varona

Hoy habrá luna llena y una fuerza mayor que su tristeza obliga a esa mujer a levantarse. La acecho desde la mañana, la miro y pienso: ¿qué queda en ella de la madre que conocí? Un niño no distingue bien entre el mundo real y el imaginario. Pero a veces, cuando uno cambia, aprende mucho más rápido en el segundo y no en el primero. Ese es mi caso. Un niño que miraba a su madre entre juego y juego y la escuchaba quejarse siempre.

Muevo al caballito azul para que trote a la par del camión que va cargado de bolas, y ella friega, limpia, me grita, pone una olla en el fogón, vuelve a fregar, carga cubos de agua, me grita que salga del medio porque no tiene espacio, trapea, regresa con un cubo de agua sucia, me va a pegar duro si sigo estorbando, frota el suelo, se queja de volverse loca.

Tal vez su angustia era una mezcla de tristeza y furia. La miro ahora y creo entender que aquella angustia tenía algo de premonición. En cambio, mi abuela era risa, refugio, caramelos a escondidas, la luna más redonda, olor a anís y canela, brazos fuertes que me salvaban de todo.

Esos brazos no parecen los mismos que me acunaron. Qué flacos y pálidos los tiene ahora. Y los ojos, qué marchitos. Su mirada sigue a mamá cuando entra en la cocina, quita la olla que está en la hornilla y la pone a un lado.

–¿Por qué bajas la olla, Miriam? Los frijoles no han cogido presión.

–Tengo que preparar la leche y el jugo para el niño.

Abuela levanta la mirada al techo como si buscara el cielo. Y es cierto que puede verlo: el techo de tejas sigue teniendo, todavía hoy, huecos que dejan ver las nubes. Abuela suspira y hace un gesto de resignación con las manos que me devuelve a *aquella* abuela, la de antes. La que trabajaba en la calle porque todavía era joven y no tenía un hijo chiquito que le estorbara, como yo a mamá. Padre no había, o al menos, no lo recuerdo. Abuela me daba la comida, y por las noches me mecía cantando: *la luna es un queso metido en un mar de añil...* Y yo pensaba un momento en la luna, y luego me dormía.

He visto a mi abuela tratar de detenerla cuando ella se va de la casa. Siempre es inútil, y yo la sigo cuando sale a la calle. Miriam, mi madre, está en los cuarenta, pero parece mucho mayor. Camina con grandes zancadas. Mueve los brazos sin la menor sincronía, parece que no pertenecen al resto del cuerpo. Cruza la avenida sin mirar a los lados, desatando un rosario de claxonazos y maldiciones en los choferes de ómnibus, carros ligeros y motos que están a punto de atropellarla. No oye, no siente, no ve más que las puntas de sus sandalias viejas, tan veloces bajo el sol de la tarde.

Su paso es tan enérgico que parece dejar huellas en el pavimento. Masculla entre dientes algo que lleva repitiendo mucho tiempo, y adquiere dimensiones de rezo, de salmodia, los días como este, en que habrá luna llena. La leche y el jugo para mi niño, repite en voz baja. Sé que en el bolso que trae colgado en bandolera lleva dos botellas plásticas, llenas de un líquido de color incierto que ella llama leche, jugo. Hoy puede ser limonada; otro día, tal vez, simple agua con azúcar.

Miriam se apura con un solo objetivo: el hospital donde supone la estoy esperando. El custodio de la primera puerta se fija en sus ropas anchas e informes, el pelo revuelto y las manos que ahora se aferran al bolso como si llevara algo frágil y secreto. Trata de detenerla:

—Oiga, la hora de visita ya terminó.

Pero Miriam no lo toma en cuenta, sigue imperturbable su camino y solo se detiene cuando el custodio la alcanza y la retiene por un brazo.

—La leche y el jugo para mi niño —murmura Miriam y levanta la vista por primera vez, mirando la cara del desconocido.

El hombre se fija ahora en el brazo que acaba de soltar. Los brazos de Miriam están llenos de cicatrices.

—Si el niño está ingresado aquí, enséñeme su pase. Es obligatorio.

Este custodio seguramente es nuevo, no lo he visto nunca. Ella lo sigue mirando sin comprender lo que le pide. Sube un poco la voz:

—La leche y el jugo para mi niño. Le llevo la leche y el jugo a mi niño. El médico dijo que solo puedo traer líquidos. Leche y jugo. Nada más.

El custodio pone cara de desaliento; no tiene idea de lo que debe o puede hacer. Pero una empleada de la administración del hospital acaba de llegar al vestíbulo. Hace una seña al custodio para que se aparte un poco de Miriam y escuche lo que desliza en su oído. El hombre pone ojos de asombro y se vuelve a mirar a mi madre, detenida en actitud vigilante.

La recorre desde los pies polvorientos hasta el pelo mal cortado. Todavía duda, pero la empleada mueve la cabeza, lo tranquiliza, de modo que él se acerca a Miriam otra vez y le dice con cierto respeto:

—Pase, señora, vaya a ver a su hijo.

Miriam va siempre a la misma sala y a la misma cama de sus recuerdos. Han remodelado el hospital y en ese lugar exacto que ella visita cada mes, hay ahora un cubículo de curaciones. Ella no lo sabe, ella vive en aquel día fijo en el tiempo.

Ese día, tengo cuatro años otra vez y juego en la cocina. Huele a humo de petróleo. Oigo la voz de Miriam mascullando: Maldita suerte la mía, coño, con este vejigo acabándome la vida y el fogón apagándose cada dos minutos. Oigo también mi voz de entonces, pronunciando mal las palabras, diciendo: Toma, mamá, échale esto para que no se apague, y veo —con los ojos de Miriam— mis brazos y mis manos cargando una botella muy pesada, y alzándola hacia arriba. Lo último que distingo son sus gritos.

Mamá entra sonriente a este cubículo, se agacha frente a la cama de sus recuerdos y suelta un montón de besos. Las enfermeras siempre se sobresaltan al verla, pero luego sonríen sin alegría y se quedan mirándola en silencio. Saben que, después de los besos, ella sacará del bolso las dos botellas plásticas y las pondrá encima de cualquiera de esos muebles niquelados. Saben que doce años atrás, el niño que ocupaba esa cama era yo.

Ahora estoy en esta ninguna parte mirando a Miriam sonreír, llorar bajito, abrazar el aire, hablarme. Me pide perdón, dice que me quiere, jura que me voy a curar, voy a volver pronto a la casa; abuela está preparando dulce de guayaba para cuando yo regrese, a mí me encantan los dulces de abuela. ¿Verdad, mi niño?

Me miro con sus ojos y veo un cuerpo muy pequeño e inmóvil, envuelto en vendas manchadas de amarillo y naranja. Estoy lleno de tubos por todas partes. ¿Verdad que ya no te duele tanto, mi niño? Trato de responderle que no me duele nada, pero ella no me oye. Nunca me ha oído.

Sé que sus visitas no duran mucho rato. Se despide en silencio, la mirada se diluye en ternura y se va sin decir nada a las enfermeras. Sin acosar a algún médico como hizo los primeros días. Ellas esperan que salga para tirar las botellas plásticas a la basura. Después, siempre les cuesta volver a sus charlas habituales.

Esta noche, sé que la luna va a invadir la casa y Miriam tratará de esconderse de ella. En su llanto, no dejará de rogar una y otra vez:

–Dios mío… ¡no dejes entrar a la luna!

La luna entrará de todas formas porque siguen faltando tejas en el techo. La luna revuelve la angustia, la culpa, todo lo que Miriam quiere olvidar. Y abuela le dará las píldoras, le acariciará la cara y el pelo, y luego le tapará la cabeza con la sábana. Yo, desde aquí, quisiera encontrar un modo de ayudarla, pero lo único que puedo hacer es seguir aprendiendo cosas. Las viejas que olvidé y las nuevas que van pasando. Y mirar. Siempre podré mirar.

¿Quién le pone el cascabel a (la luna de) Mariela Varona?

Jamila M. Ríos | *Ediciones Unión*

> ¿quién soy yo, quién es ella?
> ¿Quién está en el fondo de aquel pozo?
>
> Mariela Varona (2017: 162)

Yo viví una vez en un cuento dentro de otro cuento de Mariela Varona (Banes, 1964). Porque yo estaba allí cuando aquella *aguatibia* se avalanchó en medio de La Periquera y en el Holguín de las Romerías de mayo de 2001, como quien se toma una limonada pero con tanto brío que provocó que otra de las presentes (esa que, amistosamente, muchos llaman la Perra) le hiciera una inmejorable radiografía en «Anna Lidia Vega Serova lee un cuento erótico en el patio de un museo colonial»[1]. Sí, yo tenía palco entre el público atónito que esa tarde, siguiendo la voz entre mimosa y felina de la Serova y en el colmo de la excitación, se fue convirtiendo en el protagonista del *zapping* orquestado por la Varona: aquella «ópera prima» que poco después merecería el premio de narrativa de la revista *La Gaceta de Cuba*. Acaso obcecada por esa primera impresión es que en mi falible archivo crítico la cuentista holguinera figuraba como convecina absoluta de tópicos que paladeo con visible regusto: *metaficción e intertextualidad, eros, ironía* y *grotesco*... Por suerte, soy una anábasis de Jamilas y, en cuanto no doy pie, la enemiga número uno de las etiquetas se burla de la bibliotecóloga que a ratos se me monta, y me saca a flote... Paliándome la zozobra, la Perra me susurra, mientras mastica una risita, que de *Cable a tierra* (2003) a *Vino de Falerno* (2017) ha continuado «hilando y deshilando» de espaldas *a* y

---

[1] Ni el vívido pero brumoso recuerdo de ayer ni el rastreo impot/nente de hoy me condujeron aún hasta aquel texto partícipe del estilo «picante» de la ruso-cubana Anna Lidia Vega Serova (San Petersburgo, 1968). Para el cuento de Mariela Varona, véase la bibliografía.

también en diálogo *con* las dominantes que he barajado, con lo que me devuelve al ruedo para «seguir aprendiendo cosas. Las viejas que olvidé y las nuevas que van pasando» —como le ocurre al narrador autodiegético de la historia que vino a poner en crisis mis miras. Entonces, en un rapto de tozudez o lucidez, se entreabre un ojo de buey que es tobogán de fuga, en la superficie del capote celeste, y más que a una *close reading* con microscopio, soy empujada a una *mala lectura;* así, en la penumbra, con mi telescopio Cassegrain, pugno por hallar en «No dejes entrar a la luna» un blasón que me lleve a otro cuento dentro del cuento, como en un túnel de espejos, como a la vera de un pozo...

> Qué temor el abismo donde pretendo refugiarme,
> ese pozo que no puedo penetrar
> si el espejismo me sella las palabras.
> Mariana Enriqueta Pérez Pérez

El año 2019 ha sido para mí un año *de madre,* literalmente. La anatomopatóloga Nancy Petra Ríos Hidalgo, heredera de riesgo... (hija de Blanca Hidalgo Barroso y Carlos Ríos Gordillo, mis abuelos, pa(de)cientes de cáncer de mama, la una, y el otro, de cáncer de colon), fue intervenida (cuadrantectomía y vaciamiento ganglionar) en el Instituto Nacional de Oncología y Radiobiología, donde le prescribieron quimio y radioterapia, de junio a noviembre.

Mas la estación orbital Madre se había abierto sin yo entreverlo meses ha, avanzado el 2018, cuando dije *sí* a una antología razonada de poesía en español, y volví a decir *sí,* dejándome tentar por otra: esta, la mismísima... Entonces, ni sabía que iba a adentrarme, para la primera, en el poema «Jota aspirada», de la uruguaya Silvia Guerra; ni mucho menos que, zambullida de cabeza en la segunda, me tocarían en suerte Mariela Varona y «No dejes entrar a la luna». Con la Guerra tuve que trasegar (escandalosamente desprovista de experiencias) de los jadeos del parto al *delirium tremens* materno, del apego del claustro al cruce de las talanqueras de la existencia. La Varona, en cambio, me recibió con otro delirio dulce-amargo, de la que busca la reunión irresoluta con el hijo ausente, arrebatado, muerto. ¿A qué curiosas geometrías responden estas escrituras que me fueron destinadas en el año del cerdo? ¿Y por qué me resulta, a más de ajeno, embarazoso… hablar de «hijidad» o «maternitud»? Sin llegar a saberlo todavía y, en parte, quizás, por comprender, me amoldo con im/paciencia a la figura buscándo/me en el cuestionamiento más que en la respuesta, y voy de un resuello al otro, del corte parco del cordón umbilical al del hilo de baba… del aliento.

> Empañando el cristal del astrolabio:
> la Gran y la Pequeña Nube de Magallanes
> […] Ahí en el pozo
> —*marenostrum*—
> lo secreto al alcance de la mano:
> eso que nunca rozo
> cuando el espéculo
> se agacha
> sobre mí.
>
> Jamila Medina Ríos (2013: 83)

Para leer «No dejes entrar a la luna», bien que podrían explorarse los resortes que confieren efectividad a la voz de un narrador *ingenuo-reflexivo* (Campaña 2018: 54), que cuenta su propia muerte desde «ninguna parte» –y se afilia en Cuba a personajes literarios como los de Nivaria Tejeda, Calvert Casey, Guillermo Cabrera Infante, Reinaldo Arenas, Senel Paz–; o haberse entrado a desmenuzar los contrapunteos del espacio (cerrado/abierto, doméstico/hospitalario) y del tiempo (doce años atrás/hoy, noches de luna llena/otras noches), si no haber ahondado en la caracterización de ese hijo que gravita sin alunizar «entre el mundo real y el imaginario», o penetrar en el retablo de quienes lo rondan (la madre: «loca», la abuela: «refugio», el padre no recordado, la de administración: bien enterada, el custodio «seguramente nuevo», el médico que ordenaba solo «líquidos», las enfermeras en sus arduas charlas…). Sin embargo, con la punta del pie en la encrucijada, más que tomar estas vías me parece exponencialmente productivo deslizarnos por la redecilla simbólica que brilla a través del texto, y explorar en los arcanos del nombre y la fase lunar que se (nos) reb/velan…

Innominados los restantes, el único rostro audible del cuento es el de la extraviada o la que desvaría: la madre del niño/la hija de la abuela, aquella que se da en llamar Miriam. Si nos atenemos al haz de supuestas etimologías y a las variaciones del nombre hebreo o siríaco (o a los consiguientes análogos en árabe, griego, latín), confluyen las ideas de 'rebelión'/ 'obesidad' ≈ 'belleza'/ 'amargura'/ 'amor' y –acaso prevaleciente– la dualidad 'luz' y 'océano', que encarna uno de los epítetos de la virgen María, *Señora o Estrella del mar: Stella maris* (Monlau 1944: 844). Paradójico sobrenombre, el de la que guía, para quien ha perdido rumbo y brújula; aunque lógica asociación en otros sentidos. Porque Miriam, que –como María– pierde al vástago, y su vástago, que –como Jesús– tiene un «padre» de presencia material tachada, desvaída –sea porque divino o su reverso–, nos acercan a una trama, en principio, reconocible. Hurgando en otros intersticios, ese estar a la deriva del personaje de Varona ¿no remite, oblicuamente, a la aparición en altamar de nuestra virgen –advocación mariana por excelencia? En las noches angustiantes de Miriam, y aunque apele en su ruego a una divinidad aparentemente masculina («–Dios mío... ¡no dejes entrar a la luna!»), es posible ver rutilar la luna de Isis y Hathor; se adivina de perfil la virgen de la Caridad del Cobre, manifiesta en la bahía de Nipe (Oshún, con su tajada de luna), tanto como otra de sus pariguales, la virgen de Regla, patrona de los pescadores (Yemayá, amparo de las embarazadas, luna llena que se enseñorea entre los brasileños como *Estrela D'Alva*). Miriam (María pequeña o achicada: Mari*ela),* conmocionada, removida por las oleadas de esa luna que re/alza, en novilunio, las mareas, vive justamente constreñida entre espejismos que no logra calmar con paños húmedos. Presa de los ciclos, ya no de renovación sino de reavivación (de su calvario), vagabundea pastoreando apenas su angustia, sobre/cogida en medio de un pimpón de imantaciones y polaridades, atracciones y repulsas, saltos en el pecho y ahogos, que la dejan al desnudo, en desamparo, porque visibilizan su cruz, su sufrimiento.

Por demás María, madre de Dios, fue hija de Ana y Joaquín, quien, tempranamente muerto, no llegará a conocer el fruto que rompe la maldición de su esterilidad. El texto de Mariela Varona, que tiene a la luna por regenta, privilegia una doble (o hasta una, tristemente, triple) borradura de la figura masculina (s/cegadura del sol: el logos, la objetividad), en especial, la del padre, siendo que tanto el de María como el del niño «brillan por su ausencia», como diría el saber popular. Esa falta se profundiza puesto que la iconografía occidental muestra a menudo a Ana en una versión trinitaria, haciéndose acompañar, si no cargándola, de una María infanta, quien por su parte sostiene en brazos al niño Jesús; la abuela es considerada la matriarca de la Sagrada Familia. Usualmente representados así, ese retrato, muy cultivado desde el Medioevo, se conoce como Triple Santa Ana, o Sagrada Parentela y, en el caso que nos ocupa, ilustraría la presencia perenne de esta otra abuela, antes y después del parto de la hija, antes y después de la muerte de su propio nieto... Los vestigios (indicios) del doble acunamiento (o amparo) ejercido por esta Trinidad se escancian en esa contemplación recurrente –a través de los ojos del narrador– de los miembros de los miembros del antiguo cuadro familiar, y en la consecuente textualización de tal metamorfosis... Así, por ejemplo, él observa en la abuela: «brazos fuertes que me salvaban de todo», y luego dirá: «Esos brazos no parecen los mismos que me acunaron. Qué flacos y pálidos los tiene ahora. Y los ojos, qué marchitos». De la madre, atestigua en contraposición las señales de automatismo, el abandono que la colma: «Mueve los brazos sin la menor sincronía, parece que no pertenecen al resto del cuerpo», y destaca después –colocado tras la mirada del custodio que la retiene–: «Los brazos de Miriam están llenos de cicatrices». No bastando llevar la *mise en abyme* hasta ahí, la pintura reeditada comple(men)ta con un anónimo recién llegado al cí(r)c(u)lo de los abrazos. El maleficio eclipsa al menor de la casa, cuando intenta ayudar a prender el fuego en un clásico accidente doméstico: «Toma, mamá, échale esto para que no se apague, y veo –con los ojos de Miriam– mis brazos y mis manos cargando una botella muy pesada, y alzándola hacia arriba. Lo último que distingo son sus gritos».

Ya destinado al otro mundo, cubierto por gasas que indefinen y tornan amorfo lo que tuvo rostro, silueta y ojos (cuencas vaciadas que su curiosidad suplirá apelando a la mirada de otros), la siguiente evocación del cuerpo del hijo evita enfocarse sobre sus extremidades y afianza la escisión (el distanciamiento) entre él como narrador autodiegético y su contemplación de sí mismo en tanto personaje: «Me miro con sus ojos y veo un cuerpo muy pequeño e inmóvil, envuelto en vendas manchadas de amarillo y naranja. Estoy lleno de tubos por todas partes». El abrazo triplicado (Ana que abraza a Miriam que abarca al niño que alza la garrafa), de tan in/tenso en medio de la asfixia de la precariedad y el olor del «humo de petróleo», se quiebra y gira, como una veleta invertida bruscamente por la dirección del viento. Y el gesto es devuelto, rechazado con saña. Si intentando avivarlo, el pequeño resultó presa del follaje oriflama, es ahora él quien viene a ser abrasado por el objeto de deseo que se (le) revira. Acorralado, coloreado por *eso* (en tonos sospechosamente amarillos y anaranjados), no puede hacer más que dejarse traspasar (devorar), y es en él y a través suyo que el signo de un acto nutricio y protector como cocer o abrazar, de lo que se espera que dimane luz y vida... cambia de un tajo, no «de la noche al día» –como reza el refrán– sino justo a la inversa. Los grados de las quemaduras mellan, cunden hasta anestesiar los nervios («¿Verdad que ya no te duele tanto, mi niño? Trato de responderle que no me duele nada»). Y, por añadidura, continúan mellando más allá –como en esas pieles que colapsan al paso de los días– a las mujeres que pujan en la sobrevida contra la abrasión de los recuerdos. Encadenados por los afectos y por el trauma, el niño-la madre-la abuela son como una mecha de dinamita que se quemase y se agotara en apenas segundos. Muerte de golpe y porrazo; del cuerpo infantil que no logra sobrepasar su erosión se desprende un fogaje: un constante bramar de lenguas (voces llamando, llamas) que no se silencian dentro de la madre, que no amainan ni con la noria del ir y venir de luna en luna al hospital, acarreando litros de leche/jugo/limonada/aguazúcar, como quien pudiera infundir plasma a ese cuerpo inerte, sofocado ya por un incendio insofocable. El lazo se rompe y solo se escucha, entre la letanía, el silbo de un cuerpo que «suelta un montón de besos» e intenta «abrazar el aire». Acaso como Isis, señora de la maternidad, Miriam esconde, en ese tras/cegar de líquidos de «color incierto» (¿resina, savia?), en esos miembros marcados por un palimpsesto de heridas y como desgajados de su cuerpo, otro blasón que ilustra no ya el bombeo infructuoso de la sangre en lecho seco, sino la esperanzadora dádiva de la diosa-árbol, que amamanta al faraón con el pecho expuesto entre las hojas, o le da a beber de las sajaduras de su ramaje de (a)brazos.

En lo que atañe al astro: decimoctavo arcano del Tarot (posterior a la estrella y sucedido por el sol), su presencia destaca ya desde el título: «No dejes entrar a la luna» y la historia de Mariela Varona puede verse representada alegóricamente en la baraja. Las torres/ los perros/ las lechuzas que custodian en distintas reproducciones a la reina de la noche (luna que encarna al hijo y el fuego) escenificarían a madre y abuela; mientras las gotas desprendidas/suspendidas/atraídas (¿de rocío/leche/jugo/agua dulce o de mar?) simbolizarían el tirante turbión de los afectos y la sofocación imposible de humo y dolor (ese fuego que acecha y asciende desde el pantano con equívoco paso de cangrejo). En el cuento, el hál(it)o lunar reaparece intermitente, llamativo, iluminando a medias el pasado con su albor vacilante, vinculado a distintos recuerdos, en sus fases sucesivas. Entre las dulces evocaciones de plenitud, cabría esta –donde resuena al fondo la voz de Teresita Fernández–: «Abuela me daba la comida, y por las noches me mecía cantando: *la luna es un queso metido en un mar de añil*... Y yo pensaba un momento en la luna, y luego me dormía»; «mi abuela era risa, refugio, caramelos a escondidas, la luna más redonda, olor a anís y canela». Asimismo, la luna vuelve para cernirse sobre el presente, su lumbre espectral se alarga y una premonición fúnebre la dibuja acaso menos llena (como a una anciana achacosa a la que le hubiera nacido una giba). Basta esa poca luz, sin embargo, para que se visibilice la memoria espantada del retrato, roto, abraz/sado, imborrable: «Hoy habrá luna llena y una fuerza mayor que su tristeza obliga a esa mujer a levantarse»; «Esta noche, sé que la luna va a invadir la casa y Miriam tratará de esconderse de ella. En su llanto, no dejará de rogar una y otra vez: –Dios mío... ¡no dejes entrar a la luna! La luna entrará de todas formas porque siguen faltando tejas en el techo. La luna revuelve la angustia, la culpa, todo lo que Miriam quiere olvidar». La vía lunar (puerta al infierno y al cielo, para algunos; morada de la primera muerte, para otros), redonda en sí (ya por su forma como por su recorrido celeste) materializa/actúa el discurrir en cí(r)c(u)los, el drama del personaje principal, y alude, a través de la naturaleza de la luz que absorbe, que la acompaña y la abandona, a «errores, fantasía arbitraria, impresionabilidad imaginativa» (Cirlot 1958: 274): un boceto vivo de lo que padece la protagonista.

Vista así, en efecto, la luna con su influjo oceánico perturba y revuelca las tramas/los traumas hasta sus cimientos. Va y vuelve del fondo: pescando de sima a cima esta historia doliente, donde rebrillan el alfiletero de espinas de las quemaduras/el alfiletero de espinas de la culpa. La luna viaja/naufraga de «un mar de añil» a otro (inmediatamente arriba replicado), haciendo aflorar sollozos, acritudes, manchas que juguetean sin alegría y nos engolosinan con el ejército de formas que ya no podremos ver flotar sobre su superficie (¿conejo, perro, aguatera, lechuza, lamia, polvo astral?) ni más allá, entre los parpadeos (zombis) de miríadas de constelaciones. Y nos inunda cuando plantados de manos ante el brocal del nosotros, entramos de cabeza en el pozo del ser, por obligarnos a mensurar con qué contamos para apagar nuestra propia sed de afectos... y la del otro.

Casi al cerrar el texto, la abuela-madre resguarda a la hija-madre, cuidándola como a otra niña perdida, defendiéndola de los fantasmas (de sí misma): «le acaricia [...] la cara y el pelo, y luego le tapa [...] la cabeza con la sábana». Gesto polis(em)émico, ¿deja intuir que la cubre con el ademán de quien vistiera a una santa (quien prepara a una virgen muerta para momia), o simboliza con esa veladura la superstición que obliga a tapar las lunas de los espejos en las casas vacías, o dibuja el paso de una faz lunar a otra, que amengua y se va difuminando, si bien promete volver? Entretanto, el hijo/nieto se las ingenia buscando «un modo de ayudarla[s]», sin conseguirlo. Su inteligencia despierta y expansiva, su infancia, son subrayadas por la predilección de continuar experimentado: «Siempre podré mirar», concluye. Y tal vocación contemplativa lo equipara, como a buen heredero de *Stella maris*, con las esferas celestes, como si morara allí desde su muerte, como si su no estar en parte alguna lo hubiera convertido en satélite de la Tierra y de su tierra (su casa), vuelto un panóptico o mirador que es todo posibilidad (y luna nueva). El acíbar del cuento se diluye así en una apertura que reconfigura los términos y las capas (cámaras/sarcófagos/mantos/fases y facetas) del abrazo; cerca, aunque lejos de las tejas agrietadas, se presume una expansión que abarca la probabilidad de seguir observando y conociendo lo querido o por querer, sin que haya que hacer equilibrios suicidas sobre las vigas del techo. El cielo, que es la mar, o al revés, es asimismo ventana o puerta de par en par a lo futuro, a lo (im)posible... Soñando despierto, el narrador refunde los mundos que ha habitado, y en la niña de sus ojos (dos abismos en sí: marino y celestial), castigo y culpa merman o sobreviene una crecida/un crecimiento que revierte lo que arras(tr)a en bonanza, como cuando se desborda un Nilo. En el óvalo del rostro infantil, casi invisible, de trazo apenas adivinado y fantasmal, la alegría pinta una media sonrisa, custodiada por hoyuelos que parecen cráteres... En el espejo descubierto se dibuja el nuevo reparto del cuadro, como si las fases lunares invertidas dieran fruto: del vaciamiento (de la carga) del dolor al alivio de una ligereza, un desasirse, una suspensión del forcejeo entre los ritos (de paso) y los ciclos. Ellas son abarcadas por la mirada del niño, el fuego crepita y da paso a otro género de luz: un claro lunar que apenas ciñe, como un (m)arco de papel de arroz, como un anillo de humo.

> la tarea del ojo derecho es mirar dentro del telescopio,
> mientras que el ojo izquierdo mira dentro del microscopio.
>
> Leonora Carrington

La carencia y la inconformidad que «No dejes entrar a la luna» lleva implícitas excede la relación filial y nos redescubre la impotencia humana ante las pérdidas, así como ilumina sobre la importancia de la resiliencia, sobre la búsqueda de sanación a toda costa, yendo de arribabajo, de afueradentro, de izquierderecha de la-mente-al-corazón, del alma-al-cuerpo y viceversa. No deberíamos, no podemos cargar con tanta muerte, tanta dependencia, tanta culpa, tantas pesadillescas lunas de hiel.

Tejiendo y destejiendo mis pies por el camino, sueño poder, por fin, viajar sobre los ciclos para hacer una y otra vez las cosas bien (como la nube en lluvia, el deshielo en retoño). Quiero volver y volver a la emoción de irme al pozo, a escuchar el ring ring de la roldana, y el cascabel del agua respondiéndole siempre...

Bibliografía

Álvarez, Ileana & Domínguez, Maylén (eds.) 2013: *Catedral sumergida*. La Habana: Letras Cubanas.

Campaña Cisneros, Yailén (2017): *La mirada del ingenuo. Celestino antes del alba*. Holguín: La Luz.

Carrington, Leonora (2018): *Cuentos mágicos*. Ciudad de México: Museo de Arte Moderno.

Casañas, Irela (2011): *Testimonio del margen*. Holguín: La Luz.

Chevalier, Jean & Gheerbrant, Alain (1986): *Diccionario de símbolos*. Barcelona: Herder, 658-63.

Cirlot, Juan-Eduardo (2004): «La Luna». En *Diccionario de símbolos*. Madrid: Siruela.

Cuesta, Mabel (2012): «Mariela Varona, una llamada cubana a la intertextualidad paródica como sistema». En *Cuba post-soviética: un cuerpo narrado en clave de mujer*. Santiago de Chile: Cuarto Propio, 97-112.

Monlau, Luis Felipe (1944): «Miriam». En *Diccionario etimológico de la lengua castellana*. Buenos Aires: Librería El Ateneo, 844.

Medina Ríos, Jamila (2013): *Anémona*. Santa Clara: Sed de Belleza.

Pino Reina, Yanetsy (2018): *Hilando y deshilando la resistencia (pactos no catastróficos entre identidad femenina y poesía*. La Habana: Casa de las Américas.

El Tarot de los Cabalistas: Vehículo mágico y símbolos fundamentales del Tarot. Diccionario iniciático, [s.e.], [s.l.], [s.f.].

Varona, Mariela (2012): «Anna Lidia Vega Serova lee un cuento erótico en el patio de un museo colonial». En *Maneras de narrar. Cuentos del Premio La Gaceta de Cuba (1993-2009)*. La Habana: Unión, 233-240.

— (2017): *Vino de Falerno*. Holguín: La Luz.

Vega Serova, Anna Lidia (2014): *Tres pasos para un pez*. La Habana: Unión.

Vázquez Domínguez, Yailuma (2016): *Limón, limonero… La literatura femenina cubana en el siglo XXI*. La Habana: Editorial UH.

Anestesia local: Habana

Anna Lidia Vega Serova

Flor de Loto me pidió amistad por fb. Dadas las circunstancias, me pareció irónico y puse *aceptar*. ¿Qué podía perder? Por suerte, conservaba el sentido de humor, aun lograba de vez en cuando ver las cosas desde afuera y soltar una que otra carcajada.

Desde afuera me veía como un sujeto de laboratorio, un conejillo, por ejemplo, metido en un laberinto dentro de una enorme jaula. Cada vez que tomaba un camino equivocado, el conejillo recibía una descarga eléctrica y se estremecía en convulsiones antes de cambiar de rumbo en busca de la salida. En la salida le esperaban unas migajas de pan. Quizás. O una porno para conejillos. De cualquier manera, era para morirse de la risa.

Desde dentro estaba atravesando una mala racha. Me acababa de separar una vez más de la Lagarta, extrañaba terriblemente a la Rata, perdí la posibilidad de un buen trabajo, me enfermé (pienso que fue una gripe muy violenta, aunque pudo haber sido dengue, nunca vi al médico, por miedo a que me ingresaran) y comenzaron a romperse las cosas de la casa, una detrás de otra (primero el fogón de gas, luego la computadora, luego el teléfono, luego el módem, etc.). Bebía todos los días. Lo llamaba «anestesiarme». Necesitaba algo para mitigar el dolor, no aguantaba la realidad. Y no se me ocurría que más podía emprender.

Ya había probado con la psiquiatra de una amiga. Llegué a su consulta llorando porque los de seguridad del hospital no me dejaban subir, hasta que ella mandó la lista de sus pacientes y mi nombre estaba de primero. La doctora solo me preguntó por qué lloraba y cuando le expliqué, me recetó tres pastillas diferentes y pidió que volviera la semana próxima. En la farmacia descubrí que las pastillas estaban en falta. Eché las recetas en el cesto más cercano.

Recordé que años atrás me habían invitado a un programa de televisión junto a un cineasta y una psicoanalista. Revolví los papeles hasta encontrar el teléfono de la tipa, la llamé, le pedí turno. De verla nada más, comprendí que era otro error: el pelo revuelto, los dientes sucios, las uñas comidas, la mirada amarga. Debí haberme ido enseguida, pero la esperanza, «no confíes en la personalidad del maestro, confía en sus enseñanzas» y esas cosas. Me puse a contarle de la Rata, que era lo que más me mortificaba. *Yo estaba con una muchacha*, comencé. *¿Con una muchacha?*, me interrumpió como si no pudiera creerlo. Respiré para poder seguir, vi que ella también respiró convulsamente. Al final me soltó aquello de que no entiende por qué yo digo que estoy deprimida. Sin embargo, me dio otro turno, al que no fui, claro.

Se me estaban agotando los recursos. Le pedí al hijo de un amigo, metido en la onda yoruba, que me hiciera una limpieza. Me mandó a comprar una serie de yerbas, una vela y aguardiente. Prendió la vela, hizo una escobilla con las yerbas, la roció con el aguardiente, le sopló humo de tabaco. Me barrió de pies a cabeza con aquel mazo, barrió mi casa, me dio algunas indicaciones (comprar una jicotea, meterla en una palangana con agua y limpiar la casa con el agua de la palangana, guardar mis escritos debajo de la almohada a la hora de acostarme, poner un vaso de agua en un lugar bien alto dedicándoselo a una señora mayor que perdió la visión en un ojo antes de morir, cosas así).

Yo me bebí despacio lo que había quedado del aguardiente. Cuando se acabó, compré más. Y más. La anestesia.

Entonces recibí un mensaje de Flor de Loto, mi amiga en fb: me extraña, cuando ve una película que le gusta o lee un buen libro, se pregunta qué diría yo sobre esto o aquello y me desea lo mejor. Le mandé mi número, me llamó ese mismo día. No hablamos del pasado. De hecho, ni sé de qué hablamos. Supongo que nos dijimos que estamos bien, en general. Después me dio por buscar las fotos de aquella época, más de diez años atrás. Y recordar a Mara que ahora se llama Mario y que fue la mujer de mi vida. Creo. Hasta que se operó y dejó de ser mujer. Cuando su transición, ya yo estaba con la Lagarta. Vi cuánto se alegraba; desde el principio le daban unos ataques de celos terribles cuando yo mencionaba a Mara. *Mara ha muerto*, dijo poniendo cara de circunstancias, pero los ojos le brillaban, felices. Yo trataba de hacerme la idea, aunque costaba mucho. No es que yo pensara que en algún momento volveríamos a estar juntas, ni nada parecido. Dios me libre. Simplemente me gustaba recordar los años que estuvimos y saberla en algún lugar con un trozo de mí dentro. Para siempre. Era eso:

no la muerte de Mara en sí, sino la muerte de un trozo de mi ser en ella. Porque a Mario no lo conozco. Ni quiero conocerlo. Mejor no.

La misma noche de la conversación con Flor, ya de madrugada, me llamó la Lagarta. Yo estaba muy anestesiada y ella al parecer también, si no se emborracha no me llama, es decir, estando separadas. Le pregunté qué pasa y me dijo que era solo para oír mi voz. Le propuse hacerle una grabación, después sentí pena y le dije que quizás podíamos vernos algún día. *Sí*, dijo, *tengo ganas de singar. Tengo ganas de singar contigo. Bueno*, respondí, *ven*. Sabía que no era sano, fue un impulso. Recogí las fotos, cambié las sábanas, fregué un poco de loza sucia en la cocina. Hubiera sido genial pasar la colcha por el piso, pero las fuerzas no me dieron. Esperé como dos horas, no vino. Volví a bloquear su número, qué coño.

La rutina era conectarme al despertar (a cualquier hora entre las 3 y las 9 de la mañana, tenía un desarreglo de sueño impresionante), ya con un trago, el café y el cigarro. Chatear un rato con alguien. Estaba ese tipo, NL, un pintor cubano que vive en Nueva York y que me pedía que le coja el culo, virtualmente, por supuesto. Había una muchacha mexicana, felizmente casada, con la que también tenía sexo virtual, bien cochino. Y otra, de Alicante, muy religiosa. Mujeres y hombres reprimidos, da grima. Después salía, a buscar más alcohol y algo de comer, pan o lo que fuera. Me gustaba sentarme un rato en el parque de Monte y Belascoaín con una cervecita y mirar todos esos carros, guaguas, camiones, personas, moviéndose, moviéndose y yo quieta, casi convertida en un árbol bajo el sol, llena de paz. A veces compraba flores, girasoles o gladiolos, me daba alegría comprar flores. Me había hecho amiga del florero, un negro fronterizo que me decía piropos ingenuos y yo le respondía con un coqueteo mesurado. Compraba cigarros, por ruedas, era el miedo a quedarme sin cigarros, aunque había montones de lugares abiertos las 24 horas y siempre podía bajar a comprar más. De regreso en casa, me quitaba la ropa, ponía música y bailaba. Me servía un trago, otro, subía la música, me movía desnuda, hasta caer en algún momento sin fuerzas, completamente anestesiada. Volvía en mí a la hora, o dos, o tres, me servía otro trago.

O me sentaba en el sillón y hablaba. La mayoría de las veces, con la Rata. Discutía con ella, la insultaba, le decía horrores. Acto seguido, le contaba cómo la quiero. Había borrado sus contactos para no caer en la tentación, pero siempre esperaba una llamada, un mensaje. A veces lloraba pronunciando *por favor, por favor*. Otras veces me veía desde afuera y me partía de la risa.

La historia con la Rata estaba condenada desde el principio. Por eso cuando me vi a punto de meterme en un Gran Rollo, reuní todas mis fuerzas y salí de la Habana, de nadie me despedí. Pero no sirvió de nada. Ella me mandaba mensajes, me pedía vernos. Regresé, nos vimos. En el Malecón, con un pomito de agua cada una, en plan sano. Ella me trajo un ramo de rosas, yo le regalé un libro artesanal. Mirando el sol ponerse tras el mar le dije que lo mejor es quedarnos de amigas. Ella me dio la razón. Cuando oscureció, me invitó a un trago. Sentí que mi maravilloso plan de un encuentro sano para una sana amistad se iba a la mierda en el momento de aceptar. Fueron varios gin tonics antes de subirme a su carro e irnos para mi casa. Pasamos la noche tiradas en el piso de la sala haciéndonos cosquillitas en el pelo. *Cafuné*, dijo ella. Las cosquillitas en el pelo se llaman «cafuné» en portugués. Muy dulce.

En la siguiente llamada Flor preguntó si tengo novia. Le conté que acababa de separarme de una relación de cuatro años. *Lo siento mucho*, dijo. *No lo sientas, fue horrible*. Le conté un poco de la Lagarta. De su trastorno de déficit de atención, sus ataques de celos y de ira, la rompedera de cosas, las discusiones, el reguero insufrible, mi desesperación, entre la depre y la violencia. No le conté de la parte buena, para hablar de la ruptura era importante obviar lo bueno. ¿*Y tú*? *Sola*, respondió, *hace años*. No dije *lo siento*. No lo sentía.

Me parecía curioso que con tantos problemas de comunicación que tenía (dificultades con el internet, el celular, el fijo, la computadora, etc.) Flor de Loto lograba alcanzarme una y otra vez. Era casi la única con quien yo hablaba, es decir, de forma no virtual. Yo había optado por aceptar. Además de anestesiarme, era la manera que tenía de paliar el temporal: aceptar lo que fuera, como fuera. Quedarme tirada en el fondo, como una piedra en el río, quieta, quieta y abandonarme: hágase.

De repente, me vi con la Lagarta. Por casualidad, en la calle. Nos fuimos a beber. A ella le gustaba cambiar de sitio cada dos o tres cervezas. Me di cuenta de que los bares en los que nos sentábamos quedaban más y más cerca de mi casa. Hablábamos y nos reíamos, parecíamos unas amigas muy contentas con el encuentro. Fueron cuatro años horribles, pero aun podíamos compartir en buena onda. Era lo que yo pensaba. Me contó que conoció a una muchacha que le gusta mucho, pero que todavía me quiere. Yo estaba muy anestesiada y al final compramos unas latas más y nos lanzamos a lo inevitable: mi casa, mi cama, el buen sexo de costumbre.

Lo malo siempre han sido las mañanas. La resaca, las sábanas revueltas, su celular sonando, su ropa en el piso de la sala, la luz grisácea filtrándose entre las persianas. Y el recuerdo de la Rata. De las noches con ella, los amaneceres, los paseos, el viaje al Oriente de la isla, el fin de semana en Varadero, las puestas de sol en el Malecón, en la azotea de mi edificio, en su azotea de Habana Palace, el vino, la música, la shisha y la increíble delicadeza en que estaba envuelto cada segundo de nuestros encuentros.

La Rata era la perfección. No ella en sí, claro, el tipo de relación, el imposible hecho realidad. Fueron como seis meses, en una de mis separaciones con la Lagarta. Los seis meses que necesitaba la esposa de la Rata, allá en Brasil, para recuperarse de la cesárea y cuidar de la hija hasta que la niña pudiera tomar un avión y reunirse las tres en la Habana.

Cuando faltaba exactamente una semana para el regreso de su familia, la Rata me dio el bate. Yo no me lo esperaba, sinceramente. Quería ser amiga de su esposa, quería ayudarles con la niña, teníamos planes. Ella me habló de comprar un apartamento en la Habana, de invitarme a Río, de viajar juntas a San Petersburgo, a otros lugares. Me había pedido que pase en Habana Palace esa semana antes de la llegada de la mujer y la niña. Pero cambió de idea. Yo solo le pedí que me llevara de regreso a casa, no tenía fuerzas. Ella me ofreció el vino que compró para aquella semana, echó las botellas en una bolsa. Nos montamos en su carro. Fue la noche en que le di el nombrecito, mi único gesto de rebeldía, la única vez que la agredí. En cualquier caso, no es más que su signo en el zodiaco chino.

Quise decirle a la Lagarta *vete*, pero en vez de eso me abrí una cerveza. Temí provocar una discusión. Ella también abrió una lata, se le viró un poco en el piso, lo dejó ahí, no me di por enterada. Me anestesiaba despacio. Me daba pavor que ella decidiera de pronto quedarse, pero se fue, finalmente. *¿Quieres que venga después del trabajo?*, preguntó desde la puerta. *Claro*, respondí. *¿Traigo algo? Alcohol*, dije.

Creo que fue esa misma noche en que la Lagarta me pidió matrimonio. Algunas cosas no las recuerdo muy bien, la anestesia crea una especie de bruma en la cabeza, unos detalles se hacen más nítidos, otros se alejan hasta perderse y lo que queda parece un mosaico hecho de neblina y fotos technicolor. *Cásate conmigo*, dijo entre orgasmo y orgasmo y supuse que era parte del balbuceo de la calentura, pero por la mañana, la luz grisácea filtrándose por las persianas, la resaca, las sábanas revueltas, repitió *cásate conmigo*. Pensé que no podía ser peor y dije, *sí, dale*. Ella bajó a buscar más alcohol para celebrar. Brindamos. Muchas veces. Ella me ponía condiciones. Yo, cada vez que lo miraba todo desde afuera, soltaba una carcajada. *¿De que te ríes?*, preguntaba la Lagarta. *De alegría*.

Le escribí a Flor de Loto por fb: *Me voy a casar con mi ex*. Cuando me conecté de nuevo, vi que me había mandado un sticker con la carita feliz.

Conocí a Flor cuando Mara y yo llevábamos ya como tres o cuatro años juntas. Ella era nuestra vecinita, acababa de cumplir los 18 y buscó nuestra amistad como si quisiera que la adoptáramos. Creo que se enamoró de las dos, de nuestra relación. Nos hacía mandados, nos traía regalitos, vivía metida en nuestra casa. Era como tener una mascota. Par de años más tarde, cuando todo se vino abajo y Mara decidió irse de Cuba, Flor –que ya había tenido su primer encuentro y el primer desencuentro con una muchacha a la que jamás nos presentó– demostró que no era ningún animalito ni ninguna nena, sino toda una mujer. Me imagino que así es como los padres se dan cuenta de que los hijos son adultos: de pronto. Aunque Flor no fuera hija mía. Ni de Mara.

La Lagarta me decía: *nunca salimos, nunca vamos a un concierto, a una exposición. Siempre estamos metidas entre estas cuatro paredes, emborrachándonos*. Le dije que me llegó por Facebook una invitación a una reunión muy privada y selecta donde iban trovadoras de primera línea. *En algún momento se forman unas buenas descargas. ¿Quieres ir? ¿Cuando? Mañana por la noche. Mañana por la noche no puedo. Mi sobrino va a bailar en el Teatro Nacional*. (Su sobrino tenía tres años y estaba en un grupo de baile español). *¿Y no tiene más nadie quien lo lleve? Vamos a ir todos: mi mamá, mi papá, mi hermana, mi cuñado… Comprende*, dijo, *es lo más cercano a un hijo que tendré jamás*. Me encogí de hombros. Me serví un trago.

Yo amaba a la Rata y ese amor abarcaba a todas las personas que la rodeaban, incluyendo a su mujer y la niña. Yo se lo dije y se lo escribí muchas veces, pero creo que ella nunca lo asimiló. Le dediqué varios poemas a la bebé, le pinté un cuadro, le pedí a la Rata ser su niñera cuando llegue a Cuba con la madre, imaginaba cantándole canciones de cuna rusas y cubanas, indistintamente, mientras la madre y la Rata le cantaban en portugués.

Me parecía natural y sublime. Pensándolo bien, debía ser algo enfermizo y retorcido. ¿A quién se le ocurre amar a la esposa de la amante? ¿O a la hija?

Otra llamada de Flor: *¿cuándo es la boda?* Solté una carcajada nerviosa, me apuré en cambiar de tema. Había bebido más de la cuenta, demasiado, no veo otra razón para haber preguntado qué creía ella sobre lo de Mara. *¿Qué pasa con Mara?,* respondió, *no sé nada de ella desde que se fue. ¿Hace diez años, no?* Sentía que debía parar, pero no lo lograba, la boca y la lengua iban soltando las palabras, mientras en la cabeza se sucedían los cartelitos «alarma roja, alarma verde, alarma azul»... *Ella se operó, se cambió de sexo. Es mi amigo en fb, se llama Mario. Vive en Miami, le va bien. Ha venido varias veces a Cuba, nos hemos visto. El último encuentro fue justo antes de la transición, estaba acabada, se había separado de una relación de siete años, estuvo trabajando en un hospital psiquiátrico, en el turno de noche, eso le afectó la salud, creo que algo del estómago. Nos comunicamos mucho durante el proceso —la menopausia provocada, la radical de mamas, las hormonas, tú sabes— pero me parece que se molestó conmigo hace poco. Me mandó una foto preguntando si me parece guapo. Me pareció horrible, la verdad, y le escribí que no sé mucho de hombres. No ha escrito más...* Hablé, hablé, no sé en qué momento Flor había colgado. Una parte de mí se estremecía en convulsiones, el consabido electroshock. Otra parte de mí convulsionaba de risa. La otra, quieta, piedra en el río, árbol bajo el sol.

Intenté hacer con la Lagarta las cosas que hacía con la Rata, cosas bonitas, mágicas. Preparé una shisha con el carbón y el tabaco que quedaron después de su paso por mi mundo. Aspiró una o dos veces, tosió, no la volvió a tocar: no le gustó. La llevé a la Bombilla Verde, no le gustó. La llevé a Varadero, otro hotel, claro. El que había reservado la Rata estaba fuera de mi alcance. El agua fría, el baño sucio, la cerveza agria: no le gustó, a mí tampoco. Compré un vino, la invité a ver la puesta de sol en mi azotea. No sé si le gustó, no pude aguantar más de pocos minutos. La Lagarta no era la Rata. No podía tener con ella la relación que tuve con la Rata, no podía compartir con ella la parte de mi ser que compartí con la Rata, no podía sentir lo que sentí ni esperar lo que recibí de la otra. No le pidas peras al olmo. ¿Qué se le pide a los olmos? No sé de olmos.

Su terraza en Habana Palace daba al patio de una casa privada donde crecía una mata de aguacate. Yo pasaba mucho tiempo en la terraza, a pesar de que la Rata me dejaba fumar dentro. Me gustaba sentarme afuera con mi cigarro y el café o el trago. De alguna manera necesitaba esas pausas a solas. Ella me las respetaba. Miraba mucho esa mata, habíamos entablado una peculiar conexión. Cuando yo llegaba, ella movía las hojas. Quieta, quieta bajo el sol. Nos mirábamos en silencio, nos queríamos. Aquella noche, antes de pedirle que me regrese a casa, miré una vez más la mata y dije *voy a extrañar terriblemente ese árbol.* Supongo que si la Rata pudiera verse desde afuera en aquel instante, vería cómo convulsiona su conejillo bajo la descarga eléctrica. Aunque no percibí ni la sombra de risa en sus ojos.

Mi relación con Mara fue más bien convulsa. Nos queríamos con locura, pero ella tenía aquella necesidad de seducir a cualquiera, que me mataba. Yo intenté manejarlo de muchas formas, sin embargo, mi naturaleza es otra y estaba librando una guerra contra mí misma en la que tenía todas las de perder, como quiera que terminara la batalla. Ella también estuvo luchando consigo, con sus necesidades, algún tiempo. Nos queríamos con locura, pero no éramos compatibles. Demoramos muchos años en comprenderlo. Y un tiempo más en darle solución al asunto. La única salida en nuestro caso era separarnos, pero habíamos creado tal dependencia que cualquier intento de romper nos llevaba al borde del abismo. Hasta que dimos con la clave: una de las dos tenía que irse de Cuba. Lo tiramos a suerte y le tocó a ella. Era justo. Yo había elegido vivir aquí, a voluntad, a conciencia. Y había viajado lo suficiente como para tener las herramientas comparativas. Ella nació aquí, le tocó, es lógico que quisiera más. Siempre quiso más de lo que se le ofrecía, ay, llorona. Es admirable todo lo que ha logrado, bravo por Mario.

Sabiendo bien que la Lagarta no es la Rata, quise sin embargo tener otra experiencia que con la brasileña fue sublime: el ballet. Me llegó por fb la promoción del Ballet Nacional en el Gran Teatro, se lo comenté, prometí ocuparme de las entradas. Las conseguí, fue casi un imposible, pero a veces logro cosas increíbles cuando me las propongo. Tanto va el cántaro a la fuente, ja.

Flor mandó un sms. *Me dio mucha tristeza lo que me contaste de Mara. Imaginar su carita de siempre con aquellos ojazos y un bigote negro por encima me revuelve el estómago.* Le respondí: *Es más bien rubio, el bigote. Y la barba. No cojas lucha. Bs.*

Era rubia, Mara. Tenía el pelo por debajo del culo, rubio y encrespado. El pelo es mi fetiche. Sobre todo si es largo, rubio y encrespado. El día que se lo cortó, lloré. Fue poco antes de irse. Ella quería cambiar de look, eso está bien, pero ya no era lo mismo. Cuando teníamos sexo, me pedía *dime que soy tu puta*. Yo se lo decía. Agarraba su pelo con el puño, se lo halaba, metía la cara entre sus tetas y decía *eres mi singá puta*. Ella se venía. Yo también.

Después de todo, llegué a conocer a la mujer y la niña de la Rata. La crueldad del científico no tiene límites. ¿Qué le importa un conejillo, o dos, o tres?

La Lagarta me mandó un sms: *demoro un poco, ve a la pastelería francesa, pide una birra*. Le respondí *ok*. Había Bucanero, una suerte inusitada. Y estaba bien fría. Me había puesto un vestido con cuello en V y un hilo de coral negro. Llevaba Molécula, mi perfume preferido, el que uso solo en ocasiones especiales. El anillo de plata con la amatista. Los zapatos negros. Lo mejor, para ir al ballet. Con mi novia. Con mi futura esposa. La Lagarta. Ja, ja.

Por la mañana había llamado Flor de Loto. *Mija, tienes que venir un día a visitarme*, le dije. Sin afán. Pero ella se lo tomó en serio y comenzó a contarme que tiene agorafobia y no puede alejarse mucho de la casa, le dan temblores, convulsiones, desmayos.

La Lagarta llegó, finalmente, con un pantaloncito desteñido y un pulóver más desteñido aun. No le pidas peras al olmo. Encargó su Bucanero, prendió un cigarro. Teníamos que irnos, debió haber sonado ya el primer timbre, haberse apagado parte de las luces. Imaginé las personas engoladas en las lunetas, las señoras de las perlas, las muchachas con abanicos, los hombres, solícitos, los olores. Tenía ganas de estar allá, pero hice lo imposible por sonreír para no provocar una discusión. No pensaba en la Rata, ni en Flor, ni siquiera en Mara, la mujer de mi vida.

Nos encontramos al lado de la embajada. Yo llevaba un ramo de flores para su esposa y unas boberías para la niña: un caracol que suena a mar, unos zapaticos tejidos a crochet. La Rata no sabía dónde poner las flores, qué hacer con las manos. Nos montamos en su carro, fuimos a Habana Palace. Saludé a la mujer, la niña, la mata de aguacate. ¡La mata!

Lo siento mucho, mucho, le dije a Flor. Lo sentía de verdad. *Tú puedes, yo confío en ti. Trata de dar cada día un paso más allá, un solo paso. Lo sé*, respondía ella, *yo lo intento. Al menos, ya no tomo pastillas, estoy mejor*.

Al final, entramos en el teatro, quien lo diría. Era *Cenicienta*. Con la Rata fue *Carmen*. Da igual, el ballet es el ballet. La música, los cuerpos etéreos, las luces, la magia.

¿Quién iba a imaginar que después de todo me tocaría consolar a Flor de Loto? Como para reventar de la risa. Había cierta fragilidad en ella y fue nuestra nena, mía y de Mara, nuestra mascota, nuestra plantica del paraíso. *Tranquila, Florecita, todo está bien.* Con cuidado. Cualquier conversación puede ser la última. Alarma roja, alarma verde, alarma violeta.

La mujer de la Rata: chiquita, fea, chillona. Yo: el colmo de la amabilidad. La Rata: pendiente de nosotras dos. Yo amaba a la Rata y ese amor abarcaba a todas las personas que la rodeaban, incluyendo a su mujer y la niña. Presumiblemente. Le buscaba el encanto a su esposa, debía tenerlo, sin dudas, de lo contrario, ¿cómo iba a ser su esposa? Me preocupaba mucho no encontrarle gracia alguna y descubrir que la Rata no es lo que yo imaginaba.

En el entreacto la Lagarta me arrastró a la pastelería de vuelta, a beber cerveza. Se habían acabado las Bucaneros. Sentí alivio, volvimos al teatro. *Qué peste hay aquí,* dijo ella. *Me da alergia. Y los decorados son horribles, ¿cierto?* No le gustó, comprendí. Y aún faltaba.

La hora en casa de la Rata pasó volando, su hora de almuerzo, la hora que se me ofrecía antes de que bajara el telón y la carroza se convirtiera en calabaza. Dime quien es tu esposa y te diré quién eres. Miré la mata de aguacate antes de salir.

Sabes, dijo Flor. *Aquella muchacha con la que supuestamente estuve, no existió nunca...*

Cuando salimos del teatro, aún lo intentaba. Soy muy ilusa y hay que ponerme de narices en la mierda para que recapacite ante la realidad real.

Llamé «Lagarta» a la Lagarta por su cuerpo sin cuerpo. En un inicio le decía «Salamandra de fuego», pero después perdió brillo. Al menos para mí.

Florecita se me metió en la cama, dijo Mara. *¿Y qué hiciste?,* pregunté. *Nada. Le expliqué que estamos en diferentes niveles, que no califica. Fuiste muy generosa con ella,* sonreí. Ella me respondió con aquella sonrisa de invitación. Sabía llevarme a la cama sin muchas palabras.

La Rata se ofreció para llevarme a casa. Hubiera preferido que no. Hubiera preferido perderme en la ciudad, andar largamente, encontrarme, quizás. Pero éramos tan amables, tan amables. Acepté.

Saliendo del teatro le dije a la Lagarta *vamos a un lugar que me gusta mucho, aquí cerca, y luego vamos a caminar la Habana Vieja, perdernos, quizás, encontrarnos, volvernos a perder y volvernos a encontrar...* Estaba llena de Tchaikovski, de tutús, de magia...

Me monté en su carro y ella condujo sin tropiezos a casa de su ex amante, su ex amor, su excusado: mi casa. Hay una ley en la literatura policíaca: el asesino siempre vuelve al lugar del crimen. ¿Cuál de nosotras dos era el asesino? Jaja.

Antes de irse, dos o tres días antes de irse, Mara me invitó al bar de la Manzana de Gómez, frente al Parque Central, pidió cervezas y me contó lo que no me había contado en nuestros buenos tiempos. Dijo que se lo debía a la Mara que fue y a «nosotras».

La Lagarta respondió que estaba cansada de gastarse toda su plata conmigo en alcohol, que estaba cansada. *Ok, dije, vamos a buscar un banco vacío, aquí en el Parque Central, me fumo un cigarro y me voy a casa.*

Vamos a parar en el Parque Central, le dije a la Rata. En algún momento ese fue uno de nuestros rituales. *Un solo cigarro y me voy a casa. Por favor.* Ella parqueó el carro, displicente. Con la chapa diplomática no tenía problemas para parquear.

Y sí estuve con Florecita, dijo Mara, *claro que estuvimos. Me la templé de todas las maneras posibles.* Yo miraba tras las ventanas del bar los árboles bajo el sol, bebiendo una cerveza tras otra, fumando un cigarro tras otro, anestesiada, quieta, convulsionando, muerta de risa.

Solo sentía asco. No sé por qué le pedí esa prórroga, ese cigarro, no cambiaría nada, lo sabía, por los siglos de los siglos, amén. Fumaba, miraba los árboles, la gente, los carros. La Rata callaba, esperaba paciente. No reía ni convulsionaba. La Rata, la mujer, la niña, la santísima trinidad.

La Lagarta decía cosas que yo no escuchaba, sorda, ciega, muda, fumando, desesperada, quieta, libre, libre, sola, anestesiada, libre, árbol, mujer, convulsionando, sola, quieta, piedra, tiré la colilla y me fui.

Mara siguió hablando, pero me levanté, ella intentó detenerme, *espera, no he terminado, no te lo he contado todo*, me fui, caminé. En el Parque Central prendí un cigarro, seguí caminando, me perdí en las calles de la Habana Vieja, paré en algún bar, bebí, seguí caminando, sola, sola, amén.

Ya en casa le escribí a Flor de Loto un mensaje por fb: *¡Cada día un paso!* Y añadí un sticker con la carita feliz.

«Anestesia local: Habana» de Anna Lidia Vega Serova

Elzbieta Sklodowska | *Washington University*

El cuento «Anestesia local: Habana» de Anna Lidia Vega Serova (Leningrado, ahora San Petersburgo, 1968) se presta a ser leído a fuego lento, en registros múltiples, pero al mismo tiempo entretejidos[1]. Es un texto que requiere una colaboración interpretativa de sus lectores y lectoras sin exigir, necesariamente, una competencia especializada en cuanto a los pormenores contextuales o intertextuales. Mientras que la estructura del relato está movilizada por una mirada de reojo y por las (auto)indagaciones de una narradora-protagonista anónima, sin aparentes vínculos afectivos de carácter familiar, lo que sostiene la progresión de la trama es la configuración de su subjetividad capturada a través de sus relaciones amorosas con tres mujeres: Mara, la Rata y la Lagarta. Los sonidos de la aliteración que resuenan poéticamente entre estos nombres/apodos (MaRA, RAta, LagaRtA) van marcando tanto las conexiones entre estas mujeres como sus inexorables diferencias («La Lagarta no era la Rata»; «Sabiendo bien que la Lagarta no es la Rata [...]»). Hay, sin embargo, un espacio específico de La Habana –el Parque Central– que la narradora comparte en algún momento con cada una de las tres mujeres. Por medio de este ritual de (des)encuentros la protagonista va resignificando el Parque Central –«habitándolo», diría Bourdieu– a medida que sus relaciones van disolviéndose una tras otra:

> Antes de irse, dos o tres días antes de irse, Mara me invitó al bar de la Manzana de Gómez, frente al Parque Central, pidió cervezas y me contó lo

---

[1] La bibliografía crítica sobre Vega Serova ha ido creciendo en los últimos años, sobre todo en el contexto de estudios de género y LGTBQ, enriquecida por varias entrevistas que proporcionan datos relevantes sobre su trayectoria. Véase Bobes 2012, Campuzano 2014, Cuesta 2012, Jiménez del Campo 2012, López Cabrales 2007 y Willis 2013.

que no me había contado en nuestros buenos tiempos. Dijo que se lo debía a la Mara que fue y a «nosotras».

La Lagarta respondió que estaba cansada de gastarse toda su plata conmigo en alcohol, que estaba cansada. *Ok, dije, vamos a buscar un banco vacío, aquí en el Parque Central, me fumo un cigarro y me voy a casa.*

Vamos a parar en el Parque Central, le dije a la Rata. En algún momento ese fue uno de nuestros rituales. *Un solo cigarro y me voy a casa. Por favor.* Ella parqueó el carro, displicente. Con la chapa diplomática no tenía problemas para parquear.

Los apodos inventados por la protagonista –la Rata y la Lagarta– funcionan como máscaras de semianonimato al mismo tiempo que conllevan una carga semántica más negativa que cariñosa («Llamé "Lagarta" a la Lagarta por su cuerpo sin cuerpo. En un inicio le decía "Salamandra de fuego", pero después perdió brillo. Al menos para mí»). No obstante, al menos en el caso de la Rata la voz narrativa se esfuerza por minimizar cualquier sospecha de malicia: «Fue la noche en que le di el nombrecito, mi único gesto de rebeldía, la única vez que la agredí. En cualquier caso, no es más que su signo en el zodiaco chino». Por otro lado, siguiendo pistas de índole más intertextual que intratextual, los lectores y las lectoras de Severo Sarduy podrán trazar la genealogía de Flor de Loto, otro nombre omnipresente a través del cuento. Flor de Loto era la vedette travesti del notorio cabaret Shanghai del barrio chino habanero, que aparece en la novela *De donde son los cantantes* (1967), aunque el mismo nombre volverá en la narrativa cubana en otras ocasiones, desde *La neblina de ayer* (2005), de Leonardo Padura, hasta *La isla de los amores infinitos* (2006), de Daína Chaviano.

Más sinuosa que lineal, la narración se (re)construye a modo de un rompecabezas y al ritmo de un oleaje trepidante entre la memoria y el olvido, las vicisitudes amorosas, las mentiras, las confesiones, los secretos y las epifanías. Puesto que las transiciones entre diferentes tiempos y experiencias apenas están señalizadas, la recomposición de los retazos de voces, eventos y momentos requiere una atención constante en el proceso de lectura. Las palabras algo enigmáticas de la apertura («Flor de Loto me pidió amistad por fb. Dadas las circunstancias, me pareció irónico [...]») insinúan la existencia de un secreto y la promesa de su revelación. La epifanía, sin embargo, poco tendrá que ver con la pericia del lector/la lectora-detective. Postergada hasta el final, la revelación corre a cargo de la misma narradora, quien arroja la luz sobre su ambivalencia hacia Flor de Loto. Más allá de ser un truco narrativo para arrancar la historia y generar el suspenso, este secreto nos remite a otro secreto cuyo descubrimiento, también aplazado hasta el momento liminal de la salida de Mara de Cuba, tiene un efecto devastador sobre la protagonista:

> *Y sí estuve con Florecita*, dijo Mara, claro que estuvimos. *Me la templé de todas las maneras posibles*. Yo miraba las ventanas del bar los árboles bajo el sol, bebiendo una cerveza tras otra, fumando un cigarro tras otro, anestesiada, quieta, convulsionando, muerta de risa. Solo sentía asco [...]. Mara siguió hablando, pero me levanté, ella intentó detenerme, *espera, no he terminado, no te lo he contado todo*, me fui, caminé. En el Parque Central prendí un cigarro, seguí caminando, me perdí en las calles de la Habana Vieja, paré en algún bar, bebí, seguí caminando, sola, sola, amén.

El impacto emocional de esta doble traición queda exacerbado por las mentiras de Flor de Loto y de la misma Mara («*Florecita se me metió en la cama*, dijo Mara. *¿Y qué hiciste?*, pregunté. *Nada. Le expliqué que estamos en diferentes niveles, que no califica*»).

Escondida detrás de la máscara del anonimato y sin pretensión alguna para ser percibida como fidedigna, la narradora nos cuenta no solamente de su vida sexual, intermitente y «convulsa», sino también de su posición insubordinada dentro de una sociedad regida por los residuos de una heteronormatividad tan insidiosa que hasta su psicoanalista la trata como si fuera una *rara avis*:

> Me puse a contarle de la Rata, que era lo que más me mortificaba. *Yo estaba con una muchacha*, comencé. *¿Con una muchacha?*, me interrumpió como si no pudiera creerlo. Respiré para poder seguir, vi que ella también respiró convulsamente. Al final me soltó aquello de que no entiende por qué yo digo que estoy deprimida. Sin embargo, me dio otro turno, al que no fui, claro.

Pese al aparente descontrol sobre su propia vida (la adicción al alcohol, las relaciones inestables, la depresión), la protagonista no deja lugar a dudas en cuanto a su autoridad sobre el orden del discurso, enmarcándolo de tal modo que la circularidad se imponga al caos de los fragmentos y que las fisuras de la narrativa se cierren o abran de manera impredecible, según su impulso por destilar, filtrar, reprimir o exprimir sus vivencias.

El «aquí» del cuento no deja lugar a dudas, pero a diferencia de tantas otras obras de la literatura cubana actual donde La Habana post-soviética –andrajosa y arruinada– emerge como la (anti)heroína principal, en este caso el papel de la ciudad es mucho más discreto. Detrás de las cuidadosas pinceladas de una escritura exenta de la más mínima redundancia, van perfilándose algunos rincones icónicos de la cartografía habanera (el Malecón, La Habana Vieja, el Parque Central, el Teatro Nacional, el Parque de Monte y Belascoaín, la Manzana de Gómez) mientras que la protagonista está transitando lo cotidiano entre lo pedestre y lo fino (La Bombilla Verde, La Pastelería Francesa, Habana Palace). Por otro lado, las numerosas referencias a la rutina de los chateos, los emoticones y los sms apuntan hacia una vida que se desenvuelve en el mundo virtual global o «glocal», señal inequívoca de que nos encontramos en plena era digital («Flor de Loto me pidió amistad por fb»; «Ya en casa le escribí a Flor de Loto un mensaje por fb: *¡Cada día un paso!* Y añadí un sticker con la carita feliz»). No se trata, por supuesto, de un texto realista en el sentido tradicional, pero las experiencias afectivas de la narradora, entrelazadas con alusiones puntuales al cronotopo cubano-habanero-post-soviético[2], se suman a la presencia tangible de una realidad no mimetizada sino más bien refractada por la (auto)ironía, la burla y la selectividad deliberada («Había Bucanero, una suerte inusitada. Y estaba bien fría»; «En el entreacto la Lagarta me arrastró a la pastelería de vuelta, a beber cerveza. Se habían acabado las Bucaneros»; «La llevé a Varadero, otro hotel, claro. El que había reservado la Rata estaba fuera de mi alcance. El agua fría, el baño sucio, la cerveza agria [...]»).

La (auto)exploración de las relaciones no (hetero)normativas y de las identidades trans de la narradora y de sus amantes –transgénero, transnacionales, transculturales– se va desplegando mediante el uso de varias lentes superpuestas, las de la fantasía y el recuerdo, las de la intimidad vivencial y de la experiencia que pertenece a la virtualidad de la red (los chateos en fb). A lo largo del cuento el cuerpo de la narradora no solamente es el *locus* de varias intervenciones biopolíticas (terapia, «anestesia»), sino también de

---

[2] En la definición de Mijail Bajtín: «En el cronotopo artístico literario tiene lugar la unión de los elementos espaciales y temporales en un todo inteligible y concreto» (1989: 237-238).

placer, con frecuencia entremezclado con el rencor y la abyección: «*Cásate conmigo*, dijo [la Lagarta] entre orgasmo y orgasmo y supuse que era parte del balbuceo de la calentura, pero por la mañana, la luz grisácea filtrándose por las persianas, la resaca, las sábanas revueltas, repitió *cásate conmigo*. Pensé que no podía ser peor y dije, *sí, dale*». Al repetir estas líneas prácticamente *verbatim* y al yuxtaponerlas al recuerdo de la Rata –tal vez irónico, tal vez transformado en un cliché– la narradora vuelve a destacar la faceta negativa de su relación con la Lagarta:

> Lo malo siempre han sido las mañanas. La resaca, las sábanas revueltas, su celular sonando, su ropa en el piso de la sala, la luz grisácea filtrándose entre las persianas. Y el recuerdo de la Rata. De las noches con ella, los amaneceres, los paseos, el viaje al Oriente de la isla, el fin de semana en Varadero, las puestas de sol en el Malecón, en la azotea de mi edificio, en su azotea de Habana Palace, el vino, la música, la shisha y la increíble delicadeza en que estaba envuelto cada segundo de nuestros encuentros.

Al mismo tiempo la protagonista pone el énfasis en su propia propensión hacia la manipulación de la verdad asumiendo abiertamente el rol de una narradora no-fidedigna: «Le conté [a Flor de Loto] un poco de la Lagarta. De su trastorno de déficit de atención, sus ataques de celos y de ira, la rompedera de cosas, las discusiones, el reguero insufrible, mi desesperación, entre la depre y la violencia. No le conté de la parte buena, para hablar de la ruptura era importante obviar lo bueno». En la superficie, el hecho de evocar *verbatim* y marcar con cursiva varios trozos de sus conversaciones con otras personas podría señalar un esfuerzo de la narradora por ganarse la credibilidad de su audiencia. Paradójicamente, esta maniobra produce más bien la desconfianza hacia la voz narrativa, puesto que tanto la fragmentariedad de las citas como la improbabilidad de poder recordar las palabras exactas de varios diálogos llaman la atención sobre las «costuras» del tejido-texto.

El título, «Anestesia local: Habana», nos remite en un principio a un alivio temporal de un dolor asociado con algún procedimiento médico relativamente menor. Pero La Habana no es un remedio analgésico, sino el escenario de una lucha cotidiana donde el privilegio coexiste con la precariedad y donde escasean los recursos más básicos para aplacar el dolor: «La doctora solo me preguntó por qué lloraba y cuando le expliqué, me recetó tres pastillas diferentes y pidió que volviera la semana próxima. En la farmacia descubrí que las pastillas estaban en falta. Eché las recetas en el cesto más cercano»[3]. Después de haber agotado los recursos de la medicina occidental (una psiquiatra, una psicoanalista), la narradora busca alivio en los rituales más «esotéricos» de la santería, otro marcador específicamente local de Cuba:

> Le pedí al hijo de un amigo, metido en la onda yoruba que me hiciera una limpieza. Me mandó a comprar una serie de yerbas, una vela y aguardiente. Prendió la vela, hizo una escobilla con las yerbas, la roció con el aguardiente, le sopló humo de tabaco. Me barrió de pies a cabeza con aquel mazo, barrió mi casa, me dio algunas indicaciones (comprar una jicotea, meterla en una palangana con agua y limpiar la casa con el agua de la palangana, guardar mis escritos debajo de la almohada a la hora de acostarme, poner un vaso de agua en un lugar bien alto dedicándoselo a una señora mayor que perdió la visión en un ojo antes de morir, cosas así).

El evidente escepticismo de la protagonista en cuanto a la eficacia de este tratamiento («cosas así») acaba en un gesto casi sacrílego, reafirmando su posicionalidad desafiante ante cualquier sistema, desde la ciencia hasta la religión: «Yo me bebí despacio lo que había quedado del aguardiente. Cuando se acabó, compré más. Y más».

Ante la depresión, el desamparo y la precariedad material de su existencia diaria la narradora proclama haber encontrado su propia variante de anestesia local en el consumo de alcohol: «Bebía todos los días. Lo llamaba "anestesiarme". Necesitaba algo para mitigar el dolor, no aguantaba la realidad». Una de las tantas recaídas de desengaño amoroso, una enfermedad más grave que otras, la pérdida de la oportunidad de un buen empleo y la desintegración de los artefactos caseros se van sumando a una crisis de

---

[3] Aunque es un dato más curioso que relevante en el contexto del cuento, hay que recordar que Cuba fue uno de los primeros países en implementar el procedimiento de anestesia quirúrgica (1847) a muy poco tiempo después de su invención (Madrigal Lomba 2006). Recuerdo que hace muchos años en un recorrido por el Museo Nacional de Historia de las Ciencias Carlos J. Finlay de La Habana me llamó la atención el cuadro titulado «Vicente Antonio Castro y la introducción de la anestesia en Cuba», dedicado precisamente al pionero de este método en la isla y en Latinoamérica.

proporciones catastróficas, como si la narradora estuviera lidiando a escala personal con un equivalente del Período Especial[4]:

> Desde dentro estaba atravesando una mala racha. Me acababa de separar una vez más de la Lagarta, extrañaba terriblemente a la Rata, perdí la posibilidad de un buen trabajo, me enfermé (pienso que fue una gripe muy violenta, aunque pudo haber sido dengue, nunca vi al médico, por miedo a que me ingresaran) y comenzaron a romperse las cosas de la casa, una detrás de otra (primero el fogón de gas, luego la computadora, luego el teléfono, luego el modem, etc.)

En términos tanto literales como figurativos, la anestesia local, a diferencia de la general, no implica perder la conciencia de lo que está ocurriendo, aunque sí consigue atenuar o hacer desaparecer la sensación de dolor. El autoirónico (auto)análisis al que la narradora somete su abuso del alcohol y de los cigarrillos, tratándolos como si fueran anestésicos, es otra línea insoslayable de una lectura atenta. Sumida en su adicción, la narradora manipula el lenguaje para sostener la ilusión de autocontrol y encubrir una compulsión detrás de sus rituales cotidianos. Su eufemismo favorito de anestesia local pretende (auto)engañar, aunque no engaña a nadie, ni siquiera a ella misma:

> Compraba cigarros, por ruedas, era el miedo a quedarme sin cigarros, aunque había montones de lugares abiertos las 24 horas y siempre podía bajar a comprar más. De regreso en casa, me quitaba la ropa, ponía música y bailaba. Me servía un trago, otro, subía la música, me movía desnuda, hasta caer en algún momento sin fuerzas, completamente anestesiada.

La narradora advierte, además, que debido a su adicción no hay que fiarse de sus recuerdos, un hecho que –junto a su anonimato, la perspectiva de primera persona y los problemas de salud mental– apuntaría a algunas de las características clásicas de una voz narrativa no-fidedigna[5]: «Algunas

---

[4] En los años noventa, después de la caída de la Unión Soviética, Cuba se vio sacudida por una crisis socioeconómica de proporciones verdaderamente catastróficas, conocida como el Período Especial en Tiempos de Paz. Véase Sklodowska 2016.

[5] El término de narrador fidedigno fue acuñado por el crítico norteamericano Wayne Booth (1961).

cosas no las recuerdo muy bien, la anestesia crea una especie de bruma en la cabeza, unos detalles se hacen más nítidos, otros se alejan hasta perderse y lo que queda parece un mosaico hecho de neblina y fotos tecnicolor». El carácter alucinatorio de estas imágenes pertenece a la categoría de lo extraño más que a lo fantástico, aunque contrasta con la materialidad casi tangible de la mayor parte de la narración[6].

A lo largo del relato es posible discernir también una corriente autorreflexiva que corre paralela a la trama principal. Construyendo-tramando su narrativa en torno a una compleja dinámica de desajustes, ambivalencias y paradojas, la protagonista se está (de)construyendo a sí misma en una encrucijada de dos perspectivas: desde afuera y desde adentro. La mirada «desde afuera» es una maniobra que proporciona una suerte de alivio cómico al burlarse de las sensaciones, fantasías, recuerdos y deseos capturados por aquella otra mirada que surge desde la profundidad misma de la desesperación: «Por suerte, conservaba el sentido de humor, aun lograba de vez en cuando ver las cosas desde afuera y soltar una que otra carcajada. Desde afuera me veía como un sujeto de laboratorio, un conejillo, por ejemplo, metido en un laberinto dentro de una enorme jaula [...]. Desde dentro estaba atravesando una mala racha». La frialdad de esta mirada sugiere una manipulación biopolítica, aunque es la misma protagonista quien se somete a un escrutinio que raya en la disección psicológica.

En los momentos más profundos de auto-exploración la narradora rompe el binarismo de su auto-percepción (afuera/adentro), y con esta mirada «de reojo» se abre también a las complejidades de una identidad «otra». En un simulacro de diálogo consigo misma confiesa: «Una parte de mí se estremecía en convulsiones, el consabido electroshock. Otra parte de mí convulsionaba de risa. La otra, quieta, piedra en el río, árbol bajo el sol». No deja de ser significativo que esta ampliación de la perspectiva ocurra en el momento preciso de recordar el proceso de la transición de Mara, su ex-amante. Lo que sirve como catalizador para activar los recuerdos de la narradora sobre Mara es una (re)conexión en Facebook con Flor de Loto, una joven a quien tanto Mara como la narradora habían conocido una década atrás: «Después me dio por buscar las fotos de aquella época, más

---

[6] Debemos a Tzvetan Todorov (1970) una elaboración sistémica de las distinciones y confluencias entre lo fantástico, lo maravilloso y lo extraño.

de diez años atrás. Y recordar a Mara que ahora se llama Mario y que fue la mujer de mi vida. Creo. Hasta que se operó y dejó de ser mujer. Cuando su transición, ya yo estaba con la Lagarta». Si bien lo transgénerico ocupa un lugar maleable ante el orden heteronormativo en el sentido de que, paradójicamente, lo desafía y a la vez lo asume, resulta significativo que la transición de Mara tenga lugar fuera de Cuba, en un espacio que es el epítome de la cartografía de la transitoriedad y la dislocación (la migración, el exilio)[7]. Así pues, en el cuerpo de Mario su nueva identidad transgénero coexiste con lo transnacional de la diáspora cubana: «*Ella se operó, se cambió de sexo. Es mi amigo en fb, se llama Mario. Vive en Miami, le va bien [...]. Nos comunicamos mucho durante el proceso – la menopausia provocada, la radical de mamas, las hormonas, tú sabes [...]*».

La intersección entre la identidad sexual y el exilio (sexilio) para las personas transgénero apenas ha sido abordada en la producción cultural cubana, con la notable y pionera excepción de la novela gráfica bilingüe cubano-americana *Sexile/Sexilio* (2004), que, con la colaboración del ilustrador Jaime Cortez, representa la experiencia de Adela Vázquez, exiliada cubana queer transgénero que había emigrado con el éxodo de Mariel (Irish 2019)[8]. Mientras tanto, en Cuba la experiencia transgénero ha encontrado hasta ahora su manifestación tal vez más significativa en las películas de la directora Marilyn Solaya. Su documental, *En el cuerpo equivocado* (2010), y el largometraje posterior, *Vestido de novia* (2014), se basan en la historia de Mavis Susel Mauri, la primera persona operada de reasignación de sexo en Cuba en 1988 (Damas *et al* 2017: 97). Los comentarios de los críticos sobre *Vestido de novia* destacan su vigencia en la Cuba de hoy donde, en palabras de Cecilia Crespo (2013), aún no se ha superado la estigmatización

---

[7] Incluso la más básica bibliografía sobre el exilio, la migración y la diáspora cubana superaría los límites del presente ensayo. Un esfuerzo reciente por abordar la complejidad y enormidad del fenómeno desde Cuba se encuentra en el estudio de Aja Díaz *et al* (2017).

[8] Para una reflexión acerca de las complejidades terminológicas trans (transexual, travesti, drag, andrógino, genderqueer, género fluido) es recomendable el libro de Halbsertam (2017). Para el contexto latinoamericano, caribeño, cubano y diaspórico en particular, véase, entre otros, Cuesta 2016, Hamilton 2012, King 2016, Kirk 2015, La Fountain Stokes 2009, Stout 2014 y Soler Quilesun 2015.

de personas transgénero, tratándolas como si fueran «locas o perversas, cuando tienen un estilo de vida diferente, y son mal juzgadas no solo por hombres sino también por otras mujeres y por la sociedad en general»[9].

La manera en que la narradora comparte con Flor de Loto los detalles acerca de la transición de Mara («*¿Qué pasa con Mara?, respondió, no sé nada de ella desde que se fue. Hace diez años, no?*») sugiere una reproducción de algunos de los mismos prejuicios a los cuales se refiere Crespo en el contexto de la sociedad cubana: «*Me mandó una foto preguntando si me parece guapo. Me pareció horrible, la verdad, y le escribí que no sé mucho de hombres. No ha escrito más...*». La narradora describe a Mara como si fuera una persona emocionalmente dañada, negándose a ver en su acto una expresión de autoafirmación: «El último encuentro fue justo antes de la transición, estaba acabada, se había separado de una relación de siete años, estuvo trabajando en un hospital psiquiátrico, en el turno de noche, eso le afectó la salud, creo que algo del estómago». Considerando el posicionamiento anti-normativo de la narradora en cuanto a su propia sexualidad, esta falta de empatía por Mara/Mario podría parecer sorprendente si no fuera por el hecho de que con la transición de Mara la protagonista siente haber perdido un trozo de su propia identidad: «Simplemente me gustaba recordar los años que estuvimos y saberla en algún lugar con un trozo de mí dentro. Por siempre. Era eso: no la muerte de Mara en sí, sino la muerte de un trozo de mi ser en ella. Porque a Mario no lo conozco. No quiero conocerlo. Mejor no». La contundencia de estas palabras queda reforzada por la reacción de Flor de Loto, quien, según sabremos más tarde, también fue amante de Mara: «Flor mandó un sms. *Me dio mucha tristeza lo que me contaste de Mara. Imaginar su carita de siempre con aquellos ojazos y un bigote negro por encima me revuelve el estómago*»[10].

---

[9] Para completar la perspectiva sobre esta problemática de reasignación de género en Cuba, véase también «Transit Havana» (2016), el documental rodado en la isla por el holandés Daniel Abma.

[10] Las investigaciones sobre la situación de las comunidades LGBTQ en Cuba rinden resultados ambivalentes o contradictorios. Por ejemplo, la tesis de Kirk 2015 ofrece una evaluación positiva de los cambios en la política oficial cubana con respecto a la diversidad sexual, destacando sobre todo el papel del CENESEX (Centro Nacional de Educación Sexual) bajo el liderazgo de Mariela Castro

A lo largo del cuento las relaciones sexuales de la narradora son fundamentales para la constitución de su subjetividad y se ven moldeadas tanto por sus experiencias virtuales como por su adherencia a los modelos afectivos más tradicionales (la familia, la maternidad). Si bien es cierto que acceder a las redes sociales en Cuba conlleva sus propios desafíos, la continua expansión de acceso al Internet (incluyendo lugares públicos de conexión wi-fi, como el Parque de Monte y Belascoaín mencionado en el texto) es un hecho innegable. A pesar de las dificultades que se amontonan en la vida de la protagonista (pérdida de la posibilidad de un buen trabajo, rupturas sentimentales, problemas de salud) es obvio que dispone tanto del tiempo como de los recursos materiales imprescindibles para poder cultivar su rutina diaria de «chatear un rato con alguien» entre las 3 y las 9 de la mañana. Es posible que esta situación relativamente privilegiada tenga que ver con su estatus de intelectual, artista o escritora, aunque los asideros textuales que sostengan esta suposición en cuanto a su profesión son escasos: su aparición en un programa de televisión junto a un cineasta y una psicoanalista, su participación en la vida cultural (el ballet en el Teatro Nacional, la música de la nueva trova en la Bombilla Verde, su afición por los libros, etcétera) y su actividad creativa («Le dediqué varios poemas a la bebé, le pinté un cuadro»; «guardar mis escritos debajo de la almohada a la hora de acostarme»).

En sus recorridos por los circuitos virtuales que prometen un vehículo más para anestesiar sus angustias la narradora logra conectarse –aunque no relacionarse– con varios hombres y mujeres, quienes, cada cual a su manera, han entregado sus deseos y su soledad a los medios sociales: «Estaba ese tipo, NL, un pintor cubano que vive en Nueva York y que me pedía que le coja el culo, virtualmente, por supuesto. Había una muchacha mexicana, felizmente casada, con la que también tenía sexo virtual, bien cochino. Y otra, de Alicante, muy religiosa. Mujeres y hombres reprimidos, da grima». La tecnología parece facilitar tanto la formación de las redes afectivas como la maleabilidad de autorrepresentación, pero al final tampoco logra «aneste-

---

Espín. Otros estudiosos insisten, sin embargo, en la persistencia de prejuicios y estereotipos. Véase al respecto Browne 2018, Damas Costa 2017 y Estrada Fernández 2019. Para una contextualización histórica sigue siendo útil el artículo de Argüelles y Rich (1984), mientras que una síntesis más reciente se encuentra en Martínez-Echazábal 2017.

siar» a la protagonista de su sensación de desamparo: «sorda, ciega, muda, fumando, desesperada, quieta, libre, libre, sola, anestesiada, libre, árbol, mujer, convulsionando, sola, quieta, piedra». Podemos sospechar, creo, que en su perfil de la usuaria de los medios sociales estas características de orfandad afectiva quedan suprimidas, desdibujadas o enmascaradas. Si bien no tenemos evidencia textual para comprobar una «adicción» de la narradora a los medios sociales, no cabe duda de que la red funciona en su vida como un dispositivo sumamente poderoso de control biopolítico. Tampoco hay suficientes pistas para sospechar su dependencia de la pornografía, aunque resulta algo curiosa la referencia medio burlona a «una porno» como una forma de gratificación para el conejillo con quien se identifica en tanto «sujeto de laboratorio»: «Cada vez que tomaba un camino equivocado, el conejillo recibía una descarga eléctrica y se estremecía en convulsiones antes de cambiar de rumbo en busca de la salida. En la salida le esperaban unas migajas de pan. Quizás. O una porno para conejillos».

El modo despersonalizado y a la vez desinhibido de hablar acerca de sus encuentros en la red contrasta con sus fantasías no-virtuales, bastante tradicionales: el amor «romántico» y la felicidad doméstica. Aunque la narradora recibe una propuesta de matrimonio de una de sus ex-amantes, la Lagarta, su pasión por una diplomática brasileña apodada la Rata, casada con otra mujer, la lleva a especular sobre las posibilidades de integrarse a su familia:

> Yo amaba a la Rata y ese amor abarcaba a todas las personas que la rodeaban, incluyendo a su mujer y la niña. Yo se lo dije y se lo escribí muchas veces, pero creo que ella nunca lo asimiló. Le dediqué varios poemas a la bebé, le pinté un cuadro, le pedí a la Rata ser su niñera cuando llegue a Cuba con la madre, imaginaba cantándole canciones de cuna rusas y cubanas, indistintamente, mientras la madre y la Rata le cantaban en portugués. Me parecía natural y sublime. Pensándolo bien, debía ser algo enfermizo y retorcido. ¿A quién se le ocurre amar a la esposa de la amante? ¿O a la hija?

La familia de la Rata, al ser comaternal, representa una alternativa al molde tradicional, aunque no está del todo ajena al modelo «matrifocal» asociado con ciertas culturas, incluida la caribeña[11]. Al someterse al proceso

---

[11] La discusión de los conceptos de matrifocalidad y matria se encuentra, respectivamente, en Safa 2005 y Cámara Betancourt 2008. Cabe notar que en el

de reproducción asistida, la Rata y su esposa relegan el rol protagónico masculino a una función puramente instrumental y su familia refleja la premisa matrifocal encapsulada en el dicho popular de que «madre hay una sola y padre es cualquiera». Por lo demás, la suya sigue siendo una familia tradicional en el sentido de articular las relaciones de parentesco en términos de exclusión y exclusividad. Así pues, el anhelo de la narradora por integrar la familia de Rata –inspirado, tal vez, por el formato de una familia mezclada (*blended family*)– acaba siendo rechazado como «algo enfermizo y retorcido»:

> Fueron como seis meses, en una de mis separaciones con la Lagarta. Los seis meses que necesitaba la esposa de la Rata, allá en Brasil, para recuperarse de la cesárea y cuidar de la hija hasta que la niña pudiera tomar un avión y reunirse ellas tres en la Habana. Cuando faltaba exactamente una semana para el regreso de su familia, la Rata me dio el bate. Yo no me lo esperaba, sinceramente. Quería ser amiga de su esposa, quería ayudarles con la niña, teníamos planes.

Por otra parte, resulta significativo que cuando su otra amante, la Lagarta, expresa el deseo por tener una familia y ser madre, la narradora lo recibe con indiferencia: «*Mi sobrino va a bailar en el Teatro Nacional.* (Su sobrino tenía tres años y estaba en un grupo de baile español). *¿Y no tiene más nadie quien lo lleve? Vamos a ir todos: mi mamá, mi papá, mi hermana, mi cuñado […] Comprende*, dijo, *es lo más cercano a un hijo que tendré jamás.* Me encogí de hombros. Me serví un trago».

A pesar de sus intentos por asimilarse a la familia de la Rata, la protagonista no está dispuesta a mimetizarse por completo y borrar su propia subjetividad. Si bien la sexualidad es la zona más visible –u ostentosa– de la experiencia narrada, las alusiones a su posible biculturalidad constituyen otro posible rasgo definitorio de su identidad. De hecho, algunas de las referencias transnacionales esparcidas a lo largo del relato adquieren relevancia en conexión a la biografía de la misma Vega Serova: «un viaje prometido a Petersburgo», las canciones de cuna rusas que la protagonista quiere cantar a la hija de la Rata indistintamente con las cubanas y, finalmente, el acto

---

presente volumen Jacqueline Herranz Brooks introduce una noción de rematriación derivada de la misma matriz.

de elegir Cuba como el lugar para vivir («Yo había elegido vivir aquí, a voluntad, a conciencia. Y había viajado lo suficiente como para tener las herramientas comparativas»). Por cierto, no se trata de leer este cuento en clave autobiográfica, o incluso autoficcional, aunque la trayectoria personal de Vega Serova, sucintamente resumida a continuación por Jiménez del Campo, nos permite ampliar el radio transnacional de la cubanidad más allá de la errancia y del desarraigo diaspórico:

> Nacida en Leningrado en 1968 de padre cubano y madre rusa, pasó su infancia en Cuba, pero tras el divorcio de sus padres se trasladó con su madre a la Unión Soviética, donde pasó su adolescencia y primera juventud y estudió Artes Plásticas. Hacia 1989 –con 21 años– regresó a la Isla y decidió convertirse en escritora. Como la propia autora confiesa, la palabra «patria» no admite plural: es imposible tener dos patrias, por lo que no pudo resolver sus conflictos de identidad hasta que se reconoció como escritora cubana, haciendo de la literatura su patria particular. (2012: 3)

En el final, el intricado juego de identidades e intertextualidades, el constante (des)enmascaramiento de la falacia referencial y el entrecruzamiento de la (auto)ironía con la burla desestabilizan cualquier pacto de lectura. Por muy atenta que sea, cada lectura tendrá también sus puntos ciegos, sus descuidos y sus omisiones. No me cabe la menor duda de que «Anestesia local: Habana», igual que su indómita narradora, seguirá resistiéndose sin doblegarse a una interpretación definitiva, obsequiándonos en cada (re)lectura con plusvalía suficiente para una (re)lectura más.

Bibliografía

Aja Díaz, Antonio & Rodríguez Soriano, María Ofelia & Orosa Basutil, Rebeca & Albizu-Campos Espiñeira, Juan Carlos (2017): «La migración internacional de cubanos. Escenarios actuales». En *Novedades en la población*: <http: //scielo.sld.cu/scielo.php?script=sci_arttext&pid=S1817-40782017000200004>.

Argüelles, Lourdes & Rich, B. Ruby (1984): «Homosexuality, homophobia, and revolution: Notes toward an understanding of the Cuban lesbian and gay male experience, part I». En *Signs: Journal of Women in Culture and Society* 9 (4): 683-699.

Bajtín, Mijaíl, (1989): «Las formas del tiempo y del cronotopo en la novela. Ensayos sobre poética histórica». En *Teoría y estética de la novela*. Madrid: Taurus, 237-409.

Bobes, Marilyn (2017): «Posfeminismo y transgresión en Anna Lidia Vega Serova». En *Cuba Literaria*: <http://www.cubaliteraria.cu/articuloc.php?idarticulo=20058&idcolumna=33>.

Booth, Wayne C. (1961): *The rhetoric of fiction*. Chicago: Chicago University Press.

Bourdieu, Pierre (1999): «El espacio para los puntos de vista». En *Revista Proposiciones* 29: 2-14. Santiago de Chile: Corporación de Estudios Sociales y Educación.

Browne, Evie (2018): «Lesbian and bisexual women in Cuba: Family, rights, and policy». En *Gender & Development*: <https://doi.org/10.1080/13552074.2018.1429090>.

Cámara Betancourt, Madeline (2008): *Cuban women writers: Imagining a Matria*. New York: Palgrave Macmillan.

Campuzano, Luisa (2014): «Emigración, según las narradoras cubanas de entre siglos». En *Scritture migranti*: <https://edizionicafoscari.unive.it/media/pdf/books/978-88-97735-80-9/978-88-97735-80-9.pdf>.

Crespo, Cecilia (2013): «Vestido de novia, una historia de amor entre la violencia y la inequidad». En *Cuba News*: <https://oncubanews.com/cultura/cine/vestido-de-novia-una-historia-de-amor-entre-la-violencia-y-la-inequidad/>.

Cuesta, Mabel (2012): *Cuba post-soviética: un cuerpo narrado en clave de mujer*. Santiago de Chile: Cuarto Propio.

— (ed.) (2016): *Nuestro Caribe: Poder, raza y postnacionalismos desde los límites del Mapa LGBTQ*. San Juan / Santo Domingo: Isla Negra.

Damas Acosta, Maribel & Costales Pérez, Zenaida & Rosales Vicente, Beatriz (2017): «Familia homoparental en Cuba: una realidad no contada». En *Chasqui. Revista Latinoamericana de Comunicación* 135: 89-104.

Férnandez Estrada, Julio Antonio (2019): «Homofobia y matrimonio en Cuba. A propósito de un debate constitucional». En *Teoría y Crítica de la Psicología* 12: 130-142.

Halberstam, Jack (2017): *Trans: A quick and quirky account of gender variability*. Oakland: University of California Press.

Hamilton, Carrie (2012): *Sexual revolutions in Cuba. Passion, politics, and memory*. Chapel Hill: University of North Carolina Press.

Irish, Jennifer E. (2019): «Making home in the in-between: A trans coming-of-age aesthetic in Jaime Cortez's Sexile». En *Label Me Latina/o*: <http://labelmelatin.com/wp-content/uploads/2019/03/Jennifer-Irish-Making-Home-in-the-In-

Between-A-Trans-Coming-of-Age-Aesthetic-in-Jaime-Cortez%E2%80%99s-Sexile.pdf>.

Jiménez del Campo, Paloma (2012): «Casa propia. El mundo narrativo de la cuentista cubana Anna Lidia Vega Serova». En *Lejana. Revista Crítica de Narrativa Breve*: <http: //ojs.elte.hu/index.php/lejana/article/view/56>.

King, Rosamond S. (2016): *Island bodies. Transgressive sexualities in the Caribbean imagination*. Gainesville: University of Florida Press.

Kirk, Emily J. (2015): «The normalization of sexual diversity in revolutionary Cuba». Tesis doctoral, University of Nottingham: <http: //eprints.nottingham.ac.uk/28742/1/Kirk_PhD_Cuba_SexalDiversity.pdf>.

La Fountain-Stokes, Lawrence M. (2009): *Queer Ricans: Cultures and sexualities in the diaspora*. Minneapolis: University of Minnesota Press.

López Cabrales, María del Mar (2007): *Arenas cálidas en alta mar: entrevistas a escritoras contemporáneas en Cuba*. Santiago de Chile: Cuarto Propio.

Madrigal Lomba, Ramón (2006): «Dr. Vicente Antonio de Castro. Introducción de la anestesia en Cuba». En *Revista Médica Electrónica* 28 (1=: <http: //www.revmedicaelectronica.sld.cu/index.php/rme/article/view/265/pdf>.

Martínez-Echazábal, Lourdes (2017): «Cuba: (im)possibilidades queer na era da tolerancia» (tradução de Claudia Mayer). En *Uniletras, Ponta Grossa* 39 (2): <http: //www.revistas2.uepg.br/index.php/uniletras>.

Safa, Helen (2005): «The matrifocal family and patriarchal ideology in Cuba and the Caribbean». En *Journal of Latin American Anthropology* 10 (2): 314-338.

Sklodowska, Elzbieta (2016): *Invento, luego resisto: El Período Especial en Cuba como experiencia y metáfora (1990-2015)*. Santiago de Chile: Cuarto Propio.

Soler-Quilez, Guillermo (2015): «La representación de la diversidad afectivo-sexual en la literatura infantil y juvenil de América Latina». En *América sin nombre*: <https://rua.ua.es/dspace/bitstream/10045/53488/1/America-Sin-Nombre_20_07.pdf>.

Stout, Noelle T (2014): *After love. Queer intimacy and erotic economies in post-Soviet Cuba*. Durham: Duke University Press.

Todorov, Tzvetan (1970): *Introduction à la littérature fantastique*. Paris: Seuil.

Willis, Ángela L. (2013): «Una conversación franca con una escritora ruso-cubana que merece ser mejor conocida: Anna Lidia Vega Serova». En *The Latin Americanist* 57.4: 131-142.

La colección

Elaine Vilar Madruga

En los charcos de agua de la calle se refleja la ciudad, o al menos una parte de ella, el fragmento desenfocado de una fotografía. Es tarde. Los papeles significan un peso considerable en la cartera de Nelly. Papeles con firmas. Papeles con cuños. Las firmas y los cuños pesan sobre las hojas. El día no termina. La noche parece sin fin.

La niña pisa uno de los charcos a propósito y Nelly la regaña con la mirada. Es mejor no hablar ahora. Es mejor no gastar saliva y tiempo en regaños que la niña no entenderá porque, a sus años, no hay nada mejor que brincar sobre los charcos y arrancarles un grito; a la niña no le importará que los zapatos se le mojen, que se le llenen de aguas sucias mezcladas con parásitos de los perros callejeros; la niña no piensa en que el líquido amniótico de la ciudad está podrido.

–Mami… –se queja la niña–. Me aprietan los dedos. ¿Ya llegamos?

No dice los zapatos. No pregunta adónde van ni cuál es la próxima calle que encontrarán en el camino.

–Todavía –responde Nelly.

Nelly tiene asma. Será culpa del cambio de clima. Será culpa del *amnios* de la ciudad, o del estrés, será culpa de los zapatos o de los dedos de la niña que aprietan su camino. Pesan los cuños, los papeles, las firmas. Pero hay que resistir. Es necesario que el asma no venza y que la niña no sepa que a mamá le duelen los huesos y que tiene los dedos de los pies manchados de aguas albañales.

–Casi, casi –agrega Nelly, intenta ser un consuelo, pero la verdad es que la niña no entiende algo semejante, solo pisa charcos, arranca gritos a los charcos mientras, en ellos, la fotografía de la ciudad se desenfoca–. Te vas a embarrar los zapatos.

Demasiado tarde.

Los zapatos están sucios. Y pensar que una vez fueron blancos. Ahora no, como tampoco las medias. Las medias ya no son blancas sino grises, o carmelitas, o manchadas de podredumbre como los zombis de las películas.

La niña todavía lleva la ropa del uniforme. Tan tarde y aún no se ha cambiado la ropa del uniforme. La culpa es de Nelly, que arrastra por las calles los cuños, los papeles y las firmas, es que mañana será un día importante, mañana revisarán esos cuños, esos papeles y esas firmas, Nelly precisa revisarlo todo, organizarlo todo para que nada esté fuera de lugar. Por eso la niña chapotea y viste con el uniforme y la pañoleta azul, por eso la niña bosteza mucho, no ha hecho la tarea, la niña ya no hará la tarea porque está cansada y mañana, quién sabe, tal vez la maestra pregunte por qué la niña ha dejado el ejercicio vacío en el cuaderno o la regañe frente a toda la clase, cómo Nelly va a explicarle a la maestra que más importantes resultan los papeles, los cuños y las firmas, su peso.

No, la maestra no va a entender.

En una de las tantas esquinas de la ciudad, la niña se agacha y recoge un papel de colores, un papelito a la deriva:

—¿Qué es eso? —pregunta Nelly.

—Un papelito —responde la niña entre bostezos.

—Ya. Bótalo. Está sucio. Mira, si acaba de llover…

—No, mami.

—Bótalo.

No es una orden, podría ser una orden, pero Nelly no tiene ganas.

—¡No, mami!

—¿Para qué lo quieres?

—Para mi colección.

Nelly recuerda la libreta de la niña, la libreta sagrada no es como los otros cuadernos de la escuela, garabateados, garrapateados con dibujos, con letras y números, esta es diferente, guarda tesoros, los tesoros de la niña, su colección de papelitos de caramelos, de dulces. En otros tiempos, los niños coleccionaban sellos, mariposas o calcomanías, ya no, prefieren guardar papelitos, un testimonio de los dulces que los niños han comido.

—Bótalo —insiste Nelly—. Está sucio.

Los ojos de la niña son agujeros desolados. Dentro de esos ojos caben todas las súplicas. Aun bajo la escasa luz de las calles, Nelly los ve:

—No me mires así —dice.

Desde hace un año, la niña recoge papeles de colores. Tiene mucho cuidado a la hora de limpiarlos. Nelly la ha visto. Nunca le ha dicho que la ha visto. Al fin y al cabo, la libreta es el tesoro y el secreto de la niña. En ocasiones, Nelly ha sentido ganas de quemar la libreta porque en ella se encuentra la primera prueba de que la niña miente. Miente para no quedarse atrás. Miente para que no se rían de ella. Al fin y al cabo, Nelly no puede comprar tantos dulces y menos esos tan caros que vienen en papelitos de colores, chocolates finos, alteas, chicles, Nelly solo acarrea papeles, cuños y firmas que pesan más que dios, los lleva a cuestas como si cargara un elefante por esta ciudad llena de baches. La niña tiene una libreta y se ha inventado los sabores de los caramelos, de los chocolates finos, de las alteas y los chicles caros que nunca ha conseguido probar. A Nelly le duelen los pies y la cabeza. Otra vez, la niña salta sobre un charco.

–Bota el papelito y, cuando lleguemos a casa, también esa libreta –la voz de Nelly se rompe.

–¡No!

La niña chapotea. Sucias las medias. Manchados los zapatos y las medias.

–¡Pórtate bien o te doy un sopapo!

Las lágrimas de la niña se confunden con la lluvia, fina, que comienza a caer.

–¡Qué desastre!

Van a buscar refugio debajo de un techo medio roto. Con tanta agua, el techo podría ceder, piensa Nelly, siempre ha sido especialista en imaginarse escenarios así, escenarios distópicos donde algo cede sobre las cabezas de sus seres queridos y los sepulta en una muerte de cal. Nelly no imagina otras cosas, podría intentarlo, por ejemplo, podría imaginar que la niña tiene una libreta donde colecciona papelitos de colores de dulces que sí ha comido, o mejor aún, podría soñar que mañana alguien, un cliente tal vez, contento luego de que los papeles, los cuños y las firmas hayan quedado organizados en un perfecto orden, le regale a Nelly un dinero, una calderilla, más que una calderilla, si ya va a imaginar, Nelly lo hará en grande, muchos billetes agradecidos del cliente feliz que servirán para comprar zapatos y medias nuevas para la niña, y dulces, y grajeas, y chicles caros, y chocolates finos, y papelitos de colores que quedarán luego como un testimonio de la felicidad de su hija.

La niña llora. Nelly no sabe si es culpa del cansancio o del aburrimiento, Nelly quiere imaginarse que no es culpa de algo tan simple como el hecho de botar una libreta idiota, llena de papeles más idiotas aún.

–Ya, chica, no te pongas así.

Los papeles, las firmas, los cuños pesan, doblan a Nelly. De rodillas está mucho más cerca de la hija. Con la mano, le limpia la cara, le sopla la nariz, no es higiénico, pero luego pasa esa misma mano por los zapatos manchados del líquido amniótico de la ciudad.

–A ver, ¿por qué lloras?

–No quiero.

–¿Qué?

–… botar mi libreta.

–Ya estamos a punto de llegar a la casa –Nelly ignora a la niña.

Le miente. Todavía quedan muchas calles por caminar. Las medias van a quedar arruinadas. Una nube de cal cae sobre las cabezas de ambas. Nelly estornuda. Es culpa del clima y también es culpa del mundo distópico que arma dentro de su cabeza. Seguro que el techo cede. Seguro que el techo las aplasta.

Ha dejado de llover.

–Vamos.

La niña pisa un charco a propósito.

–Tengo hambre.

Nelly abre la cartera. Debajo de los cuños, de los papeles y las firmas se encuentra la merienda, que ahora se convertirá en la comida de la niña, ya es tarde para una merienda, por suerte al menos hay algo para comer, pan, queso y jamón, nada de dulces, pero al menos pan, queso y jamón.

–Coge.

Antes de agarrar el pan, la niña esconde el papelito en el dobladillo medio descosido de la saya del uniforme. Nelly la ve. Por un segundo piensa en regañarla, en recordarle la amenaza de botar la libreta idiota junto a la colección también idiota. No lo hace.

–Come –le dice a la niña.

La ciudad se ve más bonita en los charcos, sobre todo cuando la lluvia acaba de parar.

–Mami… –la niña le aprieta la mano con demasiada fuerza.

Nelly pisa un charco a propósito. La ciudad desaparece debajo de sus únicos zapatos de tacón. La niña ríe. A Nelly ya no le importan el líquido amniótico de la ciudad ni su podredumbre, ni aquel posible universo donde todos los techos del mundo caen sobre su cabeza y la de sus seres queridos. Los zapatos de tacón están manchados, como las medias y los tenis de la niña. En una de las esquinas, bajo la luz sin forma de un bombillo, Nelly ve un nuevo papelito de colores. En silencio, se agacha. El papelito está casi nuevo. De seguro, alguien acaba de tirarlo al piso. Nelly lo limpia. Hay gérmenes en la ciudad. Hay belleza en la ciudad y también gérmenes. Nelly lo guarda en la cartera.

Un cuento de Elaine Vilar Madruga es una colección de fotos

Katerina González Seligmann | *Emerson College*

Leer el cuento «La colección» (2018), de Elaine Vilar Madruga, es como leer una serie de fragmentos de fotos desenfocadas que reflejan una ciudad cubana cualquiera. Desde las primeras líneas, la autora introduce la fotografía como clave de lectura para su texto: «En los charcos de agua de la calle se refleja la ciudad, o al menos una parte de ella, el fragmento desenfocado de una fotografía». La cámara a través de la cual nos va narrando se sitúa de esa manera en el suelo de la ciudad, en el reflejo borroso de sus charcos. Desde allí, es decir desde abajo, se nos demanda que leamos los fragmentos desenfocados de la serie, la colección de fotos textuales que nos ofrece. La trama es el recorrido por la ciudad de madre e hija, que se desarrolla prescindiendo de causas visibles o anunciadas.

Además de la colección de *momentos*, el cuento ofrece otras dos. La niña de Nelly, cuyo nombre nunca es revelado, posee un cuaderno donde guarda papelitos que antes fueron usados para envolver dulces caros. Es, en realidad, una colección de residuos, de efectos residuales, de caramelos inasequibles. Antes de que acontezca –casi para el final de la historia– la anagnórisis de Nelly, esos papelitos que la niña guarda como tesoros son para la madre pura basura: dan asco y miedo en la medida en que pueden provocar una infección. La siguiente colección que aparece en la historia contiene los charcos de la ciudad. La niña se complace al pisarlos y saltarlos. Esos charcos quedan transformados, gracias al discurso metafórico del texto, en «líquido amniótico de la ciudad», que está podrida. Es en esta otra colección donde se extiende y cristaliza la metáfora de la ciudad como madre que se deshace en aguas al romper su fuente y que se prepara para el parto, pero ¿qué es lo que estará por nacer?

El cuento oculta la respuesta a esa pregunta implícita en la representación continua de los charcos que configuran el *amnios* urbano, y deja también en suspenso el nombre de la ciudad y su país correspondiente. En este ensayo, no obstante, me dejo caer en la tentación de leer esa enigmática ciudad como una de las varias localidades urbanas que serviría para mostrar las enormes transformaciones por las que en la última década ha pasado la economía cubana, las cuales han abierto espacios de privatización y semiprivatización, tanto de bienes raíces como de negocios semejantes. Todo lo anterior ha traído consigo nuevas desigualdades sociales, marcadas tanto por diferencias de raza como de género, insertando al país en aparentes dinámicas globales de economía capitalista.

En «La colección» Vilar Madruga relata la relación posible entre una madre y una hija que sobreviven en Cuba sin los recursos necesarios dentro de un marco urbano contemporáneo. Para entender la transformación que experimenta Nelly en su relación con la hija, utilizaré el concepto de «ingravidez», propuesto por Odette Casamayor Cisneros al analizar el aporte ético que hizo al archivo literario cubano el imaginario post-soviético. Casamayor Cisneros describe esta tendencia cuando explica que los «personajes cubanos son seres ingrávidos, indiferentes a los ideales y conceptos de la modernidad, [que] dibujan utopías posmodernas» (2013: 21). La lectura de cuatro fotos textuales que sugiero aquí invita a pensar que la autora de «La colección» presenta de manera dialéctica la ansiedad producida por el afán de modernidad experimentada por Nelly como madre y la ingravidez posmoderna de su hija.

La primera de esas fotos textuales evoca ansiedad. Hay papeles, firmas y cuños que le pesan a la protagonista, Nelly, pero desconocemos por qué importan. Hay una niña que anda con ella, pero desde el lente desenfocado que nos facilita el relato desconocemos la naturaleza de su relación. Podríamos intuir que es su hija, pero todavía no lo sabemos. Tampoco sabemos cómo lucen físicamente ni, por lo tanto, cuáles serán sus identidades raciales. De esto último, en realidad, nunca nos enteraremos, lo cual significa que es un texto que pretende representar a cualquier mujer e hija.

Hay una ciudad llena de charcos, pero nunca se precisa cuál es la ciudad. La niña es traviesa y sabe divertirse. Pisa un charco, a pesar del regaño de su madre –o tal vez para suscitarlo–, a pesar de mojarse –o tal vez para mojarse–, a pesar de que se le ensucien las medias –o tal vez para ensuciarlas. La foto textual de este momento nos ofrece, sin embargo, lo que una foto necesariamente oculta: los pensamientos de Nelly. Porque el diálogo es escaso, «Es mejor no gastar saliva y tiempo en regaños que la niña no entenderá porque, a sus años, no hay nada mejor que brincar sobre los charcos y arrancarles un grito». Puede que el pensamiento de Nelly sea una lectura aguda de las motivaciones de la niña, puede ser que la niña goce al provocar la ira de Nelly, pero también puede ser que no. Hay una posibilidad de que la niña no piense más que en su propio deseo de brincar sobre los charcos y sentir así el placer del agua derramada. Desde el lente desenfocado y posicionado en el charco todo se ve borroso. No podemos confiar en el juicio de Nelly para conocer a la niña. A ella nos acercamos mejor si entendemos su placer de brincar y tirar. En cierto momento también comparte sus dolores a través del diálogo, y es por eso que llegamos a saber que le «aprietan los dedos».

Se establece así, en ese primer momento, la metáfora extendida de los charcos como líquido amniótico de la ciudad. Antes de enunciar que Nelly es la madre de la niña, la narración, desde su perspectiva, sugiere de manera despectiva que los charcos representan dicho «*amnios* de la ciudad». Podridos y culpables del asma de Nelly, de ensuciar a la niña y de un nacimiento indefinido, los charcos no son simples acumulaciones de agua, sino algo más. La imagen de una colección de charcos amnióticos desata su ansiedad y produce varios miedos: que la niña se ensucie, que haya que comprarle zapatos nuevos o que a ella misma la derrumbe el peso de los importantes papeles que carga.

La primera foto se repite, ya que la niña sigue pisando charcos y la ansiedad de Nelly se expande para poder abarcar la tensión entre sus deseos de proteger a la niña y lo muy cansada que se encuentra. Su preocupación por los charcos se conecta con su preocupación por el aspecto de suciedad que lleva la niña: «Los zapatos están sucios. Y pensar que una vez fueron blancos. Ahora no, como tampoco las medias. Las medias ya no son blancas sino grises, o carmelitas, o manchadas de podredumbre [...]». Parece que Nelly se queja de que la niña pise charcos, y de que por lo tanto se haya ensuciado los zapatos. Pero esa suciedad y la de las medias logran un significado más allá del momento de ansiedad cuando la niña escapa del dolor de sus pies a través del deleite de pisar charcos: la pobreza. Los papeles, los cuños, las firmas, el peso que significan, se refractan en dos contrastes: por un lado, en la levedad aparente de la niña, y por otro, en la pobreza que Nelly combate al cargarlos. Pero el trabajo pesado de esos papeles firmados y acuñados hace rebotar una nueva ansiedad: la niña no podrá hacer su tarea y la maestra la regañará, a ella y a Nelly.

Si en las primeras fotos del texto el filtro de la cámara es la propia ansiedad de Nelly por querer proteger a su hija, porque se mantenga limpia, lograr algo oblicuo que podría ser la supervivencia o incluso algo más, en la próxima, aun cuando el filtro interpretativo sigue siendo la perspectiva de Nelly, el enfoque particular es una inquietud más bien moral sobre el comportamiento de la niña, que recoge de la calle un papelito y se niega a botarlo porque es para su colección. A través de su preocupación por la niña y los efectos de la pobreza en su vida se establece una perspectiva histórica, la primera y única del cuento: «En otros tiempos, los niños coleccionaban sellos, mariposas o calcomanías, ya no, prefieren guardar papelitos, un testimonio de los dulces que los niños han comido».

La niña del presente guarda papelitos como memorias de los dulces que no ha probado. En vez de coleccionar objetos precisos, los niños de estos tiempos coleccionan lo que para otros sería basura. Los dulces, desde esta perspectiva, valen tanto como la memoria de haberlos probado: por eso deben ser saboreados, recordados, coleccionados. La trayectoria histórica que entraña la colección de papelitos de dulces le añade al cuento un contexto específico, enfocando momentáneamente el lugar de las fotos como parte de un continuo y ofreciendo la posibilidad de leerlo dentro del ámbito cubano desde el cual escribe la autora. Coleccionar sellos significaría, por ejemplo, una ambición capitalista, pre-revolucionara: guardar sellos como sinónimo de reunir capital. Más tarde, coleccionar mariposas significaría abandonar la búsqueda personal del capital, que implicaba transformar al sello en artefacto. Finalmente, conservar las mariposas es un acto post-capitalista que vendría a significar la ambición de hacer perdurar una de las bellezas más efímeras que produce la naturaleza, la ambición de abandonar el consumo masivo, de mejorar el mundo, de extender su belleza natural, de compromiso político y ética de autogestión anticapitalista.

Pero coleccionar mariposas implica también algo mórbido, ya que en última instancia consiste en conservar, en forma de objetos, los restos de seres muertos. El sello con su pegamento es antepasado de la calcomanía, así que coleccionar calcomanías permite, de cierto modo, un regreso a la historia del sello y con él, del capital, y a la vez un abandono del compromiso con la belleza natural *post-mortem* entrelazada con la ética anticapitalista. Ahora bien, las calcomanías, a diferencia de los sellos, no adquieren valor con el tiempo; coleccionar calcomanías significa coleccionar el hecho de consumir, más que una inversión en el artefacto que proporcionará un capital futuro. También hay que tomar en cuenta la rareza de la calcomanía en un entorno particular. Las calcomanías que son fáciles de conseguir no se guardan: para guardarlas, hay que pensar que podrían desaparecer. Si es que leemos al cuento como ficción del contexto urbano cubano, las colecciones de calcomanías simbolizarían el periodo especial y las colecciones de papelitos de caramelos, el presente de la juventud de la isla.

Las colecciones de papelitos de caramelos tienen tres rasgos comunes con la filatelia: el pegamento, la conservación de objetos que de lo contrario serían destruidos y el hecho de haber sido apreciados, de alguna forma, por el coleccionista. Lo que distingue la práctica coleccionista de los niños de este presente ficcional es el sentido del sabor. Es probar los dulces lo que convierte en rareza para los niños aquello que coleccionan y comparten con sus amigos, en una especie de competencia.

En el contexto cubano, lo anterior no se iguala con la práctica infantil de pisar los charcos, sino que es excepción. Para estos niños, como la niña del relato de Vilar Madruga, comer un dulce es un evento especial, tan especial como para que dichos dulces, una vez probados, puedan ser reconocidos como artefactos. Lo ocasional del dulce degustado tiene que ser experimentado colectivamente para que la práctica se sostenga.

La niña del cuento, sin embargo, no tiene la posibilidad de coleccionar papelitos como memorias de golosinas saboreadas: «La niña tiene una libreta y se ha inventado los sabores de los caramelos, de los chocolates finos, de las alteas y los chicles caros que nunca ha conseguido probar». Ella tiene aún menos recursos para acceder a esas golosinas que lo que aparenta con su colección de papelitos. Nelly no se fija en el servicio público que su hija le brinda a la ciudad al recoger las envolturas de dulces desechados que contaminan las calles. Para ella la práctica de recogerlos y guardarlos en secreto significa, ante todo, que su hija miente. Pero el delito tiene un contexto, el deseo de la pequeña de participar en el coleccionismo del presente, aunque no tenga los recursos para hacerlo del todo. Recoger papelitos de la calle le permite ser parte del simulacro, a través de la invención de los sabores de aquellos dulces caros que en realidad no ha probado.

De cierto modo, la niña reduce el coleccionismo a su esencia, ya que se trata en todas sus instancias de una práctica de simulación. El sello simula el capital que con él se adquiere; la mariposa seca, la que una vez estuvo viva; la calcomanía, su versión antigua de pegamento utilizable, y las envolturas de dulces, los dulces que cubrían. Es desde la imagen desenfocada del charco que veremos la finalidad del juego de la niña con los brillantes papelitos de colores; es el simulacro mismo, y no el objeto simulado, lo que ella procura. Entre la perspectiva moral que le causa inquietud a Nelly y la práctica coleccionista de la niña se abre una brecha entre el idealismo moderno y la práctica de simulación postmoderna; entre el peso de Nelly y la «ingravidez» de la hija. En su diálogo con Fredric Jameson, Casamayor Cisneros rescata, para su concepción de la ingravidez ética, dos de los tres elementos que Jameson propone como propios de la cultura postmoderna: «la ausencia de *telos* histórico y nueva superficialidad» (2013: 23). La reducción del coleccionismo al papelito botado parece (des)encarnar exactamente esta posición, pero Nelly tampoco resulta estar atada a un ideal que vaya más allá.

En la próxima foto textual del cuento, la ansiedad de la madre aumenta con la lluvia que cae y la precariedad del refugio disponible. Guarecida bajo un techo en el que no confía, Nelly imagina la posibilidad distópica de la caída de ese techo y la posibilidad utópica de poder darle a la niña la capacidad de participar más plenamente en el juego de la colección, es decir, de poder comprarle dulces. Su poder depende de una propina imaginada, un favor obsequiado por algún cliente magnánimo: «muchos billetes agradecidos del cliente feliz que servirán para comprar zapatos y medias nuevas para la niña, y dulces, y grajeas, y chicles caros, y chocolates finos, y papelitos de colores que quedarán luego como un testimonio de la felicidad de su hija».

En lugar de simular la felicidad de probar las golosinas, en la fantasía de Nelly los papelitos de colores servirían para conservar la felicidad *verdadera* de los dulces comprados por ella para su hija. Esta fantasía también revela que el peso que la madre carga consiste en papeles con firmas y cuños que pertenecen a otros, a clientes que probablemente tienen dinero disponible para proveer propinas. Lo cual implicaría que los papeles no tienen que ver directamente con su vida. No señalan un cambio de estatus propio ni algún futuro posible en el extranjero. Esta protagonista de pocos recursos económicos sueña, en fin, con recursos improbables, pero son sueños que pertenecen a la continuidad de su vida, al lugar donde vive y al empleo que desempeña. Lo más probable es que deba continuar con sus largas caminatas, cargando consigo, como Sísifo, esos papeles tan pesados.

La serie de imágenes textuales que siguen hasta el final se mueven más rápido y ofrecen un giro inesperado, en el cual Nelly abandona el peso de su perspectiva para asumir el *ethos* de la hija. La vemos con la niña, una vez que ha escampado, en medio del paisaje urbano, cubierto de una mayor cantidad de charcos. De repente, cambia su parecer con relación a los charcos y la ciudad: «La ciudad se ve más bonita en los charcos, sobre todo cuando la lluvia acaba de parar». La belleza parece transformarla, porque de repente, «Nelly pisa un charco a propósito». Es una transformación drástica, que se registra en la narración por medio de una descripción: «La ciudad desaparece debajo de sus únicos zapatos de tacón». Y es que su pisada sobre el charco rompe, momentáneamente, la imagen de la ciudad allí reflejada. Pero la descripción, más que hacer notar lo borroso de la imagen, enfatiza su ruptura. La desaparición de la ciudad recalca un efecto más severo, más total. Aquella ciudad que estaba al borde de parir es la que desaparece, al menos para Nelly, que de repente, al fin, disfruta con su hija el placer de pisar el charco, el placer de ensuciarse, de hacer lo que no se *debe*.

Su transformación va todavía más allá. En la última imagen del texto, Nelly recoge un papelito de colores, lo limpia y lo guarda. Tras su aceptación del *modus vivendi* de la hija, la ciudad vuelve para cerrar con ella el relato: «Hay gérmenes en la ciudad. Hay belleza en la ciudad y también gérmenes. Nelly lo guarda en la cartera».

Es ahora una ciudad que queda neutralizada entre su belleza y sus gérmenes. Si los papelitos que guarda la niña simulan la experiencia de los dulces que no tiene, para Nelly recogerlos significa otra cosa: acercarse a la hija y validar su juego de simulación, recordar la belleza de la ciudad que también tiene gérmenes, recordar su decisión momentánea de soltar la responsabilidad de adulta y madre y entregarse al deleite posible, ingrávido, que ofrece la ciudad. Con ese giro, la madre abandona su narración de la ciudad al borde del parto y goza de sus charcos. O la nueva Nelly es el producto prometido de la ciudad al parir, o la ciudad simplemente no provee nacimiento alguno. El efecto es el mismo y el final del cuento parece conscientemente indiferente a la resolución de la metáfora.

Jameson sugiere que el proyecto colectivo burgués se ha convertido, en la estética postmoderna, «en una vasta colección de imágenes, en un simulacro fotográfico multitudinario» (Casamayor Cisneros 2013: 24). Elaine Vilar Madruga ofrece una similar *colección de imágenes* en este cuento. Al hacerlo reduce el proyecto burgués de coleccionar capital al simulacro de los papelitos para dulces. Casamayor Cisneros especifica que la ingravidez «solo aparece cuando se siente indiferencia –no necesidad de reinterpretación– ante la Historia» (2013: 24). Esa indiferencia aparece como logro al final del texto, como elemento principal de la utopía que aquí se establece, donde la conexión entre madre e hija queda fortalecida al abandonar los ideales de la sociedad de consumo frente a la Historia.

Bibliografía

Casamayor Cisneros, Odette (2013): *Utopía, distopía e ingravidez: reconfiguraciones en la narrativa postsoviética cubana*. Madrid / Frankfurt: Iberoamericana / Vervuert.

Ópera prima

Mirta Yáñez

Para Fefé

Era apenas un poco más de la una de la tarde, pero ya estaba encendido el alumbrado eléctrico. Cuando Cristina sintió el calorcito del metro, se metió el dedo en la nariz y lo revolvió hacia adentro y hacia afuera de una manera que podía tomarse por impaciencia. Sin ningún disimulo palanqueaba su dedo índice, el pecador de aquella flagrante falta de educación en el metro, bastante lleno de gente a pesar de ese invierno moscovita, atroz temperatura bajando hasta los menos treinta grados. Qué hace esta chiquilla sola, con aspecto de oveja descarriada, aunque no, la agresividad de ese dedo contra las paredes de la nariz asemeja ser síntoma de algo más grave. Los pasajeros la miraban con creciente asombro, cuando de repente emerge otra vez el dedo, impregnado ahora de una costra pardusca, esto es, sangre seca. Nadie le ha advertido a Cristina que el frío saca todos los líquidos del cuerpo, siente los oídos húmedos, los muslos, parece como si se estuviera vaciando. También tiene los ojos llorosos, pero no por el frío, claro que no.

–Hemorragia mortal –dijo Cristina en voz alta, un poco ronca, y se enderezó con la mano izquierda el estrafalario sombrero, la maldita *chapka* del vecino de los altos, que le sentaba tan mal: las muchachitas de su misma edad, ya las había visto *bien*, llevaban unos gorritos coquetos hechos con piel de conejo o de algún animal de la estepa, a la última moda, y ella, Cristina, nada menos que usando esa gorra con sus gigantescas orejeras colgando a los lados de la cabeza. Y gracias. Así se salvó de congelarse del todo por las calles de Moscú; estaba chiflando el mono de verdad. Esto no es un juego, Cristina.

Entretanto, los pasajeros del metro la seguían observando sin encubrir ya su curiosidad, también miraban su dedo índice colocado por la propia Cristina como un asta, enhiesto delante de sus ojos, el dedo cubierto hasta la mitad de sangre seca. Debía estar horripilante con aquella *chapka* de hombre, tres o cuatro tallas más grande, lo único semejante a sombrero de invierno que pudo conseguir papi, la bufanda color verde botella con sus flecos bamboleándose al frente, aquellos que habían sobrevivido los diecisiete viajes a España de la tía Elvira, y la otra bufanda tejida por la abuela, esa que proporcionaba el verdadero calor, envolviendo su nuca, rígida contra el respaldar del asiento del metro, lleno de gente que abre la boca, abre los ojos del tamaño de un plato, abre las manos y las colocan en alto junto a la cara como diciendo «¡Qué cosa es esto, madre mía!». El atuendo se completaba con seis *sweaters*, uno sobre el otro, el rojo floreado encima, debe de parecer una *matriuska*, gorda para arriba y abajo tan solo el calzoncillo largo del tío Daniel, el pantalón de paño carmelita y las botas para otoño, indefensas ante aquella nevada. Ah, Cristina, se te olvida lo mejor del conjunto, el abrigo alquilado en la tienda de Galiano, de tonalidad indefinida, con una quemadura de tabaco muy visible sobre el bolsillo derecho y su estilo llamativo para los moscovitas, cómo podría no serlo si bien les recordaba las escenas de la toma del Palacio de Invierno en 1917, digno de museo. Pero a Cristina nada de esto le importa mucho. Tiene cosas más serias en qué pensar. Tampoco le preocupa por ahora ese dedo lleno de sangre.

De improviso levantó la cabeza, y dijo en un español claro y sonoro que retumbó en todo el vagón:

—¡Vengo de Cuba!

De inmediato los pasajeros se pusieron en movimiento. *¡Luces, cámara, acción!* Algunos se daban codazos, estos sonreían, los de allá palmeaban las manecillas de los portafolios. Luego empezó el audio y se decían unos a otros: *kubintka, kubintka*. Un viejo, con una *chapka* idéntica a la de Cristina, se le acercó, le arregló la bufanda de los flecos, medio desmantelada por el lado de la frente, y además le propinó una palmadita en el dedo. La perorata del viejo era casi incomprensible para Cristina, aunque algo se le queda, no parece que sea muy dramático ese líquido oscuro, ya seco sobre el dedo criminal. El viejo se soltó de la barra, cruzó los brazos sobre el pecho y comenzó a hacer un ruido, algo así como *¡BRRRRRRRRRR…! ¡BRRRRRRRRR…!*, todos los pasajeros se rieron y repitieron el gesto, *¡Qué frío!*, exclamaba con aquellas murumacas el vagón completo. El viejo le ha recordado a Cristina que acaba de recorrer unas calles nevadas donde la nariz respiraba a duras penas, de ahí la hemorragia nasal que había sufrido un poco antes a la intemperie. La culpa la tenía el frío, decían con aquel sonido de *¡BRRRRRRR…!* y la pantomima de los brazos temblando delante del pecho, todos los pasajeros del vagón de Cristina.

El entrenador Benítez también le echaba el muerto al frío. Cristina bajó de nuevo la cabeza, y se olvidó del revuelo en el metro y de la sangre en el dedo índice. El fracaso de ayer, la tarde de ayer, qué catástrofe. Benítez declaró culpable a este frío de mil demonios, pero Cristina sabe que la temperatura no tuvo nada que ver.

Cuando papi se entere le van a dar un millón de infartos. Oye la voz de papi casi desde que Cristina estaba en la cuna, siempre con lo mismo, la niña tiene buena figura para la gimnástica.

–Obsérvale las piernas.

–¿Qué cosa?

–La niña, lo que oíste. ¿Te acuerdas cuando nos conocimos? Yo corría la pista todos los días.

–Sí, me acuerdo –mami se acercó al corral y miró con atención a la niña–. ¡Mira para eso! Hace cuclillas sin agarrarse de la baranda.

–Es lo que te estoy diciendo. Tiene un buen cuerpecito –papi es gordo, se ha abandonado tanto desde que se casó.

–¿Qué tú crees, bailarina de ballet? –preguntó mami.

–Ni hablar del peluquín, vieja. Te estoy diciendo que tiene talento para la gimnástica –afirmó papi con tono rotundo.

Mami mueve la cabeza, consintiendo, y repite:

–¡Tiene un cuerpecito!

Desde que Cristina tuvo uso de razón, según frase hecha, siempre había oído la misma cosa: *Cristina es la campeona de la familia.* Y la vida de una campeona no es nada fácil. Te lo aseguro, Cristina. Hay que poseer una voluntad de hierro: la escuela y después los ejercicios, día tras día. Los dulces te hacen daño, mi hijita, ¡compréndelo! Hay que hacer un sacrificio si quieres ganar. El helado de chocolate es veneno, Cristina, ni lo sueñes. Todos los sueños tienen que ver con la medalla. Una medalla, nada menos que de la Olimpiada. Tú puedes, Cristina.

Quizás sea este el momento para decir a las claras que Cristina no quería otra cosa en la vida que ser campeona de gimnástica, campeona de La Habana, campeona del Mundo, ¡campeona de la Vía Láctea! Aunque por algo había que empezar; todas las tardes papi la llevaba a las prácticas en el parque Martí, *un dos, un dos, un dos,* el polvo caliente y rojizo que le entraba por los ojos, la picazón en los tenis, el sol que quema, y nada importa. Cada noche antes de dormirse, cansadita, quiere contarle a mami.

Mami está fajada con la loza sucia en la cocina y no le alcanza el tiempo para venir, papi es quien se acerca, el rostro muy pegado a la almohada y le dice: «Cierra los ojos y sueña que te subes al podio, Cristina, entonces te inclinas con mucha gracia, no dejes de sonreír cuando te estén colgando al cuello la medalla». La ilusión de su vida, LA MEDALLA. Y suena el Himno Nacional, *paaaaaam pa ra pam*, la bandera cubana asciende muy lentamente hasta la punta del asta, toda la gradería estalla en aplausos. Esa es Cristina, ¡la campeona de la familia Bermúdez!

Por eso a la niña no le pesa esa dieta tan rigurosa, toda la proteína de la casa es para sus comidas superreguladas, el entrenamiento diario tampoco, ni el televisor apagado desde temprano porque hay que acostarse al atardecer y levantarse con la fresca, con mucho espíritu de abnegación, como dice papi. Ni ningún amiguito. ¡Vida de campeona!

Justo una semana antes del viaje a Moscú ocurrió un incidente. Fue durante la fiesta de cumpleaños de Cristina, la familia reunida en pleno, el vecino de los altos con la camarita fotográfica para captar el acontecimiento, papi la ha llevado de la mano a picar el *cake*, la figurita enfundada en la malla azul, regalo de papi.

—Esta es su primera malla de campeona —dijo papi mientras encendía las velitas.

—Allá no es fácil ganar —el tío Daniel metió la cuchareta.

—Estás hablando basura —saltó papi como una fiera—. Cristina es experta en la barra de equilibrio. No hay quien le ponga un pie alante.

—Porque tú lo dices —ripostó el tío Daniel.

—¡Lo dice todo el mundo, chico! —saltó de nuevo papi, las velitas se consumían sobre el *cake*.

—Lo importante es competir —insistió el tío Daniel.

—¡De eso nada! —papi estaba como loco—. No vengas a inculcarle derrotismo a mi hija. Óyeme una cosa. Ella sabe muy bien que el que gana se lleva la medalla. ¿Está claro?

Entonces se oyó nítida, algo ronca, la voz de Cristina:

—¿Qué cosa es un orgasmo?

Ay, dios mío, la que se armó. Papi le sonó un bofetón que le viró la cara.

—¿Quién te enseñó esa cochinada?

Mami gritaba:

—Tú no puedes pensar en esas cosas malas.

La familia emprendió algo parecido a un corre-corre alrededor de la mesa, el vecino de los altos apretó el *flash* de la camarita y Cristina salió llorando en la foto, las velitas aplastadas sobre el *cake*.

Le salen a chorros las lágrimas de los ojos. Cristina se ha vuelto a mirar el dedo índice embarrado de sangre seca. El viejo con la *chapka*, de pie en el pasillo, no sabe qué hacer. Consultó con la mirada al resto de los pasajeros y todos han empezado a hablar en voz alta e incluso a levantarse de los asientos. Un molote dentro del vagón del metro provocado por Cristina, ¿por qué llora así esta chiquilla? Seguro que está perdida. Sí, está perdida, pero Cristina llora por algo más que eso, y por algo más que la sangre en su dedo maleducado.

Tantas veces los mismos gestos repetidos, tantas veces los movimientos sincronizados con la música, *blue moon*, y después algo más rapidito que no sabía cómo se llamaba, los ejercicios semejantes a si bailara al compás de la melodía, luego la barra de equilibrio. Cristina no se ha equivocado en nada, sentía los músculos ligeros, igual que en el gimnasio de la Ciudad Deportiva en La Habana, pero *algo anda mal*. Cristina se daba cuenta. Dio su famoso salto mortal y cayó con una parada estelar, sin ningún temblor. Miró a los árbitros y vio en el aparato electrónico la cifra esperada: 9,7. Buen puntaje.

Pero *algo* pasaba. Cristina no se ha estado moviendo como campeona, no. Le ha faltado una pizquita que ella nunca había notado. ¿Qué podía ser? Observa a sus rivales y no sabe qué diferencia al virtuoso de uno que no lo es. ¿Por qué nadie se lo ha explicado antes? En el tapiz repite los ejercicios mil y una vez ensayados durante el entrenamiento, con la música terca, y una cosita interna comienza a desmoronarse.

Benítez le daba aliento desde el banco y su mirada era confiada. También Cristina sabía que no lo estaba haciendo mal. Pero tampoco lo impecable que ella quisiera. Algo faltaba. Miró a las graderías y vio los rostros amables, complacientes, diciendo que sí con la cabeza, que todo iba bien. Pero no *muy bien*. Cristina qué te pasa. Se agachó a apretarse una zapatilla y tuvo la sensación de una mirada clavada sobre sí, la de una niña, ella misma, sentadita entre el público con la maldita *chapka* y la bufanda de la abuela al cuello. Y aquella niña, desde el asiento de la gradería, movía la cabeza en dirección contraria, de derecha a izquierda, diciendo que no, sus labios se abrían y cerraban en silencio, aunque Cristina entendía lo que quería decirle: no tienes madera de campeona.

El séptimo lugar en la primera ronda. Pero no la eliminaron y el entrenador batió palmas:

—¡Estuviste magnífica!

Cristina lo miró sorprendida. Luego dijo: Eso es mentira. Estuve matada.

—Bueno, salió regular, el caso es que pasaste a finales. Mañana...

—No compito más —lo interrumpió Cristina.

—Qué tú dices —afirmó, más que preguntó, Benítez.

—Eso mismo. No sigo en la competencia.

—¡Qué te crees tú de la vida! Chiquilla malcriada. ¡Tienes que llegar hasta la final! —gritó el entrenador, histérico.

—No puedo —Cristina bajó la voz.

El entrenador la miró sin comprender:

—Solo piensas en ti... ¿Y yo qué me hago? Hice un compromiso. ¡LA META! El por ciento de cumplimiento se va al diablo, ¡entiéndelo!

—No puedo —volvió a repetir Cristina en un hilo de voz.

—Es tu única oportunidad —también bajó la voz, persuasivo, Benítez.

—Ya lo sé. Pero no puedo.

—¡Tienes que aprender a no ser la mejor! —volvió a estallar Benítez.

Cristina lo miró sin saber qué responder. En la cabeza tenía la idea, mas no encontraba las palabras. Si no podía ser la mejor como gimnasta, quizás llegaría a un primer lugar trabajando de barrendera, aunque a papi le dieran un millón de infartos. En el camino de la vida, uno va dejando escombros de lo que pudo ser y no fue. Hay que elegir, encontrar su sitio, fuese el que fuese. Los nervios no tuvieron la culpa, ni tampoco el frío. No era una campeona de gimnástica, y punto. Así de simple.

—¡Esto te va a costar muy caro! —gritó por último Benítez.

Cristina bajó al lobby del hotel. Tenía ganas de que un tranvía le pasase por encima. El hotel hacía esquina con un parquecito, aunque ahora todos sus árboles aparecían pelados y cubiertas sus ramas de nieve. ¡Cosa tan linda la nieve! Cristina empujó la doble puerta, se levantó la bufanda hasta la nariz y salió a una avenida por donde transitaban unas guaguas raras, sujetas con un cable por arriba. Se bajó las orejeras de la maldita *chapka* y caminó hacia el parquecito. Allí descubrió un túnel que atravesaba la avenida por debajo. Como si lo conociera de toda la vida, Cristina se metió por el túnel y volvió a emerger a flote en la acera opuesta, también alfombrada de nieve y a ratos fragmentada por franjas de hielo resbaladizo. Caminó unas cuantas cuadras, el frío era algo muy serio, le dolían los pies entumecidos dentro de las botas para otoño, la respiración se le cortaba, las manos heladas dentro de los guantes de cuero, cuarteados y casi inútiles. Un grupo de transeúntes cruzaba con prisa un portalón que se anunciaba bajo el nombre de *Estación Smolienskaya*; el flujo de aquellos que entraban y los otros que salían le pareció a Cristina una oleada cálida y decidió refugiarse allí. Sacó una moneda amarilla de cinco *kopeks* y se subió al metro. Ni lo había pensado un segundo antes, pero de repente no había otra idea mejor en el mundo. Ya en el vagón no le quedó más alternativa que escudriñarse la nariz con aquel dedo índice culpable.

Llora y llora y nada le puede detener los lagrimones. Los pasajeros del metro, después de un rápido conciliábulo, han decidido que alguno de ellos lleve a esta chiquilla perdida de regreso. Un muchacho, con aspecto de estudiante universitario, le preguntó en un español chapurreado, combinación de portugués y latín, de dónde diablos se había escapado, cuál era el nombre del hotel, nada, que se acabó el paseo, hay que ir de vuelta ya.

Una hora más tarde, Cristina ha regresado de su correría. Nadie a la vista, ni entrenador Benítez, ni nadie de la embajada, ni nadie. Cristina subió a la habitación y entró directo al baño para quitarse de encima toda aquella indumentaria. Ah, tan calentico que no parece que afuera esté cayendo el temporal del siglo. Unos tubos hirviendo ascendían por la pared de azulejos; el agua humeante comenzaba a llenar la bañadera. Cristina se ha empezado a quitar la ropa con algo que parece parsimonia, dejó caer uno por uno los *sweaters* al piso, y entonces, una vez desnuda, descubrió los calzoncillos largos del tío Daniel, manchados de sangre, cubiertos de sangre, empapados en sangre. Ya lo sospechaba. La muerte le andaba rondando desde ayer. Lo mejor que podía pasarle, preferible muerta que llegar a casa sin la medalla.

Cristina se agachó con precaución, como alguien a quien se le ha dormido una pierna, y recogió los calzoncillos largos del tío Daniel, por completo impregnados de la misma mancha rojiza que su dedo índice. Por lo pronto Cristina se limitó a permanecer de pie con la prueba de su mal destino en la mano. Volvió la cara hacia el espejo del lavabo y se enseñó a sí misma los dientes, y luego la lengua. Todo seguía aparentemente normal, y sin embargo se estaba vaciando. Su cuerpo se quedaría chupadito, sin gota de sangre. ¡Horror, espanto! Regresó tambaleante a la habitación. Afuera, a través de la ventana, se veía caer la nieve, indiferente a su desgracia. En el parqueo del hotel tres muchachos jugaban al fútbol con un precioso balón naranja. No les prestó atención. Tenía una sola cosa en la cabeza: le quedaban pocos segundos de vida.

Se envolvió en una bata de casa, abrió la puerta y salió corriendo por el pasillo, agarró por la escalera y bajó los pisos a toda velocidad. A dónde iba, quién lo sabe. Atravesó un pasillo alfombrado, empujó una puerta de cristales y de sopetón fue a parar a la cocina del hotel. Tres cocineras corpulentas, que andaban plácidamente en sus menesteres, la miraron con una mezcla de susto e indignación. ¿Qué aparición era aquella? Después de unos angustiosos segundos comenzaron a hablar entre ellas una especie de jerigonza. Cristina no comprendía ni una palabra en ruso, intentó explicar algo, pero terminó por abrazarse llorando a una de las cocineras. ¡Se parecía tanto a su abuela!

La vieja cocinera palmeó la cabeza de la niña y le secó las lágrimas con su delantal. Aunque no entendían nada de lo que sucedía, este asunto de la chiquilla llorando les daba tanta pena. Cristina, por fin, hizo un gesto de desesperación y gritó a voz en cuello lo único que se le ocurrió: *SOS*. Cualquiera entiende eso. Las tres mujeres quedaron pasmadas. ¡Cielo santo! ¿Qué pasaría? Después de un breve diálogo han decidido escoltar a Cristina hasta su habitación. Allí, aquello se convirtió en una escena de película silente. Cristina ha mostrado los calzoncillos largos manchados de sangre y luego hizo una seña como si la degollaran, ya se sabe, el dedo índice atravesando el cuello de izquierda a derecha que quería decir: *estoy muerta*.

Cristina no podía ser muy elocuente, pero es de suponer que el mensaje de los gestos fue lo suficientemente claro.

Por eso Cristina no se explicaba la causa de que las mujeres sonrieran de oreja a oreja, ni por qué se daban empujoncitos risueños ante semejante revelación. Ni tampoco le pareció razonable que una de ellas saliese corriendo para volver al poco rato con una botella de vodka, cuatro vasos y un plato con pepinillos y queso amarillo. ¿A brindar por qué? Las tres mujeres la abrazaron, una, dos y tres veces, y empezaron de nuevo otra ronda de palabras extrañas, mas con los visajes y las muecas le decían que no había problemas, que todo terminaría por pasar, que de ninguna manera se iba a morir, al menos por ahora, que estaba creciendo. ¡Así es la vida! Aunque Cristina seguía sin comprender, el buchito de vodka le vino muy bien, para ser francos. A la verdad que era muy difícil esto de dejar de ser una campeona.

ÓPERA PRIMA: PUBERTAD, CAMBIOS Y CONFLICTOS DE GENERACIONES

Yordi M. Utria | *University of Houston*

El paso de la niñez a la adolescencia es uno de los momentos más relevantes de nuestra vida. Un período de tránsito que viene acompañado de cambios fisiológicos y psicológicos que en el caso de las mujeres se traduce como la menarquía, primera regla, primera menstruación o primer período, como también se le conoce. Es con dicho proceso que queda enmarcado el comienzo del camino hacia la adultez.

Precisamente ese es el tema de «Ópera prima»[1], la historia de la llegada a la pubertad de una niña que no ha tenido la preparación adecuada. La narración pone de manifiesto conflictos generacionales entre un sistema de valores «tradicionales», caracterizados por el miedo y el silencio hacia la sexualidad, y una nueva generación, representada por la protagonista, que va afianzando su identidad como mujer. Todo esto en el ambiente de las primeras décadas de la Revolución cubana, según sugiere el texto.

Mirta Yáñez (La Habana 1947) es una de las voces femeninas más destacadas dentro del actual panorama literario e intelectual cubano. Autora prolífica, su obra abarca géneros como la novela, la poesía, el cuento y el ensayo, además de numerosos trabajos periodísticos y de crítica literaria. Se ha desempeñado, también, como guionista para el cine y la televisión, y ha recibido premios y reconocimientos en distintos certámenes literarios, entre ellos el Premio Nacional de Literatura de 2018.

Yáñez, doctora en Ciencias Filológicas por la Universidad de la Habana y miembro de la Academia Cubana de la Lengua, es especialista en literatura latinoamericana y cubana y en estudios sobre el discurso literario femenino en Cuba. A través de su trabajo en antologías y ensayos se propone dar voz y visibilidad a la producción cultural de la mujer, procurando superar diversos espacios de discriminación de género. Un buen ejemplo es la antología

---

[1] El cuento apareció por primera vez en *El diablo son las cosas* (1988).

Estatuas de sal. Cuentistas cubanas contemporáneas (1996), donde se recogen narraciones de escritoras cubanas desde la época colonial hasta la década de los noventa, recuperando en algunos casos la escritura de mujeres casi olvidadas y en los márgenes de los espacios culturales del país.

El quehacer literario de la autora está marcado por el desenfado a la hora de presentar temáticas y por la sutileza en la utilización del lenguaje. Sentido del humor, ironía y rigor estilístico, junto a agudas observaciones del mundo que la circunda, convierten sus narraciones en relevantes escenarios cotidianos para sus lectores. Lisa Paravisini-Gebert ha apuntado sobre la obra de Yáñez que su «narrative stands out by virtue of a complex yet unmistakable Cuban flavor and a characteristic preoccupation with the social, political, and economic particularities of the island and how these affect los cubanos» (2010: en línea). Por su parte, Catherine Davis comenta que las historias de la autora dejan al descubierto una agenda feminista donde se revelan sistemas dominantes de pensamiento (1997: 149). Esta perspectiva atraviesa mayoritariamente la obra de Yáñez, que con una mirada crítica sobre la sociedad que la rodea lleva a repensar visiones sobre la mujer, la realidad cubana y otros temas de carácter universal.

Entrando en el análisis del cuento, son muchas las transiciones que se producen en el inicio de la adolescencia, período donde «las relaciones familiares son transformadas, y hay oportunidad tanto para una mayor separación de los padres, como para un mayor acercamiento e igualdad. En este periodo suelen formularse preguntas claves sobre los valores y actitudes produciéndose, en ocasiones, una lucha para responder a interrogantes sobre identidad y futuro» (Awuapara-Flores 2013: 120). Estos cambios pueden alterar el estado emocional del niño o la niña, llegando a producir ansiedad o preocupación. Además, se despierta la necesidad de encontrar una mayor autonomía, comienza a proyectar su vida y a plantearse qué quiere hacer en el futuro. Al mismo tiempo, su cuerpo comienza a experimentar un estallido hormonal que suscita un interés profundo por la sexualidad.

Muchos de estos rasgos se pueden apreciar en la protagonista de la historia, Cristina. La narración se abre con un pasaje donde la voz narrativa omnisciente presenta a una niña cuya edad desconocemos, si bien podemos deducir que tiene entre unos 10 y 14 años. Pasajera en el metro de Moscú, es descrita de manera pintoresca y jocosa: con apariencia estrafalaria por las muchas capas de ropa que lleva para protegerse del crudo invierno moscovita, comparando su imagen a la de una *matriuska*, con una actitud desenfadada e irreverente a la que no le importan los juicios emitidos por otros pasajeros, que la observan introducir repetidamente su dedo en la nariz en público y con confianza y orgullo gritar frente a a todos «¡Vengo de Cuba!».

La estancia de Cristina en Rusia para una competencia de gimnasia coincide con el momento en que empieza a cuestionarse su futuro como atleta. El narrador, en el primer pasaje del cuento, describe la apariencia física y el carácter de la protagonista, pero también, con perspicacia, deja saber que está sola y lejos de su familia, como una «chiquilla con aspecto de oveja descarriada». Y parece insinuar, además, que Cristina tiene una preocupación más importante, que la hace llorar frente a los otros pasajeros sin que le importe lo que puedan pensar de ella.

Más adelante, a través de su participación en la competencia y por una conversación con su entrenador, nos daremos cuenta de que toda su inquietud se debe a una decisión personal sobre su futuro: dejar de competir y no llegar a ser campeona de gimnasia. Durante el certamen Cristina descubre que no tiene el talento suficiente para ser una atleta destacada en este deporte:

> Se agachó a apretarse una zapatilla y tuvo la sensación de una mirada clavada sobre sí, la de una niña, ella misma, sentadita entre el público con la maldita *chapka* y la bufanda de la abuela al cuello. Y aquella niña, desde el asiento de la gradería, movía la cabeza en dirección contraria, de derecha a izquierda, diciendo no, sus labios se abrían y cerraban en silencio, aunque Cristina entendía lo que quería decirle: no tienes madera de campeona.

La imagen de ella misma que le habla desde lejos es su propio yo interior; la exteriorización de sus pensamientos y deseos y su determinación de no competir más suponen una señal en su búsqueda de autonomía y de respuestas a preguntas existenciales. No solo podría interpretarse que los motivos por los que Cristina no se ve como campeona de gimnasia durante la competencia pueden estar relacionados con síntomas físicos y emocionales previos a la llegada de su primer período menstrual, que a su vez podrían haber estado aminorando su rendimiento en el certamen; también puede entenderse que su determinación de no seguir compitiendo está ligada a cuestionamientos más profundos. «En el camino de la vida, uno va dejando escombros de lo que pudo ser y no fue. Hay que elegir, encontrar su sitio, fuese el que fuese. Los nervios no tuvieron la culpa, ni tampoco el frío. No era una campeona de gimnástica, y punto. Así de simple». Cristina se plantea cuál es su lugar en el mundo y su respuesta es reafirmación de una identidad que empieza a construirse. La identidad, aunque pueda ser un proceso que se extienda a lo largo de toda la vida, se fragua durante la etapa por la que atraviesa la protagonista.

En este proceso influyen también las experiencias vividas durante la infancia, las creencias y sentimientos sobre sí mismo/a que han sido asimilados de los familiares, y las otras personas que han tenido impacto en la vida del adolescente. Todas estas vivencias brindan una noción general de lo que se es como persona, y es a partir de ellas que se empieza a construir la identidad. En el caso de Cristina, ha crecido en el seno de una familia patriarcal, con un conjunto de valores conservadores y represivos en torno al sexo. Aun cuando la mayor parte de la acción ocurre en Moscú, hay un pasaje que rompe con el tiempo lineal de la historia para llevar al lector a acontecimientos del pasado de la protagonista, que tienen lugar en La Habana. La regresión introduce cómo ha sido la educación de Cristina y la dinámica intrafamiliar de su infancia, particularmente sus vínculos con el padre y la influencia que este ha ejercido sobre ella. El pasaje, en especial, relata la formación de la niña como atleta y el tipo de educación sexual que ha recibido en casa.

La fiesta de cumpleaños de Cristina representa el punto de inflexión en su formación. La pregunta «¿qué es un orgasmo?», que hace frente a todos, escandaliza a la familia y propicia una situación de caos: «Ay, dios mío, la que se armó. Papi le sonó un bofetón que le viró la cara. / –¿Quién te enseñó esa cochinada? / Mami gritaba: / –Tú no puedes pensar en esas cosas malas». Claramente ese pasaje caricaturesco, donde prevalece el humor, describe los valores de su familia, donde la sexualidad se afronta como tabú y con connotaciones negativas –como algo oscuro, sucio y dañino, en torno de lo cual se hace silencio–. La supresión, la vergüenza y hasta el castigo son las formas con las que la familia aborda un tema que, por la edad de la protagonista, empieza a serle de gran interés.

Las consecuencias de la mala educación sexual que ha recibido Cristina en su hogar son evidentes: la llegada del primer período, su «ópera prima», toma a Cristina por sorpresa, sola, con total desconocimiento sobre el momento que ha comenzado a vivir. Tanto es así que piensa que está al borde de la muerte al ver su primer sangrado menstrual:

> Cristina se ha empezado a quitar la ropa con algo que parece parsimonia, dejó caer uno por uno de los *sweaters* al piso, y entonces, una vez desnuda, descubrió los calzoncillos largos del tío Daniel, manchados de sangre, cubiertos de sangre, empapados en sangre. Ya lo sospechaba. La muerte le andaba rondando desde ayer. Lo mejor que podía pasarle, preferible muerta que llegar a la casa sin la medalla.

En otro orden de ideas, en el personaje del padre se observa una proyección de sus propios deseos profesionales sobre su hija. Aquello que hubiera querido alcanzar cuando era más joven se lo impone ahora a ella. Está obsesionado con que Cristina sea una campeona, con que gane una medalla, y no le importa que tenga que sacrificar su vida como niña. Varios pasajes en el relato evidencian el rigor e influencia del padre sobre Cristina:

> Desde que Cristina tuvo uso de razón, según frase hecha, siempre había oído la misma cosa: *Cristina es la campeona de la familia*. Y la vida de una campeona no es nada fácil. Te lo aseguro, Cristina. Hay que poseer una voluntad de hierro: la escuela y después los ejercicios, día tras día. Los dulces te hacen daño, mi hijita, ¡compréndelo! Hay que hacer un sacrificio si quieres ganar. El helado de chocolate es veneno, Cristina, ni lo sueñes. Todos los sueños tienen que ver con la medalla. Una medalla, nada menos que de la Olimpiada. Tú puedes Cristina.

Esto no aporta ningún beneficio a la protagonista. A pesar de que el sueño del padre pudo haber llegado a inspirarla y convertirla en una campeona, Cristina no ha tenido la oportunidad de elegir por sí misma. Desde muy pequeña estuvo influenciada por la visión de sus mayores sobre su futuro, y ha seguido cada norma impuesta por ellos: «Oye la voz de papi casi desde que Cristina estaba en la cuna, siempre con lo mismo, la niña tiene buena figura para la gimnástica». Es la pubertad la que despierta en la protagonista el impulso de romper con el sueño de su padre y elegir su propio camino.

El choque generacional, un tema de todos los tiempos, se da aquí entre Cristina y sus padres. Si se analiza el ambiente de la narración, el periodo histórico en que se puede enmarcar el relato arroja pistas particulares sobre aspectos de la familia y la sociedad cubana. En particular, sugiere una brecha entre una generación que salvaguarda una moral y ciertos valores tradicionales y una generación joven, la de Cristina, que crece y se desarrolla bajo los cambios sociales y culturales que tienen lugar después del triunfo de la Revolución.

En *Sexual revolutions in Cuba: Passion, politics, and memory*, Carrie Hamilton ha estudiado cómo la Revolución intervino de varias maneras en la vida sexual de los cubanos, y cómo transformó áreas tan importantes de sus vidas como la familia, los valores y las relaciones sexuales. A través del análisis de diferentes obras literarias, muestra cómo a partir de 1959 los nuevos valores coexistieron con ideologías pre-revolucionarias; la comparación de narraciones de antes y después de la Revolución le permite estudiar la transmisión e interacción generacional en los relativo a la educación sexual y los valores sociofamiliares (2012: 80-85).

«Ópera prima» se publicó por primera vez en 1988, de modo que la historia de Cristina se podría ubicar durante las primeras tres décadas de la Revolución. Cristina sería una «hija de la Revolución», estaría creciendo bajo las diversas transformaciones sociales y culturales que se dieron en la nación cubana después de 1959, entre las que estaban la promesa de una mayor inclusión de la mujer en todas las esferas de la sociedad y la implementación de un sistema educativo basado en las escuelas en el campo, donde los adolescentes estudiaban y trabajaban –lo que los alejaba de la influencia de la familia y facilitaba una mayor vivencia y experimentación de la sexualidad en los jóvenes. En contraste, los padres de la protagonista podrían representar a una generación nacida antes de 1959, educados bajo códigos morales más conservadores, según los cuales el sexo y la sexualidad eran temas de los que no se hablaba.

Otro aspecto que refleja el cuento y que remite a los cambios traídos por la Revolución es el deporte en Cuba. Bajo la consigna «El deporte derecho del pueblo», Fidel Castro tomó una serie de medidas para promover el deporte en la isla. Entre estas iniciativas destacan la creación del INDER (Instituto Nacional de Deporte Educación Física y Recreación) en 1961 y la eliminación del profesionalismo en el deporte, además de la creación de escuelas e institutos deportivos en todo el país. Ese interés por parte del gobierno tenía también una finalidad que iba mucho más allá de ese «derecho del pueblo»: que Cuba destacara en las competencias deportivas internacionales centraba la atención hacia una isla pequeña, subdesarrollada, con una economía pobre, dependiente de la Unión Soviética, pero que podía competir en medallas con las grandes potencias desarrolladas.

La ansiedad por acumular triunfos en el deporte está muy presente en la narración de Yáñez. Véase el personaje del entrenador Benítez, que le reprocha a Cristina que su retirada de la competencia afectará las medallas planificadas. «Solo piensas en ti… ¿Y yo qué me hago? Hice un compromiso. ¡LA META! El por ciento de cumplimento se va al diablo, ¡entiéndelo!». También, en el personaje del padre: «La ilusión de su vida, LA MEDALLA. Y suena el Himno Nacional, *paaaaaam pa ra pam*, la bandera cubana asciende muy lentamente hasta la punta del asta, toda la gradería estalla en aplausos. Esa es Cristina, ¡la campeona de la familia Bermúdez!». Las líneas anteriores, y en especial el discurso del padre, ponen de manifiesto una búsqueda de reconocimiento, de grandeza, de heroísmo, que puede estar motivada también por la búsqueda de ciertos privilegios del sistema. Y es que muchos de los deportistas que lograron obtener medallas olímpicas —o en otros certámenes internacionales— eran tratados con favoritismo por el gobierno en el ámbito moral, social y material. Eran vistos como héroes y recibían viviendas o autos, y podían viajar al extranjero con bastante facilidad.

Por otro lado, y a todo lo largo de esta narración, el lector puede apreciar el sentimiento de abandono que alberga Cristina —sobre todo en algunos pasajes, como cuando va en el metro, donde todos la miran como una «chiquilla perdida», o las lágrimas que derrama en su propio hogar en la Habana, donde la figura de la madre parece distante, o por el hecho de no tener amigos, enfocada como está en los entrenamientos. La protagonista llega a este importante momento de su vida, la pubertad, en total desamparo, sin ningún apoyo para ayudarla a ver su primera menstruación como lo que es, una manifestación de que su desarrollo sigue un curso normal y saludable.

Ese sentimiento de abandono encuentra superación en el desenlace de la narración a través del encuentro de Cristina con las tres cocineras. El hecho de que la protagonista sea acogida por ellas revela intimidad y empatía femeninas. Cristina encuentra en ellas el rostro de una figura materna y la complicidad en un lenguaje que —aun sin palabras— cualquier mujer en el mundo entendería. El momento se transforma en símbolo de celebración, ritual en torno al *vodka*, para darle la bienvenida a esta nueva etapa de la vida.

BIBLIOGRAFÍA

AWUAPARA-FLORES, Shereen (2013): «Características bio-psicosociales del adolescente». En *Odontología Pediátrica* 12 (2): 119-128.
DAVIES, Catherine Evans (1997): *A place in the sun?: Women writers in twentieth-century Cuba*. London: Zed Books.
HAMILTON, Carrie (2012): *Sexual revolutions in Cuba: Passion, politics, and memory*. Chapel Hill: University of North Carolina Press.
PARAVISINI-GEBERT, Lizabeth (2010): «Mirta Yáñez's Havana is a really big city and other stories». En *Repeating Islands. News and Commentary on Caribbean Culture, Literature, and the Arts*: <https://repeatingislands.com/2010/09/02/mirta-yanez's-havana-is-a-really-big-city-and-other-stories/>.
YÁÑEZ, Mirta (1988): *El diablo son las cosas*. La Habana: Letras Cubanas.

DE LOS AUTORES

ACEVEDO, Chantel. Profesora de inglés en la Universidad de Miami, en donde dirige el programa de Masters en Bellas Artes. Ha publicado las novelas *Love and ghost letters* (2005), *A falling star* (2014), *The distant marvels* (2015) y *The living infinite* (2017). Sus ensayos han aparecido en *Vogue* y *Real Simple*, entre otras publicaciones. *Muse Squad: The Cassandra curse* es una nueva serie literaria, pensada para la enseñanza media, que será publicada por Balzer + Bray.

ARROYO, Jossiana. Catedrática de literatura y cultura latinoamericana y caribeña en los departamentos de Spanish and Portuguese y African and African Diaspora Studies en la Universidad de Texas en Austin. Es autora de *Travestismos culturales. Literatura y etnografía en Cuba y el Brasil* (2003) y *Writing Secrecy in Caribbean Freemasonry* (2013). Su libro *Caribbeans 2.0: Literature, media and the afterlives of disaster* será publicado próximamente por Rutgers University Press.

BELLO, Mayerín. Profesora universitaria y ensayista. Enseña Literatura General y Comparada en la Facultad de Artes y Letras de la Universidad de La Habana. Es autora de varios libros de ensayos, entre ellos *Los riesgos del equilibrista. De la poética y la narrativa de Eliseo Diego* (2004, Premio Alejo Carpentier), *Algunas respuestas a sutiles esfinges* (2007); *Orígenes: las modulaciones de la flauta* (2009) y *Encuentros cercanos de vario tipo. Ensayos sobre literaturas en diálogo* (2016, Premio de la Crítica Cubana en 2016 y Premio de la Academia Cubana de la Lengua). En 2010 y 2013 recibió el Premio Internacional Temas de Ensayo artístico-literario.

CANETTI, Yanitzia. Escritora, editora y profesora. Dirige la editorial Cambridge BrickHouse desde 1995, y enseña literatura y español en Salem State University y en Merrimack College, en Massachusetts. Es autora de más de 500 libros entre novela, poesía, ensayo y, en especial, literatura para niños. Destacan *Al otro lado* (1997), *Doña Flautina Resuelvelotodo* (2000), *La vida es color de Rosa* (2008), *La muerte nuestra de cada vida* (2009), *Entre la espada y la pared* (2012), *Augurios, señales y profecías* (2012) y *Eva recién nacida* (2015). En 2011 *People en español* la eligió entre las 25 mujeres más influyentes del mundo.

CASAMAYOR CISNEROS, Odette. Profesora de literatura y cultura latinoamericanas en la Universidad de Pensilvania. Ha publicado los relatos de *Una casa en los Catksills* (2011) y el volumen de ensayo *Utopía, distopía e ingravidez: reconfiguraciones cosmológicas en la narrativa postsoviética cubana* (2013). Ha obtenido los premios Juan Rulfo de ensayo literario, Torremozas de narrativa y José Juan Arrom de ensayo. Actualmente trabaja en un libro titulado *On being blacks: Self-identification & counter-hegemonic knowledge in contemporary Afro-Cuban arts*.

CELORRIO, María Liliana. Trabaja actualmente como especialista de la Filial de la Fundación Nicolás Guillén de Las Tunas, Cuba. Ha publicado *Juegos malabares* (1990), *La barredora de amaneceres* (1993), *Yo, la peor de todas* (2001), *El último tango en París* (2011), *Madame La Gorda* (2014), *Los hombres de Pálido* (1997), *El jardín de las mujeres muertas* (2001), *Mujeres en la cervecera* (2004, Premio de la Crítica), *Matar al pájaro sentado* (2011), *Dragones urbanos* (2015), *Sexo chatarra. Los perfectos crímenes del corazón* (2019) y la novela *Las hijas de Sade* (2012), en coautoría con Guillermo Vidal. Ostenta la Distinción por la Cultura Cubana.

CORO MONTANET, Gleyvis. Profesora y metodóloga en la Universidad Europea de Madrid. Ha publicado *Aguardando al guardabosque* (2006), *Jaulas* (2010), *La Burbuja* (2007, Premio UNEAC de Novela y Premio de la Crítica) y *Lejos de Casa* (2018).

CUESTA, Mabel. Profesora de Lengua y Literatura Hispanocaribeñas en la Universidad de Houston, Texas. Ha publicado *In Via, In Patria* (2016), *Nuestro Caribe. Poder, raza y postnacionalismos desde los límites del mapa LGBTQ* (2016), *Bajo el cielo de Dublín* (2013), *Cuba post-soviética: un cuerpo narrado en clave de mujer* (2012), *Inscrita bajo sospecha* (2010), *Cuaderno de la fiancée* (2005) y *Confesiones on line* (2003).

DÁVILA GONÇALVES, Michele C. Catedrática Asociada y jefe del Departamento de World Languages and Cultures de Salem State University, Massachusetts. Sus publicaciones más recientes son «Los avatares de la muerte en la obra de Yanitzia Canetti», en *Descifrando Latinoamérica: Género, violencia y testimonio* (2018), «Poéticas de la soledad en el Caribe: Janette Becerra y Tere Dávila», en *Exégesis* (2018), «Navegando mundos virtuales: literatura femenina puertorriqueña», en *Entornos Digitales: Conceptualización y Praxis* (2017), y *Transnational Orientalisms in Contemporary Spanish and Latin American Cinema* (2016).

DELGADILLO, María José. Prepara su doctorado con una concentración de escritura creativa en español en la Universidad de Houston. Es escritora, traductora y trabaja con medios digitales. Escribe sobre cuerpos, memoria y cultura pop, y sobre sus entrecruzamientos con las posibilidades transmedia. Actualmente es Student Artist-in-Residence in Neuroaesthetics en el IUCRC BRAIN Center en la Universidad de Houston. Trabajos suyos han aparecido en *Carte blanche magazine*, *Camas magazine*, la *Revista de la Universidad* y *Erizo. A journal for the arts*.

FERNÁNDEZ, María Cristina. Como narradora ha publicado *Procesión lejos de Bretaña* (2000, Premio Pinos Nuevos), *El cielo de los deseos* (2000, Premio Abril de Literatura Infantil), *Cachete y la tropa del Don* (2001, Premio Kindergarten). En Miami ha publicado un par de libros de cuentos; el más reciente, *No nací en Castalia* (2016).

FERNÁNDEZ DE JUAN, Laidi. Médica y narradora. Ha publicado diez libros de cuentos, una novela y varios volúmenes de crónicas. Ganadora de los Premios Alejo Carpentier (2005), Luis Felipe Rodríguez de la UNEAC (1998 y 2013), y del Gran Premio Iberoamericano de minicuentos Dinosaurio (2014), compiló *Sombras nada más* (2017), la primera antología cubana sobre la violencia hacia niñas y mujeres.

FERNÁNDEZ PINTADO, Mylene. Abogada y narradora. Ha publicado los libros de cuentos *Anhedonia* (1998, Premio David), *Little woman in blue jeans* (2008), *Infiel* (2009), *Vivir sin papeles* (2010), *4 non blondes* (2013) y *Agua Dura* (2017, Premio de la Crítica Literaria), además de las novelas *Otras Plegarias Atendidas* (Premio Italo Calvino 2002 y Premio de la Crítica Literaria 2003) y *La esquina del mundo* (2012).

GONZÁLEZ SELIGMANN, Katerina. Profesora de literatura en el departamento de escritura, literatura y edición de Emerson College. Actualmente está terminando su primer libro de investigación, una historia intelectual de las revistas literarias del Caribe en español, inglés y francés, y del discurso pan-caribeño. Sus ensayos han abordado temas como la publicación de Aimé Césaire en Cuba, la infraestructura literaria del Caribe y el Congreso Cultural de la Habana en 1968. Es también traductora.

HAUG MORALES, Susana. Profesora en la Facultad de Artes y Letras de la Universidad de La Habana. Ha publicado los cuentos de *Claroscuro* (2002), *Estadios del ser* (2005) y *Romper el silencio* (2006), y los libros para niños y jóvenes *Cuentos sin pies ni cabeza* (2000) y *Secretos de un caserón con espejuelos* (2002).

HERNANDEZ HORMILLA, Helen. Prepara su Doctorado en Estudios literarios, lingüísticos y culturales en el Departamento de Lengua y Literatura Modernas (MLL) de la Universidad de Miami. Actualmente investiga las interrelaciones entre transnacionalismo, género y sexualidad en la narrativa de escritoras caribeñas del siglo XXI. Ha publicado *Palabras sin velo. Entrevistas y cuentos de narradoras cubanas* (2013) y *Mujeres en crisis. Aproximaciones a lo femenino en las narradoras cubanas de los noventa* (2011).

HERRANZ BROOKS, Jacqueline. Profesora adjunta de español en City University of New York y artista multidisciplinaria. Es autora de la colección de poesía *Liquid days* (1997), de los relatos de *Escenas para turistas* (2003), de la novela *Mujeres sin trama* (2011) y del libro-instalación *Viaje en almendrón* (2015).

Es además creadora de varios proyectos de intervención urbana relacionados con la poesía callejera, los cuales documenta con su fotografía. Entre estos proyectos visuales se encuentran *Lyrics of the streets* NYC: 2014-2015 (2019), *Poesía basura/Trash poetry* NYC: 2015–2016 (2019) y el todavía en proceso *Contested territory: Poesía rematriada* (2018).

Jiménez-Singer, Grettel. Editora en jefe de *Cubaness*, revista cultural cubana. Ha publicado *Mujerongas* (2014) y *Tempestades solares* (2015), y los libros para niños *La Traviata en La Habana* (2018) y *La Bella Durmiente en Central Park* (2016, Premio al Lector del Instituto Cubano del Libro). Ha escrito para *Vogue*, *Huffington Post* y *Paper magazine*, entre otras publicaciones.

Loss, Jacqueline. Profesora de estudios literarios y culturales latinoamericanos en la Universidad de Connecticut. Ha publicado *Soñar en ruso. El imaginario cubano-soviético* (2013, 2019) y *Cosmopolitanisms and Latin America. Against the destiny of place* (2005), y coeditó *Caviar with rum: Cuba-USSR and the Post-Soviet experience* (con José Manuel Prieto, 2012) y *New Short Fiction from Cuba* (con Esther Whitfield, 2007). Tradujo al inglés *Indagación del choteo* de Jorge Mañach (*An inquiry into choteo*, 2018).

Mansur, Nara. Investigadora del Instituto de Artes del Espectáculo de la Universidad de Buenos Aires. Ha publicado *El trajecito rosa* (2018), *Régimen de afectos* (2015), *Manualidades* (2012, Premio Nicolás Guillén y Premio de la Crítica), *Un ejercicio al aire libre* (2004), *Mañana es cuando estoy despierta* (2000, Premio Pinos Nuevos), *Chesterfield sofá capitoné* (2016), *Desdramatizándome. Cuatro poemas para el teatro* (2009, Premio de la Crítica), *Charlotte Corday. Poema dramático* (2002, Premio de Dramaturgia Innovadora en el I Festival Escena Contemporánea, Madrid) y preparó la edición crítica de *Dos viejos pánicos y otros textos teatrales* de Virgilio Piñera (2014).

M. Ríos, Jamila. Ha publicado *Diseminaciones de Calvert Casey* (2012, Premio Alejo Carpentier), *Ratas en la alta noche* (2011), *Escritos en servilletas de papel* (2011), *Huecos de araña* (2008, Premio David), *Primaveras cortadas* (2012), *Del corazón de la col y otras mentiras* y *Anémona* (2013) y *País de la siguaraya* (2017, Premio Nicolás Guillén). Máster con un estudio sobre la (des)retórica revolucionaria cubana en Nara Mansur, proyecta su doctorado sobre el imaginario mambí en Cuba hoy.

Novak, Dazra. Escritora cubana. Ha cultivado el cuento, la novela, el minicuento y la crónica. Es autora de los relatos de *Cuerpo Reservado* (2008), *Cuerpo Público* (2008) y *Los despreciados* (2019), y de la novela *Making of* (2012).

Obejas, Achy. Narradora, poeta, traductora y periodista. Ha publicado los volúmenes de relatos *We came all the way from Cuba so you could dress like this* (1994) y *The Tower of the Antilles* (2017), y las novelas *Memory mambo* (1996), *Days of awe* (2001) y *Ruins* (2009). Obtuvo el Premio Pulitzer de investigación por su trabajo para el *Chicago Tribune* y el Lambda por su novela *Memory Mambo*. En 2010 fue incluida en el *Chicago Gay and Lesbian Hall of Fame*.

Pérez Kónina, Verónica. Narradora y ensayista de padre cubano y madre rusa. En 1988 ganó el premio David con el volumen de relatos *Adolesciendo* (1989). Ha publicado también el ensayo titulado «Moriré en París con aguacero» para la antología *The portable island: Cubans at home in the world* (2008). Cuentos suyos aparecen en las antologías cubanas *Escritos con guitarra: cuentos cubanos de rock* (2005), *Estatuas de sal* (1996) y *El compañero que me atiende* (2017). Reside en Moscú.

Portela, Ena Lucía. Narradora y ensayista. Es autora de las novelas *El pájaro: pincel y tinta china* (1998; Premio UNEAC en 1997), *La sombra del caminante* (2001), *Cien botellas en una pared* (2002, Premio Jaén de novela y Prix Littéraire Deux Océans-Grinzane Cavour 2003), *Djuna y Daniel* (2007, Premio de la Crítica). Sus cuentos han sido recogidos en *Una extraña entre las piedras* (1999), *Alguna enfermedad muy grave* (2006) y *El viejo, el asesino y yo y otros cuentos* (2009). El relato que le da nombre a este volumen obtuvo el Premio Juan Rulfo de R.F.I. en 1999. Su último libro es la colección de ensayos *Con hambre y sin dinero* (2017).

Puñales-Alpízar, Damaris. Ensayista y profesora de literatura latinoamericana y caribeña en Case Western Reserve University. Es autora de *Escrito en cirílico. El ideal soviético en la cultura cubana posnoventa* (2012). Ha editado los libros de ensayos *Asedios al caimán letrado: literatura y poder en la Revolución cubana* (2018, con Emilio J. Gallardo Saborido y Jesús Gómez de Tejada) y *El Atlántico como frontera. Mediaciones culturales entre Cuba y España* (2014). Su próximo libro, *La maldita circunstancia. Ensayos sobre literatura cubana*, se publicará en Almenara Press. En 2018 obtuvo una beca Fulbright de investigación para un proyecto sobre geopolíticas de la traducción socialista.

Rodríguez Iglesias, Legna. Narradora y poeta. Ha publicado *Hilo+Hilo* (2015), *Las analfabetas* (2015), *No sabe / no contesta* (2015), *Mayonesa bien brillante* (2015), *Dame Spray* (2016), *Chicle (ahora es cuando)* (2016), *Todo sobre papá* (2016), *Transtucé*, (2017), *La mujer que compró el mundo* (2017) y *Mi novia preferida fue un bulldog francés* (2017). En el año 2016 mereció el Paz Prize, otorgado por The National Poetry Series y en el 2011 el Premio Iberoamericano de Cuentos Julio Cortázar. También fue ganadora del Premio Casa de las Américas de teatro 2016 con la obra *Si esto es una tragedia yo soy una bicicleta*.

Ruiz Montes, Laura. Es la editora principal de Ediciones Vigía y la directora de *La Revista del Vigía*. Ha publicado varios libros de poesía en Cuba y el extranjero, de los cuales *Los frutos ácidos* y *Otro retorno al país natal* obtuvieron, en

2008 y 2012, el Premio Nacional de la Crítica. También ha publicado ensayo, teatro y literatura para niños y jóvenes. Su traducción del francés de *L'exil selon Julia*, de Gisèle Pineau, obtuvo en 2018 el Premio de Traducción Literaria. Su último libro de poesía publicado es *Diapositivas* (2017). Su volumen de entrevistas *Grifas. Afrocaribeñas al habla* se encuentra en proceso editorial en la Casa de las Américas.

Simal, Mónica. Profesora universitaria e investigadora. Enseña lengua y literatura latinoamericana en Providence College. Es autora de ensayos de investigación publicados en prestigiosas revistas norteamericanas y europeas, entre ellos «Narrar a Mariel: espacialización y heterotopías del exilio cubano en la novela *Boarding Home* de Guillermo Rosales» (2008) y «La Cecilia Valdés de Reinaldo Arenas: parodias y reescrituras de lo cubano en *La loma del Ángel*» (2017).

Sklodowska, Elzbieta. Ocupa la cátedra Randolph Family Professor of Spanish en Washington University. Ha publicado los libros *Testimonio hispanoamericano: historia, teoría, poética* (1992), *La parodia en la nueva novela hispanoamericana (1960-85)* (1991), *Todo ojos, todo oídos: control e insubordinación en la novela hispanoamericana (1895-1935)* (1997), *Espectros y espejismos: Haití en el imaginario cubano* (2009) e *Invento, luego resisto: El Período Especial en Cuba como experiencia y metáfora (1990-2015)* (2016).

Suárez, Karla. Narradora y profesora de la Escuela de Escritores de Madrid. Ha publicado *El hijo del héroe* (2017), *Habana año cero* (2011, Premio Carbet del Caribe y Gran Premio del Libro Insular), *La viajera* (2005), *Silencios* (1999, Premio Lengua de Trapo), *Carroza para actores* (2001) y *Espuma* (1999). En 2019 obtuvo el Premio Iberoamericano de cuentos Julio Cortázar. Actualmente reside en Lisboa.

Suquet, Mirta. Es profesora de literatura latinoamericana y caribeña en Susquehanna University. Sus intereses docentes y de investigación se centran en la literatura y las culturas latinoamericanas y caribeñas de los siglos xx y xxi. Tiene en proceso de edición *Rostros del VIH/ SIDA. Enfermedad e identidad en las narrativas latinoamericanas del yo: perspectiva comparada*. Su mas reciente artículo, «La literatura femenina sobre el VIH/sida escrita en España», apareció en *De vidas y virus: VIH/Sida en las culturas hispánicas* (2019).

Timmer, Nanne. Especialista en análisis cultural y literatura latinoamericana contemporánea en la Universidad de Leiden. Ha compilado los volúmenes colectivos *Ciudad y escritura: imaginario de la ciudad latinoamericana a las puertas del siglo xxi* (2013) y *Cuerpos ilegales: sujeto, poder y escritura en América Latina* (2018). Ha editado las antologías *Gerard Fieret. Los hombrecitos hasselblad* (2019) y *La isla de Cuba: Twaalf Verhalen en een Revolutie* (2017). Actualmente trabaja en un libro sobre la novela cubana contemporánea. Publica también poesía.

Utria, Yordi M. Candidato a Doctor y profesor de español como segunda lengua en la Universidad de Houston, Texas. Cursó estudios graduados en Sam Houston State University, donde se tituló con una Maestría en Español y Literatura. Sus áreas de investigación son la literatura cubana contemporánea y la literatura escrita por hispanos en los Estados Unidos.

Varona, Mariela. Narradora y correctora de Ediciones La Luz, en Holguín. Ha publicado los libros de cuentos *El verano del diablo* (2003), *Cable a tierra* (2003), *La casa de la discreta despedida* (2009) y *Vino de Falerno* (2017). Sus narraciones se recogen en más de una veintena de antologías. Ha ganado los premios David y el de *La Gaceta de Cuba*, así como la Beca de Creación Caballo de Coral.

Vázquez Domínguez, Yailuma. Profesora de la Facultad de Artes y Letras de la Universidad de La Habana y Jefa de Redacción de Ensayo en Ediciones Unión. En el año 2013 obtuvo la beca de investigación que otorga la Asociación Hermanos Saíz a jóvenes investigadores cubanos con su proyecto «Construyendo un imaginario: mapas temáticos de la literatura femenina cubana del siglo xxi», del que resultó *Limón, limonero... La literatura femenina cubana en el siglo xxi* (2017).

Vega Serova, Anna Lidia. Escritora y pintora. Ha publicado *Bad Painting* (1998), *Catálogo de mascotas* (1999), *Limpiando ventanas y espejos* (2001), *Noche de ronda* (2001), *Retazos (de las hormigas) para los malos tiempos* (2004), *Legión de sombras miserables* (2005), *Imperio doméstico* (2005), *El día de cada día* (2006), *Eslabones de un tiempo muerto* (2006), *Adiós, cuento triste* (2006), *Ánima fatua* (2007), *Mirada de reojo* (2010), *Estirpe de papel* (2013) y *Tres pasos para un pez* (2014).

Viera, Katia. Profesora adscripta de la cátedra de Literatura Latinoamericana II en la carrera de Letras Modernas de la Universidad Nacional de Córdoba, donde cursa su Doctorado en Letras. Becaria del CONICET, estudia la obra de los narradores cubanos Dazra Novak, Ahmel Echevarría y Jorge Enrique Lage. Es miembro del proyecto de investigación Territorios y cuerpos en las escrituras latinoamericanas contemporáneas (1990-2019) e integra el programa de investigación Escrituras latinoamericanas. Literatura, teoría y crítica en debate.

Vilar Madruga, Elaine. Narradora, poeta y dramaturga, ha obtenido diversos premios nacionales e internacionales. Ha publicado más de treinta libros en Estados Unidos, Canadá, Cuba, República Dominicana, España, Chile e Italia. Cultiva los géneros de novela, cuento, poesía, literatura fantástica y de ciencia- ficción, teatro, literatura para niños y jóvenes.

Yáñez, Mirta. Narradora, poeta y ensayista. Es miembro de la Academia Cubana de la Lengua. Ha recibido en cinco ocasiones el Premio Nacional de la Crítica. En 2012 le fue otorgado el Premio de la Academia Cubana de la Lengua por su novela *Sangra por la herida* (2010). Ha publicado, entre otros, *Todos los negros tomamos café* (1976), *El diablo son las cosas* (1988), *Falsos documentos* (2005), *Un solo bosque negro* (2003), *La narrativa romántica en Latinoamérica* (1990) y *Cubanas a capítulo* (2000). En 2018 recibió el Premio Nacional de Literatura.

Catálogo Almenara

AGUILAR, Paula & BASILE, Teresa (eds.) (2015): *Bolaño en sus cuentos*. Leiden: Almenara.

AGUILERA, Carlos A. (2016): *La Patria Albina. Exilio, escritura y conversación en Lorenzo García Vega*. Leiden: Almenara.

AMAR SÁNCHEZ, Ana María (2017): *Juegos de seducción y traición. Literatura y cultura de masas*. Leiden: Almenara

BARRÓN ROSAS, León Felipe & PACHECO CHÁVEZ, Víctor Hugo (eds.) (2017): *Confluencias barrocas. Los pliegues de la modernidad en América Latina*. Leiden: Almenara.

BLANCO, María Elena (2016): *Devoraciones. Ensayos de periodo especial*. Leiden: Almenara.

BURNEO SALAZAR, Cristina (2017): *Acrobacia del cuerpo bilingüe. La poesía de Alfredo Gangotena*. Leiden: Almenara

CABALLERO Vázquez, Miguel & RODRÍGUEZ CARRANZA, Luz & SOTO VAN DER PLAS, Christina (eds.) (2014): *Imágenes y realismos en América Latina*. Leiden: Almenara.

CALOMARDE, Nancy (2015): *El diálogo oblicuo: Orígenes y Sur, fragmentos de una escena de lectura latinoamericana, 1944-1956*. Leiden: Almenara.

CAMACHO, Jorge (2019): *La angustia de Eros. Sexualidad y violencia en la literatura cubana*. Leiden: Almenara.

CAMPUZANO, Luisa (2016): *Las muchachas de La Habana no tienen temor de dios. Escritoras cubanas (siglos XVIII-XXI)*. Leiden: Almenara.

CASAL, Julián del (2017): *Epistolario. Edición y notas de Leonardo Sarría*. Leiden: Almenara.

CUESTA, Mabel & SKLODOWSKA, Elzbieta (eds.) (2019): *Lecturas atentas. Una visita desde la ficción y la crítica a las narradoras cubanas contemporáneas*. Leiden: Almenara.

CHURAMPI RAMÍREZ, Adriana (2014): *Heraldos del Pachakuti. La Pentalogía de Manuel Scorza*. Leiden: Almenara.

Deymonnaz, Santiago (2015): *Lacan en el cuarto contiguo. Usos de la teoría en la literatura argentina de los años setenta*. Leiden: Almenara.

Díaz Infante, Duanel (2014): *Días de fuego, años de humo. Ensayos sobre la Revolución cubana*. Leiden: Almenara.

Echemendía, Ambrosio (2019): *Poesía completa. Edición, estudio introductorio y apéndices documentales de Amauri Gutiérrez Coto*. Leiden: Almenara.

Fielbaum, Alejandro (2017): *Los bordes de la letra. Ensayos sobre teoría literaria latinoamericana en clave cosmopolita*. Leiden: Almenara.

García Vega, Lorenzo (2018): *Rabo de anti-nube. Diarios 2002-2009. Edición y prólogo de Carlos A. Aguilera*. Leiden: Almenara.

Garrandés, Alberto (2015): *El concierto de las fábulas. Discursos, historia e imaginación en la narrativa cubana de los años sesenta*. Leiden: Almenara.

Giller, Diego & Ouviña, Hernán (eds.) (2018): *Reinventar a los clásicos. Las aventuras de René Zavaleta Mercado en los marxismos latinoamericanos*. Leiden: Almenara.

Greiner, Clemens & Hernández, Henry Eric (eds.) (2019): *Pan fresco. Textos críticos en torno al arte cubano*. Leiden: Almenara.

González Echevarría, Roberto (2017): *La ruta de Severo Sarduy*. Leiden: Almenara.

Gotera, Johan (2016): *Deslindes del barroco. Erosión y archivo en Octavio Armand y Severo Sarduy*. Leiden: Almenara.

Hernández, Henry Eric (2017): *Mártir, líder y pachanga. El cine de peregrinaje político hacia la Revolución cubana*. Leiden: Almenara.

Inzaurralde, Gabriel (2016): *La escritura y la furia. Ensayos sobre la imaginación latinoamericana*. Leiden: Almenara.

Kraus, Anna (2018): *sin título. operaciones de lo visual en 2666 de Roberto Bolaño*. Leiden: Almenara.

Loss, Jacqueline (2019): *Soñar en ruso. El imaginario cubano-soviético*. Leiden: Almenara.

Lupi, Juan Pablo & Salgado, César A. (eds.) (2019): *La futuridad del naufragio. Orígenes, estelas y derivas*. Leiden: Almenara.

Machado, Mailyn (2016): *Fuera de revoluciones. Dos décadas de arte en Cuba*. Leiden: Almenara.
— (2018): *El circuito del arte cubano. Open Studio I*. Leiden: Almenara.
— (2018): *Los años del participacionismo. Open Studio II*. Leiden: Almenara.
— (2018): *La institución emergente. Entrevistas. Open Studio III*. Leiden: Almenara.
Montero, Oscar J. (2019): *Erotismo y representación en Julián del Casal*. Leiden: Almenara.
Morejón Arnaiz, Idalia (2017): *Política y polémica en América Latina. Las revistas Casa de las Américas y Mundo Nuevo*. Leiden: Almenara.
Pérez-Hernández, Reinier (2014): *Indisciplinas críticas. La estrategia poscrítica en Margarita Mateo Palmer y Julio Ramos*. Leiden: Almenara.
Pérez Cano, Tania (2016): *Imposibilidad del* beatus ille. *Representaciones de la crisis ecológica en España y América Latina*. Leiden: Almenara.
Pérez Cino, Waldo (2014): *El tiempo contraído. Canon, discurso y circunstancia de la narrativa cubana (1959-2000)*. Leiden: Almenara.
Quintero Herencia, Juan Carlos (2016): *La hoja de mar (:) Efecto archipiélago I*. Leiden: Almenara.
Ramos, Julio & Robbins, Dylon (eds.) (2019): *Guillén Landrián o los límites del cine documental*. Leiden: Almenara.
Rojas, Rafael (2018): *Viajes del saber. Ensayos sobre lectura y traducción en Cuba*. Leiden: Almenara.
Selimov, Alexander (2018): *Derroteros de la memoria.* Pelayo *y* Egilona *en el teatro ilustrado y romántico*. Leiden: Almenara.
Timmer, Nanne (ed.) (2016): *Ciudad y escritura. Imaginario de la ciudad latinoamericana a las puertas del siglo XXI*. Leiden: Almenara.
— (2018): *Cuerpos ilegales. Sujeto, poder y escritura en América Latina*. Leiden: Almenara.
Tolentino, Adriana & Tomé, Patricia (eds.) (2017): *La gran pantalla dominicana. Miradas críticas al cine actual*. Leiden: Almenara.
Vizcarra, Héctor Fernando (2015): *El enigma del texto ausente. Policial y metaficción en Latinoamérica*. Leiden: Almenara.

www.ingramcontent.com/pod-product-compliance
Lightning Source LLC
Chambersburg PA
CBHW051205300426

44116CB00006B/445